房绍坤／主编

承包地"三权分置"的法律表达与实效考察

撰 稿 人（以撰写专题先后为序）

高富平	管洪彦	高圣平	张洪波	王金堂
李国强	张旭昕	高 飞	房绍坤	林广会
彭诚信	畅冰蕾	陈小君	丁 文	曹相见
丁关良	金娟霞	王天雁	孙聪聪	毕潇潇
于凤瑞				

中国人民大学出版社
·北京·

前　　言

　　承包地"三权分置"是党和国家在新时代对农村土地承包政策进行的一项重大改革。为此，中共中央、国务院及相关部委相继出台了一系列政策文件，不断丰富"三权分置"的政策内涵。在理论上，围绕"三权分置"政策，经济学界、法学界进行了广泛、热烈的讨论，形成了一大批富有创见的理论研究成果，为将"三权分置"政策法律化提供了理论支撑。但是，"三权分置"改革毕竟是新生事物，相关理论观点还存在较大分歧，在一些核心问题上并没有形成共识，特别是就如何准确地对"三权分置"进行法律表达，法学界争论得十分激烈，进而对民法典物权编的编纂以及《农村土地承包法》的修改产生了一定的影响。2018年4月21日，中国人民大学不动产法研究中心、吉林大学财产法研究中心、广东外语外贸大学土地法制研究院、华东政法大学财产法研究院、烟台大学土地政策法律实施评估研究中心商定，共同发起成立了"中国土地法制与乡村振兴战略会议联盟"，并召开了"'三权分置'与《农村土地承包法》修正研讨会"，就"三权分置"政策中的一些重要问题及《农村土地承包法》的修正进行了广泛的研讨，取得了一定的共识。本书的部分内容就是这次会议的研究成果。

本书作者大都长期从事农村土地法律制度研究，也一直关注"三权分置"政策，发表了相关学术成果。基于共同的研究兴趣与爱好，经本人提议，各位作者共同撰写了本书，具体分工如下：高富平（第一题）；管洪彦（第二题）；高圣平（第三题）；张洪波（第四题）；王金堂（第五题、第十六题之一）；李国强（第六题）；张旭昕（第七题）；高飞（第八题）；房绍坤、林广会（第九题、第十六题之二）；彭诚信、畅冰蕾（第十题之一）；陈小君（第十题之二、第十三题）；丁文（第十题之三）；曹相见（第十一题）；丁关良、金娟霞（第十二题）；王天雁（第十四题）；孙聪聪（第十五题）；房绍坤、毕潇潇（第十六题之三）；于凤瑞（第十六题之四）。

本书由房绍坤负责统稿，毕潇潇博士对稿件进行了初步整理。因作者人数较多，且各自观点存在分歧，为充分尊重作者，本书对不同观点没有作统一处理，请读者理解与指正。

房绍坤
于长春
2018 年 11 月

目　　录

第一题 "三权分置"改革的法律解析和制度意义

　　《中华人民共和国物权法》（以下简称《物权法》）第 124 条第 1 款规定："农村集体经济组织实行家庭承包经营为基础、统分结合的双层经营体制。"该规定来源于《中华人民共和国农村土地承包法》（以下简称《农村土地承包法》）第 1 条，承袭了 20 世纪 80 年代我国农村土地改革的成果，将发轫于安徽小岗村的"包产到户"政策经验制度化，形成了我国独有的农地权利体系。在民法理论上，我国民法学界根据大陆法自物权与他物权的分类建构了集体所有权与土地承包经营权的权利框架，随着《农村土地承包法》和《物权法》的出台，最终确立了目前的农地法律制度。

　　20 世纪 80 年代农地改革成功的关键，是在不动摇基本土地制度的基础上成功地实现了对农民的产权激励，从而极大地提高了生产效率。只不过，以今天的视角而言，那次改革并没有让农村彻底走上市场经济之路。那次农地改革更多的是为了满足农民的温饱要求，仅在村集体经济组织内部实现了农民土地权利的相对稳固和局部的流转，维系了城乡二元经济体制。

2014年11月中共中央办公厅、国务院办公厅发布的《关于引导农村土地经营权有序流转发展农业适度规模经营的意见》（以下简称《土地经营权流转意见》）明确指出，"（要）坚持农村土地集体所有，实现所有权、承包权、经营权三权分置，引导土地经营权有序流转，坚持家庭经营的基础性地位，积极培育新型经营主体，发展多种形式的适度规模经营，巩固和完善农村基本经营制度"。

"三权分置"农地改革无疑是新一轮农村经济体制改革的重点和亮点。对于这一项制度层面的创新，还需要探讨构建这一权利体系的制度意义与法理基础。

一、"三权分置"改革的提出

回顾1978年以来的农地改革，土地承包经营权本质上是基于一种农地经营方式而形成的制度安排，经《物权法》的确认而最终演化为物权（用益物权）。四十年来，很多学者都对家庭承包经营进行了深入的探究，从理论和实证两方面指出了家庭承包经营的诸多问题与不足。有学者总结了农村经营的现状：土地规模小，耕地细碎；人地矛盾尖锐，土地承载负担重；农业现代化水平和劳动生产率低下。[①] 有学者指出，家庭承包经营存在三个主要问题：一是家庭承包缺乏竞争性，二是土地承包存在期限限制，三是土地承包经营权流转制度不健全。[②] 还有学者从家庭承包经营仍保留不同积蓄的半自给性和经营规模狭小这两个特征出发，分析了农户经营中存在的实际问题：不能对价格信号作出调整自身生产和消费的灵敏反应；对投入品市场的反应比对产出品价格的反应更敏感；承受价格波动的实力不足；一旦环境信号过于不利，就通过少买少卖、扩大自给性活动来自卫。[③]

---

① 陈良，张云. 农村土地规模经营探析——以苏北为例. 农村经济，2009（3）.

② 刘国臻. 对我国农村家庭承包经营存在问题的法律思考. 学术研究，2003（10）.

③ 周其仁. 产权与制度变迁——中国改革的经验研究. 北京：北京大学出版社，2004：62.

就土地承包经营权的流转问题，很多学者基于实践调查，得出了大量有益的结论。如有学者指出，有些地方土地成片集中流转后，产量下降，土地规模经营效益并不明显。① 有学者则通过大量取样总结了土地承包经营权流转的因素：家庭非农经济发展水平、土地资源状况、家庭的社会和经济特征等等。② 还有学者调查了对农地规模化经营至关重要的农民退出意愿，指出：农户的土地承包经营权退出意愿对其资源禀赋具有状态依赖性；改善农地流转的组织化程度，有利于推进农地流转；强化农民对土地产权的认知强度，有利于增强其土地承包经营权退出意愿。③

以上这些研究，从正面或从反面指出了土地承包经营权在利用、流转等方面的诸多不足，说明当前家庭承包经营的经营体制已无法适应新时期农业发展的要求，也无法满足农民的利益诉求。

"三权分置"改革显然是破解现行土地承包经营权流转难题、实现农业规模化经营的一种策略。在我们看来，"三权分置"并不是将土地承包经营权拆分为承包权和经营权进行重新配置，而是对农民集体所有权及其所支撑的农民集体经济实现方式的重构。"三权分置"不仅会改变承包经营权的实现方式，而且会改变农民集体经济的实现方式。我们需要在这样的高度上解析"三权分置"改革可能的内涵。

二、对"三权分置"改革的法律解析

在我们看来，"三权分置"不仅仅是对现行的土地承包经营权进行改造，而且是改进了农民集体所有权与集体成员的土地承包经营权体制（以下简称"两权体制"），重构农民集体所有权实现的新体制，即农民集体所有权、土地承包权和土地经营权"三权分置"的新体制（以下简称"三权体制"）。简单地讲，"三权分置"改革可以概括为：土地所有权仍保留在农民集体手中，但土地不再直接发包给农户，由其直接占有使用，而是

---

① 陈小林. 土地承包经营权流转调查与思考——基于安徽省实地调研的分析. 经济理论与经济管理，2011（7）.

② 张丁，万蕾. 农户土地承包经营权流转的影响因素分析——基于2004年的15省（区）调查. 中国农村经济，2007（2）.

③ 罗必良，何应龙，汪沙，尤娜莉. 土地承包经营权：农户退出意愿及其影响因素分析. 中国农村经济，2012（6）.

将农户承包权改造为集体土地的份额权利（是集体成员对集体土地的所有者份额）；农业用地则由农民集体统一经营运作，既可以承包给专业的农业合作社经营，也可以出租或发包给农业公司、专业农户等经营使用（取得土地的经营权）；土地的经营者向农民集体支付土地使用费，农民集体扣除集体提留等项目后，按照农民承包权（所有权份额）分配给农民。

"三权分置"的核心是原来的承包权的价值化，将承包权转变为农民集体所有权的份额，而将土地的实际占有使用权交给专业农业经营者。"三权分置"仅针对农业用地，是作为解决农业问题①的一种制度被提出的。这样的安排既可以坐实农民集体的土地所有权，让农民集体（村集体）经营管理土地（土地资产管理和利用管理），也可以使农民真实地享有土地财产权（体现所有者收益），摆脱土地的束缚；同时，专业的农业经营者又可以集约经营，提高农业生产效率。

"三权分置"在本质上是农民集体所有权的法律再造，不仅不违反物权法，而且符合物权法理论。在"两权体制"下，农民集体所有表现为"实物"分配，农民集体成员在集体所有权中的"份额"表现为对特定土地的支配权，农民的土地承包经营权在本质上为土地使用权。在"三权体制"下，农民集体所有表现为"收益"分配，农民集体成员在集体所有权中的份额真正体现为财产份额（所有者收益），而不是"实物"，也不是对土地的支配权；而土地被农民集体配置给农业经营者，农业经营者取得了农地使用权。在"三权分置"下，经营权是对土地的占有、使用和收益权，是真正的用益物权；农民的承包权则演变为所有权份额——基于所有权份额的收益权，而农民集体成员全体则仍然是集体土地的所有权人。经过这样的改造，农民集体所有权就演变为民法上的共有体制。只是这种土地共有具有特殊性：它是以特定地域（村或村民小组）的共同生活的村民为基础的，其初始成员具有严格的身份限制。而一旦成员所有份额可以流转，那么农民集体所有也就逐渐地去掉人身依附属性，成为一种民法上的

---

① 我国农村社会经济发展问题被概括为农业问题、农村问题和农民问题，简称"三农"问题，其中农业问题主要是农业产业化问题。农业产业化要解决的问题有二：一是改变自给自足的小农经济现状，形成有组织的规模经济；二是让市场在农业资源配置和利用中起主导作用，形成农业种植、各种农产品加工、销售合理分工的农业产业链条。

共同所有。由此,"三权分置"还开启了一条农民集体所有去身份化的道路。下文将从主体、客体与行使三个角度分别阐明所有权、承包权、经营权由"两权"到"三权"的再造。

(一)农民集体所有权

伴随农村经济体制改革形成的农地"两权分置"路线图有两条:一是实行行政组织与经济组织的分离,取消原来具有行政组织性质的生产队、生产大队和人民公社"三级所有"集体所有体制,改变为农民集体所有;二是农村集体经济组织实行家庭承包经营为基础、统分结合的双层经营体制,家庭对承包土地享有用益物权,而集体仍然保留土地所有权,由此形成农地的"两权体制"。

在"两权体制"下,土地承包经营权为一种用益物权,而对应的农民集体所有权则有一系列说不清楚的问题:农民集体所有权是民法上的所有权吗?集体是谁,是单一组织还是农民全体成员?围绕这些问题,学者已经展开过一系列论述,在此不赘述。我们认为,"两权体制"的核心是创设了物权性质的土地承包经营权,让土地承包经营权承担农地资源市场化配置的功能,但农民集体所有权仍然停留在传统计划经济体制下,未能被按照市场经济体制要求作法律化改造。当我们用市场经济体制所需要的物权法思维去分析农民集体所有权的主体、性质和内容或效力时,总也说不清楚。从1982年《宪法》到《物权法》,对于农民集体所有的表述使用了"村农民集体""村内农民集体""乡(镇)农民集体"三个土地所有主体,同时这三个层次的土地所有由"村集体经济组织"或"村民委员会"、"村民小组"、"乡(镇)农村集体经济组织"经营管理或者代表行使所有权。农村土地分三个层次(范围)的农民集体所有,分别由不同的集体组织来代表,保留了传统的"三级所有"痕迹或影子。不仅每一个层次农民集体成员的范围不清楚,而且三个层次的农民集体可支配范围存在重叠或模糊之处,导致看似清晰的农民集体所有权,在现实中变得虚无缥缈。因此,在"两权体制"下,无法准确得出农民集体所有的土地究竟谁说了算的答案,无法实现当初"去行政"和"还权于民"的制度设计目标。

在"三权体制"下,农民集体所有变成了持有所有权份额的农民集体所有权。这里的农民集体成员是明确的、"鲜活的",每个成员的土地份额也是明确的,因而农民集体所有变成一种特殊的共同所有。具有社员或村民资格的农民成为农民集体共有的成员,这些成员按照既定的份额享有所有权。如此,农民集体所有权得以变成可以适用物权法共有规则的所有权。当然,农民集体构成、农民集体所有的规模、农民集体所有承载的社会责任等决定了农民集体所有是一种特殊的共同所有体制,应由特殊的规范予以调整。

作为一种按份共有形态,农民集体所有的特殊性主要表现为:其一,所有权不可分割。农民集体所有权仍然是为集体成员利益而存在的所有权,其成员所享有的权利(可转让的财产份额)类似于按份所有的共有权,但其中又不包含解除共有关系、分配实物(土地)的权利。也就是说,农民集体所有权是一种不可分割的按份所有权。其二,农民集体所有权不具有可让与性。农民集体不能处分土地、转让土地所有权,而只能"处分"土地使用权。通过设定或出让农地使用权,在实现农地经营、成员取得经营收益的同时,保持农民集体对土地的所有权长久不变。除了这两点之外,农民集体所有具有民法上按份所有的其他基本特征。

在"两权体制"下,农民集体所有权的内容实际上被土地承包经营权"掏空",农民集体无法从事农地经营或集体经营活动。尤其在保障土地承包经营权长期稳定的原则下,农民集体所有权几乎丧失了私法上的意义,其私法地位被土地承包经营权僭越。由此出现了农民集体与农民个体、土地所有权与土地承包经营权之间的紧张关系甚至冲突。

在"三权体制"下,农民集体通过收回农民个体对土地的直接支配权,重新取得对土地的经营权(法律上表现为处分权),可以自主出让土地使用权,按照土地产出效率最大化(出价最高者)原则配置土地,实现土地最优化经营。因此,在"三权体制"下,农民集体所有权被实化,成为具有私法效力的所有权。

(二) 土地承包权

在"两权体制"下,土地承包经营权被塑造成农民个体对特定地块占有、使用和收益的权利,具有可转让性。[1] 在法律上,土地承包经营权不仅是可以直接支配土地的用益物权,而且具有一定的财产属性(在农民集体内部可转让、可变现)。这种体制实际上是"虚化的农民集体所有权+实化的集体成员土地承包经营权",是一种完全依赖农民个体行使土地承

---

[1] 《农村土地承包法》第39~42条。

包经营权实现农民集体所有权价值的制度安排。土地承包经营权承载了农民集体所有权的全部价值，农民集体除了有权"调整"承包经营权外，没有其他可以行使的权利。而随着《农村土地承包法》将土地承包经营权的期限固定为 30 年，农民集体对土地承包经营权的调整也具有法律正当性。如果"土地承包经营权长久不变"真正实现，那么农民集体被弱化的局面也就长久化了。

从理论上来说，实化的土地承包经营权（权利界定清晰且可流转）可以实现农地资源的有效配置和利用，但事实上事与愿违。土地承包经营权流转被限制在农民集体范围内，因为它只是特定农民集体成员可以享有的权利，权利取得的身份性决定了其转让受到身份限制，因而其只能在该成员所在集体范围内流转。在农民集体内部流转，就说明土地承包经营权的所谓流转不能真正实现农地资源的市场化配置，也就很难实现市场化配置之下的效率目标。同时，在"两权体制"下，允许土地承包经营权社会化、市场化流转，又与要保持农民集体所有权、维系农民集体经济的制度目标相冲突。[①] 因此，"两权体制"只能解决特定集体土地的分散利用问题，而不能解决土地的市场化配置问题，通过允许土地承包经营权流转实现农地规模化、产业化经营仍然存在制度上的障碍。

在"三权体制"下，土地承包权由土地使用权变为所有权份额，由"物权"变为财产权，农民个体由直接获得土地收益（通过自己的劳动）变为间接获得土地收益（资本收益）。无论土地被农民集体配置给谁经营，集体成员均可以获得收益。承包权的客体由现有的具体地块变为抽象的集体土地份额或收益比例。在这种体制下，承包权本身是可以流转的，但这种流转仅仅是收益权（所有权份额）的转让，不触及土地流转。而土地流转或经营权转由农民集体享有，是农民集体所有权的重要权能，从而避免了通过土地承包经营权流转而出现的制度上的尴尬。

（三）土地经营权

在"三权体制"下，土地经营权是区别于"两权体制"下土地承包经营权的一种土地权利。土地经营权不是简单地去除土地承包经营权中的

---

① 关于农村土地承包经营权流转与现行农村集体经济的冲突，参见高富平. 农村土地承包经营权流转与农村集体经济的转型——新一轮农村土地制度改革的法律思考. 上海大学学报（社会科学版），2012（4）.

"承包"二字,而是依农地产权制度重新构造而产生的对土地的直接支配、使用的权利。这种权利即为土地使用权,属于用益物权范畴。

土地经营权不是来源于土地承包经营权,而是来源于农民集体所有权;不是土地承包人让渡了土地的经营权,而是农民集体出让或设定土地经营权(土地使用权)。一旦农民集体设定土地经营权并经登记,土地经营权就成为用益物权。由于农民集体在出让土地经营权时,不再考虑受让人的身份,因而可以将土地分配到最能有效利用土地的主体手中,同时该主体取得的财产权也可以自由流转(因为其取得的土地经营权本身不受身份限制)。于是,在"三权体制"下,土地经营权可以比照出让性质的国有土地使用权进行构建,设计成可以自由流转的土地权利。由此,在"三权分置"体制下,真正实现了农地资源的市场化配置,解决了农民集体所有权(农民集体经济)与市场经济接轨的问题。而这在"两权体制"下,是很难实现的制度目标。

由此可见,从"两权"到"三权"的变革不是对土地承包经营权体制的变革,而是对土地承包经营权体制的扬弃,本质上是农地产权制度的重新构造。在"三权体制"下,土地经营权为真正的用益物权,承载了土地的使用价值;土地承包权转化为农民集体成员的集体所有权份额,而农民集体重新取得对土地的全面支配权,具有自主处分(即经营)土地的权利,至于实现的价值(土地收益)则由农民集体分配给集体成员。因此,我们不能在传统的土地承包经营体制下寻找"三权"的定位,而应当在农民集体所有权重构的高度上认识制度变革的意义。

三、"三权分置"改革的制度意义

"三权分置"改革不仅在农民集体所有权的法律构造上实现了重大的突破,而且解除了土地对农民的身份束缚,实现了农地生产经营方式的转变,让农村集体经济得以与市场经济接轨。

(一) 解除土地对农民的身份束缚

"三权分置"改革的首要制度价值是剪除农民与土地之间的身份关系。首先,农民个体的权利不再是对土地的直接支配权,而是土地收益权,这样农民就不再被束缚于土地。《农村土地承包法》第26条规定:"承包期内,发包方不得收回承包地。承包期内,承包方全家迁入小城镇落户的,应当按照承包方的意愿,保留其土地承包经营权或者允许其依法进行土地承包经营权流转。承包期内，承包方全家迁入设区的市，转为非农业户口的，应当将承包的耕地和草地交回发包方。承包方不交回的，发包方可以收回承包的耕地和草地。"从这一规定可以看到，土地是与农民的农业户口紧密相关的，一旦农民丧失农村户口，就意味着其将失去土地。这已经成为农民自由迁徙的最大顾虑，对农民进城无疑形成了巨大的障碍，农民进城务工仍然要牵挂家里土地的耕作或者干脆弃耕（农民大量进城务工后农村土地撂荒的现象十分普遍）。一旦农民的承包权不再与农地经营挂钩，那么农民就会从土地的束缚中解放出来，成为可以自由流动的劳动力了。

其次，农民集体所有的土地的经营权从农民个体收归农民集体之后，不仅坐实了农民集体所有权，而且使农民集体可以不受农民身份的限制，自由地、市场化地配置农地资源；还使土地从集体成员的身份束缚中解放出来。这样，农民集体的土地就可以进入市场，通过市场配置农地资源，农业生产就可以实现产业化、规模化经营。

在"三权分置"的权利体系下，承包权一次性分配给农民后即不再调整，所以，农村户口在农民取得承包权后即不再有意义。赋予农民承包权斩断了农民与土地的直接联系，从而彻底解除了农民对土地权利的顾虑，让农民的迁徙自由不再受户籍的束缚。当然，农地与集体成员的脱钩还需要与户籍制度改革相配合。值得关注的是，党的十八届三中全会已经将户籍制度改革提上议程。2014 年 7 月底，国务院印发了《关于进一步推进户籍制度改革的意见》，为加快推进户籍制度改革明确了路径和要求，明确要取消农业户口与非农户口的区分，全面实施居住证制度。从农村土地的角度而言，户籍制度的改革为解除土地权利与农业户口的捆绑奠定了基础。

（二）农村集体经济与市场经济接轨

现行家庭承包经营为基础、统分结合的双层经营体制实质上对应的是集体所有、分散利用的生产方式，即将所有权虚置于集体，而借土地承包经营权的发包与分配完成对集体土地的分割，使每户农民享有一定面积的土地，进而实现类似自然小农自给自足的生产方式。当前农地分散利用的现状，一方面制约了现代农业机械的推广，另一方面又使农地与农民的社会保障紧紧挂钩，土地资源无法得到最佳的配置，大大限制了土地作为生产要素所能发挥的潜力，使其经济功能被严重压抑，导致农地的生产效率一直无法提高。因此,"两权体制"本质上是农民集体所有的土地在农民集体内部分散利用的体制,即使赋予土地承包经营权流转效力也难以实现农地市场化配置,解决农地规模化、产业化经营问题。

"三权分置"的权利体系以产权为切入口,从底层对农村集体经济进行了解构和重构,实现了农村集体经济在制度层面上与市场经济的对接。对每一个集体成员个体而言,其土地权利在"量"上并没有改变,只是"质"发生了改变,即由物权(对土地的支配权)改变为财产权(土地所有权份额)。正是这样的解构和变革,使得农民集体可以收回农地的经营权(处分权),使农民集体所有权成为完整的财产权利,并定性为一种特殊形态的按份共有。农民集体可以设定可流转的用益物权——土地经营权。这完全是按照市场经济的要求,在私法规则下对农地产权的改造;改造的结果不仅使农民个体取得了可流转的财产权,而且使农民集体所有权也私法化、法律化了。农民集体可以市场化方式配置农地,通过出让、租赁等方式实现农地社会化、市场化利用,克服现阶段农地分散小规模自给自足的经营模式,转变为专业化、规模化、产业化的现代农业生产模式。不受身份限制地出让或设定农地经营权,可以使专业的农业经营者得以取得较大面积的地块,实现农地的规模化经营,并通过现代工业生产设备、水利设施等硬件的投入大幅提高农地生产效率。随着农村市场经济的推进,市场化的大潮可以逐渐消磨城乡二元鸿沟,让农民集体经济融入全国市场,建立统一的社会主义市场经济体制。

(三)土地的经营功能与社会功能的兼顾

所谓土地权利的财产化,实质上就是通过土地权利结构的变更、调整,构建稳定、清晰、完整的产权,使土地权利能够在市场上自由交易,最大限度地发挥土地作为生产要素的经营功能。这于农民而言即意味着能够通过土地在市场中的交易而享有更大的收益。农村土地兼具经营功能与社会保障功能,而农地的二元属性导致土地承包经营权所承载的价值发生冲突。[①] 农民集体经济与市场经济的对接需要建立可流转的土地权利,将土地权利纯化为完全的财产权利。如前所述,"三权分置"可以将农民集体所有权、集体成员的承包权和农业经营者的土地使用权这三种权利私法

---

① 高富平. 农村土地承包经营权流转与农村集体经济的转型——新一轮农村土地制度改革的法律思考. 上海大学学报(社会科学版), 2012 (4).

化、财产化。

由于土地资源的稀缺性与特殊性，权利人在行使这项财产权利的同时还应当尽量兼顾农地的经营效益。土地是一种具有强烈公共性、社会性的财产，土地所有权人并不能自由地决定财产使用的目的，它应具有合理性，不仅关照依赖它的人的利益，而且要符合社会要求；社会要求不仅指国家经济的需求，而且包括公民的需求。[①] 权利不仅为个人之私益，同时还承担着相应的社会功能，对权利的行使应以符合国家利益的方式进行，实现个人和社会同步协调发展。换言之，土地权利人在实现、追求土地收益的过程中，应协调个人利益和社会总体利益，同时实现土地的社会功能。"三权分置"的权利体系较好地契合了这一要求，兼顾了土地权利人的经济利益与土地的社会功能。

协调二者的关键在于，通过制度安排，让社会利益与个人利益在最大程度上重合，在社会功能或效用中促成个人利益与社会利益相契合。在"三权分置"的权利体系下，农民与土地的直接联系被切断，土地重回集体，而由集体出让的土地经营权仅为实现土地经营者利益的工具，但部分土地收益要返回于集体成员。于农民而言，让土地集中流转提高并稳固了其土地上的收益，而规模化经营对现代农业的发展又是至关重要的，满足了土地所承载的社会功能，简单地说，就是地尽其利。可以看到，土地的集中正是社会利益与个人利益的契合点，而"三权分置"的制度安排圆满地解决了土地集中的问题，最终达致个人利益与社会功能的统一。

四、"三权分置"改革的实施

以上分析表明，"三权分置"改革并不是简单的农村承包经营权体制的变革，而是农民集体经济市场化改革。"三权分置"改革作为党中央深化改革的重大决策和部署，显然是要将党的十八届三中全会提出的"使市场在资源配置中起决定性作用"的改革推进到农村，让农村彻底地走上市场经济的康庄大道。前述对"三权分置"的解析也是基于这一目标的一种设想和演绎。真正要实现这样的制度变革，不仅需要系统的、周密的顶层设计，而且要具体化为可操作的规则并正确地实施。这里仅就"三权分

---

① 高富平. 物权法原论：2版. 北京：法律出版社，2014：106.

置"改革的制度设计和实施需要关注的三个问题作一阐述。

首先,"三权分置"改革的核心是农民集体所有制度的再造。"三权分置"的核心是农民集体所有权重构,要在打造符合私法规则的农民集体所有权的基础上,设计可流转的农地经营权(土地使用权)制度。应当将农民集体所有构筑成基于集体成员按份所有的特殊共有形式,并将之纳入物权法。这需要在制度设计上明确农民集体(团体)为纯经济主体,仅行使农民集体所有权,以真正实现农民集体所有权与政治权力、农地与农民身份的剥离。除了法律上的定位外,这样的设想是否可行还取决于是否可以打造出区别于既有农民集体自治组织(表现为村民委员会)的、真正反映农民集体成员意志和代表、维护集体成员利益的组织体。这样的组织体的发育、成长和有效运行是农民集体所有权法律化改造,以及农地既能按照市场化运作又能保护农民集体成员利益的关键。显然,这里不仅有制度设计问题,也有操作问题。

其次,"三权分置"改革必须考虑农村集体经济的发展程度。"三权分置"改革是农地产权制度的改革,也是经济体制和社会运行方式的变革。在中国漫长的封建社会中,长期不存在个人独立、自由的观念,家、国本位的价值体系长期居主流地位。伴随高度集中的计划经济体制的建立,中国传统的人伦道德观念被糅合进集体本位的价值体系之中,强调集体高于个人,依赖集体解决吃饭的思想仍然有一定根基。"三权分置"的一个直接结果是农民个体的解放,农民在享受集体土地权益的同时,具有自主营业、自主谋生的自由,同时也应当有承担经营失败、失业等风险的能力。显然,改革应以建立相应程度的社会保障体系作为保障。在农民集体经济自身担当一部分功能的同时,国家将养老、医疗、就业等社会保障制度普惠到农村是必然趋势,这可以有效缓和在市场化过程中可能产生的社会矛盾和冲突。

因此,"三权分置"改革受制于农村集体经济的发展程度。当农民由原来的直接依赖土地吃饭转变为依赖土地收益后,农地的市场化经营能够产生多少收益以解决农民的基本生存问题就很关键。由此"三权分置"要在具有成熟、完善的农地市场的地区推广,使农地经营权的取得反映市场价值;同时还需要有一定规模的乡村工商业支撑农村经济发展。否则,贸然推行农地集中和从物权到财产权的转换,等于在剥夺了农民的土地的同时又没有多少土地收益来支撑生活,必然会造成巨大的社会隐患。因此,

"三权分置"适合于在城郊或东部沿海等农村经济发达地区开展，在经济相对落后的地区立即推行并不合适，除非政府或国家能够将城市社会保障制度覆盖到所有乡村。

最后，"三权分置"改革必须尊重农民意愿。"三权分置"改革是农民集体经济和社会运行方式的变革，是否采用"三权分置"的权利体系应由农民集体民主决定，而不能通过行政等手段强制推广。这就意味着，"三权分置"的农地权利体系与目前所有权、土地承包经营权二分的农地权利体系是并行不悖的。从本质上而言，这两种权利体系对应的是两种不同的经营方式，因此经集体民主决定后，农民可在二者之间自由选择最适合本集体具体情况的经营方式。从长远而言，"三权分置"的经营方式或将取代目前所有权、土地承包经营权二分的经营方式，但这一过程必然是渐变、缓慢的。在此过程中，只有赋予农民集体更大的经济自由，才会让农村的生产经营更为灵活、更具活力。

综上，从"两权体制"到"三权体制"的变革表面上看仅仅是将土地承包经营权拆分为承包权与经营权，但其背后实际上是农地产权结构的调整，是顺应、配合农地经营模式转变的土地产权制度变革。这样的变革完成了农民集体土地产权的法律化改造，既解除了土地对农民个体的束缚，又使土地经营脱离农民或集体的束缚，实现"地"和"人"的双重解放，从而铺就了在农村推行市场经济体制的道路。但是，实现这样的变化不仅需要系统化的顶层设计，而且需要谨慎、逐步地推广实施。

第二题 "三权分置"立法表达的核心争点与破解之道

　　"三权分置"政策的设计是在农经学界及其主导的政策制定者主持下完成的，其对"三权分置"的推进和立法表达表现出了极大的肯定与推崇。相较于农经学界及其主导的政策制定者对"三权分置"的乐观态度，法学界对"三权分置"政策的初衷颇为赞同，但对其立法表达的思路和制度设计则存在较多争议和疑惑，其间经历了较为复杂的认识转变过程。那么，在"三权分置"改革已成既定事实的社会背景下，各方关于"三权分置"立法表达的基本观点是怎样的？核心争点是什么？应当如何从立法表达上化解这些争点？"三权分置"立法表达应当遵循哪些基本原则？应当选择何种表达模式？这些问题都需要予以回答。

一、"三权分置"立法表达的观点与争点

（一）农经学界及其主导的政策制定者对"三权分置"立法表达的基本观点

农经学界及其主导的政策制定者对"三权分置"改革普遍持支持态度，相应地对"三权分置"的法律化也相对乐观，主张应当结合中央政策文件的有关规定尽快完成"三权分置"的立法表达。主要理由如下。

首先，"三权分置"改革经过了较长时期的理论铺垫。早在 20 世纪 90 年代，就陆续有学者对该问题展开了学术探讨，当时称为农地"三权分离"制度，但改革的核心意旨和基本结构无实质区别。① 这为我国目前推进"三权分置"改革提供了理论营养，其主要意义体现在：其一，能够帮助厘清"两权分离"与"三权分离"的历史渊源关系。其二，能够有助于明晰"三权分置"的制度目的，即"三权分置"是为了实现土地经营权的市场化流转和土地的规模经营而设计的，实现土地承包经营权中财产权能的充分释放。其三，相较于"两权分离"的制度设计，"三权分置"的制度设计有利于明晰集体产权主体，有利于保障农民的个体权益，能够保障在实现集体土地社会保障功能的基础上释放土地的财产价值，提升土地的利用效率。"三权分置"正式提出以来，农经学界也对"三权分置"立法表达的重点、难点展开了比较深入的研究，这对于进一步完善"三权分置"的制度设计及法律化具有重要价值。当然，在农经学界，也存在少量的反对声音。这些均为"三权分置"的完善和贯彻实施提供了理论支持。

其次，"三权分置"的法律化具有社会现实基础。农经学界推行"三权分置"最为强力的根据还是社会现实，其中最为有力的根据就是基于社

---

① 代表性研究成果有：田则林，余义之，杨世友. 三权分离：农地代营—完善土地承包制、促进土地流转的新途径. 中国农村经济，1990（2）. 冯玉华，张文方. 论农村土地的"三权分离". 经济纵横，1992（9）. 夏振坤. 农业的体制与组织创新. 当代财经，1995（3）. 陈东强. 论中国农村的土地集中机制. 中国农村经济，1996（3）. 韩俊. 中国农村土地制度建设三题. 管理世界，1999（3）. 曾令香，袁荣琴，曾煜. 论新世纪我国农民家庭经营组织. 农业经济问题，2000（2）. 杨柳. 农地承包经营权股权化思考. 中国土地，2000（9）. 艾云航. 实现农业集约化、现代化的必由之路——浙江乐清县土地适度规模经营的调查. 农业技术经济，1994（4）.

会客观的需求与对现实生活中广泛存在的农地流转所形成的"三权分置"状态的确认。党的十八大之前,对于农地"三权分置"已经进行了地方探索。1988年年初,浙江省乐清县较早地明确提出"三权分离"政策。当时广东省的"股份合同制"和浙江省的"集体粮库制度"也是"三权分离"的典型形态。湖北省枣阳市顺城村也开展了"三权分离"实践。①1991年,浙江省武义县在总结农民群众实践经验的基础上,明确提出把股份合作制引入农业开发。②武义县的农业股份合作制实现了土地集体所有权、农户承包权和土地经营权的分离,事实上是"三权分离"的实践形式。我们在实证调研中获知以下观点:"三权分置"是对现实生活中普遍存在的土地承包经营权(经营权)流转的客观反映,中央政策的出台是对现实的积极回应,并非脱离现实的制度创新,所以,"三权分置"的推行并不存在实质障碍,缺乏的只是立法的明确确认。

最后,中央政策文件对"三权分置"的立法表达提出了明确要求。2014年以来,中共中央、国务院出台的一系列政策文件对"三权分置"的立法表达提出了比较明确的要求,而且通过政策文件对"三权分置"进行了顶层设计。③2014年1月中共中央、国务院《关于全面深化农村改革加快推进农业现代化的若干意见》(以下简称"2014年中央一号文件")指出:"有关部门要抓紧……推动修订相关法律法规。"2014年11月中共中央办公厅、国务院办公厅发布的《土地经营权流转意见》指出,要"抓紧研究探索集体所有权、农户承包权、土地经营权在土地流转中的相互权利关系和具体实现形式。"2015年2月中共中央、国务院《关于加大改革创新力度加快农业现代化建设的若干意见》(以下简称"2015年中央一号文件")指出,"抓紧修改农村土地承包方面的法律……界定农村土地集体所有权、农户承包权、土地经营权之间的权利关系"。2016年11月中共中央办公厅、国务院办公厅《关于完善农村土地所有权承包权经营权分置办法的意见》(以下简称《三权分置意见》)更是清晰地指出要完善

---

① 王新国,陈晓峰.从顺城村的实践看"三权分离".湖北社会科学,1990(10).

② 陈正玄.武义县农业股份合作制考察报告.上海农村经济,1994(4).

③ 管洪彦,孔祥智.农村土地"三权分置"的政策内涵与表达思路.江汉论坛,2017(4).

"三权分置"法律、法规。党的十九大报告提出，要完善承包地"三权"分置制度。2018 年 1 月中共中央、国务院《关于实施乡村振兴战略的意见》（以下简称"2018 年中央一号文件"）指出：完善农村承包地"三权分置"制度。可见，中央政策文件中已经对农地"三权分置"的立法表达提出了明确要求。

总之，农经学界及其主导的政策制定者认为，农地"三权分置"改革代表了新型农地制度改革的方向，乃大势所趋。更为重要的是，农经学界普遍认为，"三权分置"乃社会现实的客观反映，在中央政策文件已经对"三权分置"的立法表达提出明确要求的背景下，法学界和立法部门应当尽快实现"三权分置"的立法表达，以保障改革的顺利进行。

（二）法学界对"三权分置"立法表达的基本观点

相较于农经学界对"三权分置"的乐观态度，法学界对"三权分置"立法表达的态度似乎存在更多争议和困惑。总体而言，"三权分置"被中央政策文件确认以来，法学界对"三权分置"立法表达的基本观点是有变化的，大致经历了如下三个阶段。

（1）较为强烈的质疑阶段。

在该阶段，法学界对"三权分置"政策表现出了较为强烈的质疑态度，反对的声音较多。如有学者认为，"三权分置"政策存在法理上的缺陷，在法律上难以表达。以"三权分离"论建构农地产权的结构存在法学悖论，无法在法律上予以表达。[①] 有学者认为，"三权分置"将会导致农地权利的混乱，存在明显逻辑悖论。相互龃龉的过多的权利设置只会导致农地权利体系的混乱，人为造成农村土地法律关系的复杂化。[②] 有学者指出，"三权分置"的实施，面临着经济性障碍、制度性障碍和机制性障碍。[③] 总之，"三权分置"政策提出之初，法学界表现出了比较强烈的质疑态度，其主要关注点和理由是农经学界主导的政策制定没有很好地考虑

---

① 高圣平. 新型农业经营体系下农地产权结构的法律逻辑. 法学研究，2014（4）.

② 单平基. "三权分置"理论反思与土地承包经营权困境的解决路径. 法学，2016（9）.

③ 陈金涛，刘文君. 农村土地"三权分置"的制度设计与实现路径探析. 求实，2016（1）.

法理，造成该政策在法律上表达存在较大难度。但是，从目前来看，前述的质疑观点对于深化对"三权分置"的立法表达的认识起到了积极促进的作用。

（2）相对缓和的反思阶段。

随着"三权分置"政策的进一步健全和细化，该政策的总体目标、基本原则、整体框架和实施保障体系逐渐清晰，法学界对"三权分置"政策展开了更加深刻的思考，进入了相对冷静和缓和的反思阶段。如：对"三权分置"的制度功能进行了更理性的反思；对"三权分置"的权利结构进行了全面、深刻的解读；对"三权分置"中集体所有权、承包权、经营权的权利结构和权能进行了详尽探究[①]；对"三权分置"的产生根源及困境进行了反思。该阶段法学界对"三权分置"进行的更为深刻的理论反思为"三权分置"的制度建构和立法表达提供了丰富的理论营养。

（3）趋于理性的分析与建构阶段。

在中央和国家政策文件中明确地确认"三权分置"政策并开始贯彻实施的既定背景下，法学界开始趋于理性地做好相关法律制度的立法建构，为"三权分置"的立法表达提供智力支持。如：对"三权分置"政策向法律转化的基本思路和核心设计作了较为深入的探讨[②]；对"三权分置"的法权关系和法律表达进行了深刻剖析[③]；对"三权分置"中承包权的性质及立法表达进行了较为深入的研究[④]；对经营权的性质和结构模式进行了较为深入的研究。[⑤]该阶段法学界还针对《中华人民共和国农村土地承包法修正案（草案）》（以下简称《承包法修正草案》）中的制度设计提出

---

① 李国强. 论农地流转中"三权分置"的法律关系. 法律科学，2015（6）.

② 蔡立东，姜楠. 农地三权分置的法实现. 中国社会科学，2017（5）.

③ 高圣平. 承包土地的经营权抵押规则之构建——兼评重庆城乡统筹综合配套改革试点模式. 法商研究，2016（1）.

④ 高圣平. 农地三权分置视野下土地承包权的重构. 法学家，2017（5）. 刘云生，吴昭军. 政策文本中的农地三权分置：路径审视与法权建构. 农业经济问题，2017（6）. 管洪彦，孔祥智. "三权分置"中的承包权边界与立法表达. 改革，2017（12）.

⑤ 崔建远. 民法分则物权编立法研究. 中国法学，2017（2）. 刘云生，吴昭军. 三权分置之法权关系厘定：政策解读与学理考量//耿卓. 土地法制科学：第一卷. 北京：法律出版社，2017.

了有针对性修改意见。总之，该阶段法学界的理性分析和制度建构对"三权分置"的立法表达起到了直接促进作用。

可见，从"三权分置"政策正式出台以来，法学界的态度相继经历了较为强烈的质疑阶段、相对缓和的反思阶段和趋于理性的分析与建构阶段。我们认为，"三权分置"改革作为一个新事物，在提出的初期受到强烈的质疑甚至反对都是正常的。一方面，"三权分置"政策与《物权法》《农村土地承包法》等现行法所形成的以"两权分离"为基础的制度体系存在背离，受到法学界的质疑乃属正常。另一方面，农经学界主导的"三权分置"政策制定没有充分考虑到政策的法律化可能遇到的制度变迁和制度形成成本，决定了在立法表达过程中必然遇到障碍。但是，从目前的观察来看，总体发展趋势是法学界正逐步接受"三权分置"政策，并且正努力地对"三权分置"进行理性解读和建构。这为制度的立法表达奠定了良好基础。法学界的研究具有很强的针对性和问题导向性，围绕"三权分置"的立法表达路径展开了比较深刻的研究，其研究结论对"三权分置"的立法表达具有积极的指引价值。

(三)"三权分置"立法表达的核心争点

虽然法学界围绕"三权分置"的立法表达展开了一定研讨，但在立法表达的核心问题上仍存在较多争议，主要体现在以下方面。

第一，"三权分置"的权利构造模式。在"两权分离"背景下，我国集体土地的权利构造模式是"土地集体所有权＋土地承包经营权"的法律表达模式。在"三权分置"背景下，如何与现行"两权分离"的法律表达模式衔接？目前，立法中究竟该采用何种模式，仍无定论。

第二，"三权"的权利内涵和权能配置。这突出地表现在"三权分置"中承包权与现行法律中土地承包经营权的关系不明晰。既然"三权分置"是"将土地承包经营权分为承包权和经营权"，那么土地承包经营权和承包权似乎应是两个不同的概念。那么土地承包经营权与承包权究竟是何种关系？应当如何在立法上加以表达？这其中均有极大的困惑。实行"三权分置"关键是要合理界定农用地所有权、承包权、经营权的权能范围。目前，如何在法律规范中对"三权"的权能进行配置是"三权分置"立法表达的难题之一。

第三，"三权"之间的关系模式。所有权、承包权、经营权之间是层层派生的关系，还是平行切割的关系？法学界和农经学界关于这个问题的观点存在明显差异。

第四,承包权的边界及其立法表达。承包权是"三权分置"状态下的一个核心概念,目前对承包权的权利性质、权利边界及其立法表达均存在争议。此外,农户承包权概念的基本确定并没有从根本上廓清农户承包权的本质属性及其与相关权利的边界,反而徒增了不少纷扰。[①] 关于承包权从权利属性上属于成员权还是用益物权、承包权与现有法律制度体现出的土地承包权究竟关系为何、如何对农户承包权进行立法表达都存在争议。

第五,经营权的性质、变动模式、变动事实、权能设计。"三权分置"的重点是强化经营权。[②] 经营权法律性质的合理定位又是"三权分置"制度构造的关键。[③] 目前,法学界对土地经营权的概念称谓、权利性质及制度定位、权利内容和变动规则、土地经营权的实证研究、法律条文建议均缺乏统一结论,故亟须对土地经营权的权利构造、权利变动、权利行使和权利保护规则进行科学设计与理性建构,以便为土地经营权的立法表达奠定基础。

综上可见,农经学界和法学界的观点初衷与最后落脚点并无实质性冲突。但是,目前对"三权分置"立法表达的核心问题仍没有达成一致,主要体现为基本表达模式、"三权"的权利内涵和权能配置、"三权"之间的关系模式、承包权的权利边界及其立法表达,以及经营权的性质、变动模式、变动事实、权能设计等问题。这意味着,关于"三权分置"的立法表达任重而道远。我们认为,推进"三权分置"立法表达的基本前提是把握分歧的根源所在。"三权分置"之所以在农经学界和法学界产生貌似巨大的分歧,主要原因在于这两个学科在基本概念表述和理解上存在误解。正如陈小君教授所言,到目前为止,"三权分置"还只是一种政策话语,其丰富的政策意蕴和问题导向毋庸置疑,但其是否能够转化以及如何转化为可操作的法律制度,还需要法学者结合中国农地权利的实际运行状况进行

---

① 管洪彦,孔祥智."三权分置"中的承包权边界与立法表达. 改革,2017 (12).

② 孔祥智."三权分置"的重点是强化经营权. 中国特色社会主义研究,2017 (3).

③ 高海. 论农用地"三权分置"中经营权的法律性质. 法学家,2016 (4).

学理砥砺和制度构筑的科学回应。① 事实上，"三权分置"改革的思路是由农经学界及其主导的政策制定者完成的，政策表达使用的是经济学概念体系，而没有与法学概念体系实现妥洽对接，结果导致政策表达中的承包权、经营权概念在法学现有概念体系中均缺乏对应概念。农地物权的创设又受到物权法定原则的限制，这就导致"三权分置"改革的立法表达遇到了更多障碍。在"三权分置"改革已成大势所趋的背景下，农经学界和法学界亟须对基本概念进行澄清，在就基本概念体系达成共识的前提下实现"三权分置"改革的制度化和法律化，避免各说各话引起的不必要争议，进而为"三权分置"改革提供更加有效率的法律制度供给。总之，寻求"三权分置"立法表达的破解之路尤为重要。寻求"三权分置"立法表达的破解思路，既要有宏观的顶层设计，又要有微观的制度设计，特别是应当加强对"三权分置"立法表达的基本原则、立法表达模式以及核心制度立法表达的研究。

二、"三权分置"立法表达的基本原则与模式选择

（一）"三权分置"立法表达的基本原则

1. 制度创新与固有体系协调原则。

一个国家的农地产权制度具有固有法性、本土性和稳定性，而且往往业已形成了比较稳固的法律制度体系。我国目前已经形成了以宪法为中心，以《物权法》《农村土地承包法》等法律为主体的农地法律制度体系。现有的农地法律制度体系反映了改革开放以来我国在农村实行家庭联产承包责任制、统分结合的双层经营体制，反映了土地集体所有权和土地承包经营权"两权分离"的农地权利体系构造。经过 40 年的发展，现行农地权利体系已经呈现了较强的稳定性。但是，随着社会经济的发展，固有的法律制度体系也呈现了与社会经济发展需求不相一致的情况，"三权分置"改革因应客观需要而被提出。根据《三权分置意见》等政策文件的要求，要在"落实集体所有权、稳定农户承包权、放活土地经营权"的基本原则指引下实行"三权分置"改革，而改革是在既有农地法律制度体系的基础上的进一步完善，而不是对现有制度体系的否定。"中国农村土地制度改

---

① 陈小君."三权分置"与中国农地法制改革. 甘肃政法学院学报，2018（1）.

革的探索事实上是一个从未间断的过程,农村土地制度创新尽管模式多样、进展各异、成效不一,但所共同具有的渐进性制度变迁的基本特征十分显著。"① 遵循中国农地制度变迁的渐进性特征要求,在制度创新过程中必须要考虑到与现行农地法律制度体系的协调,而不是一味地否定与盲目创新。在"三权分置"立法表达过程中也应当遵循制度创新与固有体系协调原则,实现制度创新与现有制度体系的融洽,尽量避免或减轻改革所可能带来的摩擦与阵痛。

2. 反映政策原义与遵循法理原则。

从我国农地改革的演进过程观察,凡是重要的农地制度改革均因循"政策制定——地区试点——法律确认"的路径。该种做法有利于渐进性地推进改革,避免改革的步伐过于激进而引发社会和民众的过激反应,降低改革成本。当然,"三权分置"实际上是对现实实践的确认,我国不少地区已经出台了地方性政策并开展了具体实践探索,这为政策的制定奠定了现实基础。为确保"三权分置"政策的实施,我国出台了一系列的政策文件,这些政策文件反映了"三权分置"政策的制度目的、基本原则、具体要求和保障措施。在"三权分置"的立法表达过程中必须首先忠实反映中央和国家的政策原义,否则就背离了政策制定与推进的初衷。在全面推进依法治国的背景下,推进"三权分置"的法律化还必须遵循法理,特别是要做到与我国的宪法规则不存在抵牾,否则就违背了依法治国的基本方略。正如有学者指出的,既要尊重经济学、管理学等学科的已有成果,领会它们对中国"三农"现实背景的解读与担忧,理解它们基于其学科范畴的限度,但切不可抛却法学学科立场不加独立思考地盲从、简单地顺应甚至直接机械地转化为法制度。② 故"三权分置"改革的立法表达既要忠实反映中央和国家政策文本的原意,又要遵循宪法和法理的原则,在符合政策原意并稳步推进的前提下,对其展开遵循法理的立法表达,进而最终实现政策和法律的完美统一。

3. 利益配置科学和利益平衡原则。

"三权分置"政策法律化的过程实际上就是通过立法在各个主体之间

---

① 郭晓鸣. 中国农村土地制度改革:需求、困境与发展态势. 中国农村经济, 2011 (4).

② 陈小君."三权分置"与中国农地法制改革. 甘肃政法学院学报, 2018 (1).

配置利益的过程。在"三权分置"改革中涉及农民集体、农村集体经济组织、农户以及各种新型农业经营主体的利益，法律制度设计的基本目标就是通过科学的利益配置实现各方利益的平衡，进而实现"三权分置"改革的制度目标。"土地问题的核心是与利益相关方的利益关系紧密相连的土地产权制度的改革和完善。"①《三权分置意见》明确指出："……落实集体所有权，稳定农户承包权，放活土地经营权，充分发挥'三权'的各自功能和整体效用，形成层次分明、结构合理、平等保护的格局。"对各方利益进行科学配置的关键在于各方权利以及权能的科学分割和配置，具体到"三权分置"的立法表达而言，就是要对农民集体、农户和其他新型农业经营主体各自享有的权利进行科学而公平的配置，进而实现各方利益的平衡。这就需要在科学配置和利益平衡的原则的指引下，通过赋权的方式将各种利益在不同利益主体实现公平配置。

(二)"三权分置"立法表达的模式选择

1. "体系再造"模式 VS "制度嵌入"模式。

目前，实现"三权分置"法律化可供选择的立法表达模式主要有两种：一种是"体系再造"的表达模式。这是指在对"三权分置"的立法表达过程中，放弃使用"两权分离"模式下的现有法律制度体系，而根据"三权分置"的结构和模式对各方之间的利益关系进行全新的法权关系表达。该种表达模式意味着要通过法律认可或者创造更多的法律概念，如农户承包权、土地经营权等，并且对各种权利之间的权能进行全新的分配和表达；也意味着要对现行的《物权法》《农村土地承包法》等法律、法规进行规模宏大的修订。该种表达模式的优点在于可以迅速地把"三权分置"政策进行清晰的法律化，缺点在于修法工程量过大、成本过高。另一种是"制度嵌入"的表达模式。这是指在对"三权分置"作立法表达的过程中，尽可能做到将"三权分置"模式下的法律制度设计与原有"两权分离"模式下的制度体系稳妥对接。该制度实际上是将"三权分置"模式下的法律制度设计有机嫁接到现有制度体系之中，尽可能减少新概念的使用和新制度的设计；意味着对现有的法律制度和法律规范体系进行较小规模的修订即可。该种模式的优点在于可以在较大程度上节约立法成本，缺点在于可能会造成新旧制度之间衔接和法律解释的较大压力。

---

① 张晓山. 中国农村土地制度变革的回顾和展望. 学习与探索，2006（5）.

2. 表达模式之取舍与论证。

我们认为,"三权分置"的两种立法表达模式各有利弊,相比较而言,"制度嵌入"模式更加可行。具体理由如下。

(1)"制度嵌入"模式有利于降低制度变迁成本。制度的变迁源于现实的制度需求,不同历史阶段下我国选择了不同的农地制度。从新中国成立初期,我国实行农民的土地所有制,实行农民土地的各户所有、分户经营(私有私用模式),到社会主义改造,乃至人民公社制度后的集体土地所有制,实行农村土地"三级所有、队为基础",集体共同经营(公有公用模式),再到党的十一届三中全会后实行家庭联产承包责任制,实行土地归村社集体所有、家庭承包经营(公有私用模式)。可见,我国农村土地的集体产权和经营模式有着渐进式改革的传统。现阶段深化农村土地制度改革,顺应农民保留土地承包权、流转土地经营权的意愿,将土地承包经营权分为承包权和经营权,实行所有权、承包权、经营权分置并行,着力推进农业现代化,是继家庭联产承包责任制后农村土地改革又一重大制度创新。但是,应当注意的是,土地制度改革属于社会经济制度的重大变革,必须充分考虑到制度改革所可能带来的社会效应,应当在尊重制度变迁传统的基础上进行改革,以便降低制度变革成本。"中国农地制度采取的是局部突破、渐进式的扩张方式,虽不符合主流经济学关于转型经济制度变迁理念,却非常符合中国的实际。制度变迁是在既有的政治、经济制度框架内发动的改革,因而避免了激烈的社会冲突。"[1] "三权分置"改革同样应当遵循我国的制度变革传统。农地集体产权制度和经营制度的立法表达作为上层建筑对经济基础的反映,必须考虑到我国农地制度改革渐进式的传统。而"制度嵌入"的立法表达模式很好地考虑到了目前的"三权分置"改革与"两权分离"下制度传统和制度体系之间的衔接性和契合性。将"三权分置"改革的价值理念和制度设计灵活地嵌入现行的法律制度体系中,有利于实现现有改革与原有制度体系之间的有效衔接,降低制度变迁成本。

(2)"制度嵌入"模式有利于节约立法成本。在本质上,立法成本属于制度成本的范畴。制度成本是指以制度设计为起点、以制度变迁为终点的整个制度周期中所产生的一切耗费,是因不同主体之间利益博弈而产生

---

[1] 张红宇. 中国农村的土地制度变迁. 北京:中国农业出版社,2002:157.

的成本。在一个完整的制度周期中，从制度的形成、执行、监督到制度的变革，其中的每一个阶段都需要支付相应的成本，由此制度成本包括制度形成成本、制度执行成本、制度监督成本、制度变迁成本。[1] 可见，立法成本属于制度成本中的制度形成成本。我国目前的农地产权制度和经营制度已经通过《物权法》《农村土地承包法》等法律、法规得到了全面的法律表达，形成了一整套相对完整的原则、概念和规范体系。经过多年的实践运转，该套制度体系已经基本上能够制度融合与逻辑自洽。而且，在司法实践中法院的案由设计等均以现有法律制度体系为基础展开。按照《三权分置意见》等中央文件的要求，"三权分置"要将土地承包经营权分为承包权和经营权，实行所有权、承包权、经营权分置并行。那么，此时面临的一个非常重要的问题就是，"三权"，特别是"三权"中的承包权，与现有法律制度体系中的土地承包经营权的关系如何协调这样一个至关重要且棘手的问题。"制度嵌入"模式注重在尽可能减少新创法律概念的基础上，将"三权分置"改革中的制度设计与现行法律制度体系实现有机融合，这必将节约制度形成成本。

（3）"制度嵌入"模式有利于降低制度执行成本。制度变迁是一个由多种主体参与和多种要素参与的复杂过程，民众的接受度在很大程度上影响了制度执行的成本，也最终影响到制度实施的效果。制度执行成本实际上就是制度实施成本。改革开放以来，我国的农村土地制度改革无不充分尊重了民众的意愿，以家庭承包经营为基础的统分结合的双层经营体制就是广大人民群众的首创和自愿选择的结果，充分反映了人民群众的意志，这是过去40年来我国农村土地制度改革较为成功的重要基础。因循这一制度变革传统，"三权分置"改革也是人民群众锐意创新、大胆尝试的结果。"三权分置"的地方实践和规范性文件的确认也充分说明，我国目前推行的"三权分置"改革早已具备较为充分的实践基础。早在20世纪八九十年代已经开展了比较广泛的地方实验，并且自21世纪以来全国多个省份的规范性文件中已经明确地提出"三权分置"改革。根据实证调研，在基层民众的视野中，"三权分置"改革并非剧烈的制度改革，而是对范围日渐广泛的农地流转实践的一种客观反映。所以，在法律制度设计层面

---

[1] 张广利，陈丰. 制度成本的研究缘起、内涵及其影响因素. 浙江大学学报（人文社会科学版），2010（2）.

没有必要重新构造一套新制度和新体系,更没有必要人为地主观臆想出一系列制度难题。因此,在对"三权分置"的立法表达过程中,"两权分离"模式下法律制度体系的多数内容均可以继续保留。如土地承包经营权的概念,目前《物权法》《农村土地承包法》等法律均使用之,并已经被广大民众广泛接受。从实践来看,我国目前已基本完成的农地确权中给农户颁发的也是农村土地承包经营权证。如果在改革中直接机械照搬政策文件中的承包权概念,否定现有的农村土地承包经营权证,有可能会引起农户对政策的误解乃至恐慌。而"制度嵌入"的立法表达模式以民众的思维定式和接受度作为制度设计的出发点,充分考虑到了农民的意愿和主观感受,必将有利于降低制度的执行成本,也有利于提升制度的实施效果。

三、"三权分置"的立法表达要点

(一)土地集体所有权的立法表达要点

1. 应当始终以"坚持农村土地集体所有"为立法根基和制度底线。

在"三权分置"背景下,土地集体所有权制度的立法表达应当坚持底线思维和系统论思维,对土地集体所有权制度作出适当的制度调整,以适应全面深化农村土地制度改革和确保农村土地集体所有权的根本地位的要求。无论集体土地的经营方式如何变化,必须"坚持农村土地集体所有"这个立法根基和制度底线,这是社会主义公有制的客观要求。这就意味着,在"三权分置"的立法中必须坚持土地集体所有权的根本地位不动摇。所以,在修订《农村土地承包法》乃至编纂民法典物权编的过程中,必须"坚持农村土地集体所有"。土地集体所有权的根本地位不可撼动。这是我国农村土地制度改革的底线,也是立法的根基所在。

2. 应当进一步廓清土地集体所有权与集体成员权的关系。

2015年11月中共中央办公厅、国务院办公厅印发的《深化农村改革综合性实施方案》明确了"落实集体所有权"的内涵,即落实"农民集体所有的不动产和动产,属于本集体成员集体所有"的法律规定(《物权法》第59条),明确界定农民的集体成员权,明晰集体土地产权归属,实现集体产权主体清晰。这一表述表明:"农民集体所有"本质上属于"本集体成员集体所有",土地集体所有权就是本集体成员集体的所有权。明确集体成员权是落实集体所有权的路径,集体成员在成员集体中行使成员权实际上是行使集体所有权。当然,这也需要在立法上建构起完善的集体成员权治理体系。关于立法模式,有学者指出,应当在民法典物权编中健全完善集体经济组织成员权利界定的制度与规则体系,可考虑在物权编的集体所有权中统一规制。① 我们认为,该种观点反映了土地集体所有权与集体成员权的密切关系,符合中央政策文件所反映的价值内涵与制度目标,值得赞同,应当借助民法典编纂的时机建构起完善的集体经济组织成员权规范体系和治理体系。

3. 应当明确"成员集体"的内涵以及其与农村集体经济组织之间的"委托—代理"关系。

关于"成员集体"所有的性质,目前学界颇有争议,但似乎未形成通说。因此,应当在立法中进一步明确成员集体的内涵,特别是明晰集体成员权,进一步明确成员集体和集体成员之间的关系,实现土地集体所有权的权利主体清晰。目前,在理论上和实践中的一个误识是混淆了农民集体和集体经济组织之间的关系,认为农村集体经济组织就是农民集体。事实上,农民集体和农村集体经济组织是不同的主体:农民集体是集体财产的权利主体,而农村集体经济组织是集体财产的权利代表行使主体。权利主体和权利代表行使主体显然属不同范畴。农村集体经济组织作为"代表集体行使所有权"的经济组织在行使所有权方面较目前的村民自治组织具有明显的优越性,且符合中央政策文件中"政经分离"的改革要求。故应当将农村集体经济组织作为土地集体所有权的代表,在没有成立集体经济组织的地方可由村民自治组织代为行使集体财产权。

4. 应当进一步明确土地集体所有权的权能。

土地集体所有权作为集体所有权的一种类型,也是传统所有权的一种类型,当然应当具有所有权的占有、使用、收益、处分的积极权能和排除他人侵害的消极权能。在"三权分置"政策的实施过程中,仅仅空洞地明确土地集体所有权的占有、使用和处分权能是不够的,还要充分维护农民集体对承包地发包、调整、监督、收回等各项具体权能,以落实抽象权能,充分展现农村土地集体所有的优势和作用。我们认为,土地集体所有权的权能设计,应当包括:(1)发包权。农民集体有权依法发包集体土地,任何组织和个人不得非法干预。(2)调整权。农民集体有权因自然灾害严重毁损等特殊情形依法调整承包地。(3)监督权。农民集体有权对

---

① 陈小君. 我国农民集体成员权的立法抉择. 清华法学,2017(2).

承包农户和经营主体使用承包地进行监督，并采取措施防止和纠正长期抛荒、毁损土地、非法改变土地用途等行为。（4）收回权。承包人严重违反承包合同或者严重违反关于土地管制的强制性规定的，农民集体有权收回承包地。（5）获得补偿权。集体土地被征收的，农民集体有权就征地补偿安置方案等提出意见并依法获得补偿。在立法上明确土地集体所有权的权能，有利于真正落实土地集体所有权。

（二）农户承包权的立法表达要点

1. 做好"稳定和保护农户承包权"的制度设计。

家庭承包经营是我国农地经营的基本经营方式，学界和政策制定者普遍认为，即便是在推进农地适度规模经营的背景下，农户家庭承包经营仍处于基础性地位。稳定农户承包权首先必须做到农户的土地承包关系长久不变。只有土地承包关系长久不变才能实现农村社会的稳定，才能给农民一个稳定的财产权利预期，实现"有恒产者有恒心"。在贯彻"三权分置"政策过程中必须坚持"稳定和保护农户承包权"。"稳定和保护农户承包权"具有社会意义和经济合理性，在短时期内具有不可替代性，推进"三权分置"改革必须要"稳定和保护农户承包权"，并且要进一步"稳定和保护农户承包权"，需要建立系统的政策与制度保障：要严格根据法律和政策"稳定和保护农户承包权"，未来法律制定与修改应当把对"稳定和保护农户承包权"的基本要求写入法律规范中，特别应当充实、完善农户承包权的权能、实现方式以及保障机制，以实现"稳定和保护农户承包权"政策的法律化。同时，稳定农户承包权迫切需要做好土地承包经营权的确权颁证，加强对农户承包权的行使机制和保障制度的设计。

2. 在立法中沿用土地承包经营权的概念，无须新创"农户承包权"的概念。

对农户承包权进行概念取舍和立法表达时应当做到：首先，应当充分考虑农户承包权与现行法律概念规范体系的协调，尽量避免增加一些新的不必要的法律概念。其次，既要忠实反映中央政策文件的精神，又要遵循宪法和法理的原则，在符合政策精神并稳步推进的前提下，对其展开遵循宪法和法理原则的立法表达，进而最终实现政策和法律的统一。"三权分置"中的农户承包权实质上为现行法律制度体系中的"土地承包经营权"，是农户流转土地经营权后，受到经营权限制的土地承包经营权的权利形态。一旦土地经营权到期，农户就会恢复享有完整的土地承包经营权。土地经营权流转前后的土地承包经营权的变化并没有改变其权利的本体和性质。[①] 总之，在立法上根本没有必要再次新创一个有别于土地承包经营权的农户承包权概念。原有的土地承包经营权的概念足以实现改革的目标需求，且会在很大程度上节约立法成本。

3. 应当明晰集体成员权与土地承包经营权的关系。

厘清"三权分置"中农户承包权和现行立法中存在的土地承包经营权的关系，必须从"三权分置"改革的目标出发，不能仅从文意上进行表面解释。目前造成在理论上和实践中对"三权分置"中的农户承包权以及《物权法》中的土地承包经营权认识混乱的重要原因之一是，没有清晰界定集体成员权和集体成员基于成员权的行使所取得的用益物权的关系。造成这一结果的主要原因在于，在我国现行立法中集体成员权立法不足。农户承包权与集体成员权在主体方面具有相似性，在产生上具有关联性，从而导致二者之间的关系经常被误读。厘清"三权分置"中各种权利之间的关系，必须对农户承包权与集体成员权之间的关系进行明确。事实上，二者在权利性质、权利主体、权利内容、行使和救济机制，以及产生顺序，产生、变更和消灭的方式等方面都有明显不同。[②] 将集体成员权和农户承包权清晰地区分，有利于弱化农户承包权的身份属性，有利于"三权分置"制度目标的实现。特别应当及时纠正目前在《农村土地承包法》修改过程中对农户承包权本质属性的错误认识，以实现"三权分置"立法表达的科学化。

4. 应当赋予土地承包经营权（农户承包权）充分的权能。

结合现行法律规定和中央政策对未来改革的要求，我们认为，土地承包经营权的权能至少包括如下方面：（1）占有、使用、收益权能。承包农户有权占有、使用承包地，依法依规建设必要的农业生产、附属、配套设施，自主组织生产经营和处置产品并获得收益。（2）转让、互换、出租（转包）、入股等流转权能。（3）抵押权能。现行法中将以家庭承包方式取得的土地承包经营权设定抵押权仍未完全开禁，学界对土地承包经营权的抵押也多持担忧态度，但中央政策和改革试点地区已经突破了法律之限

---

①② 更详尽的论证请参阅管洪彦，孔祥智."三权分置"中的承包权边界与立法表达. 改革，2017 (12).

制。(4)退出权能。随着城镇化的推进,部分进城并取得稳定社会保障的农民已经有了退出承包地的意愿,目前我国已经在部分地区开展了试点工作。(5)补偿权能。农户的承包土地被征收的,承包农户有权依法获得相应补偿。(6)继承权能。土地承包经营权作为一种独立用益物权,本质上属于集体成员个人的合法财产,赋予其继承权能乃属当然之理。

(三)土地经营权的表达要点

1. 应当明确土地经营权的内涵与性质。

当前,"土地经营权"尚属政策概念,其权利属性和权利规则尚欠缺明晰立法表达。关于土地经营权之法律性质的界定,学界争议颇大,目前主要存在债权说、用益物权说、权利用益物权说、新型用益物权说、次级承包经营权说等观点。《三权分置意见》[①] 和《承包法修正草案》[②] 对土地经营权的内涵均作了界定。我们认为,前述政策文件和立法草案中的概念均体现了土地经营权的基本属性,未来立法中可以借鉴。从应然角度分析,土地经营权应当被界定为土地承包经营权中分离出的次级用益物权,主要理由如下:(1)土地经营权为用益物权,符合权能分离理论。(2)土地承包经营权为土地经营权的母权。土地承包经营权在很大程度上具有"准所有权"的自物权属性。此外,党的"十九大报告"再次重申"保持土地承包关系稳定并长久不变,第二轮土地承包到期后再延长三十年",足见土地承包经营权是长久不变的权利,在其上设置一个次级用益物权不存在制度障碍。(3)确立土地承包经营权为土地经营权的母权,将土地经营权规定于土地承包经营权的既有规则之下,可以节约立法成本,保持既有制度的稳定性和可预期性。

2. 应当明确土地经营权的权能及限制。

民法典物权编的编纂以及《农村土地承包法》的修订应立足土地经营权的非身份性用益物权的本质属性,配置以充分的财产权权能:(1)土地的占有、使用权能,即土地经营权人有权占有、使用流转土地,自主从事

---

① 该意见指出:土地经营权人对流转土地依法享有在一定期限内占有、耕作并取得相应收益的权利。

② 该草案指出:土地经营权是指一定期限内占用承包地、自主组织生产耕作和处置产品,取得相应收益的权利。

农业生产经营；（2）优先续租承包地的权能，即有权在流转合同到期后按照同等条件优先续租承包土地；（3）流转权能，即土地经营权人有权依法将土地经营权以转让、互换、抵押、出租、入股等方式流转；（4）收益权能，即土地经营权人从土地使用过程中获取收益；（5）继承权能，即经交易行为取得的土地经营权可以在权利存续的期间内被继承。当然，土地经营权的权能应当受到一定限制：土地经营权作为次级用益物权，一方面其构成土地承包经营权（"三权分置"下的土地承包权）的限制。另一方面其部分权能还要受到承包农户权利的限制，如依法依规改良土壤、提升地力，建设农业生产、附属、配套设施；经营主体再流转土地经营权或依法依规设定抵押的情况下，需要经过承包农户的同意。

3. 应当明确土地经营权的设立、流转和公示规则。

（1）土地经营权的设立规则。农户可依法、自愿、有偿地在其承包经营的土地上设立土地经营权。但是，作为次级用益物权，土地经营权的期限不得超过土地承包经营权的剩余期限，超过承包期的剩余期限的无效。此外，未经依法批准，土地经营权人不得改变经营地的农业用途。（2）土地经营权的流转规则。"三权分置"改革的目标是"放活土地经营权"，并赋予土地经营权以充分、灵活的权能，以促进土地使用权的流转，释放土地的财产价值。土地承包经营权人有权依法将土地经营权以转让、互换、抵押、出租、入股等方式流转，流转的期限不得超过土地承包经营权的剩余期限。通过市场交易方式取得的土地经营权，可以在剩余经营期限内被继承。（3）土地经营权的权利变动应采纳登记对抗主义模式。关于土地经营权的登记应当采用何种模式，学界观点不一：有的主张登记生效主义说[1]，有的主张采取登记对抗主义说[2]，也有的认为应区分设立和流转分别采纳不同的生效模式。[3] 我们认为，相比之下，登记对抗主义较可取，理由在于：一方面，登记对抗主义能够提高土地经营权的设立和流转的效率，符合土地经营权广泛流转的社会现实，且能够较好地平衡承包农户和

---

① 蔡立东，姜楠. 农地三权分置的法实现. 中国社会科学，2017（5）.

② 刘守英，等. 农地三权分置下的土地权利体系重构. 北京大学学报（哲学社会科学版），2017（5）.

③ 徐超."三权分置"下土地经营权登记制度的缺陷及完善——以信息规制为研究路径. 农业经济问题，2017（9）.

土地经营权人的利益。另一方面，采纳登记对抗主义与《物权法》中有关土地承包经营权互换、转让的变动模式一致，实现类似制度设计之间的协调。而且，我国目前在土地经营权领域全面实施登记生效主义不太符合各地发展不平衡的现实状况，在实践中将难以实现。

第三题 "三权分置"的法律表达与规则构建

党的"十九大报告"将"完善承包地'三权'分置制度"作为"贯彻新发展理念,建设现代化经济体系"的重要任务之一。[1] 农地"三权分置",就是"要不断探索农村土地集体所有制的有效实现形式,落实集体所有权、稳定农户承包权、放活土地经营权"[2]。"改革前,农村集体土地是所有权和经营权合一,土地集体所有、集体统一经营。搞家庭联产承包制,把土地所有权和承包经营权分开,所有权归集体,承包经营权归农户,这是我国农村改革的重大创新。现在,顺应农民保留土地承包权、流转土地经营权的意愿,把农民土地承包经营权分为承包权和经营权,实现承包权和经

---

① 习近平.决胜全面建成小康社会 夺取新时代中国特色社会主义伟大胜利——在中国共产党第十九次全国代表大会上的报告.北京:人民出版社,2017:32.

② 习近平.在中央农村工作会议上的讲话//中共中央文献研究室.习近平关于全面深化改革论述摘编.北京:中央文献出版社,2014:65.

营权分置并行，这是我国农村改革的又一次重大创新。"① 这一改革思想由"2014 年中央一号文件"正式提出，并经中共中央办公厅、国务院办公厅先后发布的《土地经营权流转意见》《深化农村改革综合性实施方案》《三权分置意见》等具体化，已然成为新一轮农村土地制度改革的主要方向②，并将成为相关法律修改的重要理论基础。③ 但遗憾的是，从"三权分置"改革思想提出至今，无论是政府决策部门，还是学术界（农业经济学界、管理学界和法学界），就土地所有权、土地承包权和土地经营权"三权分置"的方式和程度、分置后的权利属性以及内容等，均未达成共识或形成多数意见，直接影响到了《农村土地承包法》修改和民法典物权编编纂的进程。同时，《承包法修正草案》就此的表达亦值得商榷。

一、"三权分置"理论的形成和发展

土地所有权、承包权、经营权（使用权）"三权分置"（或"三权分离"）的提法由来已久。在推行家庭联产承包责任制之后不久，即有学者基于承包地由非承包农户耕作的事实，提出了"三权分离"的观点④，并且有些地方已出现了"三权分离"的大量实践。⑤ "由'两权分离'到'三权分离'，无论是在理论上还是在实践中是有极其重要的意义。"⑥ 此时，经济学界认为，土地承包经营权所传达的所有与利用相分离的生产关系——"农村土地、农户承包、承包农户经营"发生了改变，出现了非承

---

① 习近平. 在中央农村工作会议上的讲话//中共中央文献研究室. 习近平关于全面深化改革论述摘编. 北京：中央文献出版社，2014：66.

② 孙中华. 关于农村土地"三权分置"有关政策法律性问题的思考. 农业部管理干部学院学报，2015（1）.

③ "2015 年中央一号文件"；刘振伟. 三权分置关键是土地经营权定性. 经济参考报，2015 - 08 - 06.

④ 田则林，余义之，杨世友. 三权分离：农地代营——完善土地承包制、促进土地流转的新途径. 中国农村经济，1990（2）. 冯玉华，张文方. 论农村土地的"三权分离". 经济纵横，1992（9）.

⑤ 韩俊. 中国农村土地制度建设三题. 管理世界，1999（3）. 黄祖辉，王朋. 农村土地流转：现状、问题及对策——兼论土地流转对现代农业发出的影响. 浙江大学学报，2008（2）.

⑥ 韩俊. 中国农村土地制度建设三题. 管理世界，1999（3）.

包户耕作承包地的情形——"农村土地、农户承包、非承包农户经营"。为了反映这一生产关系的改变，在农地产权保护上即有了将土地承包经营权分离为承包权与经营权的必要，由此而出现了土地所有权、承包权和经营权的分离，其中，"土地所有权属于集体，承包权由后来的集体承包土地的农户持用，使用权则转移到土地的实际者手中"①。

虽然有这些理论与实践的创新，但在 2001 年起草《农村土地承包法》时，立法者并没有采纳"三权分离"的观点。该法的立法说明中指出："随着农业产业化和现代化进程的加快，今后工作的重点之一就是土地经营权流转的管理。"② 但该法是以土地承包经营权流转的法律构造来传达上述"农村土地、农户承包、非承包农户经营"的生产关系。③ 这样，承包地的产权结构就成了"集体的土地所有权＋承包农户的土地承包经营权"。其中，土地集体所有权不能进行买卖或交易，承载着维持土地公有制的功用④，而土地承包经营权被定性为农户的"私权"（民事权利）。承包地产权结构的如此安排，既避免了土地私有化之嫌，又将承包地产权的大部分权能界定给了集体成员，从而在一定程度上反映了当时家庭联产承包制之下农户承包集体土地并且实际经营其承包地所发生的生产关系，有效克服了集体经营情况下农业生产过程的外部性。⑤ 如此即极大地调动了农民的生产积极性⑥，适应了当时的生产力发展水平，取得了较好的制度绩效。⑦

---

① 冯玉华，张文方. 论农村土地的"三权分离". 经济纵横，1992（9）.

② 柳随年. 关于《中华人民共和国农村土地承包法（草案）》的说明. 中华人民共和国全国人民代表大会常务委员会公报，2012（5）.

③ 虽然"流转"一语并非严格意义上的法律术语，但《农村土地承包法》赋予了其法律意义——农户作为土地承包经营权人（承包人）处分其土地承包经营权行为的总称。

④ 何宝玉.《中华人民共和国农村土地承包法》释义及实用指南. 北京：中国民主法制出版社，2002：47-48.

⑤ 张红宇，李伟毅. 人地矛盾、"长久不变"与农地制度的创新. 经济研究参考，2011（9）.

⑥ 叶兴庆. 集体所有制下农用地的产权重构. 毛泽东邓小平理论研究，2015（2）.

⑦ 韩长赋. 土地"三权分置"是中国农村改革的又一次重大创新. 光明日报，2016-01-26（01）.

"随着社会主义市场经济的发展,家庭联产承包责任制的边际效用不断递减、效率降低,逐渐落后于农村生产力的发展水平,并给农村生产力的进一步发展带来了障碍。"① 大量的研究表明,家庭分散经营具有如下弊端:生产规模过小,规模效益无法体现;组织化程度低,难以避免农业生产活动的盲目性;农产品的市场化提高了竞争风险,单一农户难以防范。② 随着工业化、城镇化的深入推进,农民就业和收入"非农化"现象不断涌现,承包地流转日益频繁,从而使以"承包主体与经营主体合一"为基础的土地承包经营权有了进一步分离的必要。"至 2016 年年底,农村已有 30.8% 的承包农户在流转承包地,35.1% 的承包地流向其他经营主体,面积达到 4.7 亿亩。"③ "家家包地、户户务农的局面发生变化,催生了专业大户、家庭农场、农民合作社、农业企业等各类新型经营主体,形成了集体拥有所有权、农户享有承包权、新型主体行使经营权的新格局,实现了'集体所有、农户承包经营'的双层经营逐步向'集体所有、农户承包、多元经营'的'立体式复合型现代农业经营体系'转变。"④

在适度规模经营政策的指引下,土地承包经营权的流转成了无法回避的话题。在现行规则之下,土地承包经营权因其取得的身份性以及其社会保障功能,流转较受限制,难以适应适度规模经营的生产力发展要求,无法很好地解决土地资源的优化配置问题。土地承包经营权所承载的社会保障功能与利用效率之间存在内在矛盾,事实上该制度已成为农村经济发展的制度性障碍。⑤ 此外,土地承包经营权流转后可能带来的原承包户失去就业和生活保障的风险,无法在现有承包地产权结构中得到很好的说明和阐释。现行土地承包经营权流转规则仅以小规模的承包地流转为基础,无法适应和调整适度规模经营之下承包地流转的需要:一则经营主体所取得

① 刘先江. 农村土地经营权流转的政治学分析. 政治学研究,2014(4).

② 马敬桂,查金祥. 我国农业双层经营体制的完善与创新. 农业经济,2004(3).

③ 刘振伟. 完善农村土地承包法律制度//全国人大农业与农村委员会法案室. 农村土地承包法律制度研究. 北京:中国法制出版社,2017:3.

④ 韩长赋. 土地"三权分置"是中国农村改革的又一次重大创新. 光明日报,2016-01-26(01).

⑤ 汪洋. 明清时期地权秩序的构造及其启示. 法学研究,2017(5).

的权利效力较弱，保障力度不够，难以形成稳定的经营预期；二则经营主体无法以其取得的权利进行担保融资、扩大再生产，制约了正常的生产经营。① 同时，在构建新型农业经营体系的过程中，"决不能因为创新而使农户丧失其合法的土地承包经营权"②。于是，"集体所有权、农户承包权和土地经营权"等"三权分置"再次进入人们的视野，并被赋予了"就业保障的托底作用""土地要素合理流转""提升农业经营规模效益和竞争力""创新农村土地集体所有制的有效实现形式"的政策目标。③ 在经济学界"三权分置"渐成通说④，普遍以土地经营权与土地承包权的分离来表达我国现行法上所规定的土地承包经营权流转。⑤

承包地产权结构的分化在一定程度上体现着承包地生产要素功能和社会保障功能的冲突⑥，体现着效率和公平两大价值的平衡。在"两权分离"之下，土地集体所有权派生出土地承包经营权。这一分离发生于集体与农户之间，是农户与集体之间承包地产权的重新配置⑦，置重的是承包地的社会保障功能，强调承包地在本集体成员之间的公平分配。如此形成了"以生存保障为基础，以社会公平的价值理念为目标"的承包地产权结构⑧，并通过对土地承包经营权的物权性赋权，激发农户的生产积极性，极大地解放了农村生产力。在"三权分置"之下，在土地集体所有权与土地承包经营权分离的基础上，土地承包经营权派生出土地经营权，是承包农户和其他经营主体之间承包地产权的重新配置，同时分割土地承包经营

---

① 耿卓. 农地三权分置改革中土地经营权的法理反思与制度回应. 法学家，2017（5）.

② 陈锡文. 加快构建新型农业经营体系.《中共中央关于全面深化改革若干重大问题的决定》辅导读本. 北京：人民出版社，2013：192.

③ 韩长赋. 土地"三权分置"是中国农村改革的又一次重大创新. 光明日报，2016－01－26（01）.

④ 同②193－194.

⑤ 黄祖辉，王朋. 农村土地流转：现状、问题及对策——兼论土地流转对现代农业发出的影响. 浙江大学学报，2008（2）.

⑥ 朱道林，王健，林瑞端. 中国农村土地制度改革与探讨——中国土地政策与法律研究圆桌论坛（2014）观点综述. 中国土地科学，2014（9）.

⑦ 尹成杰. 三权分置是农地制度的重大创新. 农村工作通讯，2015（16）.

⑧ 刘俊. 创新农地流转制度. 瞭望新闻周刊，2007（44）.

权的保障功能和财产功能。① 承包农户的土地承包经营权不因派生出土地经营权而发生改变，仍被赋予严格的身份属性，在一定程度上坚守了农户"不失地"的改革底线，体现着承包地的社会保障功能；同时，土地经营权成为脱逸身份属性的市场化权利，其自由流转解决了承包地的抛荒、适度规模经营以及抵押融资等问题。② 正是在"三权分置"之下，承包农户在享有稳定的土地承包经营权的同时，可以放心地流转承包土地的经营权。③ 也正是基于脱离了身份藩篱的土地经营权的市场化流转，多元化的农业经营方式才得以发展，承包地的利用效率才得以置重，集约化、组织化和社会化相结合的新型农业经营体系才得以构建。

2013 年，党的十八届三中全会通过的《中共中央关于全面深化改革若干重大问题的决定》（以下简称为《十八届三中全会决定》），虽然提出了丰富土地承包经营权权能的思想，但并未明确表述"三权分置"的思想。"2014 年中央一号文件"首次在中央文件中指出："在落实农村土地集体所有权的基础上，稳定农户承包权、放活土地经营权，允许承包土地的经营权向金融机构抵押融资。"2014 年 10 月，《土地经营权流转意见》又更加明确地提出，要"坚持农村土地集体所有，实现所有权、承包权、经营权三权分置，引导土地经营权有序流转"，"抓紧研究探索集体所有权、农户承包权、土地经营权在土地流转中的相互权利关系和具体实现形式"。"2015 年中央一号文件"具体地提出要"抓紧修改农村土地承包方面的法律，明确现有土地承包关系保持稳定并长久不变的具体实现形式，界定农村土地集体所有权、农户承包权、土地经营权之间的权利关系"。2015 年 11 月，中共中央办公厅、国务院办公厅印发的《深化农村改革综合性实施方案》也提出要"在农村耕地实行所有权、承包权、经营权'三权分置'的基础上，按照依法自愿有偿原则，引导农民以多种方式流转承包土地的经营权，以及通过土地经营权入股、托管等方式，发展多种形式

---

① 宋志红. 农村土地"三权分置"改革：风险防范与法治保障. 经济研究参考，2015 (24).

② 宋志红. 中国农村土地制度改革研究：思路、难点、制度建设. 北京：中国人民大学出版社，2015：8.

③ 陈锡文. 加快构建新型农业经营体系.《中共中央关于全面深化改革若干重大问题的决定》辅导读本. 北京：人民出版社，2013：193-194.

的适度规模经营"。该方案并首次明确了"三权"的内涵。2016 年 10 月,《三权分置意见》在明确"三权分置"改革的重大意义的基础上,提出要"不断探索农村土地集体所有制的有效实现形式,落实集体所有权,稳定农户承包权,放活土地经营权,充分发挥'三权'的各自功能和整体效用,形成层次分明、结构合理、平等保护的格局",并进一步明确了"三权"的内涵。至此,在政策层面,"三权分置"已然成为新一轮农村土地制度改革的基本指导思想。

二、"三权分置"的理论基础

"三权分置"改革的总体要求是:"科学界定'三权'内涵、权利边界及相互关系,逐步建立规范高效的'三权'运行机制,不断健全归属清晰、权能完整、流转顺畅、保护严格的农村土地产权制度。"虽然"三权分置"的经济思想已经在政策文件中得到反映,但经济学理论并未就分置后的"三权"的权利属性和内容作出清晰的界定,各政策文件之间无论是形式上的文字表述还是实质上的思想内容,都存在较大的差异。

经济学界普遍认为, "土地承包经营权是承包权和经营权的混合体"[1]。面对承包农户不自己经营承包地的情况越来越多的现实,为顺应农民保留土地承包权、流转土地经营权的意愿,有学者主张将土地承包经营权分为承包权和经营权,实现承包权和经营权分置并行。[2] 这种观点得到了部分地方实践的支持。例如,吉林省探索建立农村土地所有权、承包权、经营权"三权分置"并行的具体实现方式,将"两证"——农村土地所有权证书和承包经营权证书分离成"三证",分别颁发农村土地集体所有权证、农户承包权证和土地经营权证。[3]

土地所有权、承包权、经营权"三权分置"在传统的经济理论之下

---

① 叶兴庆. 集体所有制下农用地的产权重构. 毛泽东邓小平理论研究, 2015 (2).

② 韩长赋. "三权分置"改革是重大制度创新. 人民日报, 2014 - 12 - 22 (02). 尹成杰. 三权分置是农地制度的重大创新. 农村工作通讯, 2015 (16).

③ 吉林省委、省政府关于引导农村土地经营权有序流转发展农业适度规模经营的实施意见.

"是完全可以解释的"①，因为经济学是以"权利束"的观念来解读承包地产权结构的：在家庭联产承包责任制的框架下，承包地产权结构被分解为上述三种权利。② 有论者指出，承包地产权作为一个权利束，包括占有、使用、收益、处置等子权利，每一项子权利还可再细分相应权益，承包权与经营权的分离就是多个主体分享承包地产权权利束的直接体现。③ 这种产权经济学上的权利束观念明显受到英美法的影响。英美法上没有严格意义上的物权、债权概念体系，其所谓"property right"多被对译为"产权"，并被定义为"与物有关的'权利束'"，其中最为重要的包括排他权、转让权、占有使用权。④ "土地权利随经济发展，内涵丰富，所有权与所有制含义不同。所有权可分解出使用权、经营权、租让权、抵押权、处置权、收益权等等，成为一束权利。"⑤ 即便如此，"权利束"的分解理论也无法论证将土地承包经营权分置为土地承包权和土地经营权的正当性。在经济学界普遍将"土地承包权"理解为农户承包土地的权利（请求权）的情况下，"土地承包权"是取得土地承包经营权的前提条件，土地承包经营权是行使"土地承包权"的结果。准此，土地承包经营权中并不包括所谓"土地承包权"，也无以从中分解出"土地承包权"。

以"权利束"来解释物权或产权的分解，并未得到大陆法系法理的支持。在传统大陆法系国家，为强化对他人之物的利用关系，概以所有权为中心推及用益物权、担保物权等定限物权（他物权）。所有权具有完整性，并不因其上设定了他物权而受到影响；他物权并不是所有权的分割，而是将所有权部分内容具化后新设的独立物权，是在所有权之上设定权利负

---

① 吴敬琏. 还给农民的是土地经营权，而非所有权. 农村工作通讯，2015 (11).

② 丁关良，阮韦波. 农村集体土地产权"三权分离"论驳析——以土地承包经营权流转中"保留（土地）承包权、移转土地经营权（土地使用权）"视点为例. 山东农业大学学报（社会科学版），2009 (4).

③ 潘俊. 农村土地"三权分置"：权利内容与风险防范. 中州学刊，2014 (11).

④ 约翰·G. 斯普兰克林. 美国财产法精解. 钟书峰，译. 北京：北京大学出版社，2009：4-5.

⑤ 杜润生. 杜润生自述：中国农村体制变革重大决策纪实. 北京：人民出版社，2005：157-158.

担，并不改变所有权的内容，仅在一定范围内限制着所有权的行使。① 此即所谓"母子"权利结构。② 有学者形象地比较了大陆法系中的所有权概念和英美法系中的产权概念。在大陆法系中，"所有权可以被想象成一个写有'所有权'标签的盒子，拥有盒子的人就是所有人，在所有权完全无负担的情况下，盒子中包含了特定权利，占有、使用、收益、处分。主人可以打开盒子，拿出一个或一些权利转让给其他人，但只要盒子仍在，他就仍然是所有权人，即使盒子是空的。而盎格鲁-美国则简单得多，没有所谓的盒子，有的仅是不同束的法律权益"③，一旦将财产权利束中的一组权利转让给他人，出让人就丧失了这部分权利。④ 我国民法秉承大陆法传统，经济学界以"权利束"为理论基础提出的"土地所有权、土地承包权、土地经营权"的"三权分置"思想无法直接在我国法上得到体现。⑤ 在中国民法典编纂和《农村土地承包法》修改之时，我们不宜以"权利束"为理论基础来解释"三权分置"的权利架构。

依前述大陆法系的他物权生成法理，所有权上设定了用益物权等他物权之后，所有权仍不失其完全性，所有权的权能并没有分离，只是所有权人行使其权利在所设定的他物权的范围内受到了限制，一旦他物权消灭，所有权当然回复其全面支配的圆满状态。⑥ 准此以解，土地集体所有权是浑然一体的权利，其内容可依所有权人的意志而伸缩，于其上为承包农户设定土地承包经营权，并不是土地集体所有权权能分离的结果。此时，土地集体所有权全面支配所有物的权能，将因受限制而大为减缩，其本身似已虚有其名，成为不具有任何权能的形态。学理上称之为所有权之虚有化

---

① 王泽鉴. 民法物权：2版. 北京：北京大学出版社，2010：110. 谢在全. 民法物权论：中册：修订五版. 北京：中国政法大学出版社，2011：426. 房绍坤. 用益物权基本问题研究. 北京：北京大学出版社，2006：44.

② 崔建远. 民法分则物权编立法研究. 中国法学，2017 (2).

③ 约翰·亨利·梅利曼. 所有权与地产权. 赵苹苹，译. 比较法研究，2011 (3).

④ 埃里克·佛鲁博顿，鲁道夫·芮切特. 新制度经济学. 姜建强，罗长远，译. 上海：上海人民出版社，上海三联书店，2006：105-106.

⑤ 高圣平. 新型农业经营体系下农地产权结构的法律逻辑. 法学研究，2014 (4).

⑥ 谢在全. 民法物权论：上册：修订五版. 北京：中国政法大学出版社，2011：110.

或空虚所有权。① 不过,于土地集体所有权上设定土地承包经营权之后,集体本应依其所有权受到限制而向承包农户收取对价,但因国家政策减轻农民负担而取消。这是集体作为所有权人基于国家政策和自主意愿处分其土地所有权的结果。

同理,土地承包经营权也具有浑然一体的内容。"农户承包权与土地经营权的设立并非将土地承包经营权肢解为两种权利,而是由土地承包经营权中派生出土地经营权。"② 自土地承包经营权派生出土地经营权,也不是土地承包经营权权能分离的结果。此时,土地承包经营权人行使其权利受到其上已设定的土地经营权的限制,相应地,其享有向经营主体收取对价的权利。农户占有、使用承包地的支配权能,将因土地经营权的设定而受到极大的限制,甚至减缩殆尽,其本身也似已虚有其名,仅表现为向经营主体收取对价的收益权能。但这同样是农户基于自主意愿处分其土地承包经营权的结果。

正如从土地集体所有权派生出土地承包经营权之后,土地所有权仍然是浑然一体的权利,其名称并未因派生出土地承包经营权而发生改变,土地承包经营权派生出土地经营权之后,土地承包经营权也仍然是浑然一体的权利,其名称也不因派生出土地经营权而发生改变。如依"母子结构"的权利生成法理,这一权利结构更易被理解:土地承包经营权是土地所有权之上的权利负担,土地经营权是土地承包经营权之上的权利负担,土地所有权和土地承包经营权均不因其上设定了权利负担而改变其权利名称和性质。

准此以解,"三权分置"在法律上应表达为"土地所有权—土地承包经营权—土地经营权",其中后者派生于前者。这一法律表达具有以下合理性。

第一,便于和现行制度相衔接,妥适处理"两权分离"和"三权分置"之间的关系。在我国目前农村生产力发展水平参差不齐的背景之下,"两权分离"和"三权分置"必将并行不悖。③ "三权分置"仅仅反映了发

---

① 谢在全. 民法物权论:上册:修订五版. 北京:中国政法大学出版社,2011:109 - 110.

② 蔡立东,姜楠. 农地三权分置的法实现. 中国社会科学,2017 (5).

③ 高圣平. 论农村土地权利结构的重构——以《农村土地承包法》的修改为中心. 法学,2018 (2).

生承包地流转时的承包地产权结构，并不全盘否定"两权分离"，在没有发生承包地流转的情况之下，仍然维系"两权分离"的产权结构。此时，农户仍然享有土地承包经营权，无须进一步派生出土地经营权，现行制度足敷使用；已经推行的土地承包经营权登记颁证工作也无须改变，即无须就土地承包权和土地经营权分别颁证，能满足农民对土地承包经营制的长久预期。只有在承包农户流转了承包地的情况之下，才需为经营主体的土地经营权登记颁证。此时，原承包农户的土地承包经营权登记簿和权证只需记载土地经营权这一权利负担，无须重新就土地承包权登记颁证。《承包法修正草案》采纳了这一观点："土地集体所有权与承包经营权是承包地处于未流转状态的一组权利，是两权分离。土地集体所有权与土地承包权、土地经营权是承包地处于流转状态的一组权利，是三权分置。"① 从该草案所定用益物权性土地承包权的内容来看，"两权分离"之下的"土地承包经营权"和"三权分置"之下的所谓"土地承包权"实为同义词。

第二，降低修改法律的难度，减少制度变迁成本。农村土地制度改革需要考虑制度变迁成本，如产权的界定和制度变迁成本大于收益，则这种制度变迁并不合理，也不易在实践中得到贯彻。② 在"三权分置"成为新一轮土地制度改革的基本理论之后，无论是《农村土地承包法》还是中国民法典，均需按照这一思想进行修改或重构。如果在法律上直接转述"土地所有权、土地承包权、土地经营权"的政策术语，而土地承包权和土地经营权是现行法上未作规定的两种权利，则两部法律均得重新界定土地承包权、土地经营权的性质和内容。如此，则法律的变动过大，影响法律的稳定性，极易造成农民的误解和误读。如采取"土地所有权、土地承包经营权、土地经营权"的权利结构，则两部法律只需修改现行土地承包经营权流转的相关规则，就土地经营权的性质和内容另行作出规定即可，从而降低了法律修改的难度。《承包法修正草案》既规定了"两权分离"之下

---

① 全国人大农业与农村委员会副主任委员刘振伟2017年10月31日在第十二届全国人民代表大会常务委员会第三十次会议上所作《关于〈中华人民共和国农村土地承包法修正案（草案）〉的说明》。

② 赵阳. 新形势下完善农村土地承包政策若干问题的认识. 经济社会体制比较，2014（2）.

的土地所有权和土地承包经营权,又规定了"三权分置"之下的土地所有权、土地承包权和土地经营权,形成了"(集体)土地所有权+(承包农户)土地承包经营权+(承包农户)土地承包权+(经营主体)土地经营权"这一承包地产权的复杂结构,并没有妥善处理好"两权分离"和"三权分置"之间、土地承包经营权和土地承包权之间的关系,颇值得商榷。

第三,符合现行法之下对"土地承包经营权"这一术语的通常理解。在《农村土地承包法》和《物权法》之下,土地承包经营权是指在农村土地之上设立的以从事农业生产为目的的权利,只是借用约定俗成的称谓来传达农地利用权的含义。[①] 从其权利内容来看,并无"承包"和"经营"两项内容,亦即其本身并不是由"土地承包权"和"土地经营权"构成的,也无法分离为"土地承包权"和"土地经营权"。相反,如将"土地承包权"理解为"农村集体经济组织成员依法享有的承包土地的权利"[②],则土地承包经营权只是本集体成员行使"土地承包权"的结果,一旦土地承包经营权设定,此种意义上的"土地承包权"即失去意义,并未传导至土地承包经营权之中,只能在土地承包经营权因承包期届满而消灭之后再次行使。由此可见,不将土地承包经营权分离为土地承包权、土地经营权,而由土地承包经营权派生出土地经营权,以"土地承包经营权之上设定土地经营权"来表达新型农业经营体系之下承包地产权的结构,更符合法律逻辑。

综上,所谓"三权分置",即土地所有权、土地承包经营权、土地经营权分别配置。《承包法修正草案》第6条第1款规定:"以家庭承包方式取得的土地承包经营权在流转中分为土地承包权和土地经营权。"依上所述,该条款应修改为:"土地承包经营权人可以在其依法取得的土地承包经营权上为土地经营权人设立土地经营权。"

三、土地承包经营权规则的完善

"作为集体经济组织成员的农户,依法享有土地承包权,这是集体所

---

① 高圣平. 新型农业经营体系下农地产权结构的法律逻辑. 法学研究,2014 (3).
② 《承包法修正草案》第6条第2款。

有权的具体实现形式，也是农村基本经营制度的根本。"① "稳定农户承包权"，"严格保护农户承包权"，需要首先分析我国现行法中有哪些规定滞后于改革政策与实践，进而在编纂民法典或修改相关法律时反映这些改革思想。准此，至少有以下几个方面需要研究。

（一）土地承包权和土地承包经营权的定名之争

在《农业法》《农村土地承包法》中，"土地承包权"仅仅是指农村集体经济组织成员依法承包由本集体经济组织发包的农村土地的资格②，是承包农户取得土地承包经营权的前提条件。这里强调的是"每个农村集体经济组织成员都有承包权，强调它是成员的权利能力，即村集体中的每个人，只要一出生，不论年龄长幼、不分男女，都有权承包本集体经济组织的土地"③。

但在"三权分置"之下，土地承包权是"土地承包权人对承包土地依法享有的占有、使用和收益的权利"④。由此，"三权分置"之下的土地承包权，不是《农村土地承包法》意义上的"土地承包权"，而是具有"使用、流转、抵押、退出承包地等各项权能"的财产权。如此看来，"三权分置"之下的土地承包权并非现行法上的"土地承包权"，反与《农村土地承包法》《物权法》上所称的土地承包经营权同其意义。取得土地承包权或土地承包经营权的资格限制，并不能否定其财产权属性。实际上，我国相关政策文件和学者的论述也经常混用土地承包权和土地承包经营权。⑤

---

① 韩长赋. 土地"三权分置"是中国农村改革的又一次重大创新. 光明日报，2016-01-26（01）.

② 《农村土地承包法》第5条。详细分析参见高圣平. 农地三权分置视野下的土地承包权. 法学家，2017（5）。

③ 王超英. 切实保障农民的土地承包经营权//刘坚.《农村土地承包法》培训讲义. 北京：中国农业出版社，2002：44.

④ 《三权分置意见》中"三、逐步形成'三权分置'格局"之"（二）严格保护农户承包权"。

⑤ 《土地经营权流转意见》、《深化农村改革综合性实施方案》、《三权分置意见》、"2015年中央一号文件". 胡康生. 中华人民共和国农村土地承包法释义. 北京：法律出版社，2002：107. 孙中华. 关于农村土地"三权分置"有关政策法律性问题的思考. 农业部管理干部学院学报，2015（1）. 叶兴庆. 集体所有制下农用地的产权重构. 毛泽东邓小平理论研究，2015（2）. 吉炳轩. 法律要推动农村改革创新//全国人大农业与农村委员会法案室. 农村土地承包法律制度研究. 北京：中国法制出版社，2017：4.

《承包法修正草案》同时使用成员权性质的土地承包权①和用益物权性质的土地承包权②，已经使同一法典中所使用的同一概念具有两种不同的含义。成员权性质的土地承包权，是集体经济组织成员作为其所属的集体经济组织的一员所享有的请求承包集体土地的权利，是成员权的内容之一，应属土地集体所有权规制的范畴。其行使的结果是成员取得土地承包经营权。它外在于土地承包经营权，并不属于土地承包经营权的内容，也无以从土地承包经营权中分置出来。③ 如此看来，《承包法修正草案》应置重于用益物权性质的土地承包权。

在物权法定原则之下，物权的种类由法律直接规定。由此，就具体物权而言，亦应直接使用法定名称，不应再使用"土地承包权"这一法律上并未定名的"物权"名称。在修改《农村土地承包法》和编纂民法典之时，基于法律的相对稳定性和同时反映"两权分离""三权分置"这两种权利结构的考虑，也不宜将既定的土地承包经营权改称土地承包权。

（二）土地承包经营权的身份属性及体系效应

《三权分置意见》指出："农村集体土地由作为本集体经济组织成员的农民家庭承包，不论经营权如何流转，集体土地承包权都属于农民家庭。"在这里，土地承包经营权的取得和保有明显带有身份属性。"'三权分置'中的土地承包权专属于农户，这是稳定我国农村基本经营制度的基础的客观必要，也是保护农民生存权益的客观必要。"④ 在我国现行法上，《农村土地承包法》规定了两种形式的土地承包经营权——以家庭承包方式取得的土地承包经营权和以招标、拍卖、公开协商等其他承包方式取得的土

① 《承包法修正草案》第6条第2款规定："土地承包权是指农村集体经济组织成员依法享有的承包土地的权利。"第26条第2款规定："维护进城务工农民的土地承包经营权，不得以退出土地承包权作为农民进城落户的条件。是否保留土地承包经营权，由农民选择而不代替农民选择。"

② 《承包法修正草案》第40条规定："承包方在一定期限内将部分或者全部承包土地的经营权流转给第三方后，承包方与发包方的承包关系不变，承包方的土地承包权不变。"这里，"土地承包权"体现的是承包方与发包方之间的承包关系，已经不是承包方作为集体经济组织成员所享有的承包土地的资格或权利。该草案第二章第四节"土地承包权的保护和转让"所称的土地承包权，绝大多数是在这一意义下使用。

③ 高飞. 农村土地"三权分置"的法理阐释与制度意蕴. 法学研究, 2016 (3).

④ 管洪彦, 孔祥智."三权分置"中的承包权边界与立法表达. 改革, 2017 (12).

承包经营权。其中，后者的主体"不局限于农村集体经济组织内部成员"，包括其他"非本集体经济组织的外村农户、其他组织等从事农业生产经营者"①。这种意义上的土地承包经营权已经属于市场化的权利，脱逸了主体的身份属性。《物权法》对上述两类土地承包经营权进行了抽象，将土地承包经营权的主体明确界定为"土地承包经营权人"。这"不仅高度概括了各类承包经营权的主体，也使《物权法》的主体范畴更具有包容性"②。可见，《物权法》仍然维系着《农村土地承包法》的制度安排。

　　虽然"两权分离"和"三权分置"并存于承包地权利体系，均应在民法典和《农村土地承包法》得到体现，但在一部法典中所使用的法律概念应保持前后一致的法律意义。在"两权分离"和"三权分置"之下，均由"土地承包经营权"一语来表达承包农户对集体土地的利用关系。我国现行法上的"土地承包经营权"以"两权分离"为其理论基础，只要是利用农村土地从事农业生产，在法律上均表达为"土地承包经营权"，而不管权利人是否属于本集体经济组织的承包农户。虽然基于一定身份资格所取得的财产权，已经不存在人身权的内涵③，但在"三权分置"之下，"土地承包经营权"已纯化为只有本集体经济组织的承包农户才能取得的兼具财产属性和保障属性的权利。"农村集体土地应当由作为集体经济组织成员的农民家庭承包，其他任何主体都不能取代农民家庭的土地承包地位，不论承包经营权如何流转，集体土地承包权都属于农民家庭。"④ 如此看来，在制度重构之时，应明确只有本集体经济组织的农户才能取得土地承包经营权，"土地承包经营权是农村集体经济组织成员的财产性权利，农村集体经济组织成员身份又是获得土地承包经营权的前提条件"⑤。《物权法》和《农村土地承包法》中所谓"以其他承包方式取得的土地承包经营权"，与"承包"所蕴含的成员属性并不相符，反与土地经营权同其功能

①　胡康生. 中华人民共和国农村土地承包法释义. 北京：法律出版社，2002：107.

②　王利明. 物权法研究：下卷：第4版. 北京：中国人民大学出版社，2016：807.

③　陈小君. "三权分置"与中国农地法制变革. 甘肃政法学院学报，2018（1）.

④　中共中央宣传部. 习近平总书记系列重要讲话读本（2016年版）. 北京：学习出版社，人民出版社，2016：156.

⑤　全国人大农业与农村委员会副主任委员刘振伟2017年10月31日在第十二届全国人民代表大会常务委员会第三十次会议上所作《关于〈中华人民共和国农村土地承包法修正案（草案）〉的说明》。

和意义，自可在"土地经营权"之下一体规定。①

基于此，《物权法》第 125 条关于土地承包经营权的定义性法条应当修改为："承包农户依法对其承包经营的耕地、林地、草地等享有的从事种植业、林业、畜牧业等农业生产的用益物权。"这里，土地承包经营权的主体限定为承包农户，用途限制在从事种植业、林业、畜牧业等农业生产，性质界定为用益物权。

（三）土地承包经营权设立规则的重构

稳定土地承包关系，一直是我国农村土地政策的基本目标②，无论是"两权分离"，还是"三权分置"，均涉及土地承包关系的稳定问题。就前者而言，土地承包关系的稳定有利于承包农户形成明确的经营预期，并进而提高农业投入；就后者而言，土地承包关系的稳定是承包地流转的前提和基础，有利于优化土地资源配置效率。由此可见，"三权分置"与稳定土地承包关系并不矛盾。土地承包关系涉及承包农户对集体土地的利用关系，这一关系的稳定首先端赖于法律上对其权利性质的架构。在法政策上，土地利用关系既可以表达为物权，也可以表达为债权③，对于长期的土地利用关系自应定性为物权。我国现行法上，《物权法》明确将土地承包经营权界定为一种用益物权；《农村土地承包法》囿于立法之时尚无物权的立法概念，并未对土地承包经营权予以定性，存在着物权和债权二元化构造的主张。④《农村土地承包法》的修正，应基于稳定土地承包关系的需要明确土地承包经营权为物权。

《深化农村改革综合性实施方案》指出：稳定农户承包权，就是要依法公正地将集体土地的承包经营权落实到本集体组织的每个农户。《土地经营权流转意见》和《三权分置意见》进一步指出了以登记作为稳定土地承包关系的技术路径。土地承包经营权作为不动产物权之一种，自应以一

---

① 高圣平. 论农村土地权利结构的重构——以《农村土地承包法》的修改为中心. 法学，2018（2）.

② 张红宇，李伟毅. "人地矛盾"、"长久不变"与农地制度的创新. 经济研究参考，2011（9）：35.

③ 谢在全. 民法物权论：中册：修订五版. 北京：中国政法大学出版社，2011：426.

④ 柳随年. 关于《中华人民共和国农村土地承包法（草案）》的说明. 中华人民共和国全国人民代表大会常务委员会公报，2002（5）.

定的技术手段公示于外。在我国现行法上，土地承包经营权并未采行不动产物权变动的债权形式主义模式，而是采取债权意思主义模式①，仅依当事人之间的合意即产生土地承包经营权设定的效力。这一规定的立法理由在于："承包方案经村民会议或村民代表会议讨论同意，集体经济组织成员相互熟悉，承包的地块人所共知，能够起到相应的公示作用。"② 目前通过向土地承包经营权人颁发土地承包经营权证并登记造册，来确认和保护其合法权利。③ 但这一方法仅为行政法意义上的行政确权，对于土地承包经营权的设立没有法律意义④，无法起到公示作用。

《深化农村改革综合性实施方案》在政策上要求"明确和提升农村土地承包经营权确权登记颁证的法律效力"。在承包地的流转日益频繁、主要经营主体已非本集体经济组织成员的背景之下，上述理由即失去正当性。此际，应当得到确认和保护的，不只是土地承包经营权人的利益，还包括土地经营权人等第三人的利益。为维护承包地流转的交易安全，土地承包经营权的设立亦应以登记为公示方法，但不宜将登记作为土地承包经营权设立的生效要件，理由在于：一则，我国农村经济发展不平衡，各地土地流转规模相差较大，一律采取登记生效主义，会增加没有承包地流转或流转不频繁的地区的承包农户的负担；二则，虽然目前土地承包经营权的登记颁证工作几近完成，但第三轮承包工作在约 10 年后即会启动，受登记机关行政能力及测绘技术的限制，短期内无法完成调整后的承包地的首次登记，采取登记生效主义，登记机关难以配合。基于此，在制度重构之时应采取登记对抗主义，由当事人参酌具体情况选择是否登记。

综上，建议将《物权法》第 227 条修改为："土地承包经营权自土地承包经营合同生效时设立，但未经登记，不得对抗善意第三人。"将《农

---

① 王利明. 物权法研究：下卷. 4 版. 北京：中国人民大学出版社，2016：815. 尹田. 物权法. 2 版. 北京：北京大学出版社，2017：407. 也有学者认为，我国土地承包经营权设立既不属于形式主义模式，也不属于典型的意思主义模式，充其量只能算是"准意思主义"模式. 陈小君，等. 田野、实证与法理——中国农村土地制度体系构建. 北京：北京大学出版社，2012：1.

②③ 全国人大常委会法制工作委员会民法室.《中华人民共和国物权法》条文说明、立法理由及相关规定. 2 版. 北京：北京大学出版社，2017：269.

④ 王利明. 物权法研究：下卷. 4 版. 北京：中国人民大学出版社，2016：815.

村土地承包法》第 22 条修改为:"土地承包经营合同自成立之日生效。土地承包经营权人自土地承包经营合同生效时取得土地承包经营权,但未经登记,不得对抗善意第三人。"

"稳定土地承包关系并保持长久不变"是党的十七届三中全会以来深化农村土地制度改革的重大决策。"长久不变"是具有指引方向功能的政策性语言,极富伸缩性①,指的是农村土地承包经营制度和形式长久不变,并不意味着土地承包经营权没有期间限制。党的"十九大报告"中指出:"保持土地承包关系稳定并长久不变,第二轮土地承包到期后再延长三十年。"这一重大决策,使土地承包关系从第一轮承包开始保持稳定长达 75 年,"彰显了中央坚定保护农民土地权益的决心","既稳定了农民预期,又为届时进一步完善政策留下了空间"②。基于此,建议《农村土地承包法》第 20 条增设第 2 款,规定:"前款规定的承包期届满,可以延长三十年。"《物权法》第 126 条第 2 款亦应作相同修改。

(四)土地承包经营权权能的完善

自党的十七届三中全会以来,完善土地承包经营权的权能一直是赋予农民更多财产权利、深化农村土地承包经营制度改革、构建新型农业经营体系的关键一环。基于法政策的考量,我国现行法上禁止土地承包经营权抵押③,且未明确是否可以以入股方式流转。《三权分置意见》明确指出:"在完善'三权分置'办法过程中,要充分维护承包农户使用、流转、抵押、退出承包地等各项权能。"

土地承包经营权既然属法律上明定的一类用益物权,土地承包经营权人处分其权利自是题中之意。但在"两权分离"之下,土地承包经营权承载着财产和保障双重功能,法律上基于保护农民"不失地"的公共政策限制其抵押,自有其正当性。在政策金融无法完全满足农民生产需要的情形下,商业金融尤其是其中的财产担保融资逐渐受到重视。在

---

① 朱广新. 论土地承包经营权的主体、期限和继承. 吉林大学社会科学学报, 2014(4).

② 韩长赋. 大力实施乡村振兴战略. 党的十九大报告辅导读本. 北京:人民出版社, 2017:212.

③ 《担保法》第 37 条第 2 项、《物权法》第 184 条第 2 项。但"以其他承包方式取得的土地承包经营权",法律允许抵押。不过,我们主张以其他承包方式取得的土地承包经营权应重构为土地经营权,自无讨论余地。

"三权分置"之下，土地承包经营权抵押权实现之时，受让人并不取得土地承包经营权，而仅能取得土地经营权，原土地承包经营权人仍然保有其土地承包经营权如此，满足了"不论承包经营权如何流转，集体土地承包权都属于农民家庭"的政策要求，上述障碍即已被克服。土地承包经营权系承包农户的主要财产之一，将其作为抵押财产，有利于搞活土地生产要素、缓解农村融资难。① 基于此，国务院开展了农村承包土地的经营权抵押贷款的试点工作，为保证试点工作的合法性，全国人大常委会授权国务院在试点县（市、区）行政区域内暂时调整实施《物权法》等关于集体所有的耕地使用权不得抵押的规定。② 相关试点工作取得了良好的效果。

在制度重建之时，应删除《物权法》第 184 条的相关禁止性规定。2015 年 8 月国务院《关于开展农村承包土地的经营权和农民住房财产权抵押贷款试点的指导意见》指出，在土地承包经营权抵押权的行使条件成就之时，"允许金融机构在保证农户承包权……前提下，依法采取多种方式处置抵押物"。由此可见，金融机构即使实现其土地承包经营权抵押权，也不宜采取《物权法》第 195 条明定的折价、拍卖、变卖等方式，因这些方式将导致承包农户丧失土地承包经营权，无法达到保证农户"不失地"的政策目标。在强制执行上，除了折价、拍卖、变卖等方式之外，尚有强制管理方式。强制管理，是以不动产的收益为执行对象的换价方法，由执行法院选任管理人对被执行人的已查封不动产实施管理，并以其所得收益满足债权人的金钱债权。③ 以强制管理方式实现土地承包经营权抵押权，并不就土地承包经营权进行变价，而仅仅使受让人取得其上的土地经营权，在土地经营权的行使所生的收益足以清偿债务之时，土地经营权即消灭，土地承包经营权恢复至圆满状态。我国实行执行措施法定主义，为避免土地承包经营权金融化之后可能产生的不利影响，在编纂民法典之时，

---

① 孙中华. 关于农村土地"三权分置"有关政策法律性问题的思考. 农业部管理干部学院学报，2015（2）.

② 2015 年 12 月 27 日第十二届全国人民代表大会常务委员会第十八次会议通过《关于授权国务院在北京市大兴区等 232 个试点县（市、区）、天津市蓟县等 59 个试点县（市、区）行政区域分别暂时调整实施有关法律规定的决定》.

③ 赖来焜. 强制执行法各论. 台北：元照出版有限公司，2008：406. 房绍坤. 论土地承包经营权抵押的制度构建. 法学家，2014（2）.

应在《物权法》第 195 条规定的抵押权的实现方式中增加"强制管理"这一方式。

在"两权分离"之下，我国现行法就土地承包经营权的流转采取了"方式法定"的规制路径①，对土地承包经营权的流转作出严格限制。其立法理由在于："土地流转是农村经济发展、农村劳动力转移的必然结果，但目前从总体上看，我国绝大多数农村尚不具备这个条件。只有在第二、三产业发达，大多数农民实现非农就业并有稳定的工作岗位和收入来源的地方，才有可能出现大范围的土地流转。"② 目前承包地流转的规模已非《农村土地承包法》立法之时所能比拟，"三权分置"的政策目标在于优化土地资源配置，促进适度规模经营发展，放松承包地流转的管制应属当然之理。

就土地承包经营权的转让而言，《农村土地承包法》对出让人和受让人作了严格限制，同时增加了"经发包方同意"这一程序性要件。在"三权分置"之下，承包农户仍然享有转让土地承包经营权的处分权，只不过，为取得或保有土地承包经营权的身份属性，应进一步限制受让人的范围，只有本集体经济组织成员才能作为受让人。《承包法修正草案》第 33 条拟将现行法第 41 条修改为："经发包方同意，承包方可以将全部或者部分承包的土地转让给本集体经济组织的其他农户，由该农户同发包方确立新的承包关系，原承包方与发包方在该土地上的承包关系即行终止。"这里，取消了"承包方有稳定的非农职业或者有稳定的收入来源"的限制性条件，明确了受让人为"本集体经济组织的其他农户"。但值得商榷的是：其一，保留"经发包方同意"没有正当性。发包方同意条款最早见于最高人民法院的数个司法解释③，其时多将土地承包经营权定性为债权，土地承包经营合同的概括移转自应取得发包方同意。及至《农村土地承包法》，我国实定法上尚无物权概念，保留发包方同意条款属制度惯性使然，与承

---

① 高圣平. 新型农业经营体系下农地产权结构的法律逻辑. 法学研究，2014 (4).

② 顾昂然. 全国人大法律委员会关于《中华人民共和国农村土地承包法（草案）》修改情况的汇报. 中华人民共和国全国人民代表大会常务委员会公报，2012 (5).

③ 发包方同意条款的规范变迁，参见王立争. 新时期农村土地承包制度改革的法律探索. 北京：中国政法大学出版社，2016：132 以下。

包地的生活保障功能无关。①《物权法》已经明确将土地承包经营权定性为用益物权，且明确区分合同和物权变动的效力，土地承包经营权的转让自应遵循物权转让的一般规则，当事人之间签订转让合同并办理移转登记即可，无须再经过作为所有权人的发包方同意。② 同时，发包方同意的条件和程序不明确，在实践中不易操作，反而成为村干部干预土地承包经营权转让的理由。司法案例的实证分析也表明，这一规定并未得到有效实施。③ 其二，对于土地承包经营权人转让其土地承包经营权，是否发生承包期限届满后丧失承包土地的权利的后果，该条并未明确。土地承包经营权是有期限的物权，土地承包经营权人转让的也是有期限的土地承包经营权，该转让的土地承包经营权期限届满后，受让人受让的权利自当消灭，原土地承包经营权人自可依其承包土地的权利实际取得土地承包经营权。据此，《承包法修正草案》第 33 条应修改为："土地承包经营权人可以将全部或者部分土地承包经营权转让给本集体经济组织的其他农户，原土地承包关系在相应范围内即行终止。转让的期限不得超过承包期的剩余期限。"

就土地承包经营权的入股而言，《农村土地承包法》持否定态度。以土地承包经营权入股，涉及入股成立的公司破产后，农户可能失去承包经营的土地，需要进一步研究。④ 基于实践的发展，《农村土地承包经营权流转管理办法》仅承认了土地承包经营权入股合作社。在"三权分置"之下，引导农民以土地承包经营权入股合作社和龙头企业，发展农业产业化

---

① 农村土地承包法的立法过程表明，为防止"因随意转让而丧失赖以生存的土地"而对土地承包经营权"转让的条件作严格限制"，增加的转让条件是"承包方有稳定的非农职业或者有稳定的收入来源"，而不是"经发包方同意"。参见顾昂然. 全国人大法律委员会关于《中华人民共和国农村土地承包法（草案）》修改情况的汇报. 中华人民共和国全国人民代表大会常务委员会公报，2012（5）.

② 高圣平. 新型农业经营体系下农地产权结构的法律逻辑. 法学研究，2014（4）.

③ 郭继. 土地承包经营权转让制度的实践困境与对策研究. 华中科技大学学报（社会科学版），2010（6）.

④ 顾昂然. 全国人大法律委员会关于《中华人民共和国农村土地承包法（草案）》修改情况的汇报. 中华人民共和国全国人民代表大会常务委员会公报，2012（5）.

经营，是加快构建新型农业经营体系的主要路径之一。① 只不过，在"两权分离"之下，土地承包经营权入股就意味着土地承包经营权人丧失其土地承包经营权②；在"三权分置"之下，土地承包经营权入股仅发生为入股主体设立土地经营权的效力，在解释上，土地承包经营权人仍然保有其土地承包经营权。此与国家出资设立国有企业的相关法理相同：国家享有特定地块的土地所有权，其在将该地块入股国有企业之时，即为该国有企业设定了建设用地使用权，而不是以该地块的土地所有权入股。出资入股之后，国家仍然保有土地所有权。

四、土地经营权规则的构建

土地经营权是承包地作为农业生产要素之功能的直接体现，充分发挥土地经营权的要素功能是处理好"三权"关系的重点。③ 土地经营权是"三权分置"之下新生的权利类型，无论是民法典编纂还是《农村土地承包法》的修改，均需就这一权利的性质和内容作出明确规定。

(一)"土地经营权"的名称之争

"土地经营权"一语有两种含义：一是指经营权能，即占有、使用土地并取得收益等权能，其权利基础可以是土地所有权、土地承包经营权、建设用地使用权及土地租赁权等；二是指一种独立的权利类型，是经营主体与土地承包经营权人签订合同，在土地承包经营权上设立的一种权利。④"三权分置"之下的土地经营权是土地承包经营权派生出来的权利，并非土地所有权、土地承包经营权、建设用地使用权及土地租赁权等之下的经营权能。也就是说，这里的"土地经营权"并不包括上述权利之下权

---

① 《十八届三中全会决定》."2015年中央一号文件"。

② 《农村土地承包经营权流转管理办法》第35条第4款规定："入股是指实行家庭承包方式的承包方之间为发展农业经济，将土地承包经营权作为股权，自愿联合从事农业合作生产经营；其他承包方式的承包方将土地承包经营权量化为股权，入股组成股份公司或者合作社等，从事农业生产经营。"

③ 韩长赋. 土地"三权分置"是中国农村改革的又一次重大创新. 光明日报，2016-01-26 (01).

④ 朱继胜."三权分置"下土地经营权的物权塑造. 北方法学，2017 (2).

利人自己行使经营权（能）的情形①，同时其内容仅限于农业生产这一种经营方式。由于"土地经营权"的语义模糊，有学者认为应当称之为"次（级）土地承包经营权"②、"耕作（经营）权"③、"农地经营权"④。虽然土地经营权中的"经营"一语并不能准确表达该土地权利的利用用途，但新近既有立法已经将其定名为"土地经营权"⑤，我们尊重既有政策和立法文件的选择，亦将之称为"土地经营权"。至于该概念的语义模糊性，可以通过明确界定其内容加以解决。此与《农村土地承包法》和《物权法》中采纳"土地承包经营权"一语时的情境类似。⑥

（二）土地经营权的内涵界定

作为"三权分置"之下新生的民事权利，土地经营权应有其特定的含义。无论其性质如何界定，在法律上明确其权利内容、设定方式等，有利于降低交易成本、提高交易效率。《三权分置意见》将土地经营权界定为"土地经营权人对流转土地依法享有在一定期限内占有、耕作并取得相应

① 有学者主张，土地经营权的主体既包括土地承包人，又包括流转土地的受让人。丁文. 论"三权分置"中的土地经营权. 清华法学，2018（1）. 这一观点将"三权分置"之下的"土地承包权"理解为成员权，土地承包经营权中剥离出成员权即为土地经营权。我们的分析路径与此迥然不同，所采行的"三权分置"的解构模式是："三权指的就是集体所有权、土地承包经营权这两项物权性质的权利，以及正在立法、但是还没有完全明确解决的经营权。"孙宪忠. 推进我国农村土地权利制度改革若干问题的思考. 比较法研究，2018（1）.

② 朱广新. 土地承包权与经营权分离的政策意蕴与法制完善. 法学，2015（11）. 朱继胜."三权分置"下土地经营权的物权塑造. 北方法学，2017（2）.

③ 李国强. 论农地流转中"三权分置"的法律关系. 法律科学，2015（6）.

④ 许明月. 农村承包地经营权抵押融资改革的立法跟进. 比较法研究，2016（5）.

⑤ 2014年11月修正通过的《中华人民共和国行政诉讼法》第12条第1款第7项、2017年12月修订的《中华人民共和国农民专业合作社法》第13条。

⑥ 如在《物权法》立法过程中，即有学者指出，"土地承包经营权"并不能准确表达农地农用的利用关系，建议将这一权利改称为"农地权""农地使用权""农地利用权"等。王利民. 我国用益物权体系基本概念研究——兼评《物权法征求意见稿》规定之不足. 法学论坛，2005（2）. 梁慧星. 中国物权法的起草. 山西大学学报（哲学社会科学版），2002（2）. 徐国栋. 绿色民法典草案. 北京：社会科学文献出版社，2004：379-380.

收益的权利"①。准此，土地经营权似乎只在发生承包地流转的情形之下才有可能发生，不发生流转的土地承包经营权本身即含有承包农户经营承包地的权利。但在"两权分离"和"三权分置"并存的农村土地权利体系中，这一观点还缺乏体系化的考虑。

正如前述，在"三权分置"之下，土地承包经营权是具有身份性质的用益物权，即只有本集体经济组织的农户才能取得土地承包经营权。所谓"以其他承包方式取得的土地承包经营权"，已经脱逸了身份属性，不能由"土地承包经营权"这一概念予以涵盖。这些市场化的经营主体即使取得了以从事农业生产为目的的土地利用权利，也只是取得了土地经营权，无论是在土地集体所有权之上还是在土地承包经营权之上设定，均为土地经营权。由此可见，土地经营权是指土地经营权人依法对承包农户承包经营的或集体经济组织未予发包的农村土地享有的从事种植业、林业、畜牧业等农业生产并取得收益的权利。这里，对土地经营权的主体不作限制，具有农业生产能力的自然人、法人及非法人组织均无不可，本集体经济组织成员亦可；"依法"指的是土地经营权的设定和行使尚需依照法律的规定，虽土地经营权依合同而设定，但其权利内容和行使并非全由合同约定，法律上自可限制，如不得改变土地的农业用途、不得破坏农业综合生产能力和农业生态环境，等等；土地经营权既可在土地承包经营权上设定，也可在农村土地集体所有权之上设定，权利可得行使的对象既包括承包农户承包经营的农村土地，也包括集体经济组织未予发包的农村土地；土地经营权的权利内容为从事农业生产并取得收益，体现土地用途管制的基本思想，不再使用"占有""使用""耕作"等易与上位阶概念混同、不具有概念区分度的内容表述，从事农业生产必然"占有""使用"农村土地，"耕作"语义不清，将其入法，将会遭遇解释上的困难。

土地经营权与土地承包经营权都是就农村土地从事农业生产并取得收益的权利，两者之间的区别主要在于：土地承包经营权是承包农户就其承包经营的农村土地所享有的权利，具有身份性，"人人有份"，体现福利性和保障性，处分较受限制；但土地经营权是经营主体（市场主体）就承包农户承包经营的或集体经济组织未予发包的农村土地所享有的权利，是一

① 《承包法修正草案》第6条第3款规定："土地经营权是指一定期限内占用承包地、自主组织生产耕作和处置产品，取得相应收益的权利。"与此并无实质差异。

种市场化的权利，无论是取得还是处分，均取决于当事人之间的约定，法律上不作强行限制。至于在定性上是否存在差异，取决于法政策选择，以下详述。

(三) 土地经营权的定性之争

在"三权分置"所引发的制度重建讨论之中，学界对土地经营权性质的认识存在较大分歧，形成了"总括权利说""物权说""债权说""两权说"四种主要观点。[①] 我们认为，宜将土地经营权定性为债权，但赋予其登记能力，给予其类似物权的保护。理由如下。

第一，在法理上，土地经营权既可以定性为物权性土地利用权（用益物权），也可以定性为债权性土地利用权，端赖于立法之时的政策选择。将土地经营权界定为用益物权，使之具有对世性，有利于稳定土地经营关系，保障土地经营权人的经营预期；将土地经营权界定为债权，虽然其效力仅仅发生在土地经营合同当事人之间，但如赋予其登记能力，借助于登记技术，也可以使土地经营权明确化和相对独立化，使之可以对抗其他债权人和恶意第三人，同样可以起到保障土地经营权人稳定的经营预期的政策目标。此即所谓债权物权化在"三权分置"之下的反映。

在法体系中，土地经营权人以出租、转包等方式取得的权利为债权性土地利用权："通过出租获得的土地经营权实质是不动产租赁权，属于债权的范畴。"[②] 基于我国民法上租赁权物权化的既有制度安排，对土地经营权这种债权自可予以物权化的保护，具体体现为：土地承包经营权人设定土地经营权之后，又转让其土地承包经营权的，新的土地承包经营权人自应受到前已设定的土地经营权的约束；土地承包经营权人设定土地经营权之后，又设定抵押权的，抵押权人行使其权利，亦应受到此前设定的土地经营权的约束。但租赁权的隐蔽性已经危及当事人的合法权益和市场中的交易安全，因此，学说上已有赋予不动产租赁权登记能力的动议[③]：采

---

① 高圣平. 论农村土地权利结构的重构——以《农村土地承包法》的修改为中心. 法学，2018（2）.

② 申惠文. 法学视角中的农村土地三权分离改革. 中国土地科学，2015（3）.

③ 孙宪忠. 不动产登记基本范畴解析. 法学家，2014（6）. 高圣平. 不动产权利的登记能力——评《不动产登记暂行条例（征求意见稿）》第 4 条. 政治与法律，2014（12）. 常鹏翱. 论可登记财产权的多元化. 现代法学，2016（6）.

行登记对抗主义,通过在不动产登记簿上登记租赁权这一不动产权利上的债权负担,明确当事人之间的权义分配,同时周知不动产交易的第三人,以使后者基于理性的商事判断作出相应的决策。此理自当适用于土地经营权这一债权。未经登记的土地经营权仅在当事人之间发生效力,不能对抗基于原土地承包经营权的物权变动取得物权的人,也不能作为担保融资的标的财产。经过登记的土地经营权不仅在当事人之间发生法律效力,而且可以对抗原土地承包经营权上的其他物权人,并可据以担保融资。"三权分置"的政策目标之一是为新型农业经营主体可利用其取得的土地经营权担保融资,但在将土地经营权界定为债权而又不赋予其登记能力的情形下,土地经营权的抵押登记将因土地经营权未登记而无从办理。① 唯就土地经营权的登记,自不同于传统不动产物权的权利登记制,而应导入契据登记制法理,对登记事项和内容的设计应考虑将合同约定的部分内容植入其中,诸如土地经营权的期限、租金标准和支付方式等。经由登记,仅具债权性质的土地经营权,仍然可以达到"不断健全归属清晰、权能完整、流转顺畅、保护严格的农村土地产权制度"的政策目标,并"形成层次分明、结构合理、平等保护的格局"。《承包法修正草案》将土地经营权界定为债权,但就其设定和权利外观等,仍然采行现行法上的安排,没有赋予土地经营权以登记能力。这一立法方案与"赋予经营主体更有保障的土地经营权"的导向存在较大差异。

第二,在农村土地制度改革呈渐进式趋势的大背景下,"三权分置"的改革并不能一蹴而就。② 这是《三权分置意见》提出"不断探索和丰富'三权分置'的具体实现形式","通过实践探索和理论创新,逐步完善'三权'关系"的根本原因,也是生产关系适应生产力发展的客观规律的体现。目前,"三权分置"的顶层设计,是"鼓励承包农户依法采取转包、出租、互换、转让及入股等方式流转承包地","鼓励采用土地股份合作、土地托管、代耕代种等多种经营方式,探索更多放活土地经营权的有效途

---

① 此为不动产登记的连续原则使然,亦即在前一不动产权利未登记的情形下,该不动产权利的变动即无法在不动产登记簿上予以登记。孙宪忠. 不动产登记基本范畴解析. 法学家,2014 (6).

② 高圣平. 宅基地制度改革试点的法律逻辑. 烟台大学学报(哲学社会科学版),2015 (3).

径";实践探索更是丰富多彩、充满活力,土地信托、集体经营等不断发展着承包地流转的方式,其中,既有长期的流转安排,又有短期的流转合意,在法政策上,只有前者具有界定为物权的正当性。如此,在现有的生产力发展水平之下,不宜将以所有流转方式形成的土地经营权一概确定为物权。

就"两权分离"到"三权分置"制度变迁的绩效而言,如将土地经营权的权利性质界定为债权,是不是"三权分置"就无实益了呢?"三权分置"的提出是为了反映承包地流转之后承包地权利结构的改变,弥补现行法上土地承包经营权流转规则的缺陷。在目前的承包地流转实践中,出租和转包面积占到总流转面积的 78.6%[①],而在现行法之下,在出租、转包承包地的情形之下,仅能使经营主体取得经营权,而这一"经营权"并没有被法律界定为物权,在解释上仅具债权效力,缺乏对世性。这一制度安排虽然足以满足特定主体之间小规模流转承包地的需求,却与土地经营权的市场化要求不符。[②] 但"三权分置"之下的土地经营权,借助于登记制度的引入,已经成为物权化的债权,与现行规则之间已经存在实质上的差异:一则,对已登记的土地经营权实行物权化的保护,强化了土地经营权人的权利,土地经营权人自可取得相对稳定的经营预期;二则,新型农业经营主体所取得的土地经营权经由登记形成相对独立的财产,进而可以该土地经营权进行抵押融资。这些都是现行规则所不具备的。当前,经营主体面临的主要问题是土地租金价格不断上涨推动了农业生产成本的提高,土地租期短影响了经营主体对农地、农业的长期投入。通过土地经营权的债权物权化,在一定程度上可以解决这一问题。[③]

第三,将土地经营权定性为物权化的债权,在土地承包经营权流转内部取得了体系上的统一。当事人之间究竟将其法律关系安排为用益物权关系还是债权性利用关系,实为意思自治的范畴。只不过,在将土地经营权定性为物权的情况下,当事人之间的用益物权安排应受类型强制及内容固定之限制,并依登记而公示于外;当事人之间的土地租赁等债权利用权,

---

① 孙中华. 关于农村土地"三权分置"有关政策法律性问题的思考. 农业部管理干部学院学报,2015(2).

② 李国强. 论农地流转中"三权分置"的法律关系. 法律科学,2015(6).

③ 同①.

有较大的私法自治空间，但不具有物权性，也无须登记。有学者据此主张，基于农户的不同利益诉求，"既允许债权属性的土地经营权，又允许物权属性的土地经营权"①，流转期限在 5 年以上的，可登记为物权性土地经营权。②"对于有相对长期合约约定，又有一定的农业经营固定设施投入，可在合约期限内共同形成一定的用益物权。"③ 我们认为，同属"土地经营权"，却既有物权又有债权，难以在制度设计中抽象出其统一的权利内容、效力、公示方法，同时也无法形成其他市场主体可以信赖的外观。依土地经营权物权说，经营主体依流转关系所取得的权利，有的可称为土地经营权，有的不能称为土地经营权。这一观点同样与"三权分置"之下"探索更多放活土地经营权的有效途径"的政策相违背：同样是"三权分置"的产物，同样为土地经营权的语义所涵盖，为何有的是物权，有的却是债权？

为了克服前述基于现有承包地流转方式界定土地经营权性质的困难，有学者认为："在原有规定的基础上，创设一种新的流转方式，在土地承包经营权之上设定一种以经营土地为内容的权利用益物权——土地经营权。"④ 我们认为，土地经营权本是土地承包经营权债权性流转的法律表达，在现有土地承包经营权流转之外再行创新流转方式，一是没有实证基础，二是无法说明其与现有流转方式之间的关系。"土地经营权融入部分土地流转方式中，剩余部分土地流转方式保持基本不变。"⑤《承包法修正草案》将现行法上的土地承包经营权流转方式中具有移转物权效果的转让、互换，从土地经营权规则中分离出来，纳入土地承包经营权的保护范畴，使土地经营权的相关规则更为清晰，值得赞同。

第四，《三权分置意见》就土地经营权的定性已作政策选择。该意见指出："提倡通过流转合同鉴证、交易鉴证等多种方式对土地经营权予以确认，促进土地经营权功能更好实现。"此外，土地经营权人改良土壤、

---

① 申惠文. 法学视角中的农村土地三权分离改革. 中国土地科学，2015（3）.

② 陶钟太朗，杨遂全. 农村土地经营权认知与物权塑造——从既有法制到未来立法. 南京农业大学学报（社会科学版），2015（2）.

③ 朱道林."三权分置"的理论实质与路径. 改革，2017（10）.

④ 朱继胜."三权分置"下土地经营权的物权塑造. 北方法学，2017（2）.

⑤ 张占锋. 农地流转制度的现实困惑与改革路径. 西北农林科技大学学报（社会科学版），2017（1）.

建设农业生产、附属、配套设施等须征得承包人同意；再流转或抵押土地经营权除须征得承包人书面同意之外，还应向农民集体书面备案。准此，政策文件的导向是将土地经营权定性为债权。① 这里，确认土地经营权的是"合同鉴证、交易鉴证"，登记在其中几无意义，与将土地经营权定性为物权的应有表述大相径庭。"放活土地经营权"的政策内涵在于赋予土地经营关系当事人更多的意思形成自由，不对流转方式、权利内容等作出不合理的限制。如此，将土地经营权界定为债权，更具有合理性。毕竟在契约自由的观念之下，债权的设立和内容均可由当事人自主约定，而物权的设立和内容更受到物权法定原则的强行法控制。

综上，"三权分置"的关键在于构建一种具有相当稳定性、效力更强、相对独立的土地经营权。从目前的经济现实来看，将土地经营权定性为物权化的债权实为妥适选择。一则可以避免定性为物权所带来的对当事人之间法律关系的强行控制，赋予当事人一定的选择自由；二则可以防止单纯定性为债权所带来的经营预期不稳定、土地经营权难以担保融资等问题。当事人可以基于自主意愿创新承包地的流转方式，并可参酌具体情事选择是否办理登记，借由登记使土地经营权这一债权具有相对独立性和稳定性，获得类似于物权的保护，土地经营权人自可借以担保融资。《承包法修正草案》将土地经营权界定债权，在程序上仅仅只是要求"向发包方备案"，其第 39 条第 1 款规定："土地经营权采取出租（转包）、入股或者其他方式流转，当事人双方应当签订书面合同，并向发包方备案。"与现行制度相比，这一规定并没有多大的改变，并未使土地经营权人有稳定的经营预期，同时使土地经营权人利用其土地经营权进行担保融资遇到了技术上的障碍，与"三权分置"所引发的应然制度变迁并不契合。② 基于此，建议将该款修改为："土地经营权可以采取出租（转包）、入股或者其他方式设立，未经登记，不得对抗善意第三人。"

---

① 刘云生，吴昭军. 政策文本中的农地三权分置：路径审视与法权建构. 农业经济问题，2017（6）.

② 高圣平. 论农村土地权利结构的重构——以《农村土地承包法》的修改为中心. 法学，2018（2）.

（四）土地经营权的处分权能

土地经营权作为一种债权，其本身并不具有人身专属性，土地经营权人自得基于自主意思予以处分，法律不应强行干预。[①] 有学者提出，土地经营权应仅具有相对有限的处分权能，因土地经营权的设立本意在于从事农业生产经营，故政策的出发点应当是促使经营主体专心从事农业生产经营活动，而不应鼓励其再次流转土地。[②] 我们认为，土地经营权既然是债权，在债权转让自由的既有安排之下，土地经营权人转让其土地经营权应属题中之意。《合同法》确认债权人有权将其全部债权或部分债权转让给第三人，其中蕴含债权自由转让的原则。其法理基础在于，债权不仅体现为债权人与债务人的给付关系，而且具有财产的属性，自可作为被处分的财产标的。[③] 在保持债权同一性的前提下，债权人无须债务人协助即可将债权让与他人，债权也在实质上成为可流通的重要财产。[④] 《三权分置意见》就经营主体流转其土地经营权作了须"经承包农户或其委托代理人书面同意"的限制。虽然土地经营权的再流转关涉土地承包经营权人的利益，但对土地经营权的流转作强于一般债权转让时的限制，其正当性值得质疑。在规模经营的政策导向之下，经营主体所取得的土地经营权大多来自多个农户的土地承包经营权，意欲取得所有农户的书面同意绝非易事。虽然土地经营权仅是债权性质的权利，但其对相应承包地的支配性已经相当明显，经由登记，土地经营权实质上具有类似物权的效力，其流转更应脱逸承包农户的意志，因为承包农户的自主意志在土地经营权设定之时即已体现。在土地经营权设定之后，承包农户的权利主要体现为租金给付请求权，只要如期支付租金，即使发生土地经营权的再流转，承包农户的利益亦不受影响。如原经营主体或新经营主体不按期支付租金，承包农户自可依据土地经营合同的约定主张权利（在解释上，土地经营权转让之后，新经营主体即承受原经营主体的合同地位）。不支付租金的风险一直存在，

---

① 温世扬，吴昊. 集体土地"三权分置"的法律意蕴与制度供给. 华东政法大学学报，2017（3）.

② 叶兴庆. 集体所有制下农用地的产权重构. 毛泽东邓小平理论研究，2015（2）.

③ Vgl. Karl Larenz, *Lehrbuch des Schuldrechts*, Band I, 14. Aufl., München：C. H. Beck, 1987, S. 569//庄加园. 合同法第79条（债权让与）评注. 法学家，2017（3）.

④ 庄加园. 合同法第79条（债权让与）评注. 法学家，2017（3）.

并不因土地经营权的再流转而有所不同。

就土地经营权定性的体系效应而言，有学者认为，债权性质的土地经营权不能作为抵押财产："如果土地经营权被界定为债权，它是不能抵押的，只能质押或者担保。"① 其理由是，权利抵押权的标的通常是用益物权，土地经营权作为具有财产属性的债权，其上可以设定权利质权。② 我们认为，我国《物权法》就权利担保物权作了权利抵押权和权利质权的区分，两者之间除了公示方法的差异的表象之外，区别更在于担保物权设定之后担保人是否丧失对担保财产的利用权，如不丧失则为抵押权，如丧失则为质权。有学者认为，只有与质权性质不相抵触的财产权才能作为质权的客体。③ 不动产权利如设定质权，应采取权利让与的方式，须经由移转登记始生效力，已与质权的定限物权性质不合，因此，不动产权利不宜作为权利质权的标的物。④ 土地经营权虽然定性为债权，但系属不动产权利，应无疑义。土地经营权之上设定担保之后，土地经营权人并没有丧失其对土地的利用权，在担保期间仍然行使着土地经营权。准此，在体系定位上，土地经营权担保权应属抵押权。至于有学者提出的"为解决融资困难，可允许承租人采取土地租赁合同质押贷款、土地经营收益评估贷款、经营者信用贷款等方式，而不宜简单地允许其以土地经营权向金融机构申请抵押贷款"⑤ 的观点，旨在防止土地承包经营权抵押权和土地经营权抵押权并存时的金融风险。就此而言，风险应由交易当事人自行控制，不宜在法律上作出强行安排。若土地承包经营权上已经设定抵押权，经营主体在其上设定土地经营权时自应考量如土地承包经营权抵押权人实行其权利可能给土地经营权的行使带来的影响，在理性人的正常判断之下，经营主

---

① 刘振伟. 三权分置关键是土地经营权定性. 东方城乡报，2015-11-26（02）.

② 申惠文. 法学视角中的农村土地三权分离改革. 中国土地科学，2015（3）. 高海. 土地承包经营权"两权分离"的论争与立法回应. 武汉大学学报（哲学社会科学版），2016（6）. 刘禺涵."三权分置"下的土地经营权登记. 中国土地科学，2017（1）.

③ 谢在全. 民法物权论：下册：修订五版. 北京：中国政法大学出版社，2011：1012. 高圣平. 担保法论. 北京：法律出版社，2009：498.

④ 郑冠宇. 民法物权. 台北：新学林出版社股份有限公司，2014：638-639.

⑤ 孙中华. 关于农村土地"三权分置"有关政策法律性问题的思考. 农业部管理干部学院学报，2015（2）.

体自不会在已经设定抵押权的土地承包经营权之上设定土地经营权。即使设定了土地经营权，金融机构为控制信贷风险，在不动产登记簿上查询到该土地经营权所依附的土地承包经营权已经设定抵押权的情形之下，也不会接受该土地经营权作为担保财产；如其接受，则应自担权利冲突给其抵押权实现带来的风险。综上，《承包法修正草案》第42条有关"第三方通过流转取得的土地经营权，经承包方或其委托代理人书面同意，可以向金融机构融资担保。具体由国务院有关部门规定"的规定应修改为："土地经营权人依法登记的土地经营权，可以向金融机构抵押融资担保。土地经营权抵押权未经登记，不生效力。土地经营权抵押融资的具体办法由国务院有关部门规定。"

第四题　基于权能理论的"三权分置"之法律表达

　　中国正处在农村人口城市化的进程中，劳动人口在逐渐减少，农村土地迫切需要适度规模经营。为实现这个目标，中央采取了一系列措施，包括提高农民福利、改革户籍制度、鼓励成立农民专业合作社等等，但是规模化经营并未如预期大量发生。究其根源，是曾经作为市场经济改革启动器的土地承包经营权制度对土地流转产生了阻碍作用，土地承包经营制度迫切需要改革。党的《十八届三中全会决定》开启了新一轮农地物权制度改革，其内容在"2014年中央一号文件"中明确作了表述，即落实土地集体所有权、稳定承包权、放活经营权。这就是农地物权改革的"三权分置"。但对于如何分置，政策上并没有给出具体措施，而是要求"抓紧研究"。这引发了理论上激烈的争论：首先，人们对于是否需要分置"三权"有不同意见；其次，赞同"三权分置"的学者，对于如何分置"三权"提出许多不同建议。迄今为止,关于"三权分置"如何在法律上予以表达依然未有定论。2017 年中共中央、国务院发布的《关于深入推进农业供给侧结构性改革加快培育农业农村发展新动能的若干意见》(以下简称"2017 年中央一号文件"),为"三权分置"指明了方向。权能是财产权利的内容,"三权分置"是对土地物权内容的再分配,因而权能是分析"三权分置"在法律中获得合理表达的理想工具。

一、土地所有权权能分离及其三种模式

权能与权能分离方式是解构现行物权制度以及建立"三权分置"制度的理论工具,因而需要预先对其内容展开分析。在理论上对所有权的权能有三种不同表述:一是列举式,即尝试列举出全部所有权权能,由于侧重点不同,所列举的权能内容也各不相同。如有学者认为,所有权的权能包括使用权与第三人排除权[①];有学者认为,所有权包含使用权、收益权、处分权[②];还有学者认为,所有权包含占有、使用、收益和处分的权利。[③] 二是综述式,即不列举所有权的具体权能,而是认为所有权是一束权能的集合。如霍菲尔德认为,所有权概念并不具固定的内涵,它是一束变动不居的权利束。[④] 三是分解式,即认为任何一项物权性质的财产权利都是由占有、使用、收益和处分四项权能或其中若干权能所构成组,四项权能由更小的若干权能支构成,权能内核是权能支,基本权能是权能支的集合,权能或权能支分离、重组或耦合形成新型财产权利。[⑤]

上述研究表明:首先,所有权是权利人在法律限制范围内支配物的各种可能性。罗马法认为,所有权是在法律许可的程度内对物的使用权和滥

---

① 沃尔夫. 物权法. 吴越, 等译. 北京: 法律出版社, 2002: 27, 28.

② 弗朗索瓦·泰雷, 等. 法国财产法: 上册. 罗结珍, 译. 北京: 中国法制出版社, 2008: 186 - 194.

③ 王泽鉴. 民法物权: 2 版. 北京: 北京大学出版社, 2010: 111 - 117.

④ 王涌. 寻找法律概念的最小公分母——霍菲尔德法律概念分析思想研究. 比较法研究, 1998 (2).

⑤ 邹秀清, 等. 财产权利权能理论新拓展: 理论框架及其对中国当前集体农地权利体系的合理解释. 中国土地科学, 2011 (6).

用权。① 虽然对物的滥用与现代社会物尽其用的发展理念不符，但至少说明所有权的权能包含着对物的全面的支配权利，因而所有权权能是无法被列举穷尽的，如管理和继承也被很多人认为属于所有权的权能。其次，所有权权能可以任意组合以形成不同的权利类型。拉伦茨指出："权能如果没有从权利中分离出来，还不能独立地被转让时，它们本身还不能被作为'权利'。"② 他物权就是权能分离、组合而形成的财产权利。根据现行法律制度，由中国土地制度史以及他国的制度经验可知，土地所有权权能分离方式主要有三种，它们是支撑各种理论观点的基础，也是确立"三权分置"法律表达方式的理论基础。

第一，弹性分离。所谓弹性分离，是指所有权因他物权的设定而丧失部分权能，甚至丧失了全部的权能，一旦他物权消灭，所有权就立即恢复圆满状态。理论上也称其为所有权的弹力性或者所有权的观念化。权能弹性分离是现代社会的产物：现代社会需要将物的价值充分发挥，物需要被多种形式利用，弹性分离应运而生。

第二，质的分割。其典型是中国明清时期盛行的一田两主制，即地主将土地租佃给佃户，佃户支付地租给地主。土地租佃后，地主享有田底权，佃户享有田面权。取得田面权的佃户对土地享有相当大的权利：佃户可以耕种土地，也可以将田面权转让、抵押，甚至可以将土地再次租佃，成为"二地主"。此外，田面权还可以被继承。地主如欲自己耕种土地，需要将田面权买回。有学者指出，田面权早已"超出了一般的承佃耕作的范围，可以有继承、转让、售卖、抵押等处分权。田面的使用者分期定额支付了土地收益的出让金，使田面权具备了类似用益物权的性质"③。田底权的主要内容是收取租金，当然田底权也可以自由流转。据学者考察，"田底权几乎可以像股票和债券一样买卖，这与谁拥有田面权和谁实际使用土地完全无关"④。一田两主制是以地租利益分配为核心的物权制度，所有权权能被作了质的分割：地主享有一部分收益和处分权利，佃户享有使用、一部分收益和处分的权利，并且各自所享有的利

---

① 麻昌华，等. 所有权及其内部结构论. 法商研究，1996（1）.

② 拉伦茨，德国民法通论：上册. 王晓晔，等译. 北京：法律出版社，2003：263.

③ 张一平. 苏南"土改"中一田两主地权结构的变动. 中国农史，2011（3）.

④ 黄宗智. 长江三角洲小农家庭与乡村发展. 北京：中华书局，2000：110.

益都可以自由流转。

第三，土地信托。信托是指"委托人基于对受托人的信任，将其财产权委托给受托人，由受托人按委托人的意愿以自己的名义，为受益人的利益或者特定目的，进行管理或者处分的行为"①。信托设立后，受托人取得所有权，并以自己的名义进行管理和处分，委托人只有监管和在符合条件时解除委托的权利。我国《信托法》未限制土地信托，因而自理论上而言土地是可以信托的。土地信托包括两个层面的信托：一是所有权层面的信托，二是用益物权层面的信托。鉴于我国土地的公有制属性，土地集体所有权不能流转，权能有限，因而无法实现所有权层面的信托，但土地承包经营权可以信托。

二、"两权分离"土地物权制度的内在逻辑

"两权分离"土地物权制度是指现行法律上的土地集体所有权与土地承包经营权分离的法律制度。"两权分离"是农地物权制度改革的对象，也是改革的基础，"三权分置"在"两权分离"基础之上进行，因而需要事先对"两权分离"制度进行解构，深入了解它的特点和不足。

"两权分离"是在社会实践中自发形成的产物。农地的集体生产模式被实践证明不符合生产力发展，在人民公社时期农民就曾多次自发要求"包产到户""包干到户"。几经周折，家庭联产承包责任制终于在 1978 年党的十一届三中全会上被确定下来。农民最初取得的土地承包经营权被禁止流转，并且承包期限较短。之后随着社会的发展，土地承包经营权流转限制不断放开，承包期限也延长至 30 年，草地和林地的承包期更长。"两权分离"符合权能的弹性分离，不过它不是在弹性分离理论指导下完成的，而是与弹性分离理论发生巧合，巧合的原因是弹性分离理论是商品经济的产物，而家庭联产承包责任制度恰好是中国商品经济制度发展的萌芽。不过与其他国家和地区他物权制度的弹性分离主要通过契约实现不同，土地承包经营权与土地集体所有权的分离在"四荒地"招标、拍卖和公开协商时是通过市场方式实现的，而家庭承包是通过行政分配混合着自由意志方式实现的，因而"两权分离"存在明显不适应市场经济发展的不

---

① 《信托法》第 2 条。

足,主要表现在以下方面。

(一) 土地集体所有权权能空虚

土地集体所有权是土地承包经营权的"母权",土地集体所有权的前身是人民公社时期的土地所有制,即农村土地原则上由生产队所有,不宜由生产队所有的土地由生产大队或者人民公社所有。党的十一届三中全会后,家庭联产承包责任制在短短两年时间内就施行于全国,社会主义市场经济改革也拉开了序幕,为与家庭联产承包责任制和市场经济改革相适应,农村土地也改为由农村集体经济组织所有。农村土地公有制未改变,土地所有权的性质从计划经济时期到市场经济时期并未发生变更,因而以市场经济标准衡量,土地集体所有权带有先天的缺陷。

第一,权能薄弱。首先,土地集体所有权的核心权能——处分权能十分薄弱。土地集体所有权不能流转,《宪法》第 10 条规定:"任何组织或者个人不得侵占、买卖或者以其他形式非法转让土地。"土地集体所有权主体只在对外发包时享有一定的处分权,但由于土地主要通过家庭承包的方式分配给本集体经济组织的成员,所以土地集体所有权的主体更像是一个土地的行政管理者,而不是所有人。其次,土地集体所有权的使用、收益权能也极为薄弱,集体经济组织不能直接利用土地,收益自然有限。最后,有学者指出,土地集体所有权主体还有一个较为重要的管理权能。[1]但是,管理权能以其他权能为前提,因为其他权能是被管理的对象,在其他权能内容虚无时,管理权能显然也缺乏实际价值。

第二,主体虚置。有学者指出,中国农村土地产权有意模糊促进了中国农村经济的发展。[2] 这种观点值得商榷,并非因为产权有意模糊,反而是家庭联产承包责任制将土地使用权清晰地分配给农民才促进中国农村经济发展。但也不容否认,总体而言,农村土地产权确实不够清晰:首先,农民始终未取得土地的完全的交换价值。其次,土地集体所有权主体虚置。法律规定土地集体所有权主体是集体经济组织,但除极少数地区外,农村集体经济组织几乎没有正式建立过,事实上是村民委员会代替集体经济组织行使着土地所有权。这个事实还被多部法律予以确认,然而村民委

---

① 韩松. 农民集体土地所有权的权能. 法学研究,2014 (6).

② 何·皮特. 谁是中国土地的拥有者:制度变迁、产权和社会冲突:2 版. 林韵然,译. 北京:社会科学文献出版社,2014:5.

员会本质上只是村民自治组织。

总之，土地集体所有权还不是私法意义上的所有权，它是时代的产物，因应市场经济改革及实施家庭联产承包责任制的需要而设；它的主要功能在于完成组织发包、有限的利益分配等管理任务。伴随着政治、经济、社会的发展它还需不断完善。

（二）土地承包经营权的权能残缺

由于需要坚持公有制，对土地集体所有权无法完全按照市场经济需要的物权进行改造，于是土地承包经营权承担了土地市场化的功能。经过四十年的发展，土地承包经营权已经初步具备市场经济所需要的用益物权的基本特征：首先，如前所述，它建立在弹性分离基础之上，符合现代物权制度基本理念；其次，虽然关于土地承包经营权属于物权还是债权一直有争议，但是《物权法》已经确认它的用益物权属性，而且其自身也具备用益物权的基本特征。区别物权和债权的标志之一，是物权可以对抗所有权人，土地承包经营权已经具备这样的特征，因为在土地承包经营权流转和使用中集体经济组织无法律授权是不得干涉的。尽管如此，土地承包经营权的权能依然残缺，表现在以下方面。

第一，具有身份性。经济学研究表明，土地具有福利属性，也就是为农民提供着基本的福利保障。由于土地的福利属性，法律制度需要将农民固定在土地上，因而农地物权制度就具有了较强的身份性。土地承包经营权是担负农民身份性的主要农地物权制度，表现在：一是在以家庭承包方式发包土地时，只有具有本集体经济组织成员身份的人才能取得土地承包经营权。二是在分配集体土地征收利益时，没有承包土地资格的人即便户口在该集体经济组织，通常也不享有分配补偿款的权利。三是失去农民身份时需要交回土地承包经营权，如《农村土地承包法》第26条规定："承包期内，承包方全家迁入设区的市，转为非农业户口的，应当将承包的耕地和草地交回发包方。承包方不交回的，发包方可以收回承包的耕地和草地。"

第二，权能受限。在通常状态下，基于弹性分离设置的用益物权只受目的的限制，用益物权人可以对抗所有人，可以按照设置目的使用、收益和处分。土地承包经营权还不是完全意义上的用益物权，即便与建设用地使用权相比其权能也受较多限制，表现在：其一，土地承包经营权流转受限制。虽然《物权法》《农村土地承包法》规定了转包、出租、互换和转让等多种流转方式，但以下两项限制依然影响流转：较短的土地承包经营权期限、以家庭方式承包的土地承包经营权还无法抵押获得融资。其二，土地承包经营权不能被继承。单纯自所有权角度观察，所有权应当具有继承权能，也就是自动延续至新主体的权能。但土地承包经营权的继承权能却是残缺的，以家庭承包方式取得的土地承包经营权不能被继承，林地和草地的土地承包经营权也仅仅是在承包期内可被继续承包。当然，"增人不增地、减人不减地"的政策替代了一部分的继承功能，消减了对土地承包经营权的继承需求。但是，不能继承的财产权利还很难说是完全意义上的财产权利，而且限制继承同样影响土地承包经营权的流转。

三、供给侧结构性改革视角下"三权分置"的制度设计

（一）"三权分置"的各种理论

对于如何配置"三权"，理论上争论激烈，现将截至目前的观点总结如下。

第一，身份与财产分离。有学者从影响土地流转的土地承包经营权的身份性入手，提出将土地承包经营权中的身份内容独立，身份内容独立后又有两种具体安置措施：一种是将身份内容依附在土地承包权上，即将土地承包经营权分为土地承包权和土地经营权，其中土地承包权是身份权，土地经营权是财产权，土地经营权可以自由流转。[1] 另一种是以集体经济组织成员的成员权吸收土地承包经营权中的身份内容，即将农地产权分为土地集体所有权、成员权和农地使用权，其中，成员权在严格意义上并不是独立的权利，它是集体经济组织成员享有的承包土地、征收补偿收益等权利；农地使用权可以任意流转。[2]

第二，叠加用益物权。有学者认为，现行法律上的土地承包经营权人流转出去的土地经营权只具有债权性质，因而无法稳定地经营和融资；进而提出以物权性质的土地经营权代替现行法律中的债权性质的土地经营权，并对土地承包经营权之上再设定用益物权的正当性进行了充分论证。[3]

---

① 李国强. 论农地流转中"三权分置"的法律关系. 法律科学，2015（6）. 丁文. 论土地承包权于土地承包经营权的分离. 中国法学，2015（3）.

② 高飞. 农村土地"三权分置"的法理阐释与制度意蕴. 法学研究，2016（3）.

③ 蔡立冬，姜楠. 承包权与经营权分置的法构造. 法学研究，2015（3）.

第三，流转后的权利分离。与静止分割土地承包经营权不同，一些学者更在意土地承包经营权流转后所形成的权利分离，即在农地流转后，原有的承包经营权又发生分离，流出方拥有承包权，流入方拥有经营权。[①]换句话说，土地承包经营权从土地集体所有权中派生，土地经营权从土地承包经营权中派生。具体而言，土地经营权是依据土地出租、转包等流转合约从土地承包经营权中分离出来，为土地承包经营权之外的其他土地经营者所享有的一项权利，土地出租、转包等流转合约期满后土地经营权又复归于土地承包经营权。[②] 有学者进一步基于土地承包经营权转让方式不同，将受让方取得的经营权分为债权性质经营权与物权性质经营权，在土地承包经营权以转包、出租和入股方式流转的条件下属于债权性质经营权，而在以转让和互换流转的条件下属于物权性质经营权。[③] 流转后分离主张的本质是不改变两权分离制度，只将土地承包经营权人流转出去的权益称为土地经营权。

在上述三种理论中，身份与财产分离理论更接近于权能质的分割，虽然土地承包权负担身份功能，但它是有财产价值的，更近似于田底权，土地经营权近似于田面权。这种分离偏离了物权的理论基础，不但理论融合成为问题，农户能否接受也值得怀疑。后两种理论则建立在权能弹性分离基础之上，但叠加用益物权理论将流转出去的权利看作统一的土地经营权值得商榷，流转后的权利分离理论实质上是对现状的确认，改变的只是名称，并未对"两权分离"制度作实质的变革。这三种理论都不能完全实现政策目标，"三权分置"在法律上如何表达依然需要深入研究。

（二）供给侧结构性改革视角下"三权分置"的法律表达

"两权分离"制度是"三权分置"的基础，权能分离理论是"三权分置"的理论工具，"三权分置"需要在二者之基础上进行。此外，"三权分置"还需要遵循以下原则。

首先，坚持供给侧结构性改革方向。农业供给侧结构性改革提出于

---

① 韦鸿，王琦玮. 农村集体土地"三权分置"的内涵、利益分割及其思考. 农村经济，2016（3）.

② 王小映."三权分置"产权结构下的土地登记. 农村经济，2016（6）.

③ 张毅，等. 农地的"三权分置"及改革问题：政策轨迹、文本分析与产权重构. 中国软科学，2016（3）.

2016 年,"2017 年中央一号文件"的内容就是推进农业的供给侧结构性改革。供给侧结构性改革不仅仅是调整农业产业结构的指针,也为农村土地制度改革指明了方向。农业供给侧结构性改革有几个关键词:市场、农民自愿、产权清晰和规模化经营。根据供给侧结构性改革的要求,土地物权制度安排必须提供可供自由交易的产权,因而分置后的"三权"必须权利边界清晰,能够在市场上自由流通,以达到促进土地规模化经营的目的。

其次,符合"三权分置"的政策目标。正确理解政策目标是正确配置"三权"的基础,而政策目标需要从中央的政策文件中寻找。"2014 年中央一号文件"指出:"完善农村土地承包政策。稳定农村土地承包关系并保持长久不变,在坚持和完善最严格的耕地保护制度前提下,赋予农民对承包地占有、使用、收益、流转及承包经营权抵押、担保权能。在落实农村土地集体所有权的基础上,稳定农户承包权、放活土地经营权,允许承包土地的经营权向金融机构抵押融资。""2015 年中央一号文件"指出:"坚持和完善农村基本经营制度,坚持农民家庭经营主体地位,引导土地经营权规范有序流转,创新土地流转和规模经营方式,积极发展多种形式适度规模经营,提高农民组织化程度。"《关于落实发展新理念加快农业现代化 实现全面小康目标的若干意见》规定:"稳定农村土地承包关系,落实集体所有权,稳定农户承包权,放活土地经营权,完善'三权分置'办法,明确农村土地承包关系长久不变的具体规定。"

观察连续三年的中央一号文件可以看出,虽表述不同,但"三权分置"的政策目标是相同的,可以概括为四个字——"稳定"和"搞活"。稳定是指稳定既定的土地承包关系,也就是稳定农户和集体经济组织之间基于承包经营产生的法律关系;搞活是指使农民流转出去的土地经营权可以自由流转,获得融资。

最后,尽可能在既定的法学理论和概念体系下设置"三权"。既定的法学理论是权能弹性分离与土地信托,它们是现行土地物权制度建立的理论基础;既定的概念体系是土地集体所有权和土地承包经营权的"两权分离",它们是改革的前提和基础。"三权分置"需要在以上理论和现实的基础之上进行,因为这是改革成本最小的方式,也是农民最容易理解和接受的方式。

在上述原则指导下,应当按照如下方式配置"三权"。

第一,土地集体所有权的内容和名称保持不变。尽管土地集体所有权存在一些弊端，但在其尚未对土地的利用和流转产生不利影响时应当予以保留。中国农地制度改革不能一蹴而就，渐进式的改革是成本最小的方式，可以先改变土地承包经营权，在社会经济发展需要时再进一步改革土地集体所有权。

第二，保持土地承包经营权名称不变，扩大其权能。首先，"三权分置"不需要将土地承包经营权作质的分割，只需要使其自身可以流转和融资，并使其流转出去的权利也可以流转和融资。土地承包经营权是土地经营权的"母权"，其本质未变，因而不必要改变名称，而且改变名称后农户接受它的成本也将是高昂的。其次，罗马法谚云："任何人不能将大于自己的权利让与他人。"土地承包经营权是土地经营权的基础，如果土地承包经营权的权能不扩大，那么土地经营权的权能也必将有限，搞活土地经营权的目标就无法实现，所以必须扩大土地承包经营权的权能。建议在以下几个方面完善土地承包经营权制度：延长承包期、允许抵押、允许继承。

第三，设置复合的土地经营权。位于"三权分置"顶端的土地经营权是制度改革的重点，搞活土地经营权要实现两方面的目标：一是土地经营权可以自由交易并能够抵押融资；二是对抗土地承包经营权人。实现此目标可以通过两条路径：一是单一化经营权，即将土地承包经营权人转让出去的权利作为物权性质的经营权，形成土地集体所有权—土地承包经营权—土地经营权的单层结构；二是复合化经营权，也就是保留现在土地承包经营权的流转方式，增设物权性质的流转方式，使土地经营权多样化。我们建议采用后者，因为：一是可以为农地流转提供多种渠道；二是符合中国土地资源零碎化的自然禀赋和农民的多样需求。变革后的土地经营权有广义和狭义两种：广义上的土地经营权是一组权利群，它包括以下几种具体的土地经营权：出租形成的债权性质的土地经营权、转包形成的物权性质的土地经营权、入股形成的土地经营权、土地信托形成的土地经营权。狭义上的土地经营权仅指转包形成的物权性质的土地经营权。建立复合化土地经营权并不需要对现行法律制度作太大改变，现行法律规定的出租和入股的流转方式可以保留；土地信托完全可以按照《信托法》设立，完善其设立程序和相应的权利和义务关系即可；需要完善的是转包制度，可以明确将其物权化，规定转包的公示方式和公示对第三人的效力。

第五题　基于权能创新的"三权分置"法制化进路

　　"三权分置"是我国当前农村全面深化改革特别是农村土地制度改革的重要着力点和主导性政策，也是我国实施乡村振兴战略的基础性制度安排。所谓"三权分置"，一般来说是指农村集体农用土地所有权、承包权和经营权分别配置，由集体经济组织、农户和新型农业生产经营者所享有，由此实现落实集体所有权、稳定农户承包权、放活土地经营权的三大政策目标。"三权分置"问题近年来成为法学和应用经济学研究的热点之一，但由于中国土地制度的独特性、"三权分置"政策内涵的模糊性和目标的多重性、竞争性等问题的存在，从法学角度来看，该理论远未成熟。基于对《三权分置意见》《承包法修正草案》的内容的分析，并结合对我国部分地区"三权分置"政策实施效果的调查①，我们认为：目前"三权分置"政策的内涵和权能安排尚不明晰，且现有政策安排难以实现"三权分置"预设的三大政策目标，"三权分置"法制化建构还未完成。鉴于土地制度的极端重要性，在《农村土地承包法》修改和民法典物权编编纂的关键时期，在既有的历史和现实条件下，民法学者应放弃立法中的理想主义、正统主义，从中国的政治制度、经济制度的现实出发，同时又坚持法律效果上的正义底线，审时度势，因势利导，通过必要的制度创新，完成中国农村土地法律制度的构建。

一、"三权分置"法制化是中国农地法制的必由之路

就农用土地制度而言，我国《农村土地承包法》已确立了以土地承包经营权为基础的土地承包制度。这一制度自 20 世纪 70 年代末、80 年代初在全国绝大多数地区实施以来，在保障农民享有稳定的土地使用权方面发挥了应有的作用，并奠定了 20 世纪首波改革——农村改革成功的制度基础。然而，随着中国经济社会发展和工业化、城市化进程的推进，以将农民土地权利和农民身份"捆绑"为特征的现行土地承包经营权制度已经难以适应现实农村和城市经济社会发展的需要，土地承包制度亟须改革。农村农用土地制度改革的必要性已经成为全社会的共识，然而在改革的路径上却争议颇大。法学界主张将现有集体所有制土地分给农民实现"私有化"的有之，主张实现集体土地"集体所有、集体经营"（多数持此类主张的学者会选择采用股份制形式）的有之，主张改变现有"增人不增地、减人不减地"政策为"耕者有其田"、定期实现本集体范围内人地重新配置的有之。而部分实务界的"学者型"官员率先提出并力推以"三权分离"（集体所有权、农户承包权、流转经营权）来促进"农地代营"②，部分从事农业经济研究的学者有意或无意地避开法权问题，主张实行"三权分置"政策。③"三权分置"观点契合了农业管理部门和政策制定者既需要促进土地流转又不能触碰敏感的土地产权问题的现实需求，又能很好地

---

① 王金堂，王晶晶，杨惠杰，张文瀚. 山东省承包土地流转暨"三权分置"政策实施现状调查报告. 中国不动产法研究，2017（2）.

② 田则林，余义之，杨世友. 三权分离，农地代营. 中国农村经济，1990（2）.

③ 冯玉华，张文芳. 论农村土地的"三权分离". 经济纵横，1992（9）.

概括了近20年来中国农村土地政策的主旨，因而为决策者所接受。2013年7月，习近平总书记在座谈会中提出，深化农村改革，完善农村基本经营制度，要好好研究农村土地所有权、承包权、经营权三者之间的关系。① 自此始，政策界和学界开始密切关注"三权分置"问题。"2014年中央一号文件"提出承包权与经营权再分离。② 至此，"三权分置"已现轮廓，而《三权分置意见》则是官方第一次以专门文件的形式将这一政策确立下来。

考察中国农地法制的演变过程，"政策先行"已经成为带有规律性的制度进化现象。在当下中国农地法律制度构建进程中，法学界应当也必须适应这一要求，在既有的约束之下完成今后我国农地制度的科学构建。从这个意义上讲，未来我国农地制度将是一种区别于以往任何一种土地制度（包括大陆法系和英美法系的传统土地制度）的具有中国特色的、务实的土地制度。根据《三权分置意见》中设定的"三权分置"政策目标，土地的集体所有制将得到坚持，农户的土地承包经营权应得到可靠的保障，新型农业生产者应得到稳定的且具有相对独立性的土地使用权。必须承认，按照这一政策愿景，各方的利益都能得到保障。这无疑是一种和谐的土地权利图景，倘若能够加以法制化，中国独特的农用土地制度有可能成为世界上最良善的土地制度之一。

在依法治国的大背景下，"三权分置"政策目标的实现有赖于"三权分置"政策的法制化。然而，与能够容纳一定模糊性的政策相左，农地立法必须精确界定各方主体的权利和义务。深入分析"三权分置"中政策制定者对集体经济组织、农户和新型农业生产者的"承诺"，不难发现，以传统的物权制度（包括所有权制度、用益物权制度）手段实现这些目标，其实是一项难以完成的任务。这也是《承包法修正草案》的尴尬处境所揭示出来的问题。如何解决这一问题？我们认为，必须从对这三项权利的权能内容调整上入手，对传统的农地所有权权能、土地承包经营权权能进行创新，适度创设部分新型权能，调整部分权能的内容，将部分权能分配给农地经营权并实现物权化。唯此，才有可能同时实现"三权分置"的三项

---

① 国务院新闻办公室. 农村土地《"三权分置"意见》政策解读. ［2018 - 04 - 17］. http：//www. scio. gov. cn/34473/34515/Document/1515220/1515220. htm.

② 陈小君. "三权分置"与中国农地法制变革. 甘肃政法学院学报，2018（1）.

目标，并同时形成中国独特的农地物权制度。若这一立法进路顺利实施，目标顺利达成，完善后的"三权分置"制度可以实现决策者坚持土地集体所有权的核心关切，保证国家和集体对农地终极利益的支配权，实现重大社会政策目标和重大公共利益；可以确保农民的土地承包权得到长久保护，并可能赋予农民对其承包土地交换价值的索取权；可以赋予通过流转获得承包土地使用权的新型农业生产经营主体以稳定的土地使用权利和有价值的融资手段，消除其权利的不确定性，以促进农业生产实现适度规模经营的政策目标。基于此种权能创新方式构建的"三权分置"理论，将能够为实现"三权分置"法制化提供理论支持，为正在进行的《农村土地承包法》修改和民法典物权编的编纂提供可行方案。

二、"三权分置"下三项权利的权能分配及其目标达成度分析

根据《农村土地承包法》《物权法》《三权分置意见》等法律、政策文件，结合对承包土地流转现状的调查，可以分析出目前三项权利的权能现状。

（一）土地集体所有权的权能及其政策目标达成度

土地集体所有权是我国农地制度的最大特色所在。关于土地集体所有权制度本身的法律性质，法学界有"总有说""共有说""新型所有权说"等各种观点，其观点之争是该权利内涵欠明晰的表现。当然，法学界多数学者也承认，从土地集体私有制的历史起源逻辑来分析，中国农村土地集体所有制不能等同于西方法制意义上的私人土地所有权。[①] 根据前述法律和政策，我国目前土地集体所有权的权利主体是集体经济组织，在"三权分置"条件下土地集体所有权主体的权利内容包括：发包权，特殊情形下的承包土地调整权（限于《农村土地承包法》第 27 条规定的"严重自然灾害损毁承包地"情形和第 28 条规定的"预留机动地"、新增"开垦地"和"自愿交回地"），承包土地的使用监督权，农户转让土地承包经营权的同意权，承包土地被征收征用后的土地补偿款分配权。从《三权分置意见》的规定来看，"三权分置"下土地集体所有权的目标设定为"落实"。鉴于我国从 20 世纪 70 年代末实行土地承包经营制度以来，集体土地所有

---

① 孙宪忠. 推进农地三权分置经营模式的立法研究. 中国社会科学，2016（7）.

权主体——集体经济组织在绝大多数农村已经不再经营土地，而作为所有权象征的家庭土地"承包金"也于 2006 年伴随着农业税的废止而停止征收，集体经济组织对已经实行家庭承包经营的土地所享有的集体所有权事实上已被"虚置"。当然，这种制度安排是实行土地承包制度所必要的。从这个意义上讲，"三权分置"政策中对土地集体所有权预设的目标基本达成，或者说，实行"三权分置"后，集体经济组织的土地所有权至少没有被进一步弱化。但是，对照《三权分置意见》对集体所有制的要求①，对照民众对集体所有制在保障经济公平和维护经济正义方面的期待而言，现有的土地集体所有权权能还显得过分虚弱，在目前的法权构造中，难以找寻出集体所有权主体行使新型所有权功能的安排。

（二）农户承包权权能及其政策目标达成度

关于"三权分置"下承包权与原"两权分置"下的土地承包经营权之间的关系问题，在法学界尚有争议。有学者认为，"三权"指土地集体所有权、农户承包权和土地经营权，暗示着"三权分置"下的土地承包权和原土地承包经营权是两个不同的权利。② 这一表述为《三权分置意见》所采用，但《三权分置意见》对土地承包权和原土地承包经营权的关系未予明确。有学者认为，"三权"是指集体所有权、土地承包经营权和农地经营权，应使用"土地承包经营权"替代"承包权"一词，否则容易造成法律上的概念混乱和农民的误解。③ 后一种观点是可取的。但考虑到政策文件使用"土地承包权"一词已经成为既成事实，作为善后措施，可以在立法或立法说明（解释）中对两者的关系作明确界定，建议将土地承包权解释为土地承包经营权的简称，承包权内涵了经营权。

关于"三权分置"下承包权的性质，学界有多种观点，如用益物权、身份性的财产权、集体成员权、收益权等。我们同意第一种观点。在市场经济深入发展、社会保障逐渐完善的当代社会，将财产权和主体身份进行

---

① 《三权分置意见》提出了"不能把农村土地集体所有制改垮了"和"农村土地农民集体所有，是农村基本经营制度的根本，必须得到充分体现和保障，不能虚置"等要求。

② 韩长赋. 土地"三权分置"是中国农村改革的又一次重大创新. 光明日报，2016-01-26（01）.

③ 孙宪忠. 推进农地三权分置经营模式的立法研究. 中国社会科学，2016（7）.

捆绑的立法思路已经落伍,"三权分置"法律制度的构建应当立足民法的基本价值理念,坚持物权法作为财产法的基本定位,把土地权利还原为财产权利而不是回归权力附庸或身份附庸。

根据前述法律和政策依据,"三权分置"下的土地承包(经营)权包含如下权能:承包地位维持权、分离对价请求权、征收补偿权、继承权、退出权。根据《三权分置意见》,农户承包权的政策目标是"稳定土地承包关系"并保障农民的利益。从政策目标达成度考量,目前的制度安排仅仅在低层次上实现了"稳定土地承包关系"的目的。我们对山东省部分地区承包土地流转合同进行调查发现,现有的土地流转合同普遍采用一年一付的报酬支付方式,且绝大多数合同未约定有意义的违约金条款。透过这一现象不难看出,承包土地流转双方均对土地流转关系的信任度较低,交易双方随时保持着退出土地流转(租赁)关系的姿态。从这个意义上讲,农户和村集体之间的土地承包关系是稳定的。事实上,这一稳定性并不取决于"三权分置"下农户和新型用地主体之间的交易,而是取决于承包期间及每轮承包期限届满时的政策及法律规定及法律政策的执行情况。不稳定的土地流转(租赁)合同关系恰恰证明了农民对稳定的土地承包关系的依赖。

(三)土地经营权权能及其政策目标达成度

在"三权分置"制度框架中,土地使用权主要是由流入土地的新型农业生产主体享有的。对于这一权利应当属于何种性质,法学界目前尚有争论,如用益物权、债权、物权化的租赁权等。关于这个问题,学者们在理解和阐述问题的口径上可能存在一定的错位:一部分学者是从实然的角度阐述这一概念,而另一部分学者是从应然角度来理解的。问题的复杂性还在于,根据《三权分置意见》中现有的制度安排,目前的土地使用权毫无疑问具有债权性质。但是,根据《三权分置意见》中提出的政策目标并结合党的《十八届三中全会决定》及"2014年中央一号文件"对土地经营权"可转让""可抵押"的要求,"三权分置"下的土地经营权无疑应当被定位为用益物权,债权性的土地经营权难以实现可转让、可抵押的要求。基于此,将现行债权性的土地经营权改造为用益物权性的土地经营权应当成为当前"三权分置"立法的核心目标和重点任务。

观察当前"三权分置"下的土地经营权,其权能可以概括为:占有权、使用权、生产性收益权、优先续租权。值得存疑的是,对于在目前

"三权分置"框架下土地经营权主体是否享有再转让权和抵押权的问题，《三权分置意见》作出了"经营主体再流转土地经营权或依法依规设定抵押，须经承包农户或其委托代理人书面同意，并向农民集体书面备案"的规定。尽管这一规定从形式上实现了可转让、可抵押的功能，但根据民法原理，这种再流转和抵押的权利并非由土地经营权主体自主享有，土地承包权主体的同意权可以在事实上消灭土地经营权主体的所谓再转让或抵押的权利。① 从这个意义上讲，目前《三权分置意见》中建构的土地经营权并不含有再转让权和抵押权权能。相反，根据合同法中债权、债务概括转让的原理，《三权分置意见》下的再转让权实质上是债权、债务的概括转让，而其经承包人同意的"抵押权"，其实质是承包权人享有的承包土地收益权的期限性抵押权。由此，从理论上分析，被社会所广泛期待的"可转让""可抵押"土地经营权并未出现。在我们对山东省部分地区承包土地流转的考察中，有过贷款经历的农场主或种粮大户反映，在其贷款抵押物中，土地经营权并不占主要地位，土地经营权的估值也普遍偏低。当然，这一现象的出现并非偶然，有期限的且本身缺乏稳定性的承包土地流转合同所能提供的土地经营权的市场价值难言乐观。

土地经营权的预设政策目标是"放活"。关于"放活"的内涵，根据前面的讨论，应界定为"可转让""可抵押"意义上的土地经营权在市场中畅通流转的状态。从这个意义上讲，目前"三权分置"下的土地经营权的预定政策目标并没有实现。当然，若将"三权分置"下的土地经营权理解为不区分物权性质的还是债权性质的，亦不论稳定性程度高或低的占有、使用和收益权利，承包土地能够通过各种方式流转并加以利用，则目前的土地经营权可以认为已经实现了目标。当然，若不区分土地经营权的属性，事实上《农村土地承包法》所提供的制度条件已经足够（该法律允许承包土地通过转让、出租、互换等方式加以流转）。如果"三权分置"政策仅仅是对承包土地流转后的各项土地权利占有状态的客观描述，则"三权分置"应当不是决策者的初衷。从这个意义上分析，"三权分置"下的土地经营权应当也必须是物权性土地权利。

---

① 左平良，余光辉. 农村土地承包经营权自由转让的许可与限制. 学术论坛，2003（4）.

三、"三权分置"政策法制化的突出症结

在依法治国的逻辑下,"三权分置"政策法制化势在必行。《三权分置意见》也明确提出,"鼓励在理论上深入研究农民集体和承包农户在承包土地上、承包农户和经营主体在土地流转中的权利边界及相互权利关系等问题","完善三权分置法律法规"。但在实现"三权分置"法律制度构建过程中,遇到的一个突出问题就是在传统的所有权及用益物权权能体系中难以做到所有权"作实"、承包权"稳定"与经营权"放活"三个目标的协调。

从法律权源关系来看,承包权是从土地集体所有权中派生出来的,但从权利形成和历史演进来看,中国农村土地集体所有权的形成又有其特殊性,不能简单理解成私有制背景下所有权与用益物权的关系。土地经营权的权能又是从承包权中派生出来的,土地经营权对土地承包权存在依附关系。根据《三权分置意见》的要求,土地集体所有权不能"虚置",并通过赋予村集体对承包土地的发包权、特殊情形下的调整权和收回权、土地利用监督权、土地征收后获得补偿权以及土地经营权流转的同意权、备案权等制度安排加以体现。农民享有的承包权必须保持稳定,这是党和政府对农民的庄严承诺,也是给农民的"定心丸"。稳定承包权意味着要保障承包农户的承包土地资格,保障农户使用、流转、抵押、退出承包地及土地被征收后获得相应补偿等权能。我们注意到,"放活"土地经营权的政策目标内涵在政策提出后发生了一些调整。如前所述,对于"三权分置"中首次独立出来的土地经营权而言,其提出之初的设想是具有"可转让、可抵押、可入股"权能,这意味着其将是一种具有物权性质的新型权利,因此它被各界寄予较大期待。但是,《三权分置意见》在该问题上出现了明显"后退",在土地经营权转让、抵押等问题上表述为:"经营主体再流转土地经营权或依法依规设定抵押,须经承包农户或其委托代理人书面同意,并向农民集体书面备案。"这意味着其维持了土地经营权的债权性质,并没有实现"可转让""可抵押""可入股"的原定政策目标。按照目前的政策安排,土地经营权事实上只具有依据合同规定占有、使用和收益的权能,而这种权能早在《农村土地承包法》中就已经得到了法律保障。从这个意义上讲,目前的制度安排并没有实现土地经营权"放活"的目标。

对于目前的制度安排,我们认为并非偶然。鉴于土地所有权和土地承

包经营权的法律边界已经为《农村土地承包法》所固定，对于"三权分置"下所有权和承包权的关系调整问题，无论理论界人士还是实务界人士，都未寄予过高的期望。由于"三权分置"首次把土地经营权独立出来，因此各界对于新设的土地经营权普遍有较大期待。然而这一问题的复杂性表现在，毕竟从权源上讲，土地经营权是从承包经营权中分离出来的，若对土地经营权赋权过多，势必会削弱承包经营权的权能，即两者之间存在着竞争关系，故不能不谨慎对待。通过调研我们发现，即使是目前农户已经享有的土地承包权本身也存在不确定性，尽管政府已经普遍为农户的土地承包经营权登记确权发证，但仍然有超过60％以上的受访农民表示对第二轮土地承包到期后能否继续拥有该承包地没有信心。在未来不确定的承包权基础上通过合同创设的土地经营权，其稳定性和确定性就成为了无本之木。或许是基于此，在通过官方介入形式进行的较大规模承包土地流转中，流入方几乎无一例外地选择与集体签订流转合同。理论上集体作为所有权主体可以给予土地流入方更稳定、更确定和更强大的权能，但撇开承包权人直接由集体为第三人创设土地经营权无疑会威胁土地承包权人的地位并损害承包权人的利益。有鉴于此，党中央、国务院的有关决议明确不准损害承包权人（农民）的利益，并把其作为政策底线之一。事实上，通过调研我们发现，尽管在形式上大规模流转承包土地时通常由集体作为一方和流入方签订流转合同，但在此之前集体会同农户协商，在取得一致后由集体和农户签订"反租倒包"协议，从农户手里收回承包土地后再和土地流入方签订流转合同，并普遍采取了土地流转款项全部归相关农户所有的做法。

综上，目前农村基层在"三权分置"政策推行过程中的做法是多种利益博弈和一系列法律、政策约束下的理性选择，具有其合理性。但是透过这些现象，不难体察到目前"三权分置"下三项权利的紧张关系。

四、"三权分置"政策优化的路径与基础

（一）"三权分置"政策优化的路径——实现土地经营权的物权化

"三权分置"政策的初衷是在保障现有土地承包户利益的基础上赋予新型农业生产主体一定的土地权利，通过促进土地流转解决"由谁种地"问题并力图通过赋权方式解决融资手段缺乏问题。为此，该政策提出之初就提出了土地经营权"可转让""可抵押"要求，但现有的债权性土地经

营权显然难以有效率地实现这一目标,为此应当完成土地经营权的物权化塑造。实现经营权物权化的关键是实现土地经营权的长期性,只有长期的土地经营权才具有稳定性,进而可以通过适度立法赋予土地经营权人自主转让、抵押、入股等物权性利用权利。物权化的土地经营权将有机会凸显其被压抑已久的潜在的巨大的市场价值,从而给相关权利人(土地承包权人、土地经营权人)带来真正的财产性收益。从某种意义上讲,能否提供稳定的、长期限(或永久性)并具有相对独立性的用益物权性质的土地经营权是衡量"三权分置"政策成败的基本标准。

(二)"三权分置"政策优化的基础——实现土地承包权的永久化

如前所述,"三权分置"的重要政策目标是提供稳定的、长期限的土地经营权。鉴于土地经营权是由土地承包(经营)权中派生出来的,要获得长期限的土地经营权,其基础是实现土地承包权的长期化或永久化。这是《农村土地承包法》所未解决的问题,该法规定的土地承包期为30年,在此期间实行"增人不增地、减人不减地"的政策。问题在于:30年期间到期后怎么办?党的"十九大报告"作出了第二轮土地承包到期后再延长30年的决策,将这一问题缓和化。但必须看到,这一问题并没有从根本上得到解决。从比较法经验来看,永久的土地使用权无疑是最优的制度安排,只有实行永久的土地使用权制度才能避免农业生产经营行为上的短期性,为"百年农场""品牌农业"提供制度保障。从这个意义上讲,实现土地承包权的永久性是实现"三权分置"政策优化的必由之路。

五、"三权分置"政策优化的新进路

依现行法律制度,土地集体所有权的权能较为虚弱,难言符合"落实土地所有权"的要求,但已有的变通办法是通过实施承包期限制在理论上保留集体调整承包土地的权利,但这一制度安排又造成了承包经营权和经营权的不稳定性。从实证角度来看,基于对土地承包关系稳定性的顾虑,我国已经连续三次延长了承包期限(总期限达75年),造成一方面法律上拒绝赋予农民永久性质之土地承包经营权(经营权),从而致使农民的土地权利残缺,农民无法获得土地交换价值,另一方面又不得不一次次延长土地承包期的矛盾现象。能否通过创造性地对土地所有权人进行赋权,从而在保障土地集体所有权核心权能的基础上大胆对农民赋权?这一解决问题的进路值得认真研究。

　　土地承包（经营）权的永久化是实现土地经营权物权化的基础，但要实现土地承包（经营）权的永久化，就需要认真厘清土地集体所有权和土地承包（经营）权的关系。我们认为：已经设立了土地承包（经营）权的土地集体所有权是一种特殊的所有权，除享有现行《农村土地承包法》中规定的权能外，还应被创造性地赋予两项权利：一是独享承包土地的发展权（非农性质的商业化开发权）。只要赋予这项权能，就能在经济利益上保障承包土地的集体所有制性质。二是在法定非常态势出现时以付出法定合理补偿为对价收回土地承包（经营）权和土地经营权的权利。所谓法定非常态势，是指法律规定当某地人地矛盾处于极度失衡状态并在事实上危及正常社会秩序的紧急态势。保留土地集体所有权人在法定非常态势出现时收回承包土地的权利是土地集体所有制本质的体现，也能够有效地预防我国历史上出现的人地矛盾突出，进而引发社会动荡的问题。当然，土地集体所有权人收回承包权和经营权必须符合法定程序并对被收回土地上的原权利人进行合理补偿。

第六题 "三权分置"下的法律关系[*]

我国以党的《十八届三中全会决定》为起点，开启了新一轮农村土地权利制度改革，其后党中央的一系列文件更加明确了"三权分置"的政策性规定，明确现有土地承包关系保持稳定并长久不变的具体形式，界定了农村土地集体所有权、农户承包权、土地经营权之间的关系。这些政策性文件的引导必然会引起法律制度的变革，而对农村土地承包经营进行分别赋权的政策性规定是经济学者的解读，缺乏法学视角的解读。经济学界对农地权利的理解表现为一种"权利束"的观念：在家庭联产承包责任制的制度框架下，农村集体土地产权结构被分解为三种权利，即土地所有权、承包权、经营权。① 这种观点早在 20 世纪 90 年代

---

* 本部分的主要内容曾发表于《法律科学》，2015（6）。

① 丁关良，阮韦波. 农村集体土地产权"三权分置"论驳析. 山东农业大学学报（社会科学版），2009（3）.

就已经为经济学者所阐释，用以区分三方主体——集体、承包户、第三主体（公司、联营、使用户等）——之间关系的经济学产权结构的分析。[①]法学界却不同意这种"三权分置"观点可以在《农村土地承包法》和《物权法》的制度规范中存在，认为这种观点曲解了稳定土地承包关系与土地承包经营权流转之间的关系，不符合他物权设立的基本法理，无法在法律上得到表达。[②] 但是，纯粹法律逻辑的解读与农村土地经营制度的发展过程不符合。农村土地流转的实践和政策的推动总是走在法律制度修正的前面，在农地流转的实践已经超出了《物权法》和《农村土地承包法》界定的制度框架的背景下，加之相关中央文件不断强化"三权分置"政策，法学理论有必要对"三权分置"法律关系的逻辑加以阐释，以明确在法律解释论和立法修改中的合理的制度设计。

一、从"两权分离"到"三权分置"的制度演进逻辑

改革开放 40 年来的农村土地法律制度改革，是将单一的集体所有、集体劳动改革为以家庭联产承包责任制为核心的"两权分离"，即集体所有权和土地承包经营权两种权利的分离。而"三权分置"是集体所有权、承包权、经营权三种权利的分离，与"两权分离"下的并不能直接对应。欲解读"三权分置"的法律关系，必须对从"两权分离"到"三权分置"的制度演进逻辑进行阐释。

（一）"三权分置"是农村经济发展的内在要求

现行农地法律制度是建立在家庭联产承包责任制的基础之上的，虽然在《农村土地承包法》第三章也规定了以招标、拍卖、公开协商等方式承包"四荒地"的土地承包经营权，但这种家庭承包方式以外的"其他方式"的土地承包经营权不能和家庭承包方式的土地承包经营权等量齐观。所以可以简单地说，农村土地上的权利结构是由集体经济组织享有的农村土地集体所有权和农户享有的土地承包经营权"两权分离"为主要表现的。虽然在《物权法》颁布之前，民法理论界也是以所有权和用益物权法律关系来解读土地集体所有权和土地承包经营权的，但也只有《物权法》

---

① 冯玉华，张文方. 论农村土地的"三权分置". 经济纵横，1992（9）.

② 高圣平. 新型农业经营体系下农地产权结构的法律逻辑. 法学研究，2014（4）.

才首次确定土地承包经营权是一种法定的用益物权，在法律制度上明确了"两权分离"的制度结构。

将土地承包经营权界定为用益物权，从民事权利体系构成上看简单、清晰，但是土地承包经营权并不是真正的用益物权。以德国民法理论为代表的传统用益物权是建立在私有制的个人主义所有权基础之上的，即所有权是可以自由交易的权利，但我国公有制基础之上的土地集体所有权是不能交易的，即使是被确定为用益物权的土地承包经营权，其流转也受诸多限制，土地集体所有权和土地承包经营权虽名为所有权、用益物权，但实际上并不能在市场经济的法律制度中发挥所有权和用益物权的作用。在家庭联产承包责任制创设之初，农民主要是自耕农，经营者同时也是承包地的拥有者，所有权和土地承包经营权"两权分离"的权利设置没有问题。但是，随着大批农村劳动力离开农村，农地的流转在一定范围内频繁发生，产生大量因为流转而成为农地经营者的权利人。① 此时"两权分离"表现出的明显缺陷是，基层政府和集体经济组织强化经营权流转，往往导致农民承包权的丧失；另一极端是，承包农户因担心丧失土地承包权，只得将经营权在家庭内部或亲戚及本村熟识的人之间流转，从而影响土地的经营效率。② 由于"两权分离"下的土地集体所有权和土地承包经营权都不是自由流转的权利，都具有很强的身份属性，所以在土地流转交易频繁的背景下，出现了很多制度之外的"交易"。从党的《十八届三中全会决定》的政策目的来看，对承包权与经营权进行政策上的分离，对两束权利分别赋权，即承包农户对承包地享有占有、使用、收益和流转权，经营农户对所流入的土地的经营权拥有抵押权和担保权，既有利于承包户将承包地放心地流转，也有利于经营户以经营权的收益权作抵押和担保，获得金

---

① 根据2014年6月调查的数据，全国流转耕地面积约3.8亿亩，占全部承包地的28.8%。其中，出租和转包方式（非自耕农方式）占78.6%，完全转让承包权方式占6.0%，再次转让方式占3.2%。由此可见，在实践中"三权分置"已经是一种非常普遍的状态，经营权不在承包者手里这种现象占比较大，涉及大概26.0%的农户。参见朱道林，王健，林瑞瑞. 中共农村土地制度改革探讨. 中国土地科学，2014(9).

② 刘守英. 中共十八届三中全会后的土地制度改革及其实施. 法商研究，2014(2).

融支持，从事现代农业。① 从法律制度的角度来看，就是要确定在不改变土地公有制的基本经济制度的前提下，在土地上分离出一个更加符合市场交易要求的私权——经营权。

也有观点认为，土地承包经营权本来就是承包权和经营权的混合体，承包权属于成员权，只有集体经济组织成员才有资格拥有，因而承包权具有明显的社区封闭性和不可交易性，而经营权属于法人财产权，可以通过市场化的方式被配置给有能力的人，因而经营权具有明显的开放性和可交易性。② 此种观点从民法角度是说不通的，因土地承包经营权是一个法定的具体权利，并非两项权利的结合。但其中仍有从民法角度可以正确解读的成分：因为土地承包经营权虽然由《物权法》明定为一种用益物权，但其与大陆法系传统的用益物权相比有很大的差异，土地承包经营权人在家庭承包方式下必须具有集体经济组织成员身份。一旦这种权利进入流转的领域，却并不局限于在集体经济组织成员内部③，则流转前后的土地承包经营权本身差异明显，其表现出的财产权属性不同。而发生物权变动的流转形式如转让、互换等都可能导致成员身份彻底脱离，从而使集体所有权完全失去意义。

（二）"三权分置"改变集体所有权的归属模式的错位

土地集体所有权制度为了将土地保留在团体内部，从整体到部分都体现为客观的集体结构，禁止成员以任何不符合物之通常用途的方式对其进行管理和处分。集体所有权受制于经济条件，是客观情形的直接反映，对于其成员而言更多地意味着义务而非权利。④ 这与反映主体对物进行直接支配的主观权利的个人所有权显著不同，主体的意志和物的利益实现并不

① 刘守英. 中共十八届三中全会后的土地制度改革及其实施. 法商研究，2014（2）.

② 叶兴庆. 从"两权分离"到"三权分离"——我国农地产权制度的过去与未来. 中国党政干部论坛，2014（6）：9.

③《农村土地承包法》第33条、第37条等条文对土地承包经营权的流转有诸多限制，但都没有明确规定不能将土地承包经营权流转出集体经济组织，所以通过转让、转包、代耕等方式在符合限制条件的情况下，土地承包经营权都可能流转给集体经济组织外部的主体。

④ 陈晓敏. 论大陆法系的集体所有权——以欧洲近代私法学说为中心的考察. 法商研究，2014（1）.

直接关联。

按照《物权法》关于土地集体所有权规定的解读，农村土地承包关系中的所有权，即集体经济组织享有的对于农村土地的所有权，其内容也以《物权法》第 39 条的规定为限：所有权人对于所有物有占有、使用、收益、处分的权利。《物权法》第 39 条脱胎于《法国民法典》第 544 条，表面上看除增加占有权能外，两个条文没有区别。但是，如果细究其制度内在，则区别较大。《法国民法典》第 544 条所谓的权利人仅指典型民事主体——自然人，而《物权法》第 39 条的权利人除包括典型民事主体——自然人、法人、非法人组织以外，还包括非典型的民事主体——国家、集体经济组织。尤其是在土地所有权的场合，其权利人限于国家和集体经济组织。这种主体的区别，就会影响到集体经济组织对于农地的所有权不再是个人主义的绝对所有权，而只能是一种相对所有权。集体所有权在现有的生产方式下，并不会自我实现，或者说个人主义的所有权的占有、使用、收益、处分的权利是现实存在和自我实现的，而集体所有权只能通过设定用益物权的方式实现，此时的所有权仅保留最终的处分权。而在取消农业税费和实现土地承包经营权"长久不变"的现代，集体所有权的最终处分权能甚至也被动摇。总而言之，农地的集体所有权缺乏私法所有权的基本属性，仅保留所有权的很少权能。

（三）"三权分置"改变"两权分离"下公权与私权的混淆

在我国，现行法明确规定了我国农村土地属于农民集体所有。仅仅从这些法律的规定来看，农村土地的权利归属是明晰的，但集体所有的权利由何组织来代表并不明确，所谓的"三级所有"是一个典型的公法语境下具有管理意味的概念。根据《物权法》第 59 条、第 60 条的规定，农民集体所有的不动产和动产属于本集体成员集体所有，集体所有的土地等依照下列规定行使所有权：（1）属于村农民集体所有的，由村集体经济组织或者村民委员会代表集体行使所有权；（2）分别属于村内两个以上农民集体所有的，由村内各该集体经济组织或者村民小组代表集体行使所有权；（3）属于乡镇农民集体所有的，由乡镇集体经济组织代表集体行使所有权。另外，在所有权的规范方面，《物权法》第 61 条虽然肯定了集体所有权具有所有权的四项权能，但集体所有权由于范围和主体的复杂性，其又很难简单地适用所有权的规范，集体所有权的权利性质定位亦私亦公的混杂等问题都难以从理论上得到圆满说明。

土地作为一种重要的社会资源，兼具财产性与社会性，即使在德国也很难真正如动产般确立自由主义的个人所有权。[①] 完全按照个人所有权的模式解读集体所有权，保障主体对土地的绝对支配与处分，就会忽视土地本应承担的社会功能。有学者在对大陆法系的集体所有权制度进行分析时指出，集体所有权之所以存在上述问题，是因为我们选择作为分析框架的大陆所有权制度是以私人所有权为主导的，这个分析模式强调所有权的主体属性，旨在保障财产的个人支配，并因此强调权利具有个体的排他性。[②] 集体所有权关注的重点并非某些人对于地的支配地位，主体及其权利并不是首要被考虑的因素；它强调财产归属于集体，旨在保护土地，并将其保留在集体内部，实现资源控制的目的。但是，现实经济的发展改变了集体生产这种生产方式之后，相对稳定的集体成员结构被打破，而贯彻"公法"管制思维的集体所有权越来越与其设计的初衷相违背，其不能承受与个人所有权一样的功能，而只能将个人所有权的功能分离出去，赋予土地承包经营权更多私权功能，而现行法框架下土地承包经营权也有诸多公法的限制，从而需要在逻辑上再分离出更加符合自由市场交易要求的"经营权"来承担私权的功能。

二、"三权分置"下集体所有权的功能限缩

"三权分置"下集体所有权有别于传统的集体所有权，虽然同为集体所有权但功能已经发生变化。"三权分置"下集体所有权将专司最终所有权的功能，表现出很强的公法色彩，其权能集中表现为处分权能：设定承包权，或者在承包权、经营权消灭时对农地进行全面支配。

（一）集体所有权是依据功能区分而确立的相对所有权

农村土地集体所有权制度不可忽视的制度功能应成为分析该制度首先要考虑的因素。改革开放前，我国工业化的发展、农村基础设施的建设离不开集体所有制所形成的合力，而1978年后40年改革赖以依存的局面亦

---

① 在德国为防止土地所有权不合经济目的的瓜分和集中到非农民手中，对农地所有权也予以诸多限制。鲍尔，施蒂尔纳. 德国物权法：上册. 张双根，译. 北京：法律出版社，2004：585.

② 陈晓敏. 论大陆法上的集体所有权——以欧洲近代私法学说为中心的考察. 法商研究，2014（1）.

与农村土地集体所有权所产生的稳定作用密不可分：农村土地集体所有权制度既防止了土地向少数人集中，又使农民可以通过集体成员身份参与集体利益分配，获得基本生存保障；在农村劳动力向城镇转移的过程中，集体所有权的存在，在经营方式多元化发展的情况下，维持了农村土地归属的稳定性、所有权主体的恒定性，为在城镇谋生乏力、难以进入城镇保障体系的务工农民留有重返集体的退路，保留了可重新获得基本生存资料的可能，进而维系整个农村社会的稳定。因为其团体内部分配的性质，土地承包经营权的转让对象通常以本集体成员为限。这种限制，一方面，保护集体成员的利益和农村社会的稳定；另一方面，对保障功能的置重也导致生产要素功能的部分缺失，最突出的问题就是土地承包经营权不能成为抵押、入股的客体，始终难以解决的资金不足问题无疑成为土地规模化经营的瓶颈。"三权分置"通过放活经营权能够有效解决融资的问题，不会改变土地集体所有的性质并且将重点放在稳定基于成员身份才可获得的承包权。该理论对于农村土地集体所有权功能的发挥具有两方面的促进作用：首先，通过承包权权能的扩大，对由集体行使的抽象的所有权的权能进行分割，具体到承包人对每一笔承包地的经营权的处分上，体现农户在土地流转中的主体地位，在一定程度上能够解决集体所有权主体不明的问题。承包权人可选择多种形式进行土地流转，而无须经过集体的同意，如：承包人将经营权抵押给金融机构，会获得一定数额的贷款；其将经营权入股出资时，会获得相应的股份，享有股权、收取红利；其将经营权委托于信托机构时，可以得到相应的收益；等等。其次，在经营期限届满后，承包权、经营权仍归属于隶属于集体组织的承包人，保留承包权意味着对该土地的最终处分权仍保留在集体组织内部，通过资源控制实现集体土地的社会保障功能。

主体的区别就会影响到所有权的效力和行使，集体经济组织对农地的所有权必然要服务于公有制的经济体制和社会体制，因而只能是一种相对所有权，即在集体经济组织和集体成员之间依据功能分享所有权的内容，具体表现在两个方面：其一，农地集体所有权的内部结构关系。集体所有权是以客体物为中心，遵循物的客观用途，服务于物的特定目的和功能的制度。集体所有权在现有的生产方式下，并不会自我实现，或者说个人主义的所有权的占有、使用、收益、处分的权利是现实存在和自我实现的，所以，集体所有权的内部结构关系主要指向集体经济组织的运行，是一种民主自决的制度安排。其二，集体所有权的外部运行关系。这才是其私权属性的主要方面。集体所有权只能通过设定用益物权的方式实现，此时的所有权仅保留最终的处分权，而在取消农业税费和实现土地承包经营权"长久不变"的现代，集体所有权的最终处分权甚至也被动摇。总而言之，农地的集体所有权缺乏私法所有权的基本属性，仅保留所有权的很少权能。

(二)"三权分置"下的集体所有权摆脱主体"虚位"

"三权分置"下的权利结构力图建构脱离人身属性的集体所有权制度，解决主体虚化的问题。以近代私法的绝对所有权的观念来看，集体所有权都存在主体不明和主体虚化的问题，即集体并非近代私法上的民事主体，也不像传统民法上作为民事主体的自然人和法人一样，具有追求私益最大化的目的。农村土地集体所有权在形式上接近日耳曼上的土地总有制度[1]，表现为所有权的具体实现和成员身份紧密结合，集体经济组织本身主体虚化。但近代以来私法上的绝对所有权是指一个具体的、实在的主体对一个具体的有体物完全地占有、使用、收益和处分的权利，所有权的主体必须是一个具体的、实在的法律上的"人"。传统农村土地集体所有权存在主体虚化的问题是一种根据绝对所有权观念的解读，在集体所有制基础上，固化成员权身份资格，落实"长久不变"，可以变有期限的承包制为无期限的土地制度。[2] 改造集体所有权制度很大程度上取决于所有权和承包权、经营权的功能分置，明确成员和集体经济组织之间在集体所有权中的功能，确定承包权的私权属性。

现行法律规定我国集体土地的所有权归集体所有，《土地管理法》第8条规定："城市市区的土地属于国家所有。农村和城市郊区的土地，除由法律规定属于国家所有的以外，属于农民集体所有；宅基地和自留地、自留山，属于农民集体所有。"生产资料的社会主义公有制符合农村发展的现实情况：一方面，土地集体所有权的集中性能够降低集体组织进行基础设施建设的行动成本，对细碎化的土地进行合理调整，也方便根据集体组织的人口和经济发展状况对土地进行调整。例如，通过调整土地来重新安排公共工程建设占地，并可以通过所有权收取一定的费用用于改善农业

---

[1] 李宜琛. 日耳曼法概说. 北京：中国政法大学出版社，2003：75-78.
[2] 刘守英. 农村集体所有制与三权分置改革. 中国乡村发现，2014 (10).

生产所需的基础条件，提高土地的生产力①；另一方面，集体土地属于集体成员所有的性质，能够弥补短期内不能有效解决的农村社会保障体系不健全的现状。故在将集体所有权与设立其上的承包经营权作为两个独立物权对待的情况下，必须在集体利益与承包人利益之间寻求最佳平衡，即集体所有权不得干涉和损害承包经营权，承包经营权对集体所有权的定限也应在合理限度内，不得超越合理限度损害集体所有权。②

有一种观点认为，集体所有权的内容主要应体现在：第一，集体享有该区域内土地的所有权，依法将土地分配给集体成员使用，并对农户的生产经营行为进行监督，如发现抛荒、撂荒或掠夺式经营土地等行为，有权收回土地；第二，集体成立农地信息与管理机构统一处理农地相关的日常事务，如参与土地价格评估，编制合理的土地经营权价格，维护有序的市场秩序，适度参与土地补偿费的分配；第三，履行作为农民和国家之间的中间组织的职能，如代替国家与农户签订土地使用用途协议，监督土地使用情况等，如有违反，按照协议规定的条款处理；第四，由集体享有部分收益权。③ 这种观点一定程度上揭示了集体所有权所具有的"公权"属性，改变了依《物权法》第 39 条规定的内容解读集体所有权的误区。如果集体所有权能够充当衔接公权和私权关系的角色，那么其功能定位应该是准确的。

国务院《关于 2009 年促进农业稳定发展农民持续增收的若干意见》指出：做好土地集体所有权确权登记颁证工作，将权属落实到法定行使所有权的集体组织。党的《十八届三中全会决定》也明确指出："坚持农村土地集体所有权"，"保障农民集体经济组织成员权利"。相关政策更加强调成员在集体中的地位，成员有权要求参加与自己利益相关的各种表决会议。显而易见，相关政策的目的是还权于民，而现在对农村土地集体所有权的最大诟病就是集体所有权的主体不明，学术界进而提出将农村土地集体所有权私有化或国有化的主张，即使在坚持保留农村土地集体所有权的观点中，也有人认为只有将农民集体所有权主体改造为

---

① 贺雪峰. 地权的逻辑. 北京：中国政法大学出版社，2010：101 - 105.

② 韩松. 农村改革与集体所有权的完善. 江海学刊，2009（1）.

③ 赵紫玉，徐梦洁，於海美. 构建我国农地产权"三权分置"模式——现行农地产权制度改革的设想. 国土资源科技管理，2006（6）.

法人，才能明确集体所有权的主体。① 但是，在集体所有权主体的民事法律技术的处理上，无论成员集体是非法人团体还是法人团体，要解决的问题都是界定清楚集体的权利和集体的行为规则。同样，对于集体土地来说，根据《物权法》的规定，我国土地集体所有权之主体为农民集体，具体为乡镇农民集体、村农民集体和村民小组农民集体这三种形式。但是，上述法律在明确农民集体的土地集体所有权之主体地位时，并未具体规定其行使土地所有权的组织形式和程序，从而造成了土地集体所有权行使主体的虚位。

特别需要指出的是，农业税时代乡镇政府将村作为其下属组织，让其行使行政职能，致使村集体一直存在行政化倾向，国家公权力对私权利的干预使村农民集体最终丧失了其作为法律主体的独立性而沦为国家的附庸，这一点主要体现在现行法对土地的流转的限制上，如《农村土地承包法》第 37 条第 1 款规定："土地承包经营权采取转包、出租、互换、转让或者其他方式流转，当事人双方应当签订书面合同。采取转让方式流转的，应当经发包方同意；采取转包、出租、互换或者其他方式流转的，应当报发包方备案。"最高人民法院《关于审理涉及农村土地承包纠纷案件适用法律问题的解释》第 13 条规定："承包方未经发包方同意，采取转让方式流转其土地承包经营权的，转让合同无效。但发包方无法定理由不同意或者拖延表态的除外。"农户在土地流转中的主体地位并没有得到体现：其一，农业法等法律、政策规定农户进行土地流转需经发包方同意，这在事实上为乡村干部的随意干涉提供了合法的外衣。其二，在"三权分置"下农户对各种权利的关注点不同，直接影响到乡村在土地流转实践中的角色定位。另外，不少地方把"三权分置"的重点放在强化集体经济组织对土地的所有权和支配权上，而这些权利都与乡村组织的经济利益直接相关，不管农民愿不愿意，只要乡村干部认为需要，就可以将农民的土地使用权流转出去。这种限制是不当的，因为《物权法》将土地承包经营权定位为用益物权，肯定了其物权性，并在第 132 条规定承包地被征收的，土地承包经营权人有权依法获得相应的补偿；《农村土地承包法》也规定了具体的承包期，并且严格限制在承包期内调整承包地等。这显然违背了物权转移的基本规则。因此，在现实中对于承包合同的不当限制需要立法的

---

① 高飞. 论集体土地所有权主体之民法构造. 法商研究，2009（4）.

规制,具体来说,可以借鉴《合同法》上关于合同无效的条件设定规则,结合土地承包经营权流转的实际,详细列举导致承包合同无效的情形,即用立法来限制权力滥用,排除不当行政干预。

三、"三权分置"下承包权和经营权的关系

(一)承包权、经营权是依据"权能分离"而产生的

在"三权分置"下,所有权仅具有"两权分离"下所有权的部分权能,而承包权具有"两权分离"下所有权和土地承包经营权的部分权能,经营权则具有土地承包经营权的部分权能。当然,现行法律规范中并未出现"承包权""经营权"的概念,承包权和经营权的分置是农地交易实践渐进式发展的产物,但不能因为现行法律规定的空白而否定对这种经济交易中出现的概念进行内涵界定的可能性。分置后的经营权是土地承包经营权的派生权利,而承包权在现行法制的意义上仍是土地承包经营权,其只是因将其部分权能让渡于经营权而产生新的权利内容,并非单纯承包土地这样一种权利资格。换句话说,承包权和经营权是在土地承包经营权发生了流转的情况下,将发生了"权能分离"的土地承包经营权概括为承包权,而将因流转而产生的新的权利概括为经营权。有学者认为,尽管经营权建立在承包经营权的基础之上,经营权与承包权同属于物权,但经营权与承包权的权利内容完全不同。[①] 这种观点在现行法的框架下有失偏颇,因为如果流转是基于债的方式如出租、转包、代耕等方式,则受让方并未取得物权。

"三权分置"下的"承包权"在现行法律制度上对应的应当是《农村土地承包法》和《物权法》规定的"土地承包经营权",但按照"三权分置"的观点承包权并不能完全等同于土地承包经营权,而应该等同于"两权分离"的农地制度时代的"土地承包经营权"。现行农地制度并非如其他法律制度那样具有罗马法或苏俄民法的源流,而是渊源于1978年自安徽凤阳小岗村开始的"大包干"而最终形成的家庭联产承包责任制,是将个人主义的所有权观念下的农地所有权的占有、使用、收益、处分等权能在集体所有权和农户的承包经营权之间进行新的分割,其趋势是收缩集体

---

① 潘俊. 农村土地"三权分置":权利内容与风险防范. 中州学刊,2014 (11).

所有权的权能，扩张承包经营权的权能。① 在家庭联产承包责任制创设之初，农户获得的农地是用于自耕的，农户通过使用土地获得相应的收益。此时，农户实现了作为集体经济组织成员对集体所有的土地享有利益的目的。可以说，土地承包经营权在某种程度上具有一种归属的功能，替代集体所有权对应近代个人主义的所有权明确土地在私权主体中的归属。

（二）"三权分置"后的"承包权"能够补正土地承包经营权的处分权能

在对"三权分置"理论的驳斥中，最有力的莫过于对该问题的法理剖析。该理论认为，根据一物一权原则，同一物上不能并存两个以上内容相同的用益物权，在用益物权之上再设相近用益物权的安排，是人为地将法律关系复杂化，在存在物权和债权区分的情况下，这种安排是立法技术的倒退。② 其实，"三权分置"下的"放活经营权"，其目的并不在于在权利之上新设用益物权，而在于通过对权能的重新分配实现对现有的承包经营权处分权能的补正。就土地承包经营权而言，《物权法》和《农村土地承包法》规定，土地承包经营权人可以依法转让、互换其所拥有的土地承包经营权；土地承包经营权人可以以转包、出租等方式在其土地承包经营权上设定权利负担，"四荒地"的土地承包经营权人还可以以抵押的方式在其土地经营权上设立权利负担。有据于此，我国法律上是允许土地承包经营权人依法处分其土地承包经营权的。

与此同时，土地承包经营权的转让受到三方面的限制：第一，转让人应当有稳定的非农职业或者有稳定的收入来源；第二，转让需经发包方同意；第三，受让人限于其他从事农业生产经营的农户。无疑，这些限制着眼于土地承包经营权的生存保障功能，但与近年来的土地调整趋势不相适应。近40年来，中国农村土地制度的调整主要呈现两大特征：一是国家愈加强调土地承包期的长期性；二是国家愈加强化农户的主体地位。③ 对农地的各项权能不断进行调整，总的趋势是，农户承包经营权的权能不断扩张，"稳定并长久不变"的提法说明土地承包经营权将成为农民永续享

---

① 叶兴庆. 从"两权分离"到"三权分离"——我国农地产权制度的过去与未来. 中国党政干部论坛，2014（6）.

② 陈小君. 我国农村土地法律制度变革的思路与框架. 法学研究，2014（4）.

③ 陈锋. 从祖业观到物权观：土地观念的演变与冲突. 中国农村观察，2014（6）.

有的用益物权，补正承包经营权的处分权能是"赋予农民更多财产权利"的应有之义。在"三权分置"的框架下，将前述条件局限于对承包权的限制，自由流转经营权，经营期限届满后，承包权、经营权仍归属于承包人。这样一来，承包人基于成员身份在承包地的重新分配时获得的是完整的权利，即包括受到流转限制的承包权与可自由流转的经营权。允许经营权抵押贷款，拓展了农民融资的渠道，解决了农用资金投入不足的难题，进一步恢复了承包经营权的财产权属性，强化了承包经营权的物权性。随着农民非农就业机会的逐渐增多，承包经营权流转的比重也呈逐渐上升趋势，"三权分置"为实现农地的适度规模经营提供了具有操作性的制度条件。

（三）"三权分置"后"承包权"的内容

我国人多地少，人地关系紧张，人地资源配置空间扩张乏力。这种情况决定了我国农村土地资源的稀缺程度高。同时农村土地又对农民具有经济保障功能和社会保障功能，并且社会保障功能远远超出经济保障功能。这样，即使在耕种土地无利可图的情况下，农民也不会轻易放弃土地。[①] 农村土地所有权、承包权、经营权"三权分置"后，由于权利分离形式的不同，承包人可能继续占有、使用承包地，也可能将土地经营权设定抵押、入股、信托，故而丧失对土地实际的占有、使用。但不管何种情况，从集体获得的土地承包权是农户重要的财产权利，必须凸显土地承包权的财产功能，重点保护农户的土地财产权利。要通过落实农村土地承包关系长久不变、扩大土地承包经营权权能等措施，强化土地承包权的物权功能，使承包人在土地征收（征用）和流转时能够获得拥有承包权所带来的资本收益。在此基础上，承包人主要享有的权利具体包括以下四项。

第一，承包人的身份维持权。承包权与经营权分离后，集体土地流转的只是经营权，承包人的地位不变，其作为集体经济组织成员的资格不受任何影响，且其与发包方之间的承包合同关系维持原状。在不违反承包合同的前提下，承包人可将一定期限的经营权让渡于他人，期限届满后，承包人可以收回经营权，原承包权自动续期。

---

① 赵紫玉，徐梦洁，於海美. 构建我国农地产权"三权分置"模式. 国土资源科技管理，2006（6）.

第二，分离对价请求权。承包人不实际掌控土地，而是有权取得相应的经济利益或经济补偿。这是承包权与经营权分离后，承包人享有的最为重要的财产性权利。此时，承包人可选择多种形式进行土地流转，如承包人将经营权抵押给金融机构，将会获得一定数额的贷款；其将经营权入股出资时，将会获得相应的股份，享有股权、收取红利；其将经营权委托于信托机构时，将可以得到相应的收益；等等。[①]

第三，征收补偿获取权。《物权法》第42条将土地征收的对象限定为集体所有的土地。当农村集体土地被征收时，土地集体所有权消灭。但不可忽视的是，土地承包经营权是一种用益物权，具有交换价值，当土地集体所有权被依法征收时，土地承包经营权亦归于消灭，因此，应将土地承包经营权也归入征收的客体。[②] 我们认为，当征收客体仅限于集体所有权时，土地承包经营权人往往丧失表达自己意愿的机会，对土地承包经营权与集体所有权采取分别征收的模式有利于保护土地承包经营权人的合法权益。征收中承包人基于集体经济组织成员的身份性，享有知情权、协商权和申诉权，有权参与相关程序、表达合理诉求、维护自身权益；而且土地征收补偿费中的安置补助费、地上附着物和青苗补助费等应直接归属于承包人，再由承包人按照合同的约定对经营方进行适度的补偿，但土地补偿费应由集体经济组织和承包人共同享有。

第四，有偿退出权。《农村土地承包法》第26条规定，承包人可以自愿交回承包地并有权获得相应补偿。在已经顺利地实现城市化的农民转变成市民后，集体可以有偿收回土地，并在村集体内部进行分配。"三权分置"作为实践的产物，有其必然性和现实性，但从长远来看，要解决城市化过程中农民变市民的问题，还需要在此基础上进一步改革和完善相关法律、法规和政策措施。[③] 首先，要鼓励探索市场化退出机制，强调承包方摞荒责任。对长期举家外出、又没有劳动力返乡务农的农户，在自愿的前提下，引导其有偿退出承包权。其次，不能根据成员变化无休止地调整承包关系，因为承包期长期化与集体成员不断变化是矛盾的。在承包经营权

---

① 潘俊. 农村土地三权分制：权利内容与风险防范. 中州学刊，2014（11）.

② 陈小君. 农村土地问题立法研究. 北京：经济科学出版社，2012：71.

③ 马凤娟，赵红霞，孙秀芳. 对我国农地产权"三权分置"相关问题的思考. 农业经济，2015（1）.

期限届满后，无特殊情况，可自动延续。不具有集体成员身份的一般经营者，其经营存续期仅以法定的承包期为限，期限届满后不得当然享有新的承包权利。再次，是否调整、如何调整，应从实际出发，尊重群众意见。最后，"长久不变"应附有条件。鉴于承包权并不是一种所有权，建议与国有建设用地使用权、集体林地和"四荒地"使用权年限相衔接。①

四、"三权分置"下经营权应被确认为用益物权

由于没有类似承包权人必须是集体经济组织成员的资格要求，土地承包经营权已经分离为承包权和经营权，经营权就可以更为自由地流转，工商资本可以进入农业、农村和农民的事务领域，农村土地资本将被激活。从土地承包经营权中分离出来的土地经营权应与土地所有权权能意义上的使用权区分开，作为法律制度创制的私权利，作为不可交易的土地转化为财产的媒介，成为出租、抵押、入股的客体。这也使经营权具有稳定性和对抗性，有利于进一步稳定经营权人与承包人之间的合同关系。按照现行法律制度，土地承包经营权流转后产生的经营权应当是债权，因为只有转包、出租、代耕、入股这些债权流转方式才会发生承包权和经营权分离并存的后果，但显然"三权分置"的经济目的是在私权的范围内对"三权"在同一层次上一体保护，也就是在制度上要把经营权作为一种物权来对待。如此，按照《物权法》第5条规定的物权法定主义的要求，只能通过修改法律赋予此种经营权以用益物权的性质。在法律修改之前，从解释论的角度也可以分析一下经营权现实的属性。

（一）"三权分置"下经营权的权利内容

经营权与承包权分离的目的在于实现农地资源配置最大化，在不改变土地集体所有和农户承包的基础上，经营权人具有土地的使用权、流转权和收益权。因此，尽管经营权人在保持农地用途不变的前提下可以自由使用农地，但原则上其不得长期闲置土地而必须进行实际的农业生产活动。经营者在约定时间内能够通过各种土地流转方式获得土地经营的自主权。同时，经营权人自主进行农业生产或自由处分经营权所产生的收益都归经

① 叶兴庆. 从"两权分离"到"三权分离"——我国农地产权制度的过去与未来. 中国党政干部论坛，2014（6）：10.

营权人自己享有，因此，当由征收产生土地权利纠纷时，应将经营权人实际的投入考虑在内，让经营权人获得合理的补偿。此外，经营权作为一项完整的有期限的财产权，其独立的纯粹财产权属性决定了应当允许其继承。

《农村土地承包法》第49条规定："通过招标、拍卖、公开协商等方式承包农村土地，经依法登记取得土地承包经营权证或者林权证等证书的，其土地承包经营权可以依法采取转让、出租、入股、抵押或者其他方式流转。"出于土地保障、耕地保护、粮食安全、社会稳定等理由，现行法禁止土地承包经营权抵押，还有学者担心由此会出现两极分化、农民失地和农民破产的问题，使农民失去安身立命的根本。实际上，这些担忧是对农村社会保障长期缺位的自然反应。此类担忧强化了土地的社会保障功能，进而忽视了其生产功能和财产属性，构成对农村土地承包经营权的种种限制。[1] 对于入股问题，虽然对于以其他承包方式取得的土地承包经营权入股现行法律已认可，但对于家庭承包方式的土地承包经营权是否可以入股法律并未作出明确规定，只是在试点。对于家庭承包方式的土地承包经营权入股合作社，我国南方一些地区通过地方性法规的形式予以认可，但对于入股公司则一致持否定态度。以上这些制度困境制约着农村土地融资功能的发挥，从而限制了农村土地规模化经营的资金来源。近年随着农村第二、三产业的发展和城市化进程的加快出现的农民"离土不离乡""离土又离乡"等土地抛荒的情况，使资源配置更加缺乏效率。

"三权分置"的关键在于"稳定承包权"，即土地的社会保障功能通过农民享有承包权来实现，由此，集体土地流转的只是经营权，承包人作为集体经济组织成员的资格不受任何影响，且与发包方之间的承包关系将维持原状，在不违反承包合同的前提下，承包人可将一定期限的经营权让渡于他人，期限届满后，承包人又可以收回经营权。在此前提下，可以"放活经营权"，把经营权进行抵押、入股。允许抵押担保的是从承包经营权中单独分离出来的经营权，承包权作为物权依然不许抵押，农民即便到期还不上贷款，失去的不过是几年的经营权，进而失去凭借经营权可获得的预期收益，这并不会威胁到农民的承包权，农民土地被没收的隐患给消除了。[2] 为

---

① 温世扬. 农地流转：困境与出路. 法商研究，2014（2）.

② 匡小明. 试论"赋予农民更多财产权利"的政策含义和对策建议. 中国井冈山干部学院学报，2014（6）.

了防范可能的失地风险，可以在具体的制度设计上根据地区实际施以限制性条件，如采取土地合作社形式经营的，规定其抵押土地面积的年限和抵押比例，实行抵押权实现时的用途管制。这样，一方面能缓解农民贷款难，做到风险可控；另一方面又能实现土地经营权流转和集聚，发展规模经营。农民即使不需要抵押担保贷款，也可以通过土地经营权入股获得财产性收入。

（二）在几种主要流转方式中"经营权"的物权功能

1. 以互换、转让方式流转土地承包经营权不会发生"承包权"和"经营权"分离

土地承包经营权的互换是指承包人之间为方便耕种或出于各自需要，可以将属于同一集体经济组织的土地的承包经营权互相交换，各自产生新的土地承包经营权。互换是更为严格的转让，只不过交易的对价不是金钱，而是物。土地承包经营权的转让是指转让人和受让人签订转让合同，转让人将土地承包经营权移转给受让人，受让人向转让人支付对价的现象。《农村土地承包法》第41条规定："承包方有稳定的非农职业或者有稳定的收入来源的，经发包方同意，可以将全部或者部分土地承包经营权转让给其他从事农业生产经营的农户，由该农户同发包方确立新的承包关系，原承包方与发包方在该土地上的承包关系即行终止。"此时，通过转让方式流转，原土地承包关系已经终止，产生的是新的两方关系，而不会发生所有权、承包权和经营权的"三权分置"。

2. 转包和出租产生的经营权具有物权功能

土地经营权的出租和土地承包经营权的出租在权限上没有区别，前者是将自己拥有经营权的土地在一定期限内租给其他人从事农业生产并收取租金的行为，后者是将承包经营的土地出租。转包和出租具有质的统一性，唯一的区别可能在于，在转包的场合次承包人限于本集体经济组织成员。土地经营权人享有对土地的占有、使用、收益的权能，其有权在自己权利期限内行使自己的出租权。从性质上看出租行为是一种债权性质的行为。但也有观点认为，承租人所取得的权利不是物权，而是具有某些物权效力的债权性权利。[①]虽然在现行私权体系中，转包权、租赁权都应被认定是债权性权利，但其效力确实已经超出了一般债权，租赁权因为"买

---

① 韩鹏. 物权法视野中的农地承包权流转. 内蒙古农业大学学报，2006（4）：38.

卖不破租赁"和"优先购买权"等特别规定的存在，甚至具有优先于物权的效力。在现实司法裁判案例中，仅根据"北大法宝"的不完全统计，就有 9 个判决认可了转包、出租后的"经营权"具有对抗承包人的效力。①

3. 以设定抵押等担保融资而导致承包权和经营权分离

《物权法》第 184 条第 1 款第 2 项规定，"耕地、宅基地、自留地、自留山等集体所有的土地使用权，但法律规定可以抵押的除外"。可见，我国法律是禁止抵押土地承包经营权的，但在现实中这一规定已经被突破了。② 立法者可能考虑到，如果作为债务人的土地承包经营权人无法履行债务，就会使土地移转于他人之手，发生与转让一样的效果，因此影响到农民最基本的生活。但土地承包经营权也是农民最重要的财产之一，如果一味地禁止其担保融资，就会影响农民以及农村的发展。近十几年来，各地政府积极地鼓励农民抵押贷款，并相应地出台了一些法规，如 2010 年 11 月重庆市《关于加快推进农村金融服务改革创新意见》、2007 年 4 月江西省《关于全面开展林权抵押贷款的指导意见》、2009 年河北省《林权抵押贷款管理办法》等。③ 经营权是从土地承包经营权中延伸出来的，我国法律目前只是明确禁止了土地承包经营权的抵押，并没有禁止经营权的抵押，而且经营权的抵押并不会与法律保护农民的目的相违背，所以经营权可以随意地去抵押，但不能改变农地的用途。更加大胆的实践已经完全超越了现行法律制度，如武汉农商银行提出"三权分置"的构想，即将农村土地的"所有权""承包权""经营权"进行概念拆分，尊重集体"所有权"，保留农户"承包权"，仅赋予"土地经营权"以抵押融资权能，从而最大限度地排除了法律风险，为实现农村土地的抵押融资功能夯实了"软件"基础。④ 此时设定的抵押权支配的交换价值不是土地承包经营权本身，而是流转土地承包经营权为他人设定新的权利的交换价值。

---

① 农村土地承包法第 32 条相关检索内容. http://www.pkulaw.cn/fulltext_form.aspx? Db=chl&Gid=41762&keyword=&EncodingName=&Search_Mode=accurate#menu6.

② 郭继. 土地承包经营权抵押的实践困境与现实出路. 法商研究，2010 (5)：32.

③ 张仁枫，杨继瑞. 我国农村"三权"抵押贷款的实践与存在的问题. 南方农村，2012 (9)：57.

④ 陈世杰. 唤醒"三权"的巨大能量. 中国农村金融，2014 (22)：53.

4. 以入股方式产生的经营权具有物权效力

所谓入股，是指经营权人以其权利作为出资加入农民专业合作社等组织。农民作为股东将土地交给农民专业合作社等组织，由农民专业合作社等组织统一经营土地，农民每年分取红利。入股可以形成土地的规模使用，可以增加土地的产出，充分实现土地的价值。入股不会发生农户享有的土地承包经营权的丧失，这一点有别于公司法语境下的投资入股，在组织解散的情况下，农户仍然可以收回土地承包经营权，所以入股不是传统意义上物权性质的流转。① 农民专业合作社享有的是一种经营权，农户享有的则是分离了经营权的承包权，两者已经在功能上对土地承包经营权进行了分割。

---

① 丁关良. 土地承包经营权流转法律制度研究. 北京：中国人民大学出版社，2011：421.

第七题 "三权分置"政策下的"三权"定位及其关系

　　自党的十八大提出改革我国农村土地承包经营体制、建立"三权分置"的新型农地经营模式以来，经济学界和法学界对"三权分置"模式实施的探讨呈现井喷态势。"三权分置"的提法源自经济学界基于对农地集约化经营的思考及对农地功能重新分割的认识，并为管理层所认可，进而成为官方的改革目标，比较符合效率原则。但将其付诸实践，作为一种法律、政策而实施，还有相当多的理论细节问题亟待厘清。《三权分置意见》就完善农村土地所有权、承包权、经营权分置的办法提出了若干具体意见。有学者指出："把土地承包经营权分设为承包权和经营权，实行所有权、承包权、经营权'三权分置'，是农用地产权制度演变的大趋势。"① 在前述意见发布之后于

---

　　① 叶兴庆.集体所有制下农用地的产权重构.毛泽东邓小平理论研究，2015(2).

2016 年 11 月 3 日举办的国务院新闻发布会上，时任农业部部长韩长赋全面解读了"三权分置"这一农村改革的重大创新。但无论是前述意见还是部长答问，均未就"三权分置"政策下的"三权"定位，尤其是其中新设的土地经营权定位发表倾向性意见，这表明管理层对此问题尚处存疑和观望状态。至于学术界，对此问题的观点更是众说纷纭、莫衷一是。如有学者认为："承包权与经营权分置，建立所有权、承包权及经营权三权分置的农地权利体系，是中国农地权利制度的既定政策选择。……我国现行物权法关于用益物权客体范围的界定过于狭窄和僵硬，阻碍了对物的多维利用。依循多层权利客体的法理，经营权乃是土地承包经营权人设定的、以土地承包经营权为标的的用益物权，其与土地承包经营权属于不同层次客体上存在的用益物权，可以同时成立而并不冲突。"① 按照这种观点，土地经营权为设定于土地承包经营权之上的"次用益物权"。还有学者从功能主义的分析思路出发，提出了"三权分置的四权实现"的观点，并认为："三权分置的政策目标，是在坚持土地集体所有权、保护耕地、保障农民利益的前提下，通过三权分置，促进农地的流转，为农业适度规模经营和农地担保融资创造条件。但承包权和经营权并不取代流转前的承包经营权。土地集体所有权、承包权、承包经营权、经营权四种权利的不同组合为集体农地流转、抵押提供了两权分离所不能提供的灵活性，又为法律上表彰各种权利提供了便利。"② 这种观点为在实践中可能出现的各种不同权利组合及变种形式提供了认识思路。我们认为，对"三权分置"政策背景下的"三权"属性和定位的认识，是制定法律和政策实施方案的起点和归宿，应当综合"三权"形成的历史背景、各自承载的制度功能作出科学界定，并合理预判未来在实践中可能出现的各种权利组合和变种形式。

一、"三权分置"政策背景下土地集体所有权的重新定位

从土地集体所有权的形成历史来讲，现在作为农地"三级所有"的权利主体的农民集体来自新中国成立初期的农业合作化运动。在农业合作化

---

① 蔡立东，姜楠. 承包权与经营权分置的法构造. 法学研究，2015（3）.

② 楼建波. 农户承包经营的农地流转的三权分置——一个功能主义的分析路径. 南开学报（哲学社会科学版），2016（4）.

运动时期，农民作为土地的所有者享有自主选择参与或不参与合作社集体的权利及在不同集体之间作出选择的权利。此时所形成的初始形态的农民集体，在成员资格和成员权利等方面均具有确定性。集体成员享有类似公司股东的成员权，其民事权利的属性非常明确。经过"一大二公"的人民公社化运动之后，农民经历次"土改运动""耕者有其田"运动所得到的土地产权也随之丧失，仅保留了"社员"资格，但此时的社员已不再具有民法意义上的对土地占有、使用、收益的任何权利，其表彰的仅是"各尽所能、按劳分配"的劳动者资格。至 1983 年全面取消人民公社重新建立乡、村体制后，农村集体经济组织在自然村落的基础上重新建立起来。但此时建立的村民小组和村集体已经与新中国成立初期农业合作化运动中所形成的集体经济组织不可同日而语，其并未建立在成员出资形成集体财产的基础之上，而是以自然村落为基础，由行政命令自上而下统一实施。虽然法律和政策也规定了其成员对集体经济组织的成员权和财产性的权利，但其规定较之《合伙企业法》《公司法》等对合伙人、股东等权利的规定带有相当强的宣示性和抽象性，对土地集体所有权本身的权利定位和成员权行使等方面的程式均未有涉及，仍需在未来民法典编纂中加以明确和细化。我们认为，关于土地集体所有权的重新定位问题，理论和立法上可以从下述几个方面来认识和把握。

首先，在物权法体系之下的土地集体所有权更多地具有观念性和抽象性，需要在定位上加以明确。如《物权法》第 59 条仅规定："农民集体所有的不动产和动产，属于本集体成员集体所有。"但到底本集体成员的外延如何？其所有为共同共有还是按份共有，抑或总有？成员权的内容都有哪些？成员发生变动时如何进行调整？对这些问题均无法在法律层面寻求答案，带来实践中的诸多操作难题。例如，自 1998 年"二次承包"以来，集体成员实际上由此而固化，无论是新生、死亡还是嫁娶、迁入迁出，均不再对承包地作出调整。这种实践中普遍存在的做法与土地的集体所有性质和集体经济组织成员的资格平等性存在着根本冲突，也造成了事实上的诸多不平等现象。为此，法律上应当明确集体经济组织的民事主体地位，并确立集体成员的资格认定标准及成员权利内容，以规范的组织法规则和程式规定为土地集体所有权的保护及集体经济组织成员行使其权利提供法律依据。①

其次，土地集体所有权作为"三权分置"制度设计中土地承包经营权和新设土地经营权的基础性权利应在法律上具有明确的外延界定，以避免出现权利外延不清和权利实施冲突的现象。如《物权法》第60条规定："对于集体所有的土地和森林、山岭、草原、荒地、滩涂等，依照下列规定行使所有权：……（二）分别属于村内两个以上农民集体所有的，由村内各该集体经济组织或者村民小组代表集体行使所有权……"此项规定至少有两点不明之处：其一，一方面讲"集体所有"，另一方面在第二项又讲"分别属于村内两个以上农民集体所有"，到底所有权人是哪一个主体并不明确。如为按份共有性质，从权利客体的性质来看，其边界应当可以确定或勘定并进而加以分割；如为共同共有性质，如何确定其针对共有物收益所能享有的权益比例、何种条件下可以要求分割以及如何确定分割份额等问题也有待进一步研究。其二，"由村内各该集体经济组织或者村民小组代表集体行使所有权"的规定也未能将共同代表权的行权方式规定清楚，如是按人头计算表决权份额还是按照其权益比例计算份额。

最后，还应注意到，农地的所有者到底是集体还是农户，是"三权分置"制度设计的重要前提问题。依部分学者的观点，从其形成历史来讲，农地属于农民，农民入社，方形成集体。② 由此理论推演可知，如集体解散，则土地应分于农民；如农民死亡，亦无继承人，则土地属于国家，国家成为集体的一员。我们认为，这种观点并不完全合适。集体为权利主体更能适应现代社会经济发展形势的需要，其组织法上的构成为各农户及农民，后者享有成员权。此种权利，类似于股权或合作社的社员权。成员仅有承包集体所有土地之权利，而无剩余索取权，即无利润分配请求权及剩余财产分配请求权。在此制度背景下，承包权为依据土地承包法所生之特

---

① 如在实践中普遍存在村委会主任或村支书以损害集体权益为代价损公肥私或从事"关联交易"的现象，如能在土地集体所有权的基础上明确成员的代表诉讼权利，则此种现象将在相当大的程度上得到遏制［关于上述情形的具体例证，可参见孙宪忠. 推进农地三权分置经营模式的立法研究. 中国社会科学，2016（7）］。如能在法律上明确集体经济组织的主体地位并建立其成员的代表诉讼制度，则土地集体所有权自然可以得到更为切实的保护，其主体缺位的问题及以村委会取代村集体的问题将在一定程度上得到解决。

② 孙宪忠. 推进农地三权分置经营模式的立法研究. 中国社会科学，2016（7）.

别权利,仅从事农业生产的本经济组织成员方可享有;而经营权,可设定于集体所有的未曾设定过承包权的土地之上,或者设定于已设定过承包权的土地之上,后者应依据集体组织法或组织章程的规定进行表决,可以考虑采取人数和代表的土地数双层多数规则(类似建筑物区分所有权及债权人会议等的表决机制)。

二、"三权分置"政策背景下土地承包经营权的重新定位

土地承包经营权乃是集体经济组织成员基于其成员资格所享有的对集体土地进行承包经营的一种权利,其权利来源两个方面:其一为承包方作为集体成员的资格,如无此资格,则无土地承包经营权可言。[①] 其二为承包合同,即承包方与发包方所签订的关于土地承包经营过程中的权利和义务的规定。对于土地承包经营权的性质,早期曾有观点将其界定为债权,但自《物权法》颁布、实施之后,学界和立法达成统一,均认定其为用益物权。但也有学者力排众议,提出"自物权说",认为:"从历史发展过程看,农民入社才有了集体,而不是先有集体所有权,然后才从集体中派生出农民家庭或者个人的地权。而且更为重要的是,现在的农村集体,恰恰是具体的农民成员组成的集体,农民享有成员权。……应当承认农民集体是一个个具体的单一农民共同的资格形成的,农民本身享有最终所有权。农民的土地承包经营权,恰恰是他们行使自己的权利的一种方式。所以农民家庭或者个人对于土地的权利,本质上是一种'自物权'。"[②] 这种观点从历史的角度对土地承包经营权的性质进行定位,无疑有利于丰富我们对土地承包经营权的权利形成及权利内涵的正确把握,同时也便于我们在设计土地经营权规则时在一定程度上避免因多重用益物权设计而致的规则冲突和体系抵牾。但是,从农民集体的发展现状和未来趋势角度分析,其解

---

① 在实践中对"四荒地"的经营采取拍卖等方式,其实际经营者并非以集体成员为限。另据我们对试点县黑龙江海伦市的调研了解得知,乡、村、组三级集体均保有一定的机动地未予发包,以"育种基地""良种场"等方式存在,或以应付人口的自然增长与机械增长如人口迁入等带来的承包土地需求。这些机动地一般以租赁的方式(实践中一般为1~5年)交由承租方经营,承租方有集体经济组织的成员,也有城市居民等外来人员或部分涉农企业。

② 孙宪忠. 推进农地三权分置经营模式的立法研究. 中国社会科学,2016(7).

释并不尽善尽美。我们认为，关于土地承包经营权的重新定位，可以从以下几个方面加以认识。

首先，土地集体所有权作为我国社会主义公有制的实现形态的政治意义已经由《宪法》和《物权法》加以明确，农地的集体所有制是一个不容置疑的法律事实，任何集体成员都不能提出任何"退社"或"分割土地"等针对农地所有权的要求。

其次，与国有土地所有权一样，我国法律和政策均严格禁止农地所有权进入二级市场流通。在这个大前提之下，土地承包经营权是作为土地所有权的替代品的形式进行流转的。不过，土地承包经营权本身排斥向集体成员之外的第三人流转，因此其只能以互换、转包等有限方式在集体成员之间实现流转，流通性的限制使其财产价值不能得到最大的实现，也束缚了农民对土地变现的积极性，实践中大量出现的土地撂荒现象就是最好的明证。

最后，正是因为土地承包经营权在流转方面的上述局限性，"三权分置"的制度设计才需以土地承包经营权为基础性权利，在其上设定土地经营权，无论其为用益物权性质的权利还是债权性质的权利，均可突破流转主体和流转方式的限制，使土地承包经营权在我国作为一种替代所有权流通的土地权利具有财产权在占有、使用、收益、处分等方面的完整权能和属性。

三、"三权分置"政策背景下新设土地经营权的定位

关于"三权分置"背景下新设的土地经营权的定位，学界有不同的认识。有学者认为，土地经营权是流转情形下独立于承包权的一项权利，从对抗力、存续期间、转让性、权利内容及对价等方面辨析，土地经营权的性质为债权而非物权。[①] 有学者认为，土地经营权应在立法上被确认为用益物权："经营权虽在现行法律制度框架下并不具有法定的物权效力，但因为具有一定的物权功能，从而在事实上有一定的物权效力"[②]。还有学者将"确权确地"形成的土地承包经营权与"确权确股不确地"形成的土地承包经营权加以区分，并认为："确权确地形成之土地承包经营权分离出的经营权用益物权论，无论是主要理据还是制度设计均值商榷；而经营

---

① 李伟伟."三权分置"中土地经营权的权利性质.上海农村经济，2016（2）.

② 李国强.论农地流转中"三权分置"的法律关系.法律科学，2015（6）.

权债权论既能契合经营权存在的语境、实现经营权分离的目的，又可避免多层用益物权权利结构之弊。确权确股不确地之土地承包方式创新视阈下分离出的经营权，则存在物权化的合理空间；以确权确地形成之土地承包经营权入股农村集体经济组织，不仅是农用地承包方式由确权确地向确权确股不确地转换的适宜通道，而且可成为确权确地之经营权物权化的改造路径。"① 我们认为，上述学者对新设土地经营权的定性认识均有一定的道理，但如欲正确认识土地经营权的属性还应根据前期"三权分置"的试点经验，结合其在未来一定时期的发展加以认定。对于新设土地经营权的定位，可以从如下几点来加以认识。

首先，需对承包权和经营权的关系加以甄别，到底是并列关系还是经营权以承包权为基础设定？一般情况下，是先有土地承包经营权，然后通过签订合同将其中的经营权流转。在此情况下经营权以承包权为基础，存在着成为"次用益物权"的前提。另一种可能存在于集体经济组织直接与经营者签订合同的情形，即集体所有的土地，除发包给农户家庭及个人之外，实践中确实存在着机动地及部分"四荒地"，在其上并无承包权的设置，客观上存在着在农地所有权基础上设立经营权的需要。

其次，从农业部等六部门联合颁布的《关于认真做好农村土地承包经营权确权登记颁证工作的意见》（农经发［2015］第2号）所规定的政策把握原则来看，确实也允许"确权确股不确地"的经营权的存在，只不过"不得违背农民意愿，行政推动确权确股不确地，也不得简单地以少数服从多数的名义，强迫不愿确股的农民确股"。在此情形之下，如由集体经济组织自行对农地实施经营，则农地的所有权和经营权主体合一，农地承包经营权则转化为股权和承包权，土地所有权和承包经营权实现了"权利重组"，事实上并不存在着"三权分置"的现象；如由第三方主体对农地实施经营，农地承包经营权同样转化为股权和承包权，而土地经营权直接产生于农地所有权而非承包经营权，解释上可以将其认定为用益物权。

最后，还应当看到，"三权分置"政策的设计初衷就是通过合理的制度设计进一步激发农村与农业发展的潜力。随着城市化进程的加剧，农村人口大量涌入城市并定居、繁衍，农村早已比城市先一步进入老龄化社会。据笔者了解，在山东省栖霞、乳山等地及黑龙江省海伦、绥棱等地的

---

① 高海. 论农用地"三权分置"中经营权的法律性质. 法学家，2016（4）.

农村，由于大量劳动力进城务工，60 岁的老人在村里已经成为年轻人。"60后""70后"不想种地，"80后"不会种地，"90后"不谈种地成为此种现象的鲜明写照。国家虽然推出"粮补"等惠民政策，但如不制定土地流转的有效制度，土地大量撂荒仍在所难免。由此可见，土地由规模化组织进行集约化经营已经成为不可阻挡的发展趋势。从方便流转的角度来看，将土地经营权规定为用益物权，一方面，可以使其更为便利地在规模经营主体之间自由流转及再流转，而不受法律上债权让与制度的束缚，促使其在流转中实现价值最大化；另一方面，物权化的土地经营权也突破了债权请求权的局限，具有对第三人乃至土地所有人及承包权主体的对抗效力。

四、"三权分置"政策背景下"三权"的效力边界

《三权分置意见》提出了逐步完善"三权"关系的具体要求，即"农村土地集体所有权是土地承包权的前提，农户享有承包经营权是集体所有的具体实现形式，在土地流转中，农户承包经营权派生出土地经营权。支持在实践中积极探索农民集体依法依规行使集体所有权、监督承包农户和经营主体规范利用土地等的具体方式。鼓励在理论上深入研究农民集体和承包农户在承包土地上、承包农户和经营主体在土地流转中的权利边界及相互权利关系等问题。通过实践探索和理论创新，逐步完善'三权'关系，为实施'三权分置'提供有力支撑"。具体来说，为落实上述意见要求，从效力边界角度，对"三权"关系可从以下几个方面加以认识。

首先，农村土地集体所有权是三者之中的基础性权利，是土地承包权和经营权的权利来源。没有合法有效的集体所有权和承包经营合同，则无法产生合法的承包权和经营权。按目前法律、政策的规定，村民委员会是村民自我管理、自我教育、自我服务的基层群众性自治组织，村民委员会可以根据村民居住状况、土地集体所有权关系等分设若干村民小组①，村

---

① 如《村民委员会组织法》第2条规定：村民委员会是村民自我管理、自我教育、自我服务的基层群众性自治组织，实行民主选举、民主决策、民主管理、民主监督。该法第3条规定：村民委员会根据村民居住状况、人口多少，按照便于群众自治，有利于经济发展和社会管理的原则设立。村民委员会的设立、撤销、范围调整，由乡、民族乡、镇的人民政府提出，经村民会议讨论同意，报县级人民政府批准。村民委员会可以根据村民居住状况、土地集体所有权关系等分设若干村民小组。

民委员会和村民小组成为实践中事实上代行土地集体所有权的主体。但上述机构的设置更多地类似行政机构的翻版，无法体现村民自治及集体经济组织对效率性和公正性的要求。如笔者通过调研了解到，部分基层农民对"三权分置"存有疑虑，担心政策被村委会强制推行，切断其最基本的生活保障来源。如能在已确权发证的承包权基础上积极探索农民集体行使土地所有权的路径，建立起集体经济组织内部的经济民主实现路径，自然可以在源头上确保土地集体所有权作为基础性权利的功能进一步地发挥。

其次，土地承包权为设定于他人财产之上的他物权，在效力上可对抗土地所有权，但需满足一定的条件：其一为土地所有权主体通过签订承包合同或拍卖等方式对其土地所有权作出合法处分，以此设定承包权。其二为发包主体内部的决策程序与内容合法，并符合其组织规则及决策程序的要求。就内容而言，若违反国家法律、法规的规定、对承包主体实行歧视性待遇、对利益关联方进行利益输送等，均属违法；就程序而言，如村委会的组成及代表权违反《村民委员会组织法》的规定、选举过程存在瑕疵等情况，亦属违法。①

最后，土地经营权与承包权的关系较为复杂。如土地经营权由农户的承包经营权直接派生而出，则承包经营权在分裂出经营权后仅剩名义上的承包权能，土地经营权可以对抗承包经营权；如在"确权确股不确地"的情形之下或由土地集体所有权直接派生出土地经营权，则土地经营权与承包经营权并无直接法律关系可言，土地经营权自然可以对抗土地集体所有权，并不涉及与承包经营权之间的直接对抗关系。事实上，在"确权确股不确地"的情形下，土地承包权人与集体经济组织之间的关系类似公司股东与公司的关系，而土地经营权人类似公司的债权人等外部人。一般情况下，股东不能对抗公司的债权人，公司的债权人也不能透过公司直接对股东提出诉求，除非公司作为一个独立的法律实体本身存在的合理性遭受质疑。在经拍卖等方式由土地集体所有权直接派生出土地经营权的场合，因土地经营权并非源自承包权，二者并无发生权利冲突的可能性。

---

① 如《村民委员会组织法》第17条第1款规定：以暴力、威胁、欺骗、贿赂、伪造选票、虚报选举票数等不正当手段当选村民委员会成员的，当选无效。第18条规定：村民委员会成员丧失行为能力或者被判处刑罚的，其职务自行终止。

第八题 "三权分置"下土地承包权与土地经营权分设的法律反思[*]

党的《十八届三中全会决定》提出了推进我国农村土地制度改革向纵深迈进的新思路。不少参与政策起草或对政策制定有重大影响的专家将党的《十八届三中全会决定》中的这种新思路概括为以"三权分置"重构农村土地权利结构的构想，即以"两权分离"为基础，将土地承包经营权分设为承包权与经营权，实行所有权、承包权、经营权的"三权分置"。"2014 年中央一号文件"首次明确了"在落实农村土地集体所有权的基础上，稳定农户承包权、放活土地经营权"的"三权分置"举措；2015～2017 年连续三个中央一号文件和党的"十九大报告"等，以党和国家政策的形式进一步阐明了"三权分置"政策的具体内容。同时，为对实践中践行"三权分置"政策进行指导，2016 年 10 月 30 日中共中央办公厅、国务

　　＊ 本部分的主要内容曾发表于《法商研究》，2018（3）。

院办公厅印发了《三权分置意见》。根据这些政策文件的精神，由全国人大农业与农村委员会牵头，中央农办、农业部等部门参与，形成了《承包法修正草案》并自 2017 年 11 月 7 日始公开征求意见。在对承包权与经营权分设进行法律反思的基础上，我们设计了承包权与经营权分设的法律规则构建方案，同时对《承包法修正草案》存在的缺陷进行了简要评述并提出了应对措施，希望对农村土地法律制度的完善有所裨益。

一、承包权与经营权分设的制度目标

党的《十八届三中全会决定》公布后，将土地承包经营权分设为承包权与经营权、积极推行"三权分置"的经营模式成为涉农政策的中心任务。大多数赞同承包权与经营权分设的专家认为，"三权分置"政策出台的主要目的是弥补现行土地承包经营权流转制度存在的以下缺陷。

（一）土地承包经营权流转因承包权与经营权混为一体而受限

随着我国经济社会的发展，大量农村劳动力涌入城镇就业，其中不少外出务工的农户将承包地流转，由他人耕种。主张将土地承包经营权分设为承包权和经营权的专家一般都强调土地承包经营权是承包权与经营权的混合体，而这两种权利的混合使土地承包经营权的流转受限。如叶兴庆认为："承包权属于成员权，只有集体成员才有资格拥有，具有明显的身份依附性、社区封闭性和不可交易性。"[1] 刘守英也认为，农户为自耕农时，经营者拥有承包权，但随着农村劳动力离农化趋势增强，承包权与经营权发生事实上的分离，如果基层政府和集体经济组织强化经营权流转，往往会导致农民承包权的丧失；同时，承包农户因担心流转经营权导致土地承包权丧失，会限制其对流转相对方的选择，从而影响土地的经营效率。[2] 党国英则强调，农户的土地承包经营权实际上是一种资格垄断的特别经营权，只能由村庄原住户获得，而村庄外人员不能获得。[3] 根据这些专家的理解，正是土地承包经营权中含有承包权的内容，为土地承包经营权的流

---

[1] 叶兴庆. 从"两权分离"到"三权分离"——我国农地产权制度的过去与未来. 中国党政干部论坛，2014（6）.

[2] 刘守英. 农村土地法律制度改革再出发——聚焦《中共中央关于全面深化改革若干重大问题的决定》. 法商研究，2014（2）.

[3] 党国英. 农地"三权分置"改革究竟是什么意思?. 新京报，2016-06-09.

转带来了障碍。

(二) 新型农业经营主体的培育不力

基于城乡推拉之力尤其是城乡收益差异较大的心理预期,越来越多的农村劳动力暂时、长期或永久离开农村,村落过疏化乃至空心化现象日益严重①,而且进城务工的大多为高素质的、年轻的劳动力,以致我国农村劳动力呈现老龄化趋势。为了应对农村高素质劳动力严重不足的问题,党的《十八届三中全会决定》提出:"鼓励承包经营权在公开市场上向专业大户、家庭农场、农民合作社、农业企业流转,发展多种形式规模经营。"在解读该政策时,韩长赋认为,在承包权与经营权分设后,可以"形成土地经营权流转的格局,大力培育和扶持多元化新型农业经营主体"②;张红宇将承包权与经营权的分设视为"培育实现多元经营的基本前提与必然选择",既有利于培育和发展家庭农场、合作组织和农业企业等新型农业经营主体,也有利于培育新型职业农民③;冯海发则强调以各种新型农业经营主体参与的农业经营方式创新,可以有效推动形成"三权并行分置"的新型农地制度。④ 可见,无论是解决农村劳动力老龄化问题,还是推行农地适度规模经营、推进农业科技创新、加速发展现代种业和农业机械化,新型农业经营主体都比小农经营主体具有便利的条件和优势,故主张承包权与经营权分设的学者将培育新型农业经营主体作为建立农业可持续发展长效机制的重大政策支持,其言下之意即现行土地承包经营权流转制度无法担负培养新型农业经营主体之重任。

(三) 土地承包经营权融资的渠道不畅

土地承包经营权抵押为我国法律所明文禁止,导致农业经营主体融资难现象异常突出,故党的《十八届三中全会决定》明确提出"赋予农民对承包地占有、使用、收益、流转及承包经营权抵押、担保权能",而承包

---

① 田杨,崔桂莲. 农村劳动力流动和新农村建设问题探析. 东岳论丛,2015 (8).

② 李慧. 让土地流转和规模经营健康发展——农业部部长韩长赋就《关于引导农村土地经营权有序流转发展农业适度规模经营的意见》答记者问. 光明日报,2014 - 10 - 18.

③ 张红宇. 新型城镇化与农地制度改革. 北京:中国工人出版社,2014:215.

④ 冯海发. 为全面解决"三农"问题夯实基础——对十八届三中全会《决定》有关农村改革几个重大问题的理解. 农民日报,2013 - 11 - 18.

权与经营权分设更是将承包地的抵押、担保权能付诸实施作为一个重要目标。张红宇认为："经营权独立之后，可以在不影响土地承包权及其收益的前提下，以土地经营权来设定抵押，为农业发展提供金融支持。"① 陈锡文则把经营权从土地承包经营权中单独分离出来允许抵押担保，作为解决现实中农民发展现代农业面临的贷款难题的途径。② 叶兴庆也认为，从土地承包经营权分离出独立的土地经营权，顺应了"扩大农村有效抵押物范围、缓解农业贷款难的需要"③。对这些观点进行梳理可以发现，它们均主张土地承包经营权中含有承包权内容是阻碍承包地抵押、担保功能实现的"罪魁祸首"。

可见，承包权和经营权分设后拟达到的制度目标在一定程度上是当前农业经营追求的目标。然而，现行土地承包经营权制度是否在达成现代农业经营模式方面无能为力，以致应将承包权和经营权分设作为新时代农村土地权利体系构建的必要前提？上述学者均未从法律层面给出有说服力的理由，故对承包权与经营权分设的正当性加以验证至为重要。

二、承包权与经营权分设的正当性检视

法律制度的创新不能对现有制度置之不顾，也不能简单地以新制度替代现有制度，一种法律制度的创新能否得到尊重和承认，要看其是否能够弥补现有制度无法自愈之缺陷，并在法律观念上有所进步。因此，对土地承包经营权流转制度到底是予以完善还是分设，必须深刻剖析该制度之现实困境，并以此作为抉择的依据。

根据对承包权与经营权分设政策的理解，土地承包经营权因具有身份性而阻碍了土地承包经营权流转的推广，制约了我国农业产业现代化的转

① 张红宇.从"两权分离"到"三权分离"——我国农业生产关系变化的新趋势.人民日报，2014-01-14（07）.

② 冯华，陈仁泽.农村土地制度改革，底线不能突破——专访中央农村工作领导小组副组长、办公室主任陈锡文.人民日报，2013-12-05（02）.

③ 国务院发展研究中心农村经济研究部.集体所有制下的产权重构.北京：中国发展出版社，2015：16.

型①，其中土地承包经营权的身份性特点表现为其含有承包权的内容。一般认为，《农村土地承包法》第5条确立了农村集体经济组织成员的承包权即农村集体经济组织成员承包土地的资格，赞同承包权和经营权分设的专家对承包权的理解与此基本一致。② 根据2015年七省调研③，针对"您认为作为集体成员应对村（组）集体享有哪些成员权利或利益（可多选）"的问题，分别有 93.25%、92.46%、91.47%、90.48%、87.70%、86.90%、81.55%和75.40%的受访农户表示其应享有"选举、监督、罢免集体经济组织管理者""承包集体土地""参与集体事务表决""依法申请宅基地""集体盈利分配""从集体获得社保经费补助、补贴""对侵害集体利益的行为提起诉讼""分配自留山、自留地"等权利。针对"您认为作为集体成员在本村（组）集体实际享有了哪些成员权利或利益（可多选）"的问题，分别有 90.67%、61.90%、86.71%、79.76%、79.17%、26.79%、22.02%、56.35%、33.33%和47.22%的受访农户表示其实际享有了"选举集体经济组织管理者""监督、罢免集体经济组织管理者""承包集体土地""参与集体事务表决""依法申请宅基地""集体盈利分配""从集体获得社保经费补助补助""特殊人群（老年人、残疾人等）补贴""对侵害集体利益的行为提起诉讼""分配自留山、自留地"等权利。可见，农户对于农村集体经济组织的成员资格有清晰的认识，也知晓农村集体经济组织成员的应有权利和实有权利之不同，而"承包集体土地"只是农村集体经济组织成员享有的多项权利中的一种，且受访农户表示农村集体经济组织成员的"承包集体土地"的应有权利和实有权利之间有一定的差距，调研数据显示分别占92.46%和86.71%。由此可知，尽管受访农户普遍将农村集体经济组织的成员资格与"承包集体土地"紧密联系在一起，但他们没有将这种成员资格作为土地承包经营权内容的组成

---

① 马俊驹，丁晓强.农村集体土地所有权的分解与保留——论农地"三权分置"的法律构造.法律科学，2017（3）.

② 张红宇.从"两权分离"到"三权分离"——我国农业生产关系变化的新趋势.人民日报，2014-01-14（07）.叶兴庆.从"两权分离"到"三权分离"——我国农地产权制度的过去与未来.中国党政干部论坛，2014（6）.

③ 此次调研于2015年7～8月在湖北、山东、贵州、河南、广东、黑龙江和浙江7省的21个县（市、区）42个乡（镇）84个村展开，每村随机调研6个农户，共收回有效问卷504份、访谈84份。

部分，因为作为农村集体经济组织的成员即便有"承包集体土地"的资格，也未必能够实现"承包集体土地"的权利（即取得土地承包经营权），而不享有土地承包经营权也并不影响其具有农村集体经济组织的成员资格。

　　然而，承包权与经营权分设的一个重要理由是，农村集体经济组织的成员资格是土地承包经营权流转的阻碍因素。为了考察这一论断的真实性，在 2015 年七省调研中，我们提出了"在你们村承包地流转有哪些方式（可多选）"的问题，除 3.17％的受访农户表示"没有流转"外，表示承包地流转有"出租""转包""互换""转让（买卖）""入股""抵押"和其他方式的分别有 74.60％、61.11％、58.13％、29.96％、12.50％、5.36％和 0.40％。针对"您会在什么情况下把承包地流转出去（可多选）"的问题，分别有 77.98％、72.42％、70.44％、61.90％和 2.58％的受访农户表示影响因素是"自己家里没人种""土地太少，自己种不划算""流转收益比较高""种田收入不是主要收入来源"和其他因素。针对"您希望承包地流转采用哪些方式（可多选）"的问题，除 1.59％的受访农户表示"不希望承包地流转"外，分别有 65.28％、81.75％、53.97％、40.67％、61.71％和 60.12％的受访农户希望承包地流转采用的方式是"转包""出租""抵押""转让（买卖）""互换""入股"，其中希望承包地能够"抵押"的受访农户超过了半数。可见，在实践中受访农户享有的土地承包经营权能够自由流转，农村集体经济组织的成员资格不构成流转的障碍，且他们也未将该成员资格看成是否将承包地流转出去的影响因素，但土地承包经营权融资渠道不畅在实践中是一个真正的问题。不过，就现行法规范而言，土地承包经营权不能抵押并非土地承包经营权中含有身份属性的承包权所导致。因为我国法律准许土地承包经营权转让，而土地承包经营权转让是对土地承包经营权作出的最彻底的处分，较之于土地承包经营权的抵押，土地承包经营权的转让应当属于限制程度较高的流转方式，故依"举重明轻"规则，我国法律禁止土地承包经营权抵押的制度设计缺陷是显而易见的。[1] 同时，既然土地承包经营权转让不存在由所谓承包权和经营权混杂引起的障碍，那么，所谓承包权、经营权不分自然不会对土地承包经营权抵押造成影响。

----

① 高圣平. 中国土地法制的现代化——以土地管理法的修改为中心. 北京：法律出版社，2014：135-137.

119

当前，土地承包经营权流转日益频繁，推动农地适度规模经营正当其时，但受农村高素质劳动力越来越缺乏的限制，培育各种新型农业经营主体愈加迫切。有学者曾指出："顺应实践要求，对土地承包经营权进行'承包权'和'经营权'分权设置，明确经营权流转及行使的法律地位，建立所有权、承包权、经营权'三权并行分置'的新型农地制度，显得十分必要。集体经营、合作经营、企业经营是承接农民土地经营权流转的重要载体。"① 不可否认，培育新型农业经营主体是应对农村高素质劳动力短缺的重要举措，也是实现农业现代化的关键环节，但据农业部统计，截至 2012 年年底，全国家庭承包耕地流转总面积达到 2.78 亿亩，流转入农户、农民专业合作社和企业的分别占 64.7%、15.8% 和 9.2%；符合家庭农场条件的有 87.7 万个，他们经营耕地的面积达到 1.76 亿亩，其中经营规模在 100 亩以上的有 20.3 万个，经营规模在 1 000 亩以上的有 1.65 万个。② 按照我国农村政策的提法，所谓新型农业经营主体包括农业大户、家庭农场、农民合作社和农业企业③，而农业部的统计数据正表明，在推行"三权分置"政策前，现行土地承包经营权流转制度并未构成新型农业经营主体生成的阻碍。其实，依据我国《农村土地承包法》第 33 条的规定，土地承包经营权流转应当遵循的原则是：（1）平等协商、自愿、有偿；（2）不得改变土地所有权的性质和土地的农业用途；（3）流转的期限不得超过承包期的剩余期限；（4）受让方须有农业经营能力；（5）同等条件下本集体经济组织成员享有优先权。在与这些原则不相违背的前提下，新型农业经营主体可以基于土地承包经营权流转而产生。因此，将新型农业经营主体发展不力归结为土地承包经营权具有身份属性造成其流转障碍，进而以承包权与经营权分设作为应对措施，不是推动农村土地制度进一步改革的良方。

在实践中，工商资本参与农地经营的现象越来越普遍，它们也是新型农业经营主体的重要形式。在 2015 年七省调研时，针对"您认为控制工

① 冯海发. 为全面解决"三农"问题夯实基础——对十八届三中全会《决定》有关农村改革几个重大问题的理解. 农民日报，2013 - 11 - 18（01）.

② 张红宇. 新型城镇化与农地制度改革. 北京：中国工人出版社，2014：34.

③ 徐祥临. 深化农业改革，谁来种地，如何种好地——培育新型农业经营主体之理念与对策. 人民论坛，2017（3）.

商企业长期、大面积租赁农户承包地时，应重点注意哪些问题（限选二项以内）"的问题，受访农户中有58.73%的人关注"不得改变租赁地的农业用途"，有27.58%的人关注"对企业资格进行审查"，有44.44%的人关注"对租赁地上从事的项目进行审核"，有55.56%的人关注"建立农业风险保障金制度"，还有4.17%的人关注其他问题。通过与农户的访谈发现，受访农户最关注租金的实现问题；不少农户反映其所在村有工商企业在租赁承包地后仅支付了前几年的租金，后由于该企业经营少有营利，即便现在解除租赁合同，也将因该企业在承包地上修建了一些非农设施而无法复耕，故他们对"不得改变租赁地的农业用途"也较为关注；然而，在租金能够得到保障时，关注"不得改变租赁地的农业用途"的农户减少。还有一些农户表示关注"对企业资格进行审查""对租赁地上从事的项目进行审核"，目的也是希望工商企业租赁承包地后能够有较为丰厚的利润，这样，他们的租金更易于实现。据农业部统计，2015年流入企业的农户承包地面积达到4 600万亩，占流转土地总面积的10.4%。[1] 可见，现行土地承包经营权流转制度完全能满足工商资本进入农业生产领域的需求，无碍于新型农业经营主体的培育。

需要强调的是，现行法禁止土地承包经营权抵押的确影响了新型农业经营主体的融资需求，故解决土地承包经营权抵押（担保）问题迫在眉睫。但将土地承包经营权分设为承包权和经营权，从而在继续禁止土地承包经营权抵押的情形下确认土地经营权具有担保融资功能，无疑是走了弯路。相反，承包权与经营权分设会使原本能够顺畅运行的土地承包经营权流转制度遇到如下新的桎梏。

其一，加剧了对土地承包经营权的法律属性的误读。有关土地承包经营权的法律属性的债权说和物权说之争由来已久，但《物权法》将土地承包经营权定性为用益物权，从而终结了纷争。当前，主张将土地承包经营权分设为承包权和经营权，并强调土地承包经营权中包含承包权，又重新挑起了土地承包经营权的法律属性之争，只是此次分歧在于土地承包经营权是否包括承包权，从而具有了身份属性。其实，在《物权法》将土地承包经营权明确规定为用益物权后，学者在理解土地承包经营权的内容时一

---

[1]　农业部.农业部就《农村土地经营权流转交易市场运行规范（试行）》答问.
[2016 - 07 - 04]. http：//www.gov.cn/xinwen/2016 - 07/04/content _ 5088068. htm.

般不认为该权利含有承包权,即使认为土地承包经营权"具有强烈的身份性质和社会属性"的学者,也未将承包权归入土地承包经营权的内容之中。① 主张土地承包经营权包含承包权和经营权两个方面的内容,是对土地承包经营权这个体现我国制度特色的约定俗成的法律术语进行望文生义的解读的结果。同时,《农村土地承包法》第41条关于土地承包经营权转让制度的设计也说明其不含有身份属性,是一种纯粹的财产权。根据前述的调研素材可知,土地承包经营权的流转在农村社会是一种普遍现象,认为土地承包经营权中含有身份属性的承包权会影响农户将承包地流转是一种主观臆断。既然农村集体经济组织成员享有的承包集体土地的权利不曾被包含在土地承包经营权的内容之中,也就不存在从土地承包经营权中分离出来的问题。

其二,造成了土地承包经营权内容的混乱。为了对"三权分置"政策下"稳定农户承包权"进行法律构造,有学者认为,土地承包经营权的权能包含承包土地请求权,承包土地收益权,承包土地回收权,承包土地占有、使用权,土地经营收益权,有限制的流转权;并主张前三项权能构成土地承包权。② 然而,从《物权法》第125条的规定来看,土地承包经营权并不包含"承包土地请求权"的权能。"成员享有的承包权或承包资格应是成员权中的集体利益分配请求权,即请求集体分配财产利益的权利"③,该权利是取得土地承包经营权的资格权,属于土地集体所有权主体的构成要素,而不是作为财产权的土地承包经营权的内容。而去除"承包土地请求权"这一权能后,其他五项权能都体现了土地承包经营权作为用益物权的财产属性,也就不存在将承包土地收益权和承包土地回收权独立出来作为土地承包权权能的依据。将"农户承包权"与土地承包经营权相等同也是一种较为流行的观点,其代表性看法是:"为了与未设立经营权的土地承包经营权加以区分,农户承包权往往特指派生出经营权的土地承包经营权。在法律意义上,'稳定承包权'的宗旨是确认并强化农户已

---

① 尹田. 物权法. 北京:北京大学出版社,2013:403 - 409.

② 马俊驹,丁晓强. 农村集体土地所有权的分解与保留——论农地"三权分置"的法律构造. 法律科学,2017(3).

③ 陈小君. 我国农民集体成员权的立法抉择. 清华法学,2017(2).

取得的土地承包经营权的物权属性。"① 该观点并没有严格遵循承包权与经营权分设的"三权分置"政策思路，同时，尽管土地承包经营权制度存在一些细节上的缺陷，但《物权法》已经"确认并强化农户已取得的土地承包经营权的物权属性"，故该主张中的"稳定农户承包权"的制度目标失去了追求的现实意义。

总之，如果坚持将土地承包经营权分设为承包权与经营权的思路，无论是强行给土地承包经营权塞入本不包含的承包权内容，还是以农户承包权对土地承包经营权取而代之，都只会在理论上造成有关土地承包经营权的法律性质与内容的无谓争议。

三、承包权与经营权分设的立法回应

在将政策上升为法律时应当注意，政策语言与法律语言属于不同的话语体系，两者之间很难一一对应，故"贯彻中央文件必须首先贯彻其精神，不能拘束于个别词句。中央文件只是指明了改革的方向，但是法律上的操作措施必须稳妥可靠，必须考虑到现行法律制度本身的和谐统一等方面的规则"②。尽管将土地承包经营权分设为承包权与经营权的政策表达不符合法律逻辑，但当前各种政策均明确了承包权与经营权拟实现的目标，故与其纠结于土地承包经营权应如何分设为承包权与经营权，不如根据农村土地立法变革的要旨，在保留土地承包经营权制度的合理规则之基础上对承包权与经营权作出科学的制度构建。

(一) 承包权的政策意蕴与权利定位

1. 承包权的政策意蕴

承包权不是我国现行法规定的法定权利，"三权分置"政策下的承包权是一种获得土地承包经营权的资格，具有身份性。《三权分置意见》确认了这一点，只是将承包权与基于承包权取得的经营承包地的财产权混杂在一起。不过，《三权分置意见》一再强调承包权的身份属性，如其明确规定："农村集体土地由作为本集体经济组织成员的农民家庭承包，不论经营权如何流转，集体土地承包权都属于农民家庭"；"不得以退出土地承

---

① 蔡立东，姜楠. 农地三权分置的法实现. 中国社会科学，2017 (5).

② 孙宪忠. 推进农地三权分置经营模式的立法研究. 中国社会科学，2016 (7).

包权作为农民进城落户的条件"。尽管"三权分置"政策认为土地承包经营权是承包权与经营权的结合,但承包权的规范意旨是以"稳定农户承包权"即稳定农村集体经济组织成员的土地承包资格为重心,故在将政策中承包权的复杂内容转化为法律规范时,不能仅以政策中描述的内容为依据,而必须考虑政策话语的法律构造是否能够保持法律制度的逻辑自洽。

在我国现行法中,对农村集体经济组织成员之承包资格的规定较为零散,但对于基于承包资格取得的经营承包地的财产权已以土地承包经营权制度作出了详细的规范。然而,现行土地承包经营权流转制度为各界所诟病,且土地承包经营权流转制度之不足被归之于该权利具有身份属性,因此,如果以现行土地承包经营权为具有身份属性的承包权的未来的制度载体,无疑将使土地承包经营权流转实践遭遇更多障碍,而将承包权作为独立于土地承包经营权的权利予以法律构造则是一个务实之举。

2. 承包权的应然定位

满足"三权分置"政策预设的"稳定农户承包权"的政策目标,首要前提是从法律体系方面对承包权作出准确的规范定位。因为保持基于承包资格获得的土地承包经营权的稳定一直为政策和法律制度所追求,且"三权分置"政策下承包权是作为土地承包经营权的组成部分被提出来的,故"稳定农户承包权"的政策目标不会是突出经营承包地的财产性权利。如果将"稳定农户承包权"中的承包权理解为承包资格,则这种承包权本来就是稳定的:"若土地承包经营权人为本集体经济组织成员,在承包期限届满之后,若无特殊情况可自动续期。而在土地承包经营权流转至本集体经济组织之外成员的情形下,承包期限届满之后不得自动续期,集体经济组织可收回土地进行重新配置"①。从 2015 年七省调研的情况来看,受访农户普遍认为依据延包政策,集体经济组织重新配置的方式就是让仍具有其成员资格的原承包方继续承包。② 可见,从"稳定农户承包权"的政策目标来设计承包权仅具有拾遗补缺的作用,不符合党和国家推动农村土地立法改革大踏步前进的深意。

如果考虑到承包权的性质属于成员权,那么,将其纳入集体土地所有

---

① 单平基. "三权分置"理论反思与土地承包经营权困境的解决路径. 法学, 2016 (9).

② 高飞. 农村土地"三权分置"的法理阐释与制度意蕴. 法学研究, 2016 (3).

权主体制度中，无疑对于实现党的《十八届三中全会决定》强调的"保障农民集体经济组织成员权利"大有助益。农业部等六部门联合发布的《关于认真做好农村土地承包经营权确权登记颁证工作的意见》（农经发〔2015〕2号），明确坚持稳定土地承包关系以"确权确地"为主，但也可以采用"确权确股不确地"的方式。其中，"确权确股不确地"与学者所谓的体现承包权的创新实现方式的"确权确利不确地"在本质上是一致的："'确权'，就是确认集体经济组织成员资格，取得资格的人有权享有集体土地承包权；'确利'，就是确定参与土地经营收益分配的具体方式；'不确地'，就是不将具体的地块分割到每家每户。"① 我国当前以各种措施大力推行"稳定现有土地承包关系并保持长久不变"，而有承包资格的农村集体经济组织成员并非都能够实际取得承包地，此时推行"确权确股不确地"的利益分配方式，使每个具有承包资格的农村集体经济组织成员均以股份形式参与分享集体土地利益，实质已经超越承包权的制度空间而进入了成员权的制度范围。

尽管借构造承包权制度之机建构农村集体经济组织成员权制度与"三权分置"政策的承包权的制度目标存有偏差，但此种"暗度陈仓"之举能够取得强化保障农民集体成员权利和促进农民集体成员公平共享土地利益之效。农村集体经济组织成员权在法律上一般被称为社员权，包括共益权和自益权，其中，共益权是农村集体经济组织成员参与农村集体经济组织事务的权利，如对于涉及农村集体经济组织成员利益的事项的表决权、请求召集社员大会之权等；自益权是受领或享受财产利益的权利，如承包土地请求权、集体利润分配请求权等。所谓的承包权即为农村集体经济组织成员权中的承包土地请求权，属于自益权范畴。

当前，作为农村集体经济组织的成员，农民享有承包集体土地的应有权利；作为土地承包经营权人，农民享有了承包集体土地的实有权利。农业税费的免除导致原本应当由农村集体经济组织作为所有者享有的土地收益通过承包制由土地承包经营权人分享，故土地承包经营权人同时享有了基于土地所有权产生的收益和基于土地承包经营权产生的收益。然而，没有承包土地的农村集体经济组织成员，则既没有享有基于土地承包经营

---

① 国务院发展研究中心农村经济研究部.集体所有制下的产权重构.北京：中国发展出版社，2015：14.

产生的收益，也不能分享基于土地所有权而产生的收益。① 可见，农村集体经济组织成员承包集体土地的应有权利与实有权利之间的差距是人地矛盾的反映，对承包关系的稳定构成了威胁。如果在推行"三权分置"政策时顺势确立农村集体经济组织成员权制度，规定土地承包经营权人需支付承包费，并将承包费作为农村集体经济组织的收益在其成员之间予以分配，以使未承包集体土地的成员也可分享土地集体所有权之收益，同时，因为土地承包经营权人为取得土地承包经营权支付了相应的对价，那么此时法律规定的保持承包关系长久不变的制度自然能够顺利实现。② 因此，仅仅完善承包权，并不能使"三权分置"政策下的农户承包权得到稳定，由承包权出发加强农村集体经济组织成员权建构，才是"稳定农户承包权"的治本之策。

（二）经营权的权利来源与定性

1. 经营权的权利来源

《农村土地承包法》第32条规定了通过家庭承包取得的土地承包经营权的流转方式。该制度精神在《物权法》第128条也得到了体现。③ 其中，转让、互换为物权性流转，即受让人享有的经营承包地的权利属于物权；出租、转包为债权性流转，即受让人享有的经营承包地的权利属于债权。④ 在现行法中，土地承包经营权出租、转包时，受让人享有的经营承包地的债权性权利没有被明确命名，但土地承包经营权转让、互换后，受让人享有的经营承包地的物权性权利在《物权法》第129条中被称为"土地承包经营权"。

"三权分置"政策是将"两权分离"制度中的土地承包经营权分设为承包权和经营权而形成的，"从本质上看，土地流转就是承包权和经营权

---

① 高飞. 集体土地所有权主体制度研究：2版. 北京：中国政法大学出版社，2017：253.

② 高飞. 土地承包经营权稳定与承包地调整的冲突及其解决之道——一个社会实证的分析//耿卓. 土地法制科学. 北京：法律出版社，2017：93-94.

③ 在《物权法》中未列举"出租"的流转方式，但其第128条规定有权将土地承包经营权采取转包、互换、转让"等方式"流转，此处的"等"应被解释为包含"出租"的流转方式。

④ 朱继胜. "三权分置"下土地经营权的物权塑造. 北方法学，2017 (3).

的分离，就是承包人把属于自己的经营权以有偿的方式让渡给他人的过程"①。因此，经营权是对现行法中土地承包经营权流转后受让人享有的经营承包地的权利的称谓。《三权分置意见》规定："在依法保护集体所有权和农户承包权的前提下，平等保护经营主体依流转合同取得的土地经营权，保障其有稳定的经营预期。"由于该意见中的"流转合同"的具体类型并不明确，在语义上应包括基于转包、出租、互换、转让等各种流转方式签订的合同，故受让人依这些流转合同取得的经营权在性质上也应该具有多样性，即既包括物权性的经营权，也包括债权性的经营权。

2. 经营权的权利定性

虽然经营权的法律构造应与"三权分置"政策的精神保持一致，但政策话语不能取代法律逻辑，而对未来的经营权的权利定性是对该权利进行制度设计的逻辑起点。当前，有关经营权的法律性质的立法建议主要有用益物权说和债权说两种观点，其中用益物权说具有明显的优势和制度合理性。

（1）有利于农村土地权利体系的协调。无论是现行法关于土地承包经营权流转的规定，还是"三权分置"政策关于经营权产生的规定，均确认受让人获得的经营承包地的权利可以是物权，也可以是债权，但未来农村土地法律制度中的经营权应当仅包含受让人经营承包地的物权性权利。如前所述，在土地承包经营权人以转包、出租等方式流转承包地时，受让人获得的经营承包地的权利属于债权。因土地承包经营权的转包与出租没有本质区别，两者的分野主要是意识形态的影响所致，缺少充分的法律理论之基础，且对转包与出租分别规定不仅未丰富流转方式，还徒增理论与实践的混乱，故从与相关法律制度衔接的便宜性角度出发，在土地承包经营权的流转方式中应当删除转包而保留出租。② 如果在未来立法中将转包归并到出租之中，则受让人获得的经营承包地的债权性权利的流转方式主要是出租。此时，受让人享有的这种债权性权利可被称为土地租赁权，从而无须以"土地经营权"之名对其予以独立的制度建构。反之，明确受让人

----

① 孔祥智．"三权分置"的重点是强化经营权．中国特色社会主义研究，2017（3）．

② 陈小君，等．田野、实证与法理——中国农村土地制度体系构建．北京：北京大学出版社，2012：68-71．

基于转让取得的经营承包地的权利为土地经营权,并认可该权利为用益物权,既符合承包地多元化利用的时代趋势,又可将"三权分置"政策中的经营权融入农村土地权利制度中,从而有利于维持农村土地权利体系的和谐。

(2) 有益于节约制度变迁的成本。任何一种制度变迁都必须付出代价,这不以人的意志为转移,故在确定立法方案时,必须注意到不同的立法方案需要付出不同的成本。由于"制度变迁过程是人的自主实践过程,总是具有一定的目的性与计划性,总是具有某种程度的可选择性。……我们可以在不同代价、成本之间作出选择,以较小代价换取制度变迁的目的性实现"①。我国当下以"三权分置"政策取代"两权分离"制度而对所涉农村土地权利进行法律构造时,应当对各种立法方案的成本、效益加以评估,选择代价最小的立法方案。根据土地承包经营权流转方式的不同性质,确认受让人基于出租取得的经营承包地的债权性权利为土地租赁权,并明确规定受让人基于转让取得的经营承包地的物权性权利为土地经营权的方案与现行法律制度设计一脉相承,是最节省立法成本的设计方案。

(3) 有助于"三权分置"政策目标的实现。现代农业是以高投入追求高效率、高收益,大量资本投入是发展现代农业的重要条件。尽管新型农业经营主体是我国现代农业发展中最为活跃的生产要素,是农村金融市场中需求最旺盛的群体,但我国法律禁止以土地承包经营权抵押融资,使他们也是金融需求满足程度最低的群体。② "三权分置"政策推行的目标之一就是赋予经营权抵押融资权能,而"物权性质的土地经营权,对于土地经营者具有期限更长、可以针对第三人主张权利、可以方便流转以至于设置抵押等法律制度上的优点"③,因此,将受让人享有的经营承包地的物权性权利以土地经营权之名固定下来,同时把受让人取得的经营承包地的债权性权利(即土地租赁权)排除在土地经营权之外,是解禁承包地抵押融资的制度目标实现的妥适途径。

作为用益物权,土地经营权属于在土地承包经营权之上设立的次级用

---

① 高兆明. 政治正义:中国问题意识. 北京:人民出版社,2014:192.

② 张红宇. 新型城镇化与农地制度改革. 北京:中国工人出版社,2014:218 - 219.

③ 孙宪忠. 推进农地三权分置经营模式的立法研究. 中国社会科学,2016 (7).

益物权。有学者对经营权的用益物权之设计方案提出了反对意见，认为多层权利客体理论依据不够充分，其主要理由是：土地承包经营权与其派生的物权性经营权之客体的差异违反了"一物一权原则"；承认权利用益权的国家只是基于历史传统等因素认可权利用益权，对此外的用益物权往往禁止以权利为客体，这与我国将经营权打造成可以自由转让、抵押甚至继承的独立权利的制度目的不相吻合；此外，权利用益物权即使存在突破传统用益物权的个别特例，也未必具有普适意义。① 其实，该观点对经营权的用益物权设计方案的质疑有失偏颇：其一，我国现行法没有规定"一物一权原则"，且主张确认经营权为用益物权也不违反"一物一权原则"。一般认为，"一物一权原则"是指一个物上只能成立一个所有权，一个所有权的客体通常为一个物。由于"一物一权原则"长期以来都仅适用于所有权制度，而不适用于物权整体制度，且自用益物权和担保物权产生后，一个特定物之上可以并存多个物权，使该原则易于引起歧义，还常常误导实践②，因而我国《物权法》没有规定该原则。用"一物一权原则"否定土地承包经营权派生出经营权的合理性，超越了该原则的传统适用领域，结论自然不符合物权规则的制度逻辑。其二，基于多层权利客体理论，德国当代民法规定了下级地上权制度，也就是认可以地上权为本权再次设立地上权，其设立条件与地上权的设立条件完全一样，只是该权利建立在地上权人的权利基础之上。③ 地上权不属于用益物权中的用益权，以地上权为客体设立的下级地上权也不属于权利用益权，故从德国立法例来看，权利用益物权具有可资参考的国际经验。同时，经营权的权利用益物权设计方案本身不是为了追求所谓的"普适"意义，而"在于建立和保持一种可以大致确定的预期，以便利人们的相互交往和行为"④。

总之，在将"三权分置"政策转化为法律时，确认经营权为用益物权既便于在实践中区分土地承包经营权与经营权的主体，也能够参照因他物权消灭而所有权恢复全面支配的圆满状态之弹力性原理，处理经营权到期后土地承包经营权人对承包地的支配关系，同时也满足了经营权可以自由

---

① 高海. 论农用地"三权分置"中经营权的法律性质. 法学家，2016（4）.
② 孙宪忠. 中国物权法总论：3 版. 北京：法律出版社，2014：260.
③ 孙宪忠. 德国当代物权法. 北京：法律出版社，1997：228.
④ 苏力. 法治及其本土资源. 北京：中国政法大学出版社，1996：7.

转让、抵押甚至继承的制度目标,从而将"放活土地经营权"真正落到实处,故是具有可行性的法律构造方案。

四、《承包法修正草案》中承包权与经营权之制度设计评析

(一)《承包法修正草案》的制度设计缺陷

《承包法修正草案》秉承"三权分置"的政策精神,对承包权与经营权分设的政策构想作出了法律表达,其促进土地承包经营权流转、加快新型农业经营主体培育和拓宽农业经营主体融资途径的企图极其明显。[①] 其于第 42 条明确规定,无论是承包方还是通过土地承包经营权流转取得土地经营权的相对方,均有权以享有的土地财产权进行融资担保,弥补了土地承包经营权流转制度中最主要的制度缺陷。在关于流转方式的规定中,将转包归并到出租之中,也是一个亮点。然而,《承包法修正草案》在对承包权与经营权分设进行制度设计时简单"复制"政策的表达,使该草案的制度设计存在以下缺陷。

1. 法律概念混乱

"准确性是立法语言的灵魂和生命,也是立法政策和立法意志记载、表达和传递的第一要义。立法政策记载得不准确,表达得不精确,必然会使传递的信息具有先天的缺陷。"[②]《承包法修正草案》过于严格遵循将土地承包经营权分设为承包权和经营权的政策逻辑,以致法律概念的内涵有失严谨。其主要表现有以下两个方面。

(1)"土地承包权"的概念在两种不同的意义上使用。《承包法修正草案》第 6 条第 2 款规定:"土地承包权是指农村集体经济组织成员依法享有的承包土地的权利。"其表明土地承包权是农村集体经济组织成员取得土地承包经营权的资格权,与第 5 条的内容相吻合。但《承包法修正草案》第 6 条第 1 款又规定:"以家庭承包方式取得的土地承包经营权在流转中分为土地承包权和土地经营权。"此时的土地承包权是土地承包经营权之经营权流转出去后的剩余权,由第二章第四节"土地承包权的保护和

---

① 全国人大农业与农村委员会副主任委员刘振伟在第十二届全国人大常委会第三十次会议上所作《关于〈中华人民共和国农村土地承包法修正案(草案)〉的说明》。

② 孙潮. 立法技术学. 杭州:浙江人民出版社,1993:65.

转让"的表述可知，该承包权是一种财产权。

（2）"土地经营权"与"土地承包经营权"的概念内涵交织在一起，难以区分。根据《承包法修正草案》第5条第1款的规定，农村集体经济组织成员因具有成员资格而享有土地承包经营权，但该草案第6条第3款又规定，"土地经营权是指一定期限内占用承包地、自主组织生产耕作和处置产品，取得相应收益的权利"，而对土地经营权的此种界定也正是土地承包经营权应当包含的内容，故从内涵来看，土地承包经营权与土地经营权没有不同。

2. 法律逻辑错误

"政策是法律的依据和内容，法律是政策的规范化（法律化）"[①]，但法律对政策话语的表达绝不是机械的，更不是放弃法律自身知识体系而对政策表达亦步亦趋。《承包法修正草案》形式化地表达"三权分置"政策，使制度设计出现了法律逻辑的失误。

（1）土地承包经营权如何在流转中变为土地经营权？土地承包经营权属于用益物权，根据《承包法修正草案》的规定，其流转方式仍区分为债权性流转和物权性流转，出租（转包）是债权性流转的主要方式，转让是物权性流转的主要方式。如果土地承包经营权人将承包地出租（转包）给他人，则此时在承包方（出租人）和承租人之间形成租赁关系，双方当事人根据租赁合同享有权利和履行义务，承包方仍然享有土地承包经营权，承租人享有土地租赁权，不存在将土地承包经营权分为土地承包权和土地经营权而出租土地经营权的问题。在土地承包经营权转让时，因为受让方取得的是经营承包地的物权性权利，故在实践中区分为两种情况：其一，在承包方将部分剩余期限的土地承包经营权转让时，属于该土地承包经营权在时间上的分割，承包方与受让方各自享有一定期限的经营承包地的权利，若受让方经营承包地的权利期限届满，则被受让方分割享有的经营承包地的权利回复到承包方手中。对此种情形完全能够用所有权的弹力性原理加以解释。其二，在承包方将全部剩余期限的土地承包经营权转让时，承包方应该不再享有该土地承包经营权，但其在未丧失农村集体经济组织成员的身份时，可在农村集体经济组织开展下一轮土地发包过程中再次承包集体土地，从而享有土地承包经营权。考虑到我国现行农村土地政策的

---

① 梁慧星. 梁慧星谈民法. 北京：人民法院出版社，2017：372.

精神,在第二轮土地承包期限届满后将继续适用延包方式确立土地承包关系。对此种情形同样可以借鉴所有权权能分离理论,使承包方保留土地承包经营权而为受让人在土地承包经营权上设立经营承包地的物权性权利,这种权利可以称之为土地经营权,从而与承包方享有的土地承包经营权相区别;同时可以在土地经营权期限届满时参照适用所有权的弹力性原理,让未失去农村集体经济组织成员身份的承包方延包。不过,即便土地承包经营权转让时有引入土地经营权概念的必要,这个土地经营权也不是为承包方原本所享有的一种权利类型,而是土地承包经营权转让的结果。

(2)土地承包经营权流转后如何剩下土地承包权?上文已述,承包方将土地承包经营权作债权性流转不影响其继续享有土地承包经营权,从而不存在流转后剩下土地承包权的问题,故承包方流转土地经营权后剩下土地承包权应仅存在于物权性流转的情形。此处以承包方转让承包地为例分析之。土地承包经营权的转让既可以是"量"的转让,也可以是"质"的转让。其中,"量"的转让是指承包方将对部分或全部承包地享有的土地承包经营权转让出去,此种转让不存在土地承包经营权的权能分离问题;"质"的转让是指承包方将其享有的承包地的土地承包经营权的部分权能转让出去。"量"的转让属于《承包法修正草案》第二章第四节规定的"土地承包权"的转让,暂不论该规定是否科学,但此种情形下承包方对转让的承包地不再能够享有"土地承包权",即该部分承包地上的土地承包经营权流转后没有给承包方剩下"土地承包权"。"质"的转让在《承包法修正草案》中是否得到了规定存有疑问,需要解释第二章第五节中"土地经营权"的流转方式才能明了。即便该草案对"质"的转让作出了规定,但其规定承包方流转土地经营权后剩下的权利为"土地承包权"也会面临如下诘问:为什么在土地集体所有权分离出土地承包经营权后,土地集体所有权仍然是土地集体所有权,而土地承包经营权分离出土地经营权后,剩下的权利就变成了土地承包权?在德国,地上权之上可以依法设立地上权,即下级地上权,但此举并不导致原地上权的性质与名称的转变。在土地承包经营权未派生出经营权时就是土地承包经营权,如果其派生出经营权就变为土地承包权,这种思路完全是政策转化为法律过程中削足适履的表现。

(3)具有身份属性的土地承包权如何转让?"三权分置"政策出台的

关键因素是政策制定者认为承包权具有身份属性，且土地承包经营权含有身份属性的承包权的内容。但《承包法修正草案》在第二章第四节专门对土地承包权的转让作出了规定，似乎身份属性在土地承包权的转让中不是一个障碍，从而出现了一个极为奇特的现象：土地承包权具有身份属性，其单独转让没有问题，但土地承包经营权含有承包权，身份性的承包权内容是其转让的一个不利因素。其实，作为农村集体经济组织成员权（社员权）的承包权的确具有身份属性，其也并非没有财产价值，但因成员权基于成员资格而产生且与该种资格相始终，故成员权必须随同成员资格一同转让。[①] 而农村集体经济组织具有社区性和封闭性，因而《承包法修正草案》第33条规定将承包地转让的对象限定为本集体经济组织的其他农户。既然土地承包权是一种承包集体土地的资格，本集体经济组织的其他农户也具有这种资格，那么，在资格权的意义上土地承包权的叠加对受让人没有任何意义。

3. 立法思想倒退

"三权分置"政策的实施理应推进"两权分离"制度的发展，但事与愿违，《承包法修正草案》在制度设计中出现了以下立法思想上的退步。

（1）土地承包经营权转让规则增加了丧失承包地的风险。《承包法修正草案》第33条规定："经发包方同意，承包方可以将全部或者部分承包的土地转让给本集体经济组织的其他农户，由该农户同发包方确立新的承包关系，原承包方与发包方在该土地上的承包关系即行终止。"由此可知，在承包方将承包的土地转让给本集体经济组织的其他农户时，其土地承包权一并转让，即承包方全部或部分丧失土地承包资格。因为《承包法修正草案》第20条第2款规定"耕地承包期届满后再延长三十年"的延包制度，故土地承包经营权转让将导致承包方未来不能延包流转的承包地，从而增加了承包方在土地承包经营权流转时丧失下一轮延包资格的担心，有可能造成日趋频繁的土地承包经营权转让现象萎缩。

（2）土地承包经营权的流转方式模糊了物权性流转与债权性流转的区分。在《农村土地承包法》中，土地承包经营权流转方式包含物权性流转与债权性流转，而不同性质的流转方式决定了流转相对方享有的经营承包地的权利的性质不同。在《承包法修正草案》中，转包已被归并到出租之

---

① 朱庆育. 民法总论：2版. 北京：北京大学出版社，2016：510.

中，债权性流转方式主要是出租，此时承租人享有的经营承包地的权利无疑为土地租赁权，但《承包法修正草案》无视现行法律规则体系而将流转后相对方获得的经营承包地的权利一概称为"土地经营权"，使承包方与相对方之间原本清晰的法律关系变得模糊。

（3）通过为土地承包权与土地经营权确立不同的流转方式，割裂了土地承包经营权流转制度。《承包法修正草案》在第二章第四节规定了"土地承包权的互换和转让"，在第二章第五节规定了"土地经营权的流转"，其中第35条规定，"土地经营权可以依法采取出租（转包）、入股或者其他方式流转"。由此就产生了一个疑问：土地经营权可以转让、互换吗？尽管通过解释"或者其他方式"可以将转让、互换包含在土地经营权的流转方式中，但这与第四节中有关土地承包权的转让和互换规则产生冲突，因为有关土地承包权的转让和互换恰恰是为了排除本集体经济组织农户外的主体作为承包方流转土地承包权的相对方。不管是将土地承包经营权的物权性流转限定于本集体经济组织的农户之间，还是有意地回避土地经营权是否能够转让和互换，从现行土地承包经营权流转制度来看，都是一种退步。

（二）关于《承包法修正草案》的修改建议

"三权分置"政策的法律表达，必须既尊重现有法律制度的合理成分，又兼顾农村土地法律制度的发展趋势，以该政策要旨为思想指导，以法律规则逻辑为制度设计工具。据此，对《承包法修正草案》中承包权与经营权分设的制度安排应从以下方面予以修改。

1. 关于土地承包经营权

土地承包经营权在《承包法修正草案》中继续被确认，但对于该权利不能关注其含有"承包"之名，而应突出其为"经营"之实，回到《物权法》确认土地承包经营权为用益物权的合理设计，拒绝赋予其身份属性，还土地承包经营权的纯粹财产权之本来面目。

2. 关于土地承包经营权流转

应当与时俱进，解禁土地承包经营权的抵押。同时，必须区分债权性流转方式与物权性流转方式，其中，债权性流转方式为出租，相对方作为承租人取得的经营承包地的权利为土地租赁权；物权性流转方式以转让为典型，相对方作为受让人取得的经营承包地的权利可以界定为土地经营权。无论是土地承包经营权的出租还是转让，相对方均不应限定为须具有本集体经济组织成员的资格。可见,《承包法修正草案》第二章的第四节和第五节在结构和内容方面应恢复到现行《农村土地承包法》的规定并予以适当修改。其实,农村土地承包关系的稳定取决于土地承包经营权的稳定,土地承包经营权的租赁仅产生债权债务关系,对土地承包经营权的稳定没有影响,但在转让尤其是承包方将全部剩余期限的土地承包经营权转让后,基于我国实行承包地延包制度,承包方的确有丧失下一轮土地承包经营权之虞,但只要参照所有权权能分离理论,明确承包方转让土地承包经营权的实质是在土地承包经营权上为受让方设定土地经营权,则土地承包经营权就是稳定的,农村土地承包关系也自然保持稳定。

3. 关于土地承包权

《承包法修正草案》第6条第2款将土地承包权定性为农村集体经济组织成员承包集体土地的资格。该界定是准确的,但应当突出强调土地承包经营权的内容中不包含土地承包权,且土地承包权不能在财产权的意义上来使用,所谓的"土地承包权的转让"实质是土地承包经营权的转让。这是厘清土地承包经营权、土地承包权与土地经营权三者关系的关键所在,解开了这个症结,《承包法修正草案》关于土地承包权流转、土地经营权的来源、土地承包经营权的流转方式等制度缺失均将得到弥补。将土地承包权法定化,可以使"两权分离"制度中日益消逝的农村集体经济组织成员权利彰显,并能够为"三权分置"中"落实集体所有权"的政策目标之实现奠定权利基础。

4. 关于土地经营权

在"两权分离"制度中,承包方和受让方享有的经营承包地的物权性权利均称为土地承包经营权,从而使两者享有的经营承包地的权利之来源不明及内容完全等同,导致承包方在第二轮承包期届满后延包原承包地时出现法律逻辑上的难题。而明确土地经营权为权利用益物权,且土地经营权以土地承包经营权为"母权",则既可以区分承包方和受让方享有的经营承包地的权利之来源及内容,也能够参照适用所有权的弹力性原理来保持土地承包经营权的稳定。同时,由于土地经营权是承包方对土地承包经营权进行物权性流转的结果,正与土地租赁权的债权性相对,故土地经营权作为物权能够抵押融资,而土地租赁权作为债权能够进行质押融资,这样,《承包法修正草案》第42条中宽泛的"向金融机构融资担保"得到进一步明晰,也与民事权利体系更加融洽。

第九题 "三权分置"下承包权与经营权的法律定位与实现方式

　　农地"三权分置"政策无疑是我国继实施家庭联产承包责任制之后涉及农地改革的又一重大制度创新。自"2014 年中央一号文件"首次提出"落实集体所有权、稳定农户承包权、放活土地经营权"的"三权分置"政策目标后，中央及国务院有关部门先后出台的多个文件都涉及"三权分置"政策的落实与推进。特别是 2016 年 10 月出台的《三权分置意见》，在前期酝酿发展的基础上对"三权分置"政策的内涵进行了系统阐述，集中体现了关于农地改革的顶层设计思路。与此相适应，《农村土地承包法》的修订也迅速启动，广受社会关注的《承包法修正草案》经第十二届全国人大常委会第三十次会议审议后，向社会公开征求意见。至此，"三权分置"实现了从政策定盘向立法实施的过渡，完成了政策制定者与立法者之间的交接。诚然，"三权分置"政策对于深化农村土地制度改革意义重大，政策精神能否经由法律制度予以科学表达事关改革成效。《三权分置意见》明确提出理论上应逐步完善"三权"关系，体现了顶层设计者对"三权分置"理论支撑尚存不足、制度建构尚欠火候的清醒认识和审慎态度。然而，我们注意到，《承包法修正草案》虽然充分体现了"三权分置"的制度元素，但几乎机械照搬了《三权分置意见》的设计思路，缺乏体系化思维的考量和法律技术的运用，未能有效厘清"三权"在土地流转中的权利边界及相互权利关系，在法律表达上存在理论支撑不足、权利属性不清、实现方式不明等问题。因此，应当以体系化思维审视《承包法修正草案》权利重构之不足，努力探寻承包权与经营权之法律属性和实现方式的应然状态。

一、"三权分置"法理解读的现实路径与合理性分析

"三权分置"政策能否上升为法律，重在实现符合法理的法律表达。自"三权分置"政策提出伊始，围绕破解"三权分置"引发的法理自足与自洽之疑虑，学者进行了卓有成效的研究工作。

（一）"三权分置"法理解读的现实路径

现行《农村土地承包法》并不缺乏对土地承包经营权流转方式的规定，但鉴于农地的保障功能，原则上并不允许将土地承包经营权向本集体经济组织外的第三方主体进行转让。这既限制了土地担保融资功能的发挥，也不利于土地集约化经营和新型农业经营体系的构建。而"三权分置"正是因应打破束缚农地流转"紧箍咒"的改革需求，以集体所有权与土地承包经营权"两权分离"为基础，按照将土地承包经营权再分离出土地经营权的思路进行制度创新。很显然，充分发挥土地经营权的要素功能是处理好"三权"关系的重点。[①] 在研究中，学者们敏锐地把握到了明确土地经营权的内涵和外延是明确"三权"权能边界的关键。[②] 这也催生了"三权分置"政策背景下新型农地权利如何配置与定位的两条思考路径，主要体现为经营权债权说与经营权物权说。

1. 立足现行制度与民法理论体系的权利整合路径——经营权债权说

依该路径，有学者质疑，将土地经营权定位为物权并讨论放活，却对

[①] 韩长赋. 土地"三权分置"是中国农村改革的又一次重大创新. 中国合作经济，2016（10）.

[②] 宋志红."三权分置"关键是土地经营权定性. 中国合作经济，2016（10）.

土地承包经营权是否也可同样放活未予明确,极易引发土地经营权与土地承包经营权是否属于同义反复或叠床架屋的疑问。① 在存在物权和债权区分的情况下,人为地将法律关系复杂化,属于立法技术的倒退。② 另有学者指出,土地承包经营权属于用益物权,是一项完整物权,一旦基于相应的村民资格而取得,就不存在人身权的内涵。因此该学说提出,应为承包人设定一个成员权的资格底线,直接赋予承包人将土地承包经营权进行转让的权利,对权利人开禁农地抵押。这使立法无须另辟蹊径,以最低成本即可达到"三权分置"的政策目标,同时也完全符合大陆法系民法物权的基本原理。此外,"允许土地承包经营权流转"与"保持土地承包经营关系长久不变"并不矛盾,在执行土地承包经营期限且不改变农地用途的前提下,逐步放开土地承包经营权流转,相较于以"三权分置"理论创设"土地经营权"后再允许"土地经营权"流转的做法具有天然的制度性优势。③ 进而,该说认为,"三权分置"所谓之经营权,不过是承包地的租赁经营方式。④ 可见,该研究路径的主要思想是:强调通过建立集体成员权制度,以承包资格之保障取代现行法上土地承包经营权不可实现物权性流转的限制,核心是确认土地承包经营权的财产权属性并赋予其完整的物权权能。其所谓经营权指的是基于土地承包经营权的债权性经营利用权,主要是农地租赁权。秉持该立场的学者通过主张土地承包经营权可以进入市场进行流转,充分发挥市场在农地资源配置中的决定性作用⑤,实际上否认了"三权分置"重构土地权利体系的政策设计,充分契合和照应了法理逻辑及现行立法成果。

2. "三权分置"政策背景下的制度突破路径——经营权物权说

该学说以土地经营权为政策文件上提出的一项新型权利为逻辑起点,在经营权如何与现有权利体系融合、如何实现"三权分置"的科学表达方

---

① 陈小君."三权分置"与中国农地法制变革. 甘肃政法学院学报,2018(1).

② 陈小君. 我国农村土地法律制度变革的思路与框架——十八届三中全会《决定》相关内容解读. 法学研究,2014(4).

③ 单平基."三权分置"理论反思与土地承包经营权困境的解决路径. 法学,2016(9).

④ 同②.

⑤ 高圣平. 新型农业经营体系下农地产权结构的法律逻辑. 法学研究,2014(4).

面，寻求理论和制度上的突破。基于此，有学者结合"放活经营权"的政策目标，对"三权分置"的权利关系特别是土地经营权的法律定位进行了深入解读和理论构建，所取得的建设性成果就是在"三权分置"政策背景下土地经营权应被定性为物权。其主要基于以下两点理由：一是以债权方式流转农地，不具有对抗第三人的法律效力①，而物权所体现的效力更强，更能保障第三方经营主体的稳定经营预期。如果将土地经营权定性为债权，其法律关系实质为土地租赁合同，经营权的行使应遵循债权相对性原则，而其对原承包农户的高度依赖性和权利的短期性与不稳定性②，不利于保证第三方经营主体稳定的经营权益的实现，也不利于实现土地资源的合理配置和适度规模经营。而将土地经营权定性为物权，不仅其权利存续期间可以超越《合同法》规定的 20 年最长期限，而且物权属性的土地经营权具有较强的支配力和对抗第三人的效力，并可以采用转让、抵押、入股等各种方式实现流转，通过不动产登记，还可以强化进入市场的能力。③ 二是物权性的土地经营权可以完善农地的融资担保功能。基于债权性的土地租赁权不能成为抵押权的客体，现行制度下限制土地承包经营权融资权能的制度设计并不能满足现实需求。④ 这也是亟须发挥农地要素功能、进一步搞活农地流转市场的重要原因之一。而将土地经营权定位于物权，可以在很大程度上弥补现行制度一方面不允许土地承包经营权抵押、另一方面具有相对权性质的债权难以成为抵押权标的的短板，能够为搞活农地融资担保市场注入活力。

基于将土地经营权定位于物权的基本立场，学者们一方面明确了经营权属性为用益物权的论点，另一方面还型构了各种"三权分置"的法律模型。如有学者认为，在"三权分置"背景下，经营权具有土地承包经营权的部分权能，土地经营权应在立法上被确认为用益物权。⑤ 还有学者认为，所谓"三权"，就是农村耕作地之上的所有权、土地承包经营权、土地经营权这三种权利，在"三权分置"的法律实践中，应当将中央文件中

---

① 蔡立东，姜楠. 承包权与经营权分置的法构造. 法学研究，2015（3）.

② 宋志红. "三权分置"关键是土地经营权定性. 中国合作经济，2016（10）.

③ 孙宪忠. 推进农地三权分置经营模式的立法研究. 中国社会科学，2016（7）.

④ 温世扬. 农地流转：困境与出路. 法商研究，2014（2）.

⑤ 李国强. 论农地流转中"三权分置"的法律关系. 法律科学，2015（6）.

提到的土地经营权这一权利依法确定为物权①；并认为，在土地承包经营权上再设置用益物权，是符合物权法的科学原理的。② 另有学者围绕突破在物权上再设定用益物权的制度与法理不足，提出并证成了所有权—土地承包经营权—权利用益物权的模式，认为土地经营权是以土地承包经营权为客体，其内容为特定期限内行使土地承包经营权，取得后者的占有、使用、收益权能的权利，且土地承包经营权人在其权利上设定土地经营权这一用益物权后，依然享有土地承包经营权，土地经营权的设定只是其行使并实现土地承包经营权的方式。③ 此外，还有所有权—财产性成员权—不动产用益物权④、所有权—土地承包经营权—次级土地承包经营权⑤等"三权"解读模式。

依该研究进路，无论对承包权如何解读，土地经营权都被定性为用益物权。但基于物权法定原则，在缺乏法律明确规定的情况下，当事人不能任意创设物权。因此，经营权物权说路径不同于债权说路径在现行法下对农地权利进行整合，而是需要突破实定法实现制度再造。但不可否认的是，经营权物权说与"三权分置"之于我国农地政策上制度创新的底色和要求是一致的，其理论解析更能响应"三权分置"的法理需求，故不应基于现行制度规则及其适用逻辑对其予以轻易否定。

（二）"三权分置"法理解读的合理性分析

经营权债权说与经营权物权说作为目前学术界的两种主流观点，其内在法理逻辑及研究进路上的差异实质上根源于对待土地承包经营权的态度。债权说以赋予土地承包经营权完整的物权权能为立论基础，体现了多年来学者为开禁农地流转市场提出的改革主张，而物权说以《农村土地承包法》所确立的以土地承包经营权为主体的农地权利架构为基础，力图在此基础上通过制度建构寻求突破。但因两说之立论基础不同，故无法走折中的中间路线，也欠缺在特定语境下抽象提炼出上位概

①② 孙宪忠. 推进农地三权分置经营模式的立法研究. 中国社会科学，2016(7).

③ 蔡立东，姜楠. 承包权与经营权分置的法构造. 法学研究，2015 (3).

④ 丁文. 论"三权分置"中的土地经营权. 清华法学，2018 (1).

⑤ 朱广新. 土地承包权与经营权分离的政策意蕴与法制完善. 法学，2015(11).

念的可能性。经营权债权说的优势在于能够实现现行法制下的法理自洽，然而持反对意见的学者指出，试图通过流转土地承包经营权完成农地资源市场化配置的目标，不仅失于对我国农地政策兼顾农地权利财产属性与保障功能之价值取向的周到考量，也有过于僵化之嫌。[①] 至于哪种学说更具合理性，下文以经营权债权说的相关剖析为主线展开。赋予土地承包经营权完整权能的农地改革路线虽经学者不断呼吁，但一直未在政策上得到肯定，反而围绕农地流转和利用中的难题，形成了"三权分置"的政策思路。所以，从该角度讲，债权说或许存在与"三权分置"不相匹配之处。我们认为，在"三权分置"的政策背景下，经营权债权说存在以下两方面难以克服的欠缺。

一是赋予土地承包经营权完整的物权权能，无法避免承包期内承包农户一次性出局的问题。依经营权债权说，维系土地承包关系保障功能的主要是成员权，只要本集体经济组织成员身份不丧失，承包农户就享有包括在下一轮延包集体土地在内的一系列资格。[②] 然而，应当注意到，"三权分置"的政策目标的一个重要方面是避免在实践中存在的各种流转方式对承包农户的土地承包经营权可能造成的潜在侵夺；而且，成员资格固化或者相对固化的"农民集体"的组织形态，事实上已经成为全国普遍的现象。[③] 因此，农民的成员权并未受到事实层面上的侵害。况且，《农村土地承包法》第 26 条对收回农村承包地（其实为剥夺农民的集体成员资格）的行为进行了严格的限制。在这种情况下，从成员权视角探讨农地保障功能并不具有现实意义。实际上，更应当考虑的是，如果在承包期内，承包农户通过转让、入股等形式完成土地承包经营权的物权变动，或者在土地承包经营权上设定抵押权而最终被执行，导致承包农户在该承包期内丧失土地承包经营权，那么，自土地承包经营权流转后在承包期剩余期限内其生活应如何获得保障？特别是，党的"十九大报告"已决定农村土地承包再延包 30 年，在如此长的期间内农户一旦丧失土地承包经营权，其生活保障必然面临巨大的挑战。即便农民通过外出打工或其他途径有所收入，也并不能忽视其因故返乡重启耕作生活的

---

① 蔡立东，姜楠. 承包权与经营权分置的法构造. 法学研究，2015 (3).
② 陈小君."三权分置"与中国农地法制变革. 甘肃政法学院学报，2018 (1).
③ 孙宪忠. 推进农地三权分置经营模式的立法研究. 中国社会科学，2016 (7).

可能。很显然，虽然我国社会保障制度不断完善，但土地对于农民的基本保障功能不应被取代。因此，应当允许承包农户根据自身需要设定短于承包经营权剩余期限的经营权，在经营权到期后土地承包经营权自然回复到圆满状态，以使土地的兜底性保障功能得以维系。赋予土地承包经营权完全的物权功能，虽然对于搞活农地市场具有重要意义，但却可能有损于农民对承包地无法彻底割裂的依赖关系。这也是该研究路径难以跨越的理论与现实之鸿沟。此外，如允许土地承包经营权自由流转，将可能使集体外第三方主体享有对该集体土地的承包经营权，从而加剧集体成员身份认定的复杂性。对于当下开展的集体产权制度改革，这也是不得不慎重对待的问题。

二是经营权债权说为经营权担保融资设计的各种规则无法为农地金融市场注入明显活力。持经营权债权说的学者清醒地认识到，在现行规则之下，如就土地承包经营权设定抵押，在实现抵押权之时权利人将面临丧失土地承包经营权的法律后果。[①] 这也是专家长期呼吁开禁农地担保市场，而政策和立法始终持谨慎态度、未予全面放开的原因。基于此，学者们便转换思路，探讨通过其他途径实现承包地担保融资的可能。第一种思路是运用权利质押的原理，以土地承包经营权的收益权进行质押。该说主张，在不宜以土地承包经营权直接抵押的现实背景下，基于《物权法》第223条关于应收账款质权的规定，可以将土地承包经营权之流转收益权纳入应收账款[②]，而以债权方式流转承包地的承包权人可以"正在流转之期待收益权"进行质押，尚未流转承包地的承包权人可以以"尚待流转之期待收益权"进行质押。第二种思路是针对未流转的土地承包经营权（未出租、转包等），对土地承包经营权抵押权的实现方式进行创新，实现既能维护债权人的抵押权益，又使抵押人不丧失土地承包经营权的目标。该说主张，在当事人就抵押权的实现达不成协议的情况下，可以采取强制管理的

---

① 高圣平. 承包土地的经营权抵押规则之构建——兼评重庆城乡统筹综合配套改革试点模式. 法商研究, 2016 (1).

② 高圣平. 论土地承包收益权担保的法律构造——兼评吉林省农地金融化的地方实践. 法律科学, 2015 (6). 高海. 土地承包经营权之收益权融资担保. 安徽大学学报 (社会科学版), 2012 (5).

方法。① 所谓强制管理，是指执行机关对被执行的不动产委托管理人实施管理，以其所得收益清偿债权的制度。②

学者们在现行法制下对承包地融资担保功能的实现所进行的探索，具有启发意义，但依然存在无法克服的缺陷或弱点。关于第一种思路，以"正在流转之期待收益权"进行质押存在的问题是：如果以按照特定土地租赁关系产生的收益权进行质押，则一方面，其租赁期间已由合同确定，该租赁关系下的部分收益权依合同约定可能已经实现，从而减少了收益权的剩余价值；另一方面，基于土地租赁的收益权价值与土地产出价值相当，特别是在农地用途受严格限制的情况下，收益权价值无法充分体现承包地价值。这就体现出"正在流转之期待收益权"的财产价值并不高，其所能担保实现的债权数额亦未必可观，同时也说明质押收益权的方式并不具有显著的融资价值。实际上，关于农地融资价值的问题，涉及农地价值的评估方式，我们认为，对农地价值的评估不应以其产出为限，应探索更加科学、更加多样性的评估方式。但在我国目前的政策环境下，受农地不得改变用途的制度限制，农地价值往往表现出单一性、低值性。随着改革的深入，可考虑针对不同的地域和流转对象形成较为细致的农地价值评估规则，从而使农地的融资功能得以较充分发挥。此外，尚未流转承包地的承包权人可以"尚待流转之期待收益权"质押的主张，存在法理逻辑上的严重缺陷。承包地尚未流转意味着耕作利用农地之债权尚未产生，所谓的收益权自然也未产生。在流转合同对方当事人不明确的情况下，所谓的期待收益权既非既得权，也非期待权，而且其流转期间不明，则所谓的期待收益权价值自然也无法明确。因此，以一项不存在的更无法体现交换价值的权利进行质押违背基本法理。实际上，这条思路反映出持该说的学者期望通过对承包地进行某种处分，从而实现其融资权能，而确定经营权为物权并允许对其设定抵押无疑是实现该目标的更佳途径。关于第二种思路，持该说的学者也意识到强制管理虽然契合了目前保证农户承包权的公共政策目标③，但在强制管理模式下，农地抵押权难以迅速实现，除了就债权

---

① 高圣平. 农地金融化的法律困境及出路. 中国社会科学，2014 (8).

② 房绍坤. 论土地承包经营权抵押的制度建构. 法学家，2014 (2).

③ 高圣平. 承包土地的经营权抵押规则之构建——兼评重庆城乡统筹综合配套改革试点模式. 法商研究，2016 (1).

数额增加相应期限利益外,抵押权人的利益很受限制。[①] 可见,强制管理因其效率不高,且存在各种不稳定因素影响债权的实现,故也不是一种理想的抵押权实现方式。

以上两方面的问题,实际上表明经营权债权说并不符合"三权分置"政策目标及设计思路。在客观上,农地"三权分置"政策的法律实现必然以新型农地权利财产化为圭臬,从而使经营权主体可依法对抗第三人的不当干预。[②] 而将经营权定位于一项用益物权,以其所具有的期限性及通过自由转让所体现的经济性,恰恰可弥补经营权债权说之弊端。特别是,在现行法所确立的农地权利体系下,土地承包经营权可通过债权性流转产生债权性质的土地利用权,因债权性土地利用权并非源于制度创新,如将经营权定位于一项新设权利,恐唯有将其定位于物权这一途径。因此,在"三权分置"政策语境下,经营权物权说因其更贴合"三权分置"的政策意蕴,相较于经营权债权说于法理逻辑及现实功能上更具有合理性。

二、承包权与经营权的法律定位及我国农地权利体系的应然结构

(一)土地经营权的法律定位

1. 土地经营权的法律属性与范畴

通过以上对经营权债权说在实践与法理上之不足的分析,我们认为,应当将土地经营权定位于由土地承包经营权派生出的一项用益物权,而不包括债权性质的土地耕作利用权。土地承包经营权非以分离土地经营权的方式流转的,如出租,则产生的不是土地经营权,而是土地租赁权。[③] 因此,相关政策文件和立法草案应当明确土地经营权用益物权的法律属性,不能将通过出租、转包、代耕、托管等方式取得的对农地的债权性利用权也称作土地经营权。基于物权法定原则,土地经营权作为一项新型物权,应由《农村土地承包法》或者《物权法》明确规定。就目前而言,顶层设计者应首先统一认识,厘清对土地经营权法律属性的模糊认识;政策文件亦应规范对土地经营权的使用,杜绝将不涉及经营权的流转方式也纳入

---

① 高圣平. 农地金融化的法律困境及出路. 中国社会科学,2014 (8).

② 蔡立东,姜楠. 农地三权分置的法实现. 中国社会科学;2017 (5).

③ 耿卓. 农地三权分置改革中土地经营权的法理反思与制度回应. 法学家,2015 (5).

"放活经营权"的范畴。

2. 基于权利客体的经营权属性辨析

土地经营权既为用益物权，则该用益物权客体为何，会深刻影响对经营权类型与属性的认识。这也是理论上应当厘清的问题，否则客体不明的经营权依然无法实现法律上的完整表达。依土地经营权为权利用益物权或者次级用益物权说，土地经营权的客体为土地承包经营权。民事权利的客体有层次和顺位之分以及《德国民法典》规定的权利用益权制度及判例上确认的次级地上权制度为其立论依据。① 我们认为，这种观点值得商榷。依论证逻辑，其仅能证明权利可以成为权利的客体，却无法明确基于土地承包经营权设定的土地经营权的客体必然是土地承包经营权。对此可从以下两个角度进行分析。

（1）以处分权能的正确理解为视角。《物权法》第117条规定："用益物权人对他人所有的不动产或者动产，依法享有占有、使用和收益的权利。"可见，《物权法》并未明确赋予用益物权处分权能。依学者解释，原因在于用益物权没有对用益物权客体物的处分权能。② 但应当注意到，我国《物权法》对"处分"权能的理解是极为狭窄的，甚至漠视了实践中存在的具体处分行为。一般而言，处分包括事实上的处分和法律上的处分，出售所有物、出租所有物、抛弃所有权以及在所有物上设定抵押权、质权等负担都是处分行为。王泽鉴先生亦认为，处分应从广义解释，包括事实上处分和法律上处分，前者指有形地变更或销毁物的本体，后者包括债权行为（如租赁、买卖）和物权行为（如所有权的移转、抛弃，担保物权的设定）。③ 对于我国台湾地区"民法"第765条关于所有权权能之规定，学者亦认为其关于处分的含义应解释为最广义之处分。④ 对比而言，我国《物权法》界定用益物权的权能时，对处分采纳了十分狭义的理解。事实上，就广义上的处分而言，无论是我国现行法上还是在实践中都存在用益物权人处分用益物的事实。其中，既包含债权性质的处分，如基于土地承包经营权对承包地的出租、转包，也包含物权性质的处分，如建设用地使

---

① 蔡立东，姜楠. 承包权与经营权分置的法构造. 法学研究，2015（3）.
② 孙宪忠. 中国物权法总论：3版. 北京：法律出版社，2014：150.
③ 王泽鉴. 民法物权：2版. 北京：北京大学出版社，2010：112.
④ 邱玫惠. 民法物权逐条释义. 台北：元照出版有限公司，2017：108-109.

用权人在建设用地上为他人通行设定地役权。从这些实例来看，新设权利的客体并非处分行为的基础性权利，而是特定的物。例如，上例地役权的客体为特定的国有建设用地，而非建设用地使用权。依此而论，承包农户有权对承包地进行处分，这也意味着土地经营权的客体可以是承包地，只不过该经营权不能超过原土地承包经营权的权利范围（期限、权能、行使方式等）。另外，有一种观点认为，土地经营权的处分权能表现为权利人可处分经营权自身。① 这是不妥的。权利指向的对象为权利客体，而权利不可能成为自己的客体，因此，土地经营权的处分权能只能针对承包地，不能针对经营权本身；只有在土地经营权为其他权利的客体时，权利人才可对经营权进行处分。实际上，土地经营权人对土地经营权可以处分的原因在于经营权的财产权属性，而非其权能之表现。原则上财产性权利皆如此。

（2）以用益物权的设立目的为视角。所谓用益物权，是指以支配标的物的使用价值为内容的物权，或者说是权利人对他人所有的物依法享有的占有、使用和收益的定限物权。② 可见，用益物权以用益某特定物为设定目的，其客体应为特定物，一般应为不动产。③ 政策制定者所设计的经营权的行使与此亦相一致，因为经营权的内容恰为对农地的利用。即使扩大用益物权的客体范围，将权利纳入其中，那么用益物权人能够用益的也只能是权利本身，而非该权利的客体物。因此，将德国民法上的权利用益权作为论证经营权是以土地承包经营权为客体的次级用益物权的论据，其合理性值得怀疑。《德国民法典》第1068～1084条规定了权利用益权，指的是在物的所有权之外的其他民事权利上设定的用益权，其实质是通过这些权利获得其法定孳息，如通过掌握某一债权而获得债权的利息，通过占有有价证券获得分红等。虽然《德国民法典》第1069条规定权利用益权的设定须依关于权利转移的规定进行，但应当明确的是，设定权利用益权并未导致用益权客体权利的主体发生变更，如某项债权为权利用益权的客体，那么权利用益权的权利人并不能行使基于该债权请求相对人履行债务

---

① 丁文. 论"三权分置"中的土地经营权. 清华法学，2018（1）.

② 崔建远. 物权法：4版. 北京：中国人民大学出版社，2017：255.

③ 我国《物权法》虽规定动产亦为用益物权客体，但未明确规定以其为客体的具体权利类型，实践中也未见发生。

的权利。用益权人的权利仅仅在于对这些权利的"占有",而不是"所有",用益权人可以根据其权利取得这些权利所产生的利益,却不能处分这些权利。[①] 与权利用益权运行原理相应,如果将土地经营权的客体界定为土地承包经营权,那么经营权人只能用益土地承包经营权本身,如就土地出产物进行收益,却无权耕作利用承包地。由此可见,依权利用益权的逻辑,将会使经营权人无法直接支配承包地,而这显然与优化土地资源配置、实现适度规模经营的"三权分置"政策目标相去甚远。

综上,以多层权利客体论、权利用益权、次级地上权为依据仅能证明权利可成为另一权利的客体,但对于土地经营权的客体为土地承包经营权并不具有充分的说服力。我们认为,土地经营权为土地承包经营权人基于对土地的特定处分权能,为实现用益土地的目的,就承包地为自己或第三方经营主体设定的用益物权。因此,土地经营权的客体为承包地,其属性为不动产用益物权。

(二) 农户承包权的法律定位

关于承包权的法律定位,学界主要有两种观点:一种观点认为,承包权就是分离出经营权后的土地承包经营权[②];另外一种观点认为,承包权为农户基于本集体经济组织成员身份而享有的成员权。[③] 在我国,成员权经由学者的持续研究,目前已形成较成熟的理论体系,但尚未落实为具体的法律制度。然而,成员权依然引起了改革顶层设计者的重视。党的《十八届三中全会决定》首次提出要"保障农民集体经济组织成员权利",之后《深化农村改革综合性实施方案》又强调:"建立健全符合社会主义市场经济体制要求和社会主义初级阶段实际的农村集体产权制度,必须以保护农民集体经济组织成员权利为核心",要求"明确界定农民的集体成员权"。按学理解释,集体成员权包括实体上的财产权利和程序上的参与权

---

① 孙宪忠. 德国当代物权法. 北京:法律出版社,1997:247.

② 蔡立东,姜楠. 农地三权分置的法实现. 中国社会科学,2017 (5). 李国强. 论农地流转中"三权分置"的法律关系. 法律科学,2015 (6). 高圣平. 农地三权分置视野下土地承包权的重构. 法学家,2017 (5).

③ 叶兴庆. 从"两权分离"到"三权分离"——我国农地产权制度的过去与未来. 中国党政干部论坛,2014 (6). 陈小君. 我国农民集体成员权的立法抉择. 清华法学,2017 (2). 高飞. 农村土地"三权分置"的法理阐释与制度意蕴. 法学研究,2016 (3). 丁文. 论"三权分置"中的土地承包权. 法商研究,2017 (3).

利，财产权利主要包括利益分配请求权和获益权。① 集体成员基于成员身份享有的请求集体发包集体土地的权利（即利益分配请求权）是集体成员权的一种类型，通过该集体成员权的行使，集体成员以农户为单位取得作为用益物权性质的土地承包经营权。② 土地承包权或土地承包经营权所包含的"承包"一语仅是被赋予了权利设定的法律含义，亦即它只是土地承包经营权设定方式的通俗表达而已。③ 因此，成员权作为农村土地集体所有权主体制度的内容之一，不属于土地承包经营权制度的组成部分。④ 至于"三权分置"之承包权与成员权的关系，有学者认为，按照《三权分置意见》的规定，"不论经营权如何流转，集体土地的承包权都属于农民家庭，任何组织和个人都不能取代农民家庭的土地承包地位，都不能非法剥夺和限制农户的土地承包权"。就此意义来看，承包权并非从原承包经营权中分离出来的新型权利，而是已经存在的成员权利，即集体利益分配请求权。⑤ 我们认为，这是对承包权的法律属性的误读，承包权并不属于集体成员权。主要有以下几点理由。

其一，《三权分置意见》强调："农户享有土地承包权是农村基本经营制度的基础，要稳定现有土地承包关系并保持长久不变。"这种承包关系应当被解读为设定土地承包经营权的法律关系。依法理逻辑，成员权之分配请求权是成员当然享有并有权行使的权利，其行使方式在于向集体为一定的表意行为⑥，土地承包经营权为行使成员权的结果，通过"稳定承包关系"来保障农户承包权，要稳定的就是农村集体与农户之间的土地承包经营权关系，而不是成员权关系。

其二，集体成员权是以集体成员资格为基础的权利，判断某人是否享有成员权是看其是否具有集体成员资格。⑦ 集体利益分配请求权（请求集体发包土地的权利）并不受客观因素影响，亦不能被剥夺，与成员身份最

---

① 陈小君. "三权分置"与中国农地法制变革. 甘肃政法学院学报，2018（1）.

② 管洪彦，孔祥智. "三权分置"中的承包权边界与立法表达. 改革，2017（12）.

③ 高圣平. 农地三权分置视野下土地承包权的重构. 法学家，2017（5）.

④ 高飞. 农村土地"三权分置"的法理阐释与制度意蕴. 法学研究，2016（3）.

⑤⑥ 陈小君. 我国农民集体成员权的立法抉择. 清华法学，2017（2）.

⑦ 同②.

密切相关。① 据此，从法理上讲，只要集体成员资格固定，则其成员权就不会被侵夺。在集体成员资格不被剥夺的情况下，其成员权是恒定的，不会存在因土地经营权流转而丧失的情形。因此，无须通过"三权分置"制度保障农户的成员权。

其三，基于我国土地承包经营权 30 年的法定期限，国家更担心的是在如此长的期限内因流转土地经营权导致农户丧失土地保障的情形发生。这才是稳定农户承包权的真实意旨。通过土地承包经营权赋予农地保障功能，是我国特殊国情的产物，但并不能基于农地的保障功能就得出土地承包经营权具有身份属性的结论。因此，必须通过稳定土地承包关系而不是农民集体成员身份来稳定农户承包权。所以，承包权与经营权分置以不斩断农民集体成员与农地的法权关系为前提，为非土地承包经营权人利用农地提供了更为稳定、可靠的制度支持，从而既稳定了农地承包关系，又克服了对农地权利流转的限制。②

其四，土地承包经营权与成员权的主体不同，土地承包经营权的主体为农户，而成员权的主体为集体成员，因此，在对土地承包经营权进行二次分离，分置出经营权的情况下，承包权的主体只能还是农户，而不可能是集体成员。这也决定了承包权不可能是集体成员权。

基于以上论述，我们认为，在"三权分置"政策背景下，承包权实质上就是土地承包经营权，将承包权定位于分置出经营权的土地承包经营权的说法并不准确。就法理而言，受经营权限制的土地承包经营权并不是一项新的权利，其仍旧为土地承包经营权本身。况且，依解释论，"三权分置"之政策意蕴并不包含承包权为新型权利的内容，而对土地承包经营权进行二次分离的权利实现路径强调的主要是由土地承包经营权派生出土地经营权这一新型权利。所以，"三权分置"所谓的承包权只能是土地承包经营权。另外，应当明确的是，集体成员权关注的主要问题应是集体成员身份的认定规则和具体标准问题，而承包权关注的应是稳定土地承包关系的问题。在理论研究和立法工作中，不能混淆它们在性质、功能以及所指向的问题等方面的差异。目前，我国城市化进程飞速发展，大量农民落户城市成为市民，农村社会结构发生巨变。在这种形势下，与成员权密切

---

① 陈小君. 我国农民集体成员权的立法抉择. 清华法学，2017 (2).

② 蔡立东，姜楠. 承包权与经营权分置的法构造. 法学研究，2015 (3).

相关的集体成员资格认定是农地改革的重要领域，对于整合农地资源、实现农地公平分配具有显著的意义。但该问题与"三权分置"政策涉及农地改革的两个方面，不能混淆。因此，应当在更大的改革视域上，同时推进集体成员权制度的研究和落实以及"三权分置"政策的法律实施。

（三）我国农地权利体系的应然结构

通过前文论述，"三权分置"之权利结构应体现为：集体所有权—农户承包权（即土地承包经营权）—土地经营权（由土地承包经营权派生出的不动产用益物权）。在"三权分置"政策背景下，土地经营权只能定位于用益物权，而不包含各种基于租赁、转包等债权关系产生的农地耕作利用权。通过《承包法修正草案》的相关条款，我们注意到，《承包法修正草案》第35条将原属于土地承包经营权的出租、转包等债权流转方式，规定为经营权的流转方式。这是不妥的。在债权流转模式下，土地承包经营权没有必要先分置出一个物权性质的经营权，然后再就该经营权设定某种债权利用关系，只需按现行法在原土地承包经营权上设定债权性农地利用权即可，否则将使法律关系更加复杂而实不足取。质言之，在土地经营权应被定性为用益物权的情况下，土地承包经营权的债权性流转实际上属于现行《农村土地承包法》的内容，并非"三权分置"的制度创新。针对我国幅员辽阔，各地资源禀赋和农民对土地的依赖程度不同的现实情形，应当允许农民依据《农村土地承包法》选择更多的土地流转方式，这也是搞活农地市场的重要内容。况且，土地承包经营权的概念及内涵已有广泛的群众基础，承包权与经营权的内涵及法律性质已确立。如果完全摒弃既有的土地承包经营权制度，盲目地另辟蹊径，将导致我国农地权利制度的架构发生根本性变革，并会危及既有农地法律制度支撑的稳定秩序。[①] 因此，我国农地权利体系应保留现行法下各种土地承包经营权的债权性流转方式，不应生硬地理解"三权分置"而强行改变已成熟的制度规则和实践做法，以免不必要地增加立法及实施成本。

综上，我国农地权利体系的应然结构表现为：农民集体享有集体土地所有权；本集体成员享有集体成员权；本集体成员基于集体成员权，可以

---

① 蔡立东，姜楠. 农地三权分置的法实现. 中国社会科学，2017（5）.

以农户为单位请求承包集体土地,设定用益物权性质的土地承包经营权;基于土地承包经营权,可以分置出不动产用益物权性质的土地经营权;承包农户可与第三方主体签订出租、转包等承包地流转合同,为第三方主体设定债权性农地利用权。

三、承包权与经营权的实现方式

(一)厘清承包权与经营权实现方式的重要意义

承包权与经营权的实现方式是否符合法理,直接影响"三权分置"能否实现法律表达并完成政策向制定法的升级。依上文所述,所谓的承包权实为土地承包经营权,因此,承包权与经营权的实现方式,主要指经营权的实现方式。按法律逻辑,土地承包经营权经过二次分离派生出土地经营权,那么土地经营权通过何种方式产生,必然影响"三权分置"所追求的政策目标能否实现。从物权产生的角度来看,其有两种基本的形态,即法定与约定。法定方式产生法定物权,约定方式产生意定物权。从用益物权来看,域外法上存在着法定物权现象,如法定地上权。在我国现行法上,尚不存在法定用益物权,仅有法定担保物权如留置权等。那么,土地经营权能否被设置为法定物权呢?显然这是不可行的,因为是否设置土地经营权只能出于权利人的意愿。据此,土地经营权只能依约定的方式产生,即只能是意定物权。从土地经营权的流转方式来看,若第三方主体获得土地经营权,其可以与土地承包经营权人以设定的方式取得之。这完全符合意定物权的取得原理。但问题的难点在于,在土地承包经营权人采取抵押、入股、信托等物权性流转方式流转土地经营权时,需要实现土地经营权的移转①,因此,其前提须是土地承包经营权人享有独立的土地经营权。在权能切分理论违背法理的情况下②,土地承包经营权人如何经权利分置并获得独立的土地经营权就应当具有符合法理的实现方式。因此,理论上必

---

① 在抵押情形下,土地经营权移转发生在债权人实现抵押权时。

② "三权分置"实际上是采纳了秉持权利束观念的经济学家所提出的三权分离的方案。所谓权利束,在法律上不过是表现为权利以及权利之各种权能的集合。依此理论,承包权和经营权不经特定法律行为,只要依其权能进行切分即可实现。但按照基本法理,所有权的各项权能是一个整体,无法加以分割。因而试图通过切分方式撷取目标权能予以流转从而实现权利分置的路径在法理上并不可能。

须厘清承包权与经营权的实现方式，破除妨碍"三权分置"政策解读与制度构建上的瓶颈。

(二) 承包权与经营权实现方式的应然状态

在丰富的"三权分置"研究成果中，几乎均涉及承包权与经营权的法律定位（法律属性）问题，但关于承包权与经营权的实现方式少有论及。土地经营权的法源不能明确，将会使所有的制度建构因缺乏逻辑基础而经不起推敲。不过，在有限的论述中，依然可见学者卓有成效的探索。有学者指出，"三权分置"理论是从权利二次分离而非权利转让的角度重新构建农地流转制度，其运行机制为允许承包农户在其土地承包经营权上再行设定一个物权性土地经营权并流转给受让人，能够实现既稳定承包权，又放活经营权的目的。[1] 有学者依权利多层客体论认为：土地经营权为设定于土地承包经营权上的次级用益物权。[2] 权利人可以为自己，也可以为他人设定土地经营权。为自己设定土地经营权后，权利人可以就该经营权设定抵押，也可以向他人转让该权利；为他人设定土地经营权后，经营权人除获得流转和抵押该权利的权能外，也可以自己用益农地。[3] 也有学者主张：经营权可基于土地承包经营权人的设定行为而产生，承包地由承包农户自己经营时，经营权仍然是以土地承包经营权的面目出现；承包地由其他农业经营主体经营时，权利表现形式是该农业经营主体的土地经营权，此时经营权可源于土地承包经营权人对设定的土地经营权的转让，也可源于土地承包经营权人直接在其权利上设定抵押，实现后被动转让给其他经营主体。[4]

以上观点，表述虽有差异，但均将土地经营权的产生归因于承包农户就土地承包经营权的设定行为。就"三权分置"政策而言，这是具有重大理论和实践意义的。其他任何非基于设定行为的解读，均不能指明土地经营权的权源并厘清"三权分置"之运行机制。至于该设定行为的具体方式，其应然状态为：在承包农户需就土地经营权设定抵押时，应先为自己

---

[1] 宋志红."三权分置"关键是土地经营权定性. 中国合作经济, 2016 (10).

[2] 蔡立东, 姜楠. 承包权与经营权分置的法构造. 法学研究, 2015 (3).

[3] 蔡立东, 姜楠. 农地三权分置的法实现. 中国社会科学, 2017 (5).

[4] 耿卓. 农地三权分置改革中土地经营权的法理反思与制度回应. 法学家, 2015 (5).

设定土地经营权，再就该经营权与第三人设定抵押，也可将其作为出资入股农业合作社等其他经营主体或实施信托行为；在第三方主体用益土地时，承包农户应基于土地承包经营权为他人直接设定土地经营权，第三方主体可以自己用益土地，也可就该经营权设定抵押，或者将其作为出资入股农业合作社等其他经营主体或实施信托行为；在他人用益土地时，不宜采取先为自己设定土地经营权，再向他人进行转让的方式，以避免增加法律关系的复杂性和实施成本；在土地经营权经设定行为实现分置后，土地承包权表现为受新设土地经营权限制的土地承包经营权。

以上观点可能引起质疑之处为土地承包经营权人为自己设定土地经营权是否符合法理。我们认为，物权具有固有性或国内性的特征，这体现为物权制度往往与特定国家的经济基础和历史传统具有紧密的联系。考诸物权发展历史，我们注意到，并不存在一种先验性或者先天具备正当性的所有制架构与物权结构。土地上物权规范体系的生成与确立，脱离不开时代的政治、经济背景，政经秩序作为一种宏观推力，对于具体物权的制度构建产生了根本性影响。[1] 在我国，家庭承包经营为基础、统分结合的双层经营体制是农村基本经营制度，也是基本国情。在这种客观条件下，要通过实行"三权分置"搞活农地市场，必定面临理论与制度上供给不足的现实挑战，这就要求学者与立法者秉持创新理念在遵循基本法理的基础上完成制度领域的新突破，实现法律的制度功能和社会价值，否则，于理论研讨上的过分持重，将迟滞"三权分置"政策尽快落地的步伐。我们注意到，一般观念上的用益物权为他物权，但随着社会发展，德国法上已经演变出所有权人为将来在所有权转移后能够继续利用土地，而可以预先在自己土地上为自己设定地上权的所有人地上权制度[2]，或为维护环境与某种建筑风格、园林特色，而在自己土地上设定地役权的不动产地役权制度。[3] 这都突破了用益物权需在他人之物上设定的通常观念。在未颠覆用益物权须基于设定行为而产生这个根本原则的前提下，这些制度的合理性

---

① 汪洋. 土地物权规范体系的历史基础. 环球法律评论，2015（6）.

② 孙宪忠. 德国当代物权法. 北京：法律出版社，1997：229.

③ 如《瑞士民法典》第733条规定："所有人得在自己的土地上，为自己的另一宗土地的便宜而设定地役权。"我国台湾地区"民法"第859-4条规定："不动产役权，亦得就自己之不动产设定之。"

是显而易见的,亦体现出理论上的新气象。因此,在承包农户欲以自己的经营权设定抵押、出资入股或实施信托的情况下,首先通过设定行为在土地承包经营权上为自己设定经营权,然后再就经营权实施相应的物权变动行为的规则设计,具有理论上的合理性①,能够实现"三权分置"法理自洽,对于促进"三权分置"实现法律表达和制度建构具有积极意义。应当指出,在设计具体制度时,应当规定土地经营权的设定登记与抵押登记或主体变更登记须同时进行,以减少不必要的实施成本。

----

① 如承包户自己设定经营权后向第三方主体进行了出资入股、信托等经营权移转行为,一旦债权合同被确定无效、被撤销或解除,经营权将复归承包农户,此时经营权与土地承包经营权将发生主体混同,法理上认为,经营权对于土地承包经营权的限制将消灭,承包农户则重新享有完整的土地承包经营权。

第十题 "三权分置"下土地经营权的法律属性与立法思考

在"三权分置"改革中，"放活土地经营权"是核心问题。但目前土地经营权还仅仅是一个政策概念，尚不是一个既有的法律概念。如何从法律上认识土地经营权，未来在法律上如何规范土地经营权，是关系"三权分置"改革是否成功的关键。

一、土地经营权的法律属性

随着近年农村土地制度改革的深化，承包地"三权分置"逐渐从权利概念的提出走向具体制度的构建，这就要求政策层面上的承包地"三权分置"逐步进入民事法律规范。[①] 由于现行法中并没有承包地的"土地承包权"与"土地经营权"概念，法律在一定条件下允许

---

① 《行政诉讼法》第12条有关受案范围的规定中，仅提及而并未界定"农村土地经营权"。

流转的仍是土地承包经营权。《物权法》第 128 条和《农村土地承包法》第 32 条允许依法通过转包、出租、互换、转让等方式流转以家庭承包方式取得的土地承包经营权。在实践中，全国家庭承包经营耕地的流转面积持续递增，截至 2015 年年底已达 4.47 亿亩，占家庭承包经营耕地总面积的 33.3%，流转合同签订率达 67.8%。[①] 但是，土地承包经营权的流转仍存在多重障碍，未能实现预期的有序高效流转。法律对农户流转土地承包经营权的规定或严格限制（如以转让方式流转权利的双方主体和程序规则），或缺失规则（如以入股方式流转权利的具体法律后果），造成了实践中权利流转的不顺畅和司法裁判的困难。以入股方式流转的规则欠缺为例：有的法院依据《合同法》解决农民退股问题[②]，有的法院则裁判解散公司，未涉及解散后的权益归属问题。[③] 同时，权利流转后的土地使用争议也应当引起关注。《物权法》第 128 条规定，土地承包经营权流转之后，"未经依法批准，不得将承包地用于非农建设"。既有裁判对此没有统一的裁量标准：其一，在违反改变土地用途规定的定性问题上，有的法院认为这是违反效力性强制性规定，并据此认定合同无效[④]；有的法院则认为这是违反管理性强制性规定，并不导致合同无效。[⑤] 其二，在是否改变农业用途的认定上，各地法院采纳的标准不一，如现场勘验笔录[⑥]、政府与第

---

① 农业部：截至去年底全国家庭承包耕地流转面积 4.47 亿亩. [2018 - 03 - 07] 中国新闻网，http：//www.chinanews.com/cj/2016/08 - 10/7967918.shtml.

② 杨某凤与苏州市东山集团有限公司土地承包经营权纠纷上诉案. 江苏省苏州市中级人民法院（2017）苏 05 民终 4723 号民事判决书.

③ 代某财诉重庆恒众农业发展有限责任公司公司解散纠纷案. 重庆市綦江区（县）人民法院（2010）綦法民初字第 115 号民事判决书.

④ 黄某国等诉曲某新租赁合同纠纷案. 吉林省吉林市丰满区人民法院（2016）吉 0211 民初 68 号民事判决书.

⑤ 安某国与黄某兴确认合同无效纠纷上诉案. 云南省文山壮族苗族自治州中级人民法院（2016）云 26 民终 607 号民事判决书.

⑥ 谭某运与谭某青、谭某排除妨害纠纷案. 江苏省徐州市中级人民法院（2016）苏 03 民终 3527 号民事判决书.

三方签署的文件和实际运行状况①、建筑物有无批建手续及备案等。② 其三，关于能否以改变土地用途为由终止合同问题，在"赵某江诉付新土地承包经营权出租合同纠纷再审案"中，一审法院基于土地用途改变的理由判决解除租赁合同，而二审法院以不能改变原审诉讼请求为由撤销一审判决，裁定合同纠纷可另行告诉处理。③

借助民法典编纂之利，应当将承包地"三权分置"纳入我国农村土地制度体系，真正落实农民的财产权利，释放土地资源的价值。2017 年 10月公布的《承包法修正草案》的主要内容之一就是将"三权分置"政策法律化，明确规定了土地经营权的内涵、保护和流转等内容以及土地经营权滥用的法律后果，但仍限制第三方流转土地经营权的自由，此外，有关收回经营权及赔偿规则需要细化，弃耕抛荒问题也需审慎对待。因此，在"三权分置"的制度框架下，如何在放活土地经营权之时，严守耕地红线并保护耕地质量与生态环境，成为亟待解决的问题。

（一）土地经营权的财产权属性

1. 农地权利流转实践需要确保经营权的财产性

（1）现行法基于权利的社会保障功能限制流转。现行的家庭承包经营制度虽然在相当长一段时间内实现了提高农民积极性和农业产量的目标，但该制度红利即将释放殆尽。20 世纪分包时以户为单位，且水旱、肥瘦、远近搭配，全国户均耕地 7.5 亩、5.7 块④，呈现出明显的碎片化特征。农户以家庭为单位耕作的生产成本，相较于规模经营更高，在生产设施、农业科技及抗风险能力等方面，与现代化农业存在一定的差距。因此，需要通过土地承包经营权的流转，逐渐转变为适度规模经营，提高农地的资源配置效率。作为农户安身立命之本的承包地，其上的土地承包经营权不仅是一项重要的民事权利，而且兼具一定的社会保障功能。基于此，现行法对土地承包经营权的流转严格设限，希望能够保障农户在权利流转之后

---

① 黄某民诉柳州市环美雕塑装饰有限公司土地承包经营权转让合同纠纷案. 广西壮族自治区柳江县人民法院（2016）桂 0221 民初 418 号民事判决书.

② 胡某春、胡某辉与王某租赁合同纠纷案. 河北省秦皇岛市中级人民法院（2016）冀 03 民再 77 号民事判决书.

③ 吉林省梅河口市人民法院（2016）吉 0581 民再 8 号民事判决书.

④ 韩长赋. 再谈"三权"分置. 农村经营管理，2017（12）.

的生存质量。对于以转让方式流转权利的,《农村土地承包法》第 37 条规定须经发包方同意,第 41 条要求承包方有"稳定的非农职业或者有稳定的收入来源",受让方必须为"其他从事农业生产经营的农户"。但是,土地承包经营权是用益物权,权利主体应当有权决定是否流转以及流转给谁。该规定限制了权利主体对权利本身的处分权能,降低了权利流转的效率,阻碍了土地资源配置的优化。

(2)农民对权利流转后身份权益丧失的担忧。在一定程度上,农民进城务工对流转土地承包经营权的需求与流转后身份权益丧失的担忧存在博弈。根据《2017 年国民经济和社会发展统计公报》,2017 年年末全国乡村人口 57 661 万人,占总人口比重为 41.48%;全国农民工总量 28 652 万人,比上年增长 1.7%;全国农民工人均月收入 3 485 元,比上年增长 6.4%。[①] 可见,我国农村居民仍占总人口的四成以上,农村劳动力外出务工仍旧呈现增长的趋势,收入也有一定幅度的提高;相应地,外出务工的农村劳动力难以兼顾农业生产经营,农户流转土地承包经营权的需求逐年递增。然而,法律较之于社会发展具有一定的滞后性,现行法关于土地承包经营权流转法律后果的规则多有缺失,农民担心权利流转会导致身份权益的丧失。《农村土地承包法》第 42 条允许权利主体以入股的方式流转权利,但对于如何入股以及入股的法律后果未有具体建构;按照《农村土地承包经营权流转管理办法》第 16 条的规定,入股以后承包方和发包方的权利义务关系不变。这样的规则看似给农民吃了定心丸,却因为与商法领域的入股规则相悖,在实践中难以激发公司接纳土地承包经营权入股的积极性,并没有促进入股方式流转权利的规则真正发挥效用。在经济不太发达地区,农民多数还是以耕作所得为主要收入来源,希望能将该权利进一步确定化;而在经济发达地区,多数农民不再以农业为主业,需要让土地承包经营权进入市场流转。[②] 因此,需要将土地承包经营权的部分权能释放给土地经营权,允许其依法在市场上流转。这样,既可以增加农民的财产性收益,又能缓解农民对身份权益丧失的担忧。

---

① 2017 年国民经济和社会发展统计公报. [2018-03-07]. 国家统计局网, http://www.stats.gov.cn/tjsj/zxfb/201802/t20180228_1585631.html.

② 孙宪忠. 中国物权法总论:3 版. 北京:法律出版社,2014:154.

2. 土地经营权可以被界定为纯粹的财产权利

《物权法》第 5 条确立了物权法定规则，未来在民法典物权编中可以规定，土地承包经营权在流转过程中分离为土地承包权和土地经营权。农户仍然保留土地承包权，可以依法将土地经营权流转给第三方。"三权"是层层派生的关系，土地承包权的核心是具有社会保障功能的财产权，土地经营权的核心则是为了优化土地资源配置而创设的收益权。[①] 土地承包经营权在流转时派生出租、转包等多重方式，让第三方分享其经营权。[②] 这样的制度设计既可以实现尊重农民意愿、保障农民对身份关系保留的诉求，又可以落实土地经营权的财产属性，提升农地的利用效率，促进我国农业的现代化。

（1）土地经营权源于土地承包经营权。目前，学界对于土地经营权是债权还是物权还未有定论。对于从土地承包经营权中派生出债权性质的土地经营权鲜有争议，但对于能否从土地承包经营权中派生具有用益物权性质的土地经营权则争论较多。有学者认为，这是在用益物权之上再设相近用益物权，有违一物一权原则，是人为地将法律关系复杂化，是立法技术的倒退。[③] 从纯粹的法律逻辑言，该观点确实有其合理性。但法律制度设计亦应顺应社会现实需求，创设出物权性质的土地经营权主要是为了满足我国土地政策期待实现农村土地权利高效流转的现实需求，其实质是将土地承包经营权中对承包地的占有、使用和收益的权能让渡给土地经营权，土地承包经营权则限缩为土地承包权。土地承包权与土地经营权并存，二者并非相近的用益物权，亦非违背一物一权的原则。在我国现行法上，土地承包经营权是法定的用益物权。用益物权是物权体系从支配向利用发展的产物。[④] 用益物权人只在内容上，常常也在时间上拥有对物施加有限影响的权能，或是拥有对该权利的处分权能，当所有权人的权利受到这些限

① 韩长赋. 土地"三权分置"是中国农村改革的又一次重大创新. 光明日报，2016 - 01 - 26（01）.

② 张红宇. 从"两权分离"到"三权分置"——中国农地制度的绩效分析. 农民日报，2017 - 07 - 29（03）.

③ 陈小君. 我国农村土地法律制度变革的思路与框架——十八届三中全会《决定》相关内容解读. 法学研究，2014（4）.

④ 王利明. 物权法研究：下卷：4 版. 北京：中国人民大学出版社，2016：768.

制时,该权能优先于所有权人对物的支配权。① 用益物权的权能不包括对标的本体的处分权限,即不存在处分型用益物权。② 但是,用益物权属于非专属的财产权,权利主体应当享有对该权利的处分权能,可以通过处分该权利实现用益物权人设定权利的目的。③ 由土地承包经营权生出土地经营权实际上是权利人对该权利的处分,让渡部分权利内容给土地经营权,保留部分权利内容为土地承包权。

(2)土地承包权的身份属性。在现行法下,以家庭承包方式设立的土地承包经营权具有身份性④,按照《农村土地承包法》第 15 条的规定,本集体经济组织的农户是家庭承包的承包方。而对于与之对应的其他方式承包《农村土地承包法》没有对权利主体的身份限制,只在第 47 条规定了同等条件下本集体经济组织成员的优先承包权。

在土地承包经营权制度设立之初,农民普遍以农地耕作为基本生存手段。农民的土地集体所有权是成员生存的社会保障,成员对集体土地的承包经营权是其享有或实现社会保障的一种方式。⑤ 农村土地承包一般是由集体经济组织内部成员以家庭方式承包,对于不宜采取此方式的"四荒地"则可以依法采取其他方式承包。土地承包经营权人享有的部分权利内容,如承包关系的长期稳定、有偿退出承包地等,正是体现了该权利兼具的社会保障功能。

因此,当土地承包经营权分离为土地承包权与土地经营权之时,土地承包权承担了农地的社会保障功能,具有一定的身份属性。《承包法修正草案》将土地承包权界定为"农民集体经济组织成员依法享有的承包土地的权利",从而限定了权利主体的范围。《三权分置意见》强调,"不论经营权如何流转,集体土地承包权都属于农民家庭"。这彰显了对土地承包权的严格保护。有学者认为:对物的权利是财产权的外在表现,实质上体

---

① 拉伦茨. 德国民法通论:上册. 王晓晔,等译. 北京:法律出版社,2013:285.

② 鲍尔,施蒂瓦纳. 德国物权法:上册. 张双根,译. 北京:法律出版社,2004:702-703.

③ 房绍坤. 用益物权基本问题研究. 北京:北京大学出版社,2006:193.

④ 崔建远. 物权:规范与学说——以中国物权法的解释论为中心:下册. 北京:清华大学出版社,2011:507.

⑤ 韩松. 农地社保功能与农村社保制度的配套建设. 法学,2010(6).

现为一种人与人之间的关系。① 土地承包权是依附于一定身份关系而存在且由特定共同体的财产权结构、规则塑造的身份性财产权。② 也有学者主张：土地承包权属于集体经济组织成员的自益权范畴③，应是成员权中的集体利益分配请求权。④ 但是，将土地集体所有权、土地承包经营权、土地承包权界定为层层派生的关系，认定土地承包权为身份性财产权，更有利于农户选择不流转土地承包经营权时的权利保护。此时，土地承包经营权的权利内容中包含部分成员权内容，无须另行诉诸成员权制度，也符合农民长期以来对土地承包经营权的认知。需要注意的是，无论如何界定土地承包权的权利性质，都不可否认其身份属性和社会保障功能。党的"十九大报告"已经提出"保持土地承包关系稳定并长久不变，第二轮土地承包到期后再延长三十年"，"2018 年中央一号文件"也提到要衔接落实好该政策。在未来民法物权编编纂中，应将此纳入法律条文中，可以基于权利的身份属性限定该权利设定和转让的主体范围，完善承包地的有偿退出机制。

（3）土地经营权的财产权属性。《承包法修正草案》对"土地经营权"的界定没有限定权利主体，而是就其权利内容作出规定，即"一定期限内占用承包地、自主组织生产耕作和处置产品，取得相应收益的权利"。相较土地承包权具有身份属性而言，土地经营权不具有专属性，任何民事主体都可以依法取得。土地承包经营权人在最初选择流转土地经营权之时，已经取得相应的财产价值。土地经营权一旦进入市场，就可以依法自由交换或用于担保，权利人可以处分该权利，此时土地承包权人无权干涉，仅于土地经营权人的行为对承包地造成损害等情形，有权通过采取收回土地经营权等措施保护耕地。

将土地经营权界定为纯粹的财产权，有助于充分发挥土地权利的财产价值。在现代社会，财产权已由注重对标的物现实支配的具体权利，演变

---

① 易继明，李辉凤. 财产权及其哲学基础. 政法论坛，2000（3）.

② 马俊驹，丁晓强. 农村集体土地所有权的分解与保留——论农地"三权分置"的法律构造. 法律科学，2017（3）.

③ 高飞. 农村土地"三权分置"的法理阐释与制度意蕴. 法学研究，2016（3）.

④ 陈小君. 我国农民集体成员权的立法抉择. 清华法学，2017（2）.

为注重收取代价或者获取融资的价值权。① 除了极少的例外情形，财产权都是具有财产价值的，这种经济价值可以用金钱计算。② 创设土地经营权的主要目的，就在于促进农民土地权利的财产化。目前，我国城镇化进程加快，大量农村劳动力进城打工，难以兼顾承包地的耕种，客观上损失了承包地的经济价值。土地经营权作为不具有身份性的财产权进入市场自由流转，于权利人而言，其可以自由选择是否实现权利使用价值与交换价值；于相对方而言，其可以免除对涉及农村土地的身份性财产权的担忧。以抵押方式流转土地承包经营权为例：囿于家庭方式承包农地权利的身份属性，《农村土地承包法》仅允许其他方式承包农地的可以依法以抵押方式流转。在承包地"三权分置"制度框架下，土地经营权属于不再具有身份属性的纯粹财产权，应当允许权利主体依法在此之上设定抵押，在资本市场上自由流通。党的《十八届三中全会决定》提出赋予农民"承包经营权抵押、担保权能"；《三权分置意见》强调农户"有权依法依规就承包土地经营权设定抵押"。在未来立法中，应当允许任何经营权主体依法在土地经营权之上设定抵押融资。这样，既可以实现经营权的交换价值，又可以保障主债权的实现。

（二）土地经营权的权利性质

学界对于土地经营权究竟属于何种性质的财产权尚未形成通说，主要有以下几种观点：第一，债权说。该说认为，土地经营权本质上属于债权性质的权利③，土地经营权人只是"借用"了流出方的土地占有、使用等权能，流转合同到期后这些权能将归还给流出方，权利人没有获得物权性权能。④ 第二，物权说。该说认为，土地经营权在功能上符合用益物权的性质，应在制度上将其作为一种物权来对待⑤，即将土地经营权塑造成物权性质的财产权，实现经营权的物权化。⑥ 第三，两权说。该说主张，土

---

① 马俊驹，梅夏英. 财产权制度的历史评析和现实思考. 中国社会科学，1999 (1).

② 谢怀栻. 论民事权利体系. 法学研究，1996 (2).

③ 姜红利. 放活土地经营权的法制选择与裁判路径. 法学杂志，2016 (3).

④ 李伟伟. "三权分置"中土地经营权的权利性质. 中国党政干部论坛，2016 (5).

⑤ 李国强. 论农地流转中"三权分置"的法律关系. 法律科学，2015 (6).

⑥ 蔡立东，姜楠. 农地三权分置的法实现. 中国社会科学，2017 (5).

地经营权的权利性质因土地流转的形式而有所区分，即以转让、互换方式流转的土地经营权具有物权性质，以转包、出租等方式流转的土地经营权具有债权性质。[①] 我们认为，如何界定土地经营权的性质，首先要尊重农户的意思自治；其次，要审视债权说与物权说各自的优势与不足，如债权说有利于实现交易效率但却不利于保障交易安全，物权说有利于交易安全却可能影响交易效率，等等。鉴于此，法律可在制度上为农户提供相应的选择便宜，即：依据物权法定原则的要求，明确规定物权性质的土地经营权；而依据意思自治原则的要求，亦允许农户经由契约设定利用土地的多种形式，其名称可由农户当事人自己选择，并不限于使用债权性质的土地经营权称谓，只不过要符合法律对使用承包地的具体要求与限制。

（1）尊重农户的意思自治。土地经营权是由土地承包经营权流转产生的纯粹财产权，权利主体在法律允许的范围内有权决定是否流转及如何流转。关于土地承包经营权的流转方式，《物权法》第128条允许土地承包经营权采取转包、互换、转让等方式流转，《农村土地承包法》第32条还提到了出租方式，同时，国家有关"三权分置"的重要政策性文件中多次提及要实现土地经营权的抵押融资功能。由于土地经营权不再兼具社会保障功能，未来民法典物权编可以将该抵押方式纳入其中。在学理上，前述不同流转方式根据流转的法律后果，有物权性流转方式与债权性流转方式之分。原权利主体依法将部分或者全部承包地上的物权性质权利转移给相对方的属于物权性流转方式，而原权利主体在保留物权性质权利的前提下，从中分离出来部分权能移转给相对方的流转方式是债权性流转。[②] 我们认为，农户流转土地经营权的，有权决定采取何种性质的方式，进而决定了该经营权的权利性质。理由在于：当称一项正当利益是权利时，意味着权利人对该项利益有控制、支配和使用的自由，可以按照自己的意志为任何方式的支配和使用。[③]《民法总则》第5条确立了自愿即意思自治原

---

① 孙中华. 关于农村土地"三权分置"有关政策法律性问题的思考. 农业部管理干部学院学报，2015（18）.

② 丁关良. 土地承包经营权流转主要方式之法律性质研究述评. 山东农业大学学报（社会科学版），2008（4）.

③ 彭诚信. 现代权利理论研究——基于"意志理论"与"利益理论"的评析. 北京：法律出版社，2017：320.

则，民事主体可以依法按照自己的意思从事民事活动。意思自治体现了民事主体的个人意志在经济活动领域内依法获得的最大限度的自由。① 在经济行为中，尊重当事人的自由选择，允许其按照自己的意愿形成合理的预期②，对市场经济的高效有序发展至关重要。据此，土地承包经营权人应有权在法律允许的范围内自由处分权利。在未来民法典物权编承包地"三权分置"的制度建构中，农户在分离土地承包经营权时，有权根据自己的意思决定采取债权性抑或物权性方式流转经营权，并依照法定的不同规则完成流转。

（2）债权性经营权流转的合同自由。以债权性方式（如转包、出租等）流转土地经营权的，土地承包经营权人与相对方协商一致并签订合同即可流转权利，不需要公示，其法律效力一般不能对抗第三方。这种性质的流转方式，沿袭我国农地权利长期以来的交易习惯，交易成本较低且程序简单。虽然目前城镇化进程逐渐加快，但我国仍然是农民大国，农村居民人口仍然接近总人口的半数，有的农民可能在较短的年限内外出打工，有的农民可能同时兼顾打工与农地耕作，这部分农民对土地经营权流转的诉求集中于短期便捷，适宜选择将土地经营权作为债权进行流转。债权性质的土地经营权流转，其最显著的特征在于遵循合同自由。《合同法》第4条确立了合同自由原则，这正是意思自治原则在合同法上的体现；《农村土地承包法》第10条规定了国家对土地承包经营权依法、自愿、有偿流转的保护。现行法对兼具社会保障功能的土地承包经营权的债权性流转只要求报发包方备案，而不是经过其同意。这体现了对农民意思自治的尊重。我们认为，土地经营权为纯粹的财产权，农户可以自主决定采取何种债权性质流转方式以及相对方，双方依据《合同法》的一般规则与未来民法典物权编对土地经营权的特殊规定，自愿流转权利，不需要经过发包方的同意，也无须专门公示。例如，租赁权性质的土地经营权流转以双方当事人意思表示一致为前提，权利主体依据租赁合同从事农业生产经营，不需要进行登记。此外，国家政策性文件已经确定第二轮土地承包到期后再延长30年，故土地经营权租赁还需满足在承包期内的条件。

（3）物权性土地经营权流转的公示保障。物权性土地经营权的制度设

---

① 尹田. 论意思自治原则. 政治与法律，1995（3）.

② 刘凯湘，张云平. 意思自治原则的变迁及其经济分析. 中外法学，1997（4）.

计，首先是可以满足民事主体对物权权能的诉求。相较债权性土地经营权而言，物权性土地经营权具有较高的变现能力。物权性土地经营权经过公示以后，可以进入市场依法自由流转，实现其使用价值或交换价值。放活土地经营权中的一项重要内容，就是落实该权利的抵押融资功能。2016年3月，中国人民银行、中国银行业监督管理委员会、中国保险监督管理委员会、财政部、农业部发布的《农村承包土地的经营权抵押贷款试点暂行办法》（以下简称《土地经营权抵押暂行办法》）指出，符合法定条件的拥有土地经营权的主体可以按程序向银行业金融机构申请土地的经营权抵押贷款。土地经营权物权化可以提升其交换价值，推动资本市场对抵押融资的需求，进而落实农地权利的财产化。其次是可以适应民事主体对权利长期化的需求。农地耕作具有长期性特征，地力培育与耕作技术的运用可能需要若干年才能取得较高的效益并逐渐回收成本并盈利。实践中相当一部分权利主体希望将土地经营权物权化，特别是"下乡"从事耕作经营的城市企业基于长期经营的意愿与可能的较大投入，拥有强烈的权利长期化要求。① 最后是对交易安全与权利保护更充分。物权是直接支配一定之物而享受利益之排他的权利，是一项绝对权，任何民事主体都负有不得妨害或侵害物权的义务，因此，物权的设定必须公示，保障交易安全，并使第三人了解权利的存续状况。当物权受侵害时，权利主体可以主张物权请求权，排除他人的侵害，回复物权应有的圆满状态。② 此时，权利主体无须证明行为人有主观过错。

现行法上尚未有土地经营权的公示规则，《物权法》关于土地承包经营权的转让采取登记对抗要件主义。在学界关于土地承包经营权公示规则的讨论中，有学者认为土地承包经营权的物权变动应采登记生效要件主义③，明确土地承包经营权的设立、变更、转让和消灭应经依法登记才可生效④；也有学者基于建立与运行农村土地登记制度的困难，认为民法典

① 孙宪忠. 推进农地三权分置经营模式的立法研究. 中国社会科学, 2016 (7).
② 王泽鉴. 民法物权: 2版. 北京: 北京大学出版社, 2010: 30.
③ 崔建远. 民法分则物权编立法研究. 中国法学, 2017 (2).
④ 陈小君. 我国涉农民事权利入民法典物权编之思考. 广东社会科学, 2018 (1).

物权编不可能确定农村集体土地权利的变动适用登记生效要件主义。① 我们认为：物权性土地经营权的转让不宜采取登记对抗要件主义。现行法下土地承包经营权的公示规则不是逻辑分析的结果，而是基于农村是"熟人社会"的情况和采取登记要件主义的困难所选择的变通妥协方案。② 登记对抗要件主义具有体现意思自治原则、促进财产流转等优点，但在保护交易安全问题上不如登记生效要件主义。依登记生效要件主义，登记完成才发生物权变动，从而对交易安全的保护更为直观和有力；而登记对抗要件主义将物权变动的时间点与公示完成发生的时间点相分离，可能造成一个物上存在两个或多个所有权及他物权，以及对善意第三人权利的赋予与对原权利人的保护存在冲突，无法保障善意第三人财产权利的取得，需要通过承认公示的公信原则加以补正。③ 物权性土地经营权的转让之所以应当采取登记生效要件主义，主要理由在于：一方面，土地经营权的流转已经超出"熟人社会"范围。随着土地经营权流转市场的逐步建立，越来越多的民事主体入市，交易主体了解真实权利状况的难度增加，对透明法律关系、保护交易安全等方面的要求更高，需要采取公示效果更强的物权变动模式。另一方面，农地确权将为登记制度的完善奠定坚实的基础。截至2017年11月底，全国实测承包地面积15.2亿亩，已经超过第二轮家庭承包耕地面积，确权面积达到11.1亿亩，占第二轮家庭承包耕地账面面积的82％。④ 因此，原有不得已而采取登记对抗要件主义的客观现实已经被打破，应当及时调整物权变动模式。在未来民法典物权编中，应当确立物权性土地经营权转让的登记生效要件主义。

（三）土地经营权的权利内容

社会生活（特别是经济生活）需要权利的清晰与确定⑤，而权利确定是市场交易的前提。⑥ 若市场交易成本为零，则市场的交易结果（产值

---

① 尹田. 论物权对抗效力规则的立法完善与法律适用. 清华法学，2017（2）.

② 温世扬. 农地流转：困境与出路. 法商研究，2014（2）.

③ 彭诚信. 我国物权变动理论的立法选择（下）. 法律科学，2000（2）.

④ 林远. 农业部：农地确权面积已超八成，明年农村土地制度改革将步入深化阶段. 经济参考报，2017-11-30（01）.

⑤ 张五常. 新制度经济学的来龙去脉. 交大法学，2015（3）.

⑥ R. H. Coase. The Federal Communications Commission. 2 J. L. & Econ. （1959），p. 27.

最大化)不受法律确权的影响。但在现实的经济生活中,任何交易都会需要一定的市场交易成本,而权利的初始界定便会对经济制度的运行效率产生影响。① 因此,土地经营权的市场化就需要明确土地经营权的权利内容。

1. 土地经营权人的权利

(1)占有、使用承包地并取得收获物的所有权。对于物权性土地经营权来说,权利人有权占有、使用承包地,根据自己的意愿从事农业生产经营,并拥有收获物的所有权。这意味着权利人的权利包含对承包地的直接支配,无须他人的意思或行为介入就能够实现。② 同时,任何民事主体都负有不得妨害或侵害该权利的义务,一旦违反,权利人可以主张物权请求权寻求救济。然而,物权性土地经营权应以承包关系存续为限。土地经营权源于土地承包经营权这一定限物权,其存续期限受制于土地承包经营权的存续期限。因此,应当在民法典物权编中将第二轮土地承包到期后再延长 30 年的政策纳入立法的同时,明确土地经营权以承包关系的存续期间为限。这样,既可以免除农户对失地风险的后顾之忧,又可以为交易主体提供清晰准确的权利信息,降低交易成本。

就债权性经营权而言,土地经营权人可以依据合同请求土地承包经营权人将承包地交付自己占有、使用并取得收获物的所有权。当权利受到不法侵害时,权利人可以通过追究违约责任保护其合法权益。该权利存续期间以合同约定为准,但不得超过土地承包经营权的存续期限,并满足法律对不同类型债权存续期限的要求,如以租赁方式流转土地经营权的,合同约定的权利存续期间应当以《合同法》规定的 20 年为上限,而且不得超过土地承包经营权的剩余期限。

(2)依法流转土地经营权的权利。现行法基于对社会保障功能的考量对土地承包经营权流转设限较多,导致权利流转的效率有限,客观上造成耕地资源的浪费和农民财产性收益的减少。在"三权分置"制度中,土地承包经营权在流转过程中拆分为土地承包权和土地经营权,原有的社会保障功能与部分财产功能交由土地承包权承担,土地经营权只承担部分财产功能,从而可以在财产权市场自由流转。因此,在未来的制度设计中,可

---

① R. H. Coase. The Problem of Social Cost. 3 J. L. & Econ. (1960), pp. 8 - 16.

② 谢在全. 民法物权论:上册:修订 5 版. 北京:中国政法大学出版社,2011:9.

以适当放开对土地经营权的流转限制，逐步建立有序高效的土地经营权交易市场，真正实现土地经营权的财产化。

根据民法的意思自治原则，土地经营权人有权在法律允许的范围内自由处分权利，依法流转土地经营权。在未来民法典物权编中，应当区分债权性土地经营权与物权性土地经营权分别设立流转规则。农户在首次流转土地经营权之时，有权自主选择土地经营权的性质。如果将土地经营权作为债权流转，则该权利基于当事人协商一致而签订的土地流转合同产生，且在流转过程中应当遵循合同自由，以当事人之间的意思表示一致为必要，无须经发包方同意，向发包方备案即可。倘若选择以物权方式流转土地经营权，该权利将被认定为用益物权，应当实行登记生效要件主义，土地经营权人有权要求土地承包权人协助办理登记。采取登记生效要件主义的立法模式的优势在于：其一，交易安全将得到更为充分的保护。该模式可以实现公示效力与意思表示效力的同步，无须另行借助公信原则即可保护交易双方及第三人的合法权益；其二，该模式有利于减少基于法律行为的物权变动模式类型，推动法律体系中物权变动规则的统一化；其三，该模式可以提高土地经营权交易市场的公开性和透明度，为市场参与者及时获悉权利归属，从而作出理性决策提供充足的信息。

（3）承包地被征收时获得补偿的权利。当承包地因公共利益的需要被征收时，土地经营权人可以获得合理补偿。依据《宪法》第 10 条的规定，国家可以为了公共利益的需要，依法对土地实行征收或者征用并给予补偿。《物权法》第 132 条赋予了土地承包经营权人在承包地被征收时获得相应补偿的权利。根据《土地管理法》第 47 条的规定，耕地的征收补偿费用包括土地补偿费、安置补助费以及地上附着物和青苗的补偿费。对此，我们认为：首先，对地上附着物和青苗补偿费而言，可以由当事人协商约定，或者分别归附着物所有人和青苗的实际投入人所有。① 其次，土地补偿费应当属于土地承包经营权人。土地补偿费是土地承包经营权人基于其集体经济组织成员的身份且承包特定区域的土地而获得，土地经营权人无权享有。如果土地承包经营权人通过调整土地取得等值等量的承包地，那么当事人之间的债权合同可以继续存在于调换之后的土地之上，仅

---

① 最高人民法院《关于审理涉及农村土地承包纠纷案件适用法律问题的解释》第 22 条第 2 款。

需变更合同的标的物。① 最后，安置补助费是对以农业生产为业的相关权利人失业后的生活及再就业等费用的补偿②，一般归属于土地承包经营权人。若土地承包经营权人选择不亲自耕作，而是将土地经营权流转给其他民事主体，那么土地经营权人作为以农地耕作为业而且其收入受到征收影响的相对方，可以向土地承包经营权人主张因征收导致无法继续作业的补偿。在此情形下，应当尊重当事人意思自治，可以协商决定征收的补偿费用；如果不能达成一致，土地经营权人有权依据合同法的公平原则请求土地承包经营权人补偿。

2. 土地经营权人的义务

（1）支付价款。债权性土地经营权和物权性土地经营权一般都是有偿流转，土地经营权人为取得权利需要承担支付价款的义务。土地承包经营权人在流转过程中创设土地经营权并入市的目的之一在于将农地权利的价值变现，原始取得土地经营权者应当向土地承包经营权人（即土地承包权人）支付价款。当土地经营权再次进入市场流转时，民事主体为获取土地经营权应向土地经营权人支付价款。根据经济学的理性人假设，交易主体的决策是为了追求自身利益最大化，通过理智的判断与计算得出的结果，因此，价款的金额、支付方式等具体事项，可以交由当事人依法自由协商约定；如无具体约定，可以依据《合同法》第61条和第62条的规定，依次通过补充协议、合同有关条款或者交易习惯、订立合同时履行地的市场价格等规则确定。一方违反支付价款义务的，相对方可以依法主张其支付价款或承担违约责任。

（2）维持土地用途。土地经营权人应当在承包地上从事农业生产经营。其原因在于，土地承包经营权设立的目的只是农业生产，而非从事非农建设，由此派生的土地经营权应当受到农地用途的限制。针对司法实践中已经频频出现的土地用途改变的案件类型，需要注意以下几点：其一，《农村土地承包法》第33条第2项有关禁止在权利流转中改变土地用途的规定属于效力性强制性规定。效力性强制性规定多针对行为内容，管理性

---

① 房绍坤，王洪平. 论土地承包经营权流转后征地补偿费的归属与分配. 吉林大学社会科学学报，2012（3）.

② 蔡立东，姜楠. 承包权与经营权分置的法构造. 法学研究，2015（3）.

强制性规定主要是对主体行为资格的限制。① 改变土地用途行为有违我国耕地保护制度的基本要求,损害了社会公共利益。因此,为了确保对农地用途的严格管控,应当认定改变土地用途是违反了效力性强制性规定,进而依据《最高人民法院关于当前形势下审理民商事合同纠纷案件若干问题的指导意见》第 15 条认定合同无效。其二,在改变土地用途的证据认定问题上,可以综合考量土地权利及建筑物的相关登记备案手续、当事人之间的合同约定及实际履行状况、现场勘验笔录等,结合既有的书面文件与勘验记录,审慎地作出判断。其三,现行法关于承包方违法将承包地用于非农建设的规定,也适用于土地经营权人擅自改变土地用途的情形。

(3)不损害耕地质量。土地经营权人负有不损害耕地质量的义务,应当依法保护和合理利用土地。按照《承包法修正草案》的设计,土地经营权人的生产经营给承包地造成严重损害或严重破坏承包地生态环境的,发包方或者承包方有权要求终止土地经营权流转合同,收回土地经营权,第三方应承担相应的赔偿责任。我们认为,该规制不符合土地经营权的生成逻辑,应当由承包方(土地承包经营权人,即流转之后的土地承包权人)拥有终止合同和收回土地经营权的权利,发包方(法定的代为行使土地所有权的主体)仅可行使排除妨碍、恢复原状以及损害赔偿请求权。虽然通过增加耕地面积和提高单产可以在短期内实现粮食产量的快速增长,但这种增长方式将造成水土资源系统的退化,需要让被过度开发的水土资源休养生息②,轮作与休耕都是恢复地力的重要手段。然而,休耕与弃耕抛荒在年限认定上容易混淆。以欧盟的认定为例,多年性休耕至少休耕 10 年以上。③ 依据我国《土地管理法》第 37 条第 3 款的规定,承包地连续两年弃耕抛荒的,发包方应当终止承包合同,收回发包的耕地。《承包法修正草案》似乎是对该条文的进一步强化,于第 22 条规定了第三方弃耕抛荒连续两年以上的,发包方或者承包方有权要求终止土地经营权流转合

---

① 韩世远. 合同法总论. 北京:法律出版社,2011:178.

② 饶静. 发达国家"耕地休养"综述及对中国的启示. 农业技术经济,2016(9).

③ 杨庆媛,等. 欧美及东亚地区耕地轮作休耕制度实践:对比与启示. 中国土地科学,2017(4).

同，收回土地经营权。按照《承包法修正草案》第29条的规定，承包方连续两年以上没有在承包地上耕作的，也可能面临被认定为弃耕抛荒的风险。这些规定在实践中将面临如何界定休耕与弃耕抛荒的难题，存在有悖于保持土地承包关系稳定并长久不变政策的风险，在未来民法典物权编编纂与《农村土地承包法》修改过程中需要审慎对待。

二、土地经营权的性质及法制实现路径[①]

(一) 土地经营权的政策设计目标

《三权分置意见》明确提出"三权分置"政策的贯彻应"落实集体所有权，稳定农户承包权，放活土地经营权"，其中"放活土地经营权"被认为是该政策的重点。[②] 针对当前农村社会现实与农村发展趋势，基于改革的时代性和前瞻性，土地经营权的制度设计及追求的政策目标可概括为以下方面。

1. 顺畅培养新型农业经营主体

在我国，随着城市化进程的加快和城乡收入差距的扩大，越来越多的农村劳动力向城市转移，加入转移大军的劳动力呈现出高素质化、年轻化和男性化的特性。[③] 作为当下农民子女的新生代农民工，已经习惯城镇生活方式，且一般未参加过田野劳作，以致他们既不懂如何种地也不愿回乡务农，从而使农村留守劳动力的素质日益堪忧，老龄化现象也日益突出。[④] 由于种地效益低下，加之这些农村留守劳动力不堪重负，在不少地方出现了耕地抛荒现象，而且有愈演愈烈之势。为了应对当前农村高素质劳动力极其短缺的困境，解决"谁来种地"这一极为严峻的问题，培育新

---

① 本部分的主要内容曾发表于《政治与法律》，2018 (8)。

② 孔祥智. "三权分置"的重点是强化经营权. 中国特色社会主义研究，2017 (3). 耿卓. 农地三权分置改革中土地经营权的法理反思与制度回应. 法学家，2017 (5).

③ 秦晓娟，孔祥利. 农村劳动力转移的选择性、城乡收入差距与新型农业经营主体. 华中农业大学学报 (社会科学版)，2015 (2).

④ 如有学者通过对四川省调研发现："蓬溪县、平昌县和南部县实际从事农业生产劳动的人员平均年龄已达到55岁，60岁以上的务农老人比重分别为55.42%、50.2%和51.35%。"彭华，欧阳萍，李光跃，等. 农业劳动力老龄化的困境与出路——来自四川省的实证. 农村经济，2014 (10).

型农业经营主体成为我国涉农政策的一项重要内容。党的《十八届三中全会决定》明确提出:"鼓励承包经营权在公开市场上向专业大户、家庭农场、农民合作社、农业企业流转,发展多种形式规模经营。"该决定所谓的"专业大户、家庭农场、农民合作社、农业企业"就是当前各级政府大力推动和各种政策极力扶持的新型农业经营主体,此举也正是我国面临"无人种地"情形时党和国家作出的拟从根本上解决问题的长远之计。"三权分置"政策的推行,"能促进新型农业经营主体如家庭农场、专业大户、农民专业合作社、农业产业化龙头企业的培育与发展,使家庭承包经营由'集体所有、农户自营'的土地经营模式逐步向'集体所有、农户自营、合作社经营、企业化经营'多种模式并存转变"①。农业部等相关部门也将"三权分置"政策视为"培育实现多元经营的基本前提与必然选择",认为此举既有利于培育和发展家庭农场、合作组织和农业企业等新型农业经营主体,也有利于培育新型职业农民。② 可见,"三权分置"后土地经营权制度的构建必须正视农村有效劳动力不足的现实,顺应培育新型农业经营主体的潮流,为新型农业经营主体进入农业生产经营提供制度便利及规则通道。

2. 照应农业适度规模经营需求

尽管培育新型农业经营主体备受重视,但新型农业经营主体在农村生产经营实践中大显身手还需要以实现农地的适度规模经营为基础。中共中央、国务院《关于一九八六年农村工作的部署》(1986 年中央一号文件)就提出"鼓励耕地向种田能手集中,发展适度规模的种植专业户"。此后,推动农业的规模化经营成为各级政府在农业发展方向上的集中偏好,从土地承包经营权禁止流转到关切现行土地承包经营权流转制度的完善,就是有力佐证。中共中央、国务院《关于加快发展现代农业 进一步增强农村发展活力的若干意见》(2013 年中央一号文件)明确提出:"坚持依法自愿有偿原则,引导农村土地承包经营权有序流转,鼓励和支持承包土地向专业大户、家庭农场、农民合作社流转,发展多种形式的适度规模经营"。2014 年 11 月中共中央办公厅、国务院办公厅《土地经营权流转意见》等

① 吴兴国. 承包权与经营权分离框架下债权性流转经营权人权益保护研究. 江淮论坛, 2014 (5).
② 张红宇. 新型城镇化与农地制度改革. 北京:中国工人出版社, 2014:215.

政策都是这一思路的反映与再强调。据农业部有关农村经营管理情况的调查数据可知，截至 2014 年年底，全国家庭承包耕地流转面积共计 4.03 亿亩，其中流入到企业的耕地面积占总值的 9.6%；同时，规模经营农户的数量也在缓慢增加，全国经营面积在 50 亩以上的农户达到 341.4 万户，增长 7.5%，经营面积在 50～100 亩、100～200 亩、200 亩以上的农户数分别占 50 亩以上农户数的 69%、21.9%、9.1%。[①] 可见，实践中基于耕地流转的适度规模经营正在形成气候，数量逐步扩充，从而为新型农业经营主体从事农业生产经营供应了基本土地资源。因此，在践行"三权分置"政策时，必须正视农地流转双方的现实需求与流转政策的可操作性，于保障当前土地承包经营权流转制度之功能充分发挥的情形下，在设计土地经营权制度时进一步为新型农业经营主体通过耕地流转实现适度规模经营给予明确有力的制度支持。

3. 提升现代农业经营之效率

自 1978 年我国农村实行联产承包责任制以来，逐步形成了由农民集体享有土地所有权、农户享有土地承包经营权的"两权分离"制度，该制度使农地的产权效益得以显著提升。"三权分置"政策是以"两权分离"制度为基础的设想或部署，被普遍认为是"两权分离"制度的继承与创造性发展，在促进农地高效利用的目标方面更是与之一脉相承。有学者指出："农业作为一个产业，其发展逻辑遵从的是技术经济的客观角度，追求的是经济学角度的规模经济，由土地的最佳投入产出效益所确定，是一种比较纯粹的适度规模。"[②] 尽管在实践中这种"比较纯粹的适度规模"的形成有一定难度，但的确是土地经营权制度设计必须慎重思考和明晰的制度目标。同时，"从劳动生产率角度，扩大农地规模能够提高劳动生产率，这往往与劳动力要素得到释放、机械代替劳动等有关"[③]。新型农业经营主体在从事农地的适度规模经营时，更容易以机械替代劳动力大量付

---

① 农业部经管总站体系与信息处. 2014 年农村经营管理情况统计总报告. 农村经营管理，2015（6）.

② 程秋萍. 哪一种适度规模？——适度规模经营的社会学解释. 中国农业大学学报（社会科学版），2017（1）.

③ 石晓平，郎海如. 农地经营规模与农业生产率研究综述. 南京农业大学学报（社会科学版），2013（2）.

出，从而既可以避免高素质劳动力短缺的弊端，又能够推进农业科技创新，加速发展现代种植业，从而建立现代化农业可持续发展之长效机制。

此外，我国现行法律明令禁止土地承包经营权抵押融资，造成农业经营主体尤其是新型农业经营主体融资渠道不畅、农业贷款融资难，因此，"赋予农民对承包地占有、使用、收益、流转及承包经营权抵押的担保权能"成为党的十八届三中全会以来各项政策的主要内容之一。有学者认为，从土地承包经营权分离出独立的土地经营权，顺应了"扩大农村有效抵押物范围、缓解农业贷款难的需要"①。可见，赋予土地经营权以融资权能以便于新型农业经营主体融资加大农业投入、增强农业生产的核心竞争力，亦成为土地经营权制度建构的一个重要考量因素。

（二）土地经营权的法律性质厘清

依"三权分置"政策背景及其意旨，土地经营权源于土地承包经营权，是土地承包经营权流转过程中产生的一种新型权利。但该种新型权利在农地权利体系中居于何种地位，应如何在法律上对该进行制度规则设计，皆与该权利在法律性质上的内涵确定密切相关。

毋庸置疑，"政策与法律都是我国国家治理体系的核心组成部分，为国家治理结构的形成提供了基础性的、彼此区别而又相互补充的路径选择"②。那么，政策话语与法律话语之间存在一定的区隔应为常态，也正基于此，学界对土地经营权之法律性质的理解产生较大分歧，主要观点包括四类主张：（1）用益物权说。主张土地经营权为用益物权的观点亦存在争议，如有学者认为，从土地承包经营权分离出的土地经营权与土地承包经营权在法律性质上相同，该种经营权的制度功能完全可以通过现行土地承包经营权来实现③；有学者认为，土地经营权实质上是次级土地承包经营权④，或依据权利行使的用益物权发生逻辑，土地经营权是土地承包经营权人行使其权利而设定的次级用益物权，承包权与经营权的法构造为

---

① 国务院发展研究中心农村经济研究部. 集体所有制下的产权重构. 北京：中国发展出版社，2015：16.

② 何啸. 改革进程：中国共产党政策与法律关系结构的历史转型. 北京：中共中央党校，2014："摘要"，1.

③ 高飞. 农村土地"三权分置"的法律阐释与制度意蕴. 法学研究，2016（3）.

④ 朱继胜."三权分置"下土地经营权的物权塑造. 北方法学，2017（2）.

"用益物权—次级用益物权"①；也有学者认为，土地经营权是农户以其承包地为客体为受让人设立的用益物权②；还有学者认为，政策中的"经营权"是用益物权，但在法律上可以命名为"耕作权"或者"耕作经营权"③。（2）债权说。主张该观点的学者的意见较为统一，认为土地经营权在本质上是债权，属于不动产租赁权④，土地经营权为对承包土地的"债权型利用"，应赋予土地经营权一定的支配和排他效力，从而方便该权利的流转。⑤（3）物权、债权二元说。该种观点将土地经营权的法律性质与土地承包经营权流转方式的性质相连接，如有学者认为，基于土地承包经营权的债权性流转取得的土地经营权属于债权性质，基于土地承包经营权的物权性流转取得的土地经营权属于物权性质⑥；也有学者认为，以租赁方式获得土地经营权为债权，以入股方式取得的土地经营权为物权。⑦（4）权能说。该观点认为，土地经营权不是一种独立的权利，而是一种权能，其可以源于所有权，也可以源于用益物权和租赁权。⑧

在前述有关土地经营权之法律性质的各种观点中，除权能说无法照应"三权分置"政策的制度设计意蕴外，其他三大类观点都是从法理的不同维度对土地经营权之法律性质的解读。其中，采债权说者一般是从解释论视角理解土地经营权，且因土地经营权不符合物权法定原则而将其定性为债权；采用益物权说者则多从立法论视角探讨未来的土地经营权的应然定性；物权、债权二元说，则是固守我国当前土地承包经营权流转制度的现

---

① 蔡立东，姜楠. 农地三权分置的法实现. 中国社会科学，2017（5）.

② 崔建远. 民法分则物权编立法研究. 中国法学，2017（2）.

③ 孙宪忠. 推进农地三权分置经营模式的立法研究. 中国社会科学，2016（7）.

④ 单平基."三权分置"理论反思与土地承包经营权困境的解决路径. 法学，2016（9）.

⑤ 温世扬，吴昊. 集体土地"三权分置"的法律意蕴与制度供给. 华东政法大学学报，2017（3）.

⑥ 张毅，张红，毕宝德. 农地的"三权分置"及改革问题：政策轨迹、文本分析与产权重构. 中国软科学，2016（3）. 高海. 论农用地"三权分置"中经营权的法律性质. 法学家，2016（4）.

⑦ 罗兴，马九杰. 不同土地流转模式下的土地经营权抵押属性比较. 农业经济问题，2017（2）.

⑧ 申惠文. 农地三权分离改革的法学反思与批判. 河北法学，2015（4）.

状而对土地经营权作实然定性。对于上述三种观点,似乎很难简单地予以褒贬,只能根据"三权分置"政策的制度目标加以取舍、定位和完善。我们认为,相较之下,将土地经营权定位为用益物权是一种妥当的制度安排。理由如下。

第一,物权性的土地经营权有助于"三权分置"政策之制度目标的实现。尽管"三权分置"政策并没有明确土地经营权的法律性质,但其认为可将土地承包经营权分设为土地承包权与土地经营权,并特别强调"放活土地经营权",可见意图恰是在不损害享有承包资格的农民的利益的基本前提下通过土地经营权来加快承包地的流转,从而达成农地长期且稳定的规模经营。于此,如果受让人获得的权利是债权性质的,则其期限具有任意性,内容具有相对性,不但其权利价值难以量化,其设定方法也难以公示,效力、稳定性均较弱,不利于长期投入,无法进行抵押融资扩大生产,进而影响土地利用效率乃至农业的现代发展。[①] 而"为了建立更加稳妥可靠的'三权分置'体制,通过法律将'经营权'物权化,应该说是一种更好的做法。物权性质的土地经营权,对于土地经营者具有期限更长、可以针对第三人主张权利、可以方便流转以至于设置抵押等法律制度上的优点"[②]。可见,为达成"三权分置"政策的制度目标,将土地经营权设计归入用益物权制度无疑是稳妥之举。

第二,物权性的土地经营权有益于农地权利体系的科学构建。在民事法律领域,体系化和系统化是其内在要求,民法体系化有助于在整个民法典的体系制度中充分贯彻民法的基本价值观念,减少和消除民事法律制度之间的冲突和矛盾。[③] 在"各种农地权利中,集体土地所有权为原权利,这是第一层次的权利,处于农地权利体系的核心。以集体土地所有权为基础,将派生出土地承包经营权,集体建设用地使用权,宅基地使用权,自留地、自留山使用权和债权性农地使用权,这是第二层次的权利,是农地权利体系的基础"[④]。就现行法律制度中的土地承包经营权而言,基于其

---

① 陈小君. 我国涉农民事权利入民法典物权编之思考. 广东社会科学,2018 (1).

② 孙宪忠. 推进农地三权分置经营模式的立法研究. 中国社会科学,2016 (7).

③ 许中缘. 体系化的民法与法学方法. 北京:法律出版社,2007:序言.

④ 陈小君,等. 农村土地问题立法研究. 北京:经济科学出版社,2012:51.

流转方式的性质不同，受让人取得的权利性质相异，即受让人基于土地承包经营权的债权性流转取得经营承包地的债权性权利，基于土地承包经营权的物权性流转取得经营承包地的物权性权利，这两种权利的行使效果及法律救济效果存在明显差异自不待言。关键是，通过合同进行的土地承包经营权之债权性流转是合同法规范的题中应有之义，在广大乡村早已大行其道，流转顺畅。其中，土地经营者也就是承租方，出租人依然是享有土地承包经营权的物权人，这一法权关系不言自明，与"三权分置"政策目标之要确保农民承包身份，进而放活的土地"经营权"明明就是两个概念范畴。也正因为"三权分置"指向的土地经营权是彻底除去了农民承包身份（保留或稳定承包权）、通过市场性转让出的"经营权"，其性质在现行《物权法》、《农村土地承包法》和其他法律中难觅真容，才有分置规范之意义。进一步说，从法律理论和社会实践来看，土地承包经营权的债权性流转以出租为典型，而受让人取得的经营承包地的权利在法律上就是土地租赁权，没有必要将此种债权性的土地租赁权也称为土地经营权，以免造成农地权利体系的混乱；其人为地不与物权性经营权加以区分，是立法技术的倒退。当然，我国《农村土地承包法》和《物权法》在将土地承包经营权定性为物权后，却未对受让人取得的经营承包地的债权性权利和物权性权利在名称上作出明确区分，以至于在农业经济管理的实务中，主张对"三权分置"之土地经营权开禁担保时，把债权性的出租行为和转让后可能物权化的行为混为一体，拟同列入可抵押范畴。[①] 未来立法对这两种性质的土地经营权流转当加以修正、完善即予以区分，在对土地经营权定性时应避免重蹈误读之覆辙。因此，将基于土地承包经营权的物权性流转而取得的经营承包地的物权性权利在法律上正式命名为"土地经营权"，能够和现行农地权利体系进行圆满衔接，彰显法制度逻辑的自洽。

第三，物权性的土地经营权有利于在司法实践中土地经营权融资的可操作性。"政策是法律的依据和内容，法律是政策的规范化（法律化）。"[②]但是，政策较之于法律，其往往显得较为含糊，而且灵活多变。"三权分置"政策亦具有这种特征。就现在中央和政府颁布的种种有关实施"三权

---

① 张红宇. 农村土地"三权分置"政策解读. 领导科学论坛，2017（8）.

② 梁慧星. 梁慧星谈民法. 北京：人民法院出版社，2017：372.

分置"政策的文件来看，其中关于"三权分置"的表述也存在诸多不一致之处①，故有关土地经营权的制度设计不能完全"复制"政策文本的表达，否则将会导致司法实践在处理土地经营权抵押融资方面产生无谓的系列纷扰。从司法实践来看，在集体所有不变、承包人资格确保的前提下确立土地经营权的用益物权属性，再开禁抵押担保，土地经营权人基于经营承包地的需要，就能够将土地经营权抵押融资以发展再生产或扩大再生产。"实际上，温州、重庆等地采用司法解释的方式，在法律上承认应用效应，对土地经营权的抵押贷款作出明确支持，将政策上升至法律条文的形式，使经营权抵押贷款有法可依、有法可循。"② 因此，在将政策中的土地经营权转化为法律权利时赋予其用益物权属性，还其完整权能，将土地经营权抵押融资纳入法制轨道，必将为新型农业经营主体进行适度规模经营、将先进的农业技术等引入生产提供强有力的支撑。

（三）土地经营权的法制实现路径

土地经营权是"三权分置"政策的核心内容之一，是"在落实农村土地集体所有权的基础上，稳定农户承包权、放活土地经营权"的重要环节，是整个农地改革的要点所在。然而，由于我国现行法没有规定土地经营权制度，为落实"重大改革必须于法有据"的中央政策精神，贯彻物权法定原则，土地经营权制度亟待以法律的形式固定下来，故探究土地经营权的法制实现进路至关重要。

1. 土地经营权的产生方式

根据"三权分置"政策之要义，土地承包权与土地经营权是从土地承包经营权分离而来的，但土地承包权作为农村集体经济组织成员享有的承包农民集体土地的权利属于该所有权主体的内容。秉持法学原理及其立法规则的基本立场，这一前提根本不曾包含于土地承包经营权之中，也就无所谓从土地承包经营权中分离出来的问题。顺理而下，当然也就不能从土地承包经营权中分离出一个土地经营权。③ 因而，从法律逻辑推演，所谓

---

① 高海. 农用地"三权分置"研究. 北京：法律出版社，2017：49.

② 李炎嫒. 土地经营权抵押贷款融资的法律困境. 开放导报，2017（6）.

③ 高飞. 土地承包经营权流转的困境与对策探析. 烟台大学学报（哲学社会科学版），2015（4）. 陈小君. 我国涉农民事权利入民法典物权编之思考. 广东社会科学，2018（1）.

分离出的土地经营权实质上是源于土地承包经营权的流转。

如前所述，土地承包经营权的流转存在物权性流转与债权性流转之分，其中，在土地承包经营权债权性流转后受让人仅能获得经营承包地的债权性权利，且因为土地承包经营权转让在实践中相对式微，土地承包经营权出租成为典型的乃至许多地区唯一的债权性流转方式，从而使土地承包经营权的债权性流转产生土地租赁权。由此发现，土地经营权的产生只能基于土地承包经营权的物权性流转。由于土地经营权并不包含于土地承包经营权之中，土地承包经营权人也不拥有用于流转的土地经营权，因此，当立法须对土地经营权与土地承包经营权作出区分时，应当将土地承包经营权流转产生土地经营权的过程理解为土地经营权的设定，即以土地承包经营权为客体设定土地经营权，故土地经营权在性质上即为权利用益物权。对土地承包经营权人而言，自主进行合理合法的土地流转，亦可谓"放活"。

2. 土地经营权的物权表征

土地经营权是一种用益物权，其建立于土地承包经营权之上。为了保护土地经营权人享有之各项权能得到实现，该权利需要以一定的表征方式加以彰显。同时，语浅意深之"放活土地经营权"中的"放活"还表明土地经营权作为一种财产权也将成为交易对象，活跃于农地流转市场。而在土地经营权进入农地流转市场时，"交易者需要知道其可以信赖的权利表征方式，需要知道作为交易标的的权利的具体构成，交易者也必须明确知道其应当和谁谈判，方才可能完成交易"[①]。可见，从加快土地经营权流转、形成农地交易市场，促进现代农业发展来看，以法定的表征方式明确土地经营权的内容是十分必要的。

不动产以登记为物权表征方式，但根据《物权法》的规定，土地承包经营权的设立与变动均采登记对抗要件主义，也就是不对该权利予以必要强制性登记。《物权法》规定土地承包经营权流转采登记对抗要件主义，所持理由主要有二：其一，农村社会仍然是熟人社会，人们对自己和社区内他人的土地承包范围和用途比较了解，也很少有争议，即使发生争议，通过土地承包合同也不难确定当事人之间的权利和义务关系，定分止争、权利救济简单易行；其二，土地承包经营权流转程度很低，未登记也基本

---

① 叶金强. 公信力的法律构造. 北京：北京大学出版社，2004：7.

不会影响交易安全，登记对抗规则足矣。但从《物权法》颁行十余年的农村社会发展现状观察，对土地承包经营权采登记对抗要件主义的理由已成为明日黄花，而"三权分置"政策正是在研判当今时代之农业发展、农民利益和社会需求背景后顺势而为，将培育新型农业经营主体和工商资本进入农业生产作为重要的制度目标。据此，农村之熟人社会的"自然法则"已难以发挥应有功效。一方面，登记对抗要件主义无法满足土地经营权流转对交易安全的需求；另一方面，"三权分置"政策背景下的拟定农地权利登记制度既有助于标示集体成员借由成员权获得的承包权，以区别于通过流转获得的土地经营权，从而真正让农民吃上"定心丸"，又有利于追踪承包地的流转状态，为规模化经营构建市场化的公示渠道。① 因此，将土地经营权纳入不动产物权登记范畴，明确土地经营权的得丧变更当经依法登记方可生效，具有重大的现实意义和应用价值。

3. 土地经营权的经营规则

"三权分置"政策是我国在农地权利制度领域的重大创新，其主要价值在于促使土地经营权相对独立化，为其在更大范围内优化资源配置和承包地流动拓展空间，也为形成多元化的农地经营模式创造条件。② 在通过土地承包经营权的物权性流转获得土地经营权之后，土地经营权人应当遵循农地农用和保有地利的原则，即将该承包地用于从事农业生产经营，且土地经营权的存续期限不得超过土地承包经营权的剩余承包期限。有学者主张，应当限制土地经营权的再流转。其意图在于鼓励长期经营、避免土地投机。③ 但此观点不仅欠缺法理支持，而且与"放活土地经营权"的政策精神背道而驰。事实上，土地经营权人作为私权主体，对承包地的支配与土地承包经营权人没有本质差别，只是其不能因享有土地经营权而成为农村集体经济组织的成员。

在土地经营权流转规则方面，应当以现行土地承包经营权流转制度存在的弊端为鉴。尽管我国有关土地承包经营权的制度较为完善，土地承包经营权流转制度在农村经济发展实践中也发挥了巨大作用，但相关现行法

---

① 陈小君. "三权分置"与中国农地法制变革. 甘肃政法学院学报，2018（1）.
② 张红宇. 新型城镇化与农地制度改革. 北京：中国工人出版社，2014：218.
③ 国务院发展研究中心农村经济研究部. 集体所有制下的产权重构. 北京：中国发展出版社，2015：16.

若干条款却成为农地权利行使及权利救济的桎梏。① "改变土地承包经营权流转方式的制度设计理念，给予权利人更大的自主空间"，"取消发包人的干预，以便土地承包经营权流转的运转更为便捷"②，实乃未来土地承包经营权流转制度变革的趋势。因此，在清晰界定土地经营权的权能基础上遵循市场规律和财产法原理，应允许土地经营权人在存续期限内自由流转土地经营权。同时，无论对土地经营权人还是对土地承包经营权人，均应开禁土地经营权抵押融资之法律制度的明渠③，以回应中央和政府发展现代农业和促进适度规模经营的政策意旨，接纳最广大、最底层、最艰辛的中国农民群体之现实诉求。

综上，从物权性的土地经营权法制实现路径观之，法律对"三权分置"政策实行立法制度转换进一步加深了对政策问题导向的认知，强化了对政策的目标导向的理解，凸显了对系统化设计的要求，使该政策解决中国农业发展现实难题的意蕴也得到理性揭示。在中国市场经济催生的农地改革中，这一法制实现的逻辑进路已不是为创新而创新，可以说，既是农地权利的创新，也是农地权利的回归。

（四）土地经营权运行的未来风险及其防范

1. 所谓"租金侵蚀利润"理论的法理解读

在农村人口大量外流，土地经营权流转渐为普遍的情况下，土地承包权经营人与规模经营主体往往约定向土地承包权经营人支付固定保底的租金性收入，或者普遍建立租金上涨调整机制——"租赁期限超过3年的，

---

① 在湖北省某州（市）两级法院2014年—2017年6月审理的农地承包经营权流转纠纷中，法院对流转协议认定有效率为48.4％，被认定无效的理由多为未经发包方同意，即依据《农村土地承包法》第37条的规定：采取转让方式流转的，应当经发包方同意。吴卫. 农村土承包权流转纠纷司法裁判的实证研究——以ES市两级法院裁判文书为分析样本. 供给侧结构性改革法治保障研究. 武汉：长江出版传媒、湖北人民出版社，2017：75.

② 高飞. 土地承包经营权流转的困境与对策探析. 烟台大学学报（哲学社会科学版），2015（4）.

③ 陈小君. 中国農地法制変革と持続可能な発展. 文元春訳.（日）比較法学. 第51巻第2号：281-285.

要分段确定租金或约定浮动比例"①。固定保底的租金性收入或者租金上涨调整机制下，都既不管规模经营主体盈利多少，也不管规模经营主体是否盈利，由此，土地经营权流转所形成的新型经营主体运营土地所能带来的盈利空间十分有限。究其根源在于，我国农地细碎化现象严重，农民集体若不能对土地经营权流转发挥实际的主导作用，那么新型经营主体将面对诸多小农，单独进行谈判，从而成本偏高；而且土地经营权流转所产生的土地成本日益市场化，新型农业经营主体因流转土地经营权所实际支付的租赁费用上涨明显。以全国水稻、小麦、玉米三种粮食为例：2005—2012年间土地成本年均上涨15.1％，其中，流转地租金年均上涨20.8％，自营地折租年均上涨14.4％；同期，亩产值年均增长10.5％，亩利润年均仅增长4.6％，土地成本占产值的比重从11.33％上升到15.04％，利润占产值的比重从22.38％下降到15.24％，地租侵蚀利润的趋势非常明显。② 所谓"地租侵蚀利润"，就是指土地承包经营权人可能手握土地经营权待价而沽，而真正的耕作人依靠土地经营权种植粮食却很难盈利，即使仅有的盈利也被逐步上涨的农地经营租金所侵蚀。"租金侵蚀利润"现象不仅会加大规模经营主体的经营风险，而且会导致农地"非粮化"倾向，而农地规模经营"非粮化"的经营运作又会受到市场因素、雇工因素和非机械化经营等多方面的影响，其盈利日益困难，又将导致租金难以支付，进而加重土地经营权流转的现实成本。③

为避免租地成本高涨诱发规模经营主体的经营风险，或者逼迫规模经营主体对租赁农地实施"非粮化"，在制度设计上应考量以下方面：一是需要实际赋予承租人就农用地改良获得补偿的权利；二是应当对租地价格适度控制，特别是针对农业生产的特点，规定土地经营权流转合同的法定最短期限，以维护实际经营者的合法权益。我们赞同"根据当地经济发展水平、农产品和农资价格变动情况等综合因素……县级农村土地流转管

---

① 2016年11月29日河北省秦皇岛市北戴河区人民政府印发的《北戴河区工商资本租赁农地监管和风险防范办法（试行）》、河北省衡水市人民政府办公室印发的《关于加强工商资本租赁农地监管的实施意见》（衡政办字〔2016〕20号）。

② 叶兴庆. 从"两权分离"到"三权分离"——我国农地产权制度的过去与未来. 中国党政干部论坛，2014（6）.

③ 贺雪峰. 最后一公里村庄：新乡土中国的区域观察. 北京：中信出版集团2017：235.

理部门制定并发布本县市区土地流转指导价格"的做法①，也支持"未经承包农户同意转租的，承包农户有权解除租赁合同"的举措。② 因为无论是政府指导价的发布还是层层转租的限制，在一定程度上都有助于控制租金上涨③，进而缓解"租金侵蚀利润"现象带来的农地流转关系可能的紧张。

2. 对农地"非粮化"转变的警惕及其制度应对

保障土地经营权流转是基于农民的真实自愿，这是农地经营权流转的前提和基础。对于一些地方政府为加快农地流转或获得招商"锦标赛"的胜利而强制农民进行土地经营权流转的现象，中央政府层面应建立相应的保障机制和处罚措施，必须保障外部资本给予农民的租金是经过双方协商决定的，是双方真实意思的表示，并通过其他约定的方式保障租金的支付；中央政府必须坚持和加强对农地用途的监督管制，即外部资本通过流转获得的农地必须用于农业生产。而实际情形是，因为种植经济作物的收益通常大于种粮的收益④，土地经营权流转前后，农地的经营结构发生了显著变化，表现出"去粮化"的趋势。从农业部 2014 年的农村经营管理情况统计来看，截至 2014 年年底，全国家庭承包耕地流转面积共计4.03 亿亩，其中流入企业的耕地面积占总值的 9.6%，较 2013 年增幅达 0.2%；而这些流转的土地中，用于种植粮食作物的面积总数仅为2.29 亿亩⑤，即农地流转面积中用于种植粮食作物的只有 56.8%。另有

---

① 河北省衡水市人民政府办公室印发的《关于加强工商资本租赁农地监管的实施意见》（衡政办字［2016］20 号）。

② 2016 年 11 月 29 日河北省秦皇岛市北戴河区人民政府印发的《北戴河区工商资本租赁农地监管和风险防范办法（试行）》、河北省衡水市人民政府办公室印发的《关于加强工商资本租赁农地监管的实施意见》（衡政办字［2016］20 号）。

③ 高海. 农用地"三权分置"研究. 北京：法律出版社，2017：161.

④ 据农业部门测算，一亩地种蔬菜的收益是种粮食的 5 倍，搞水产养殖和花卉种植的收益是种粮食的 7 倍。王颜齐，郭翔宇. 土地承包经营权流转外部性问题探索——基于土地发展权的讨论. 学术交流，2014（7）.

⑤ 农业部经管总站体系与信息处. 2014 年农村经营管理情况统计总报告. 农村经营管理，2015（6）.

数据显示,"在一些流转给公司、企业租种的耕地中,种粮的比例甚至只有6％"①。按现行法律规定,农户对耕地有权自主组织生产经营,经营内容并不受限,但是其对基本农田的使用却受明确限制,不能占用基本农田挖鱼塘、种树和从事其他破坏耕作层的活动。目前的统计数据或实地调查显示,工商资本下乡租赁农用地比非工商资本经营的家庭农场、种粮大户等更倾向于"非粮化"②。各级政府对"去粮化"式的农地流转监管刻不容缓,否则将助长资本下乡吞噬基本粮田的趋势。随着土地经营权流转的全面铺开,于政府监管而言,除了健全土地经营权主体的准入和资质审查制度以外③,还应重点配套土地经营权主体经营内容的监管制度,将一次性监管变为持续监管,将重主体监管变为主体和行为双重监管。此外,为更有效地遏制农用地"非粮化",还可借鉴美国经验,鼓励工商资本在一定比例的前提下入股以农民为主体的家庭农场。此举既可以吸引工商资本投资于农业——便于以农民为主体的家庭农场融资,又可通过以农民为主体的家庭农场控制农用地"非粮化",降低因工商资本不懂农业经营引发的经营风险。④

3. 农地变相私有化倾向及其风险防范

在"三权分置"政策既有制度体系化又具"三权"联动性深意的背景下,要防范土地经营权一权独大,甚至吞噬所有权和承包权。有学者认为,承包权不会虚化,理由在于承包权人的收益源自租金或按股分红而非转让,且承包权人依然保有承包权转让和征收补偿的权利。⑤ 但也有学者认为,进城务工的农民会将土地长期进行流转经营,若日后打算回乡务农,则会因经营权流转期限未满无法收回承包地,导致其短期内无法获得收益而生活困难。⑥ 其实,作为长期保障而言,作为承包权基础的农民集

---

① 张洪源,周海川,孟祥海. 工商资本投资农业面临的问题及投资模式探究. 现代经济探讨,2015 (2).

② 刘良恒,等. "下乡资本"跑马圈地"烂尾"频出. 经济参考报,2018-01-30 (A05).

③ 李长健,杨莲芳. 三权分置、农地流转及其风险防范. 西北农林科技大学学报(社会科学版),2016 (4).

④ 高海. 农用地"三权分置"研究. 北京:法律出版社,2017:160-161.

⑤ 高海. 论农用地"三权分置"中经营权的法律性质. 法学家,2016 (4).

⑥ 潘俊. 农村土地"三权分置":权利内容与风险防范. 中州学刊,2014 (11).

体成员的成员权,对其生存和发展具有基础性作用,也是农村能够成为我国现代化进程中的蓄水池和稳定器的重要物质基础。从短期来看,因土地经营权流转,进城失败的农民确实面临着无地可种的困境,但因有土地经营权流转收益,其基本生活和社会稳定并不会受影响。从制度周延设计的角度来看,在土地经营权流转实践中应当严格坚持农村土地集体所有,回归集体所有权的完整权能,明确赋予集体在"统分结合"中具有的"统一经营"的地位和权利,切实维护集体作为土地所有权人的合法权益;同时应对农民集体成员权制度进行统一立法,确认承包权(资格)的法律地位。① 从土地经营权的逻辑视角来看,应在坚守农地农用的用途管制前提下,合理控制承包资格与经营权的分离期限,当以第二轮承包时长为限,第二轮承包到期后应以第三轮承包即 30 年的期限为限,并对土地经营权进行确权登记,对土地经营权之得丧变更采取登记生效要件主义。② 由此,将有效克服土地承包经营权和土地经营权"自物权"化趋势,确保集体所有权和稳定农民承包关系双目标亦落到实处。

4. 土地经营权抵押担保的实际操作障碍之克服

农业生产经营受制于资源禀赋条件和外在自然因素,存在风险较高、投资收益期限较长的特点,土地经营权抵押担保固然可以解决新型经营主体或土地承包经营的自耕农的融资困难,但因土地经营权抵押可能造成的抵押融资风险,对于已经基本市场化运作的金融机构而言却是不可回避的难题。虽然目前有些商业银行在政府鼓励性项目配套的情况下开展了该抵押,但事实证明其风险的确难以避免。一旦政府支持撤出,后果可想而知。③ 该类情况在日本农地融资的实际操作中,其效果与我国并无二致。④

鉴于土地经营权抵押融资风险较大,但补偿资金严重不足之现实,我

---

① 陈小君. 我国农民集体成员权的立法抉择. 清华法学,2017 (2).

② 陆剑,陈振涛. 我国农村土地承包经营权确权:规则模糊及其厘清. 南京农业大学学报(社会科学版),2017 (3).

③ 这是陈小君教授随中国民法学研究会"物权法修订专家起草组"前往西部某城市农商行调研所得的情况。

④ 这是陈小君教授等 2017 年 9 月与日本早稻田大学法学院院长、日本著名农地法律制度专家楜泽能生教授等一行同往福岛县,对日本农协、农业法人和村庄等进行为期一周调研所得的情况。

们以为,应积极构建土地经营权抵押融资风险的长效处置机制。据此,在制度设计上,当债务人和抵押人无法按期偿还抵押贷款时,可按照事先约定的比例从风险补偿基金中支出一定资金来弥补金融机构的损失,以激励金融机构积极开展土地经营权抵押融资业务[①],并通过建立土地经营权抵押的强制保险制度[②],来分散和化解金融机构的风险。此外,即便开禁农地经营权抵押,基于因流转产生的土地经营权的固有特点,其抵押制度本身的精密设计也应当引起立法者的关注。

三、土地经营权的法律规制[③]

随着农地"三权分置"的逐步推进,法学界越来越多的学者在关注这一改革。[④] 但对于"三权分置"的法律表达,学界并没有形成共识。特别是对于在现行法中无明确依据的"土地经营权",无论是关于其理论分析还是关于其制度构建,均存在较大分歧:如就其权利性质而言,就有权利用益物权说以及债权说之分[⑤];就其制度设置而言,亦有"新设"经营权(或耕作权)以及"完善"土地承包经营权之别。[⑥] 尽管《三权分置意见》对"土地经营权"有明确之界定,在一定程度上有利于消弭分歧,但政策规定终究不能代替法律规范,更何况《三权分置意见》本身可商榷之处较多。因此,可以断言,关于"土地经营权"之诸多争论并不会因《三权分置意见》之出台而得到平息。考虑到制度变迁的路径依赖,即我国农村土

---

① 王文锋. 农村土地经营权抵押融资运行机制探索——基于山东寿光市与宁夏同心县的考察. 世界农业, 2015 (9).

② 程郁. 完善农村土地经营权抵押,加强上层制度供给. 中国社会科学报, 2015 - 04 - 01 (A06).

③ 本部分的主要内容曾发表于《清华法学》, 2018 (1)。

④ 丁文. 论土地承包权与土地承包经营权的分离. 中国法学, 2015 (3). 蔡立东, 姜楠. 承包权与经营权分置的法构造. 法学研究, 2015 (3). 高飞. 农村土地"三权分置"的法理阐释与制度意蕴. 法学研究, 2016 (3). 孙宪忠. 推进农地三权分置经营模式的立法研究. 中国社会科学, 2016 (7).

⑤ 蔡立东, 姜楠. 农地三权分置的法实现. 中国社会科学, 2017 (5). 高海. 论农用地"三权分置"中经营权的法律性质. 法学家, 2016 (4).

⑥ 孙宪忠. 推进农地三权分置经营模式的立法研究. 中国社会科学, 2016 (7). 丁文. 论土地承包权与土地承包经营权的分离. 中国法学, 2015 (3).

地制度改革，其形成轨迹可归结为实践先行、政策指导和法律兜底的"三部曲"模式①，在《三权分置意见》出台后，"三权分置"下土地经营权之最终落实，需体现在相关法律的规定之中。但这些理论上的歧见和制度设置争议的存在，不仅直接妨碍《农村土地承包法》等法律的修改，而且还会对"三权分置"的推进以及即将进行的民法典物权编的编纂带来较大的不利影响。因此，揭示"土地经营权"的真实面相并形成相应的共识，已成为当务之急。是故，对"土地经营权"进行相应的法理分析并进行合理的制度构建，就显得尤为重要。

（一）土地经营权的基本要义

揭示"土地经营权"的真实面相，首先须了解其含义，即应明确何为"土地经营权"。与"土地承包权"不同②，"三权分置"下的"土地经营权"在现行法中并没有明确的依据。③ 从渊源上讲，"土地经营权"来源于实践探索，并得到政策的确认。因此，对相关实践和政策规定进行分析，是弄清"土地经营权"基本要义之关键。

1. "土地经营权"名称的由来

从实证层面上看，"土地经营权"一语，最早出现在用以指导农地流转实践的地方规范性文件之中，如早在《农村土地承包法》和《物权法》出台之前的2001年，广东省委《关于大力推进农业产业化经营的决定》规定："按'稳定承包权、搞活经营权、保护收益权'的原则，对有条件的地方，可依法鼓励多种形式的土地使用权流转，促进农业资源向优势产业和优势农业企业集中。"④ 实际上，即便是在《农村土地承包法》和《物权法》颁布之后，这一术语在各地的规范性文件之中仍然被广泛使用。⑤

---

① 徐勇. 农民改变中国. 北京：中国社会科学出版社，2012：6.

② "土地承包权"在《农村土地承包法》中已有明确规定（参见《农村土地承包法》第5条）。

③ 在我国现行法律中，只规定了"国有企业经营权"，而无"土地经营权"这一名称。

④ 丁关良. 土地承包经营权流转法律制度研究. 北京：中国人民大学出版社，2011：279.

⑤ 张毅，张红，毕宝德. 农地的"三权分置"及改革问题：政策轨迹、文本分析与产权重构. 中国软科学，2016（3）.

我们认为，地方规范性文件之所以使用"土地经营权"这一表述，究其原因，主要有以下三个。

第一，经济学界和管理学界提供了一定的理论依据。早在 1990 年，经济学界就有学者提出，以"三权分离"来促进"农地代营"的思想，以此来加快土地流转，实现土地的规模经营。[①] 他们认为，所谓农地使用权的流转，就是拥有农地承包经营权的农户将土地经营权（使用权）转让给其他农户或经济组织。[②] 而与法学界不同，经济学界和管理学界由于深度参与了经济体制改革，凭借其担任政府"智囊团"的角色，极易将其理论转化为政策，从而对改革施加较大影响。[③]

第二，解释了"土地承包人"与"土地经营人"的分离现象。国家实行农村土地承包经营制度，赋予农户"土地承包经营权"，其初衷是激发农民的主动性和创造性，为农村经济社会发展提供强大动力。为实现这一目的，在设计"土地承包经营权"等相关制度时，"土地承包者"与"土地经营者"合一是制度常态，即"农户"在"土地承包经营权"制度框架内具有身份上的统一性。尽管《农村土地承包法》和《物权法》等法律对"土地承包经营权的流转"有所规定，但其远不是该制度的主导方面。客观上讲，这种制度安排是当时农村经济社会生活条件的真实体现。但随着我国经济社会的快速发展，城乡二元格局逐渐被打破，农民进城务工导致人地分离的现象越来越普遍，相当一部分农户将土地流转给他人经营，家家包地、户户种田的局面发生了较大变化。截至 2016 年 6 月，全国 2.3 亿农户中流转土地的农户超过了 7 000 万，比例超过 30%，东部沿海发达省份这一比例更高，超过 50%[④]，故土地承包主体与经营主体分离正逐步成为常态。因此，内含身份统一的"土地承包经营权"制度，无法解释这

---

① 黄娜. 农地产权"三权分置"研究综述与展望. 农村经济与科技，2015（8）. 丁关良. 土地承包经营权流转法律制度研究. 北京：中国人民大学出版社，2011：275-278.

② 张红宇. 中国农地调整与使用权流转：几点评论. 管理世界，2002（5）.

③ 在实践中，有很多学者不仅直接为各级政府设计包括农地方面的改革方案，而且还被政府相关部门聘为某一领域改革的第三方评审专家。

④ 这一数据是农业部部长韩长赋等于 2016 年 11 月 3 日，在国务院新闻办公室就《关于完善农村土地所有权承包权经营权分置办法的意见》举行的新闻发布会上答记者问时提供的。

一权利主体分离形象，而"土地经营权"概念的采用，则较好地满足了这一需要。

第三，规避了现行法中的某些禁止性规定。在现行法中，土地承包经营权制度承载着一定的社会保障功能，具有功能超载的制度缺陷。[1] 为发挥这一制度对农民的保障作用，《物权法》等法律明确禁止土地承包经营权的抵押。[2] 但近年来，随着农村经济的快速发展，土地融资需求不断扩张，上述规定已成为盘活农村金融的较大障碍。为规避土地承包经营权不能抵押的法律规定，各地纷纷寻求应对之策，如吉林、山东等地在实践中，就从土地承包经营权中分离出"使用权""流转权"，并以其办理银行质押、抵押贷款。[3] 因此，"土地经营权"这一概念的采用，既回避了土地承包经营权是否应当抵押的理论争议，也规避了现行法中禁止其抵押的制度性规定，较好地满足了现实之需。

2. "土地经营权"的政策内涵

如前所述，尽管"土地经营权"一语，源于 20 世纪 90 年代农地流转的实践探索，并得到地方规范性文件的确认，但真正将其上升为国家层面的政策用语并明确界定其内涵的是自党的十八大以来的一系列有关"三权分置"改革的决议和决策，如 2013 年 12 月召开的中央农村工作会议，首次提出把农民土地承包经营权分为承包权和经营权，实现承包权和经营权分置并行，并明确要求"放活土地经营权"。《土地经营权流转意见》要求，"坚持农村土地集体所有，实现所有权、承包权、经营权三权分置，引导土地经营权有序流转，坚持家庭经营的基础性地位，积极培育新型经营主体，发展多种形式的适度规模经营，巩固和完善农村基本经营制度"。《三权分置意见》规定："赋予经营主体更有保障的土地经营权，是完善农村基本经营制度的关键。土地经营权人对流转土地依法享有在一定期限内占有、耕作并取得相应收益的权利。在依法保护集体所有权和农户承包权的前提下，平等保护经营主体依流转合同取得的土地经营权，保障其有稳

---

[1] 赵万一，汪清松. 土地承包经营权的功能转型及权能实现——基于农村社会管理创新的视角. 法学研究，2014（1）.

[2] 《物权法》第 184 条。

[3] 叶兴庆. 从"两权分离"到"三权分离"——我国农地产权制度的过去与未来. 中国党政干部论坛，2014（6）.

定的经营预期。"①

综观上述有关"三权分置"的政策性规定，比较而言，《三权分置意见》对"土地经营权"的规定更为具体和明确。依照该政策性规定，所谓"土地经营权"，是指土地经营权人对其依流转合同取得的流转土地，在一定期限内依法享有占有、使用和收益的权利。由此可见，从民事权利的角度来看，土地经营权具有以下特点：第一，土地经营权的主体为"受让方"。《三权分置意见》只承认"受让方"的主体地位，从而将所有农户都排除在土地经营权的主体之外，即便是亲自经营承包地的农户，亦不能成为土地经营权的主体。第二，土地经营权的客体为"流转土地"。《三权分置意见》将土地经营权的客体限定为"流转土地"，亦即，"未流转的承包地"不能成为土地经营权的客体。第三，土地经营权的设立方式为"流转合同"。《三权分置意见》规定，土地经营权主体依"流转合同"取得土地经营权，也就是说，依"承包合同"不能设立土地经营权。

3. "土地经营权"的应有含义

从"土地经营权"名称的由来来看，尽管《三权分置意见》对土地经营权的界定不乏事实依据，具有一定的合理性，而法学界也有学者持与《三权分置意见》相近似的观点②，但若对"三权分置"改革的政策规范及其实践进行系统性解读，则该界定存在以下问题。

第一，背离了"放活土地经营权"的政策规定。前述涉及"三权分置"改革的多个规范性文件，均明确要求"放活土地经营权"，有些文件对其含义专门作了界定，如《深化农村改革综合性实施方案》明确指出："放活土地经营权，就是允许承包农户将土地经营权依法自愿配置给有经营意愿和经营能力的主体，发展多种形式的适度规模经营。"权威解释也认为，实施"三权分置"的重要目的，就是更好用活土地经营权，实现土

---

① 除本书列举的这三个具有代表性的政策性规定外，还有2014年、2015年、2016年、2017年的"中央一号文件"以及《中共中央关于制定国民经济和社会发展第十三个五年规划的建议》中，均提及"土地经营权"。

② 如孙宪忠教授认为，农地"经营权"是指现有的集体、现有承包人之外的其他人，依法取得农村耕作地并开展耕作性经营活动的权利。孙宪忠. 推进农地三权分置经营模式的立法研究. 中国社会科学，2016（7）.

地资源的优化配置,有利于规模经营和现代农业发展。① 而要实现这一目的,旨在"放活"的应是"土地承包人"的"土地经营权",而非流转土地"受让方"的该种权利,因为,"受让方"的"土地经营权"是对已流转土地的权利确认,是"土地承包人"放活其"土地经营权"的结果。"三权分置"实践中的放活土地经营权的地方样本②,也足以说明这一点。而依语义和逻辑解释,只有"土地承包人"能够成为土地经营权的主体,才有"放活土地经营权"的可能。因此,《三权分置意见》将土地经营权的主体仅限定为流转土地的"受让方",显然与"放活土地经营权"的规定及其实践相抵触。事实上,《三权分置意见》有关"土地经营权"的规定,矛盾之处较多,如规定:"(承包农户)流转土地经营权的,须向农民集体书面备案";"承包农户流转出土地经营权的,不应妨碍经营主体行使合法权利"。显然,这些规定足以表明,"承包农户"享有"土地经营权"。但这又与《三权分置意见》对"土地经营权"的界定明显不一致。

第二,忽视了"土地经营权"分置的全局意义。2013 年以来,"三权分置"改革在党和国家领导人的讲话以及多个规范性文件中,均被定位为"是继家庭联产承包责任制后中国农村改革的又一重大制度创新"③。这就表明,与"集体所有权"和"土地承包经营权"的"分置"一样,包括"土地经营权"在内的"三权"之"分置",也应具备"全局性"和"普遍性"的特点。亦即,"三权分置"应成为农村土地权利配置的常态。如果同《三权分置意见》一样,只对受让人的"流转土地"进行权利确认,则"土地经营权"的分置显然不具普遍性。因为,尽管农地流转的速度在加快,但截至 2015 年年底,全国家庭承包经营耕地的流转面积为 4.43 亿

---

① 韩长赋. 土地"三权分置"是中国农村改革的又一次重大创新. 农村工作通讯,2016(3).

② 如以村集体为单元整合经营权的东平样本、以自然村为单元搞活经营权的清远样本、以农村社区为单元搞活经营权的都江堰样本、以经济联社为单元搞活经营权的东莞样本,均以农户享有并流转土地经营权为前提. 邓大才. 中国农村产权变迁与经验——来自国家治理视角下的启示. 中国社会科学,2017(1).

③ 肖卫东,梁春梅. 农村土地"三权分置"的内涵、基本要义及权利关系. 中国农村经济,2016(11).

亩，占比仅达 33.3%①，而且，基于"坚持家庭经营在农业中的基础地位"之需要②，可以预见，在今后相当长的一段时间内，家庭经营（即"农户"经营）仍居主导地位。故那种与《三权分置意见》的看法一致，认为"土地承包经营权"在实践中并非"必然发生分离"，即如果"农户自己经营承包地或打算永久性地退出承包地，就不存在农户承包权与土地经营权之分置"的观点③，显然有违"三权分置"改革之本意。

基于《三权分置意见》对"土地经营权"含义的界定，并对该界定存在的上述不足进行补正，我们认为，所谓土地经营权，是指土地经营权人对其依合同取得的耕地，在一定期限内依法享有占有、使用和收益的权利。具体而言，该权利具有以下特点。

第一，从主体的角度来看，土地经营权的主体既可能是"土地承包人"，也可能是流转土地的"受让人"，即土地经营权的取得不再受制于农村集体经济组织成员这一特定身份的限制。一般而言，"农户"与家庭农场、农民合作社、农业企业等各类"新型农业经营主体"均可成为土地经营权的主体。

第二，从客体的角度来看，土地经营权的客体是用于耕作的农村土地。具体而言，在耕地未流转的情况下，"承包地"即为土地经营权的客体；若耕地发生流转，则"流转土地"可成为该权利的客体。

第三，从权利成立的方式来看，土地经营权的取得离不开当事人之间的合意。详言之，集体经济组织和农户签订的"农地承包合同"，是农户取得"土地经营权"的根据；而"流转方"与"受让方"订立的"农地流转合同"，则是受让方享有"土地经营权"的原因。

（二）土地经营权的权利性质

从法理层面来看，权利性质既决定权利效力和权利保护方式，也关乎权利配置的路径选择。因此，在明确"土地经营权"的基本要义后，较为关键的问题是定位其权利性质。目前，学界对土地经营权权利性质之认

---

① 韩长赋. 土地"三权分置"是中国农村改革的又一次重大创新. 农村工作通讯, 2016（3）.

② 党的《十八届三中全会决定》之规定。

③ 这种观点在经济学界和法学界均存在。肖卫东，梁春梅. 农村土地"三权分置"的内涵、基本要义及权利关系. 中国农村经济，2016（11）. 李国强. 论农地流转中"三权分置"的法律关系. 法律科学，2015（6）.

识，分歧较大。

1. 土地经营权权利性质的理论争议

就现有资料来看，法学界对土地经营权权利性质的认定，较有影响的主要有以下两种观点。

第一，权利用益物权说。① 该说认为，土地经营权是土地承包经营权人在其权利上为第三人设定的一个具有物权效力和抵押功能的权利用益物权，实质上也是权利人行使并实现土地承包经营权的方式。该说将土地经营权定性为权利用益物权的主要理由是：其一，具有比较优势。该种性质的土地经营权具有期限更长、可针对第三人主张权利、易于流转且可设置抵押等法律制度上的优点。其二，存在现行法依据。如依我国《物权法》第 136 条的规定，在用益物权基础上可再设用益物权。其三，不乏法理上的可行性。如在德国民法中，法律规定的地上权是用益物权，但是在地上权之上还可以设置"次地上权"，或者称为"下级地上权"②。

第二，债权说。③ 该说认为，土地经营权是承包方基于土地流转合同为第三人设定的一种债权。该说在反驳权利用益物权说的基础上提出了自己的观点，认为将土地经营权定性为权利用益物权存在理据不足、制度设计悖论、语境缺失、背离"三权分置"的目的以及权利结构复杂等弊端，而定性为债权更有助于促进农用地所有权、承包权与经营权之间的权利平衡以及对规模经营主体的培育。④

以上这两种观点，尽管在对土地经营权性质的认识上截然不同，但在对该权利进行定性的进路上，却有意无意地形成了以下共识。

---

① 蔡立东，姜楠. 承包权与经营权分置的法构造. 法学研究，2015（3）. 李国强. 论农地流转中"三权分置"的法律关系. 法律科学，2015（6）. 朱广新. 土地承包权与经营权分离的政策意蕴与法制完善. 法学，2015（11）. 孙宪忠. 推进农地三权分置经营模式的立法研究. 中国社会科学，2016（7）.

② 孙宪忠. 推进农地三权分置经营模式的立法研究. 中国社会科学，2016（7）.

③ 陈小君. 我国农村土地法律制度变革的思路与框架——十八届三中全会《决定》相关内容解读. 法学研究，2014（4）. 姜红利. 放活土地经营权的法制选择与裁判路径. 法学杂志，2016（3）. 高海. 论农用地"三权分置"中经营权的法律性质. 法学家，2016（4）. 楼建波. 农户承包经营的农地流转的三权分置——一个功能主义的分析路径. 南开学报(哲学社会科学版)，2016（4）.

④ 高海. 论农用地"三权分置"中经营权的法律性质. 法学家，2016（4）.

其一，对土地承包权的共识。两者均将"三权分置"下的"土地承包权"认定为一种"分离出经营权之土地承包经营权的代称"，其性质应为用益物权。

其二，对土地经营权的共识。两者均认为土地经营权是在土地流转中为特定的第三人而设定的一种权利，其主体应为流转土地的受让人。

2. 土地经营权权利性质争论之反思

前述有关土地经营权权利性质的论断，尽管立论者在各自的理论框架内均作出了能够自圆其说的论证，不乏合理性，但若从"三权分置"改革的政策意蕴、土地经营权的基本要义以及权利分置的法理支撑等层面对其进行审视，则上述观点均存在较大问题。

第一，权利性质定位的逻辑进路存在错误。因为"土地承包权"和"土地经营权"的权利分置之基础均为土地承包经营权，故对"三权分置"中土地承包权的认知，在较大程度上会影响对土地经营权权利性质的定位。而权利用益物权说和债权说均将"土地承包权"认定为一种"分离出经营权之土地承包经营权的代称"，故其性质应为"用益物权"。这是两者认定土地经营权性质的逻辑起点。因"土地承包权"被其定位为用益物权，为回避"一物一权"原则，故"土地经营权"不可再被认定为同种类的用益物权。于是，权利用益物权说试图从权利客体的角度寻求突破，而债权说则依循"物权和债权在同一物上可以并存"的法理顺势而为。实际上，"三权分置"中的土地承包权在现行法中已有明确的含义①，不应被界定为"分离出经营权之土地承包经营权的代称"，其性质应为成员权。②土地经营权性质的认定，应以此为逻辑起点，并统筹考虑其他因素，方能进行准确的定位。但权利用益物权说和债权说显然没有做到这一点，两者在对土地经营权权利性质定位的逻辑进路上均存在错误。

第二，对权利性质定位时考量对象出现偏差。对土地经营权权利性质的准确定位，应建立在对土地经营权的正确认知的基础之上。权利用益物权说和债权说均将土地经营权界定为在土地流转过程中为受让人而设定的一种权利，即将承包土地的农户和未流转的承包土地，分别排除在该权利的主体和客体范围之外。但如前所述，这种认知不仅背离了"放活土地经

---

① 《农村土地承包法》第 5 条。
② 丁文. 论"三权分置"中的土地承包权. 法商研究，2017 (3).

营权"的政策规定，而且忽视了"土地经营权"分置的全局意义。因此，基于这种认知而设定的土地经营权，势必发生功能限缩的问题。亦即，权利用益物权说和债权说在对土地经营权的性质进行定位时，只需考虑发挥流转土地的效用和保护受让方的利益，根本不用顾及该权利本应负载的实现未流转土地的物尽其用以及维护承包农户的土地权利等制度目的。事实上，从目前农地流转的实际情况来看，尽管流转规模和流转范围在不断扩大，但家庭承包经营仍居主导地位。因此，后者才是土地经营权权利性质定位时应当考量的主要对象。但权利用益物权说和债权说却反其道而行之，以对前者之考量为该权利性质定位的主要依据，导致出现较大偏差。

第三，权利性质定位的法理支撑明显不足。土地经营权权利性质的定位，离不开相应的法理支撑。即便权利用益物权说和债权说对土地经营权进行定性的逻辑进路和考量对象毫无瑕疵，但两者的论证也均还存在法理支撑明显不足的问题：就权利用益物权说而言，不仅作为其立论基础的多层权利客体理论颇值商榷[①]，而且在现行法框架内，其合法性也不无疑问。实际上，《物权法》第117条已明确规定，用益物权的客体仅为不动产或动产，不涉及权利。尽管依《物权法》第136条的规定，建设用地使用权可以在土地的地表、地上或者地下分别设立[②]，但也无法得出该条"就规定了在用益物权基础上再设置用益物权的可能性和合法性的规则"的结论。[③] 因为不同的建设用地使用权的客体，尽管其表现形态可能不同，即地表、地上或者地下，但其本质上均属于可独立支配的不同的"特定空间"而非"权利"，故根本不存在在建设用地使用权基础上再设置建设用地使用权的情形。况且土地经营权因其目的和功能的缘故，其客体仅限于地表，不包含地上、地下，即土地经营权不是空间权。[④] 至于债权说，其论证的着力点在于对权利用益物权说之批驳[⑤]，但从逻辑层面上

---

① 吴义龙．"三权分置"论的法律逻辑、政策阐释及制度替代．法学家，2016（4）．高海．论农用地"三权分置"中经营权的法律性质．法学家，2016（4）．

② 《物权法》第136条。

③ 孙宪忠．推进农地三权分置经营模式的立法研究．中国社会科学，2016（7）．

④ 崔建远．物权：规范与学说——以中国物权法的解释论为中心：下册．北京：清华大学出版社，2011：508．

⑤ 高海．论农用地"三权分置"中经营权的法律性质．法学家，2016（4）．

看，即便土地经营权不宜被定性为"权利用益物权"，也无法推演出其应当为"债权"的论断。更为关键的是，在现行法框架内，债权说不仅无法解释物权性流转形象，而且可能导致农村土地权利结构不是"三权"而是"四权"的"分置"（即土地所有权—土地承包权—土地承包经营权—土地经营权）。①

3. 土地经营权权利性质的应然定位

如上所述，权利用益物权说和债权说均存在明显不足，不能准确阐释土地经营权的权利性质。基于对上述不足之弥补，并综合考量"土地经营权"的制度目的以及物权法理等因素，我们认为，土地经营权应是一种以农地为客体的不动产用益物权。

依前述土地经营权之基本要义，该权利有两种类型：一是农户通过承包合同直接获得的以承包土地为客体的土地经营权，可称之为原始土地经营权；二是受让方基于土地流转合同间接取得的以流转土地为客体的土地经营权，可称之为继受土地经营权。原始土地经营权的制度底色是现行法中的土地承包经营权，故将其定性为不动产用益物权，不存在法理和法律上的障碍；而继受土地经营权来源于现行法中的土地承包经营权之流转，因流转方式不同，故在现行法上有物权性流转和债权性流转之别。将基于物权性流转而设立的继受土地经营权定性为不动产用益物权，在现行法框架内仍能得到合理解释，而将依债权性流转产生的继受土地经营权也认定为不动产用益物权，则显然突破了现行法之规定。

实际上，将依债权性流转而产生的继受土地经营权定性为不动产用益物权，正是"三权分置"改革创新之所在，完全符合"放活土地经营权"之政策需求：其一，可以规避《合同法》对租赁权期限的限制。依我国《合同法》第214条的规定，租赁权不得超过20年期限。此种限制，违背了土地经营人之意愿，也不利于对其权利的保护。② 而定性为用益物权，则不受此限。其二，能够克服债权性流转固有的弊端。比较而言，债权性流转不具有对抗第三人效力以及无须公示等特点，故不利于农业生产效率

---

① 楼建波. 农户承包经营的农地流转的三权分置——一个功能主义的分析路径. 南开学报（哲学社会科学版），2016（4）. 肖鹏. 土地经营权的性质研究——基于土地经营权抵押贷款规范性文件的分析. 中国土地科学，2016（9）.

② 孙宪忠. 推进农地三权分置经营模式的立法研究. 中国社会科学，2016（7）.

的提高，也极易导致纠纷的发生。而将该类经营权定性为用益物权，不仅能弥补上述之不足，而且相关主体就权利期限、权利终止事由等事项仍有较大的意思自治空间。① 其三，正好符合政策规定和司法实践中的做法。一般而言，立法政策对权利的定性具有决定性意义。② 将此种继受土地经营权定性为用益物权，能使中央提出的"可转让、可抵押"的政策性经营权在法律上得到实现；同时，这种定位，也符合各级司法机关在民事审判实践中，以判例的方式确认了该种土地经营权的物权效力的做法。③

当然，不区分物权性流转和债权性流转，将原始土地经营权和继受土地经营权统一定性为以农地为客体的不动产用益物权，虽然符合"三权分置"改革中"放活土地经营权"的政策意蕴，是重大的制度创新，但其毕竟突破了现行法框架，需要法律作出相应的因应。特别是在对"土地经营权"进行分置时，应注意统筹考虑相关制度的衔接，尤其是有关主体之间的利益平衡。

（三）土地经营权的权利内容

权利内容决定着权利的范围和边界，体现了权利质的规定性。因此，在明确了土地经营权的基本要义和权利性质后，最为重要的任务是厘定土地经营权的权利内容。而从法理层面上看，权利内容既受制于权利目的和权利性质，又须有明确的权利依据。

1. 土地经营权权利内容的"承继"与"续造"

作为一种承载着物尽其用功能的用益物权，土地经营权权利内容的确定，既离不开对现行法中土地承包经营权相关权利内容的合理承继，又应当有因应"放活土地经营权"政策目标的续造。

从承继的角度来看，因土地经营权的权利基础是现行法中用益物权性质的土地承包经营权，故对其同质性部分的权利内容应予以继受。这是制度演进的内在逻辑之要求。由于存在特定的制度基础以及受制于薄弱的理论研究等原因，现行法中的土地承包经营权仍包含着成员权属性的土地承包权④，对此异质性部分的内容，土地经营权应予以摒弃。此为制度设置

---

① 蔡立东，姜楠. 承包权与经营权分置的法构造. 法学研究，2015（3）.

② 梁慧星，陈华彬. 物权法. 北京：法律出版社，2010：68 - 69.

③ 蔡立东，姜楠. 承包权与经营权分置的法构造. 法学研究，2015（3）.

④ 丁文. 论"三权分置"中的土地承包权. 法商研究，2017（3）.

的科学性之保障。

从续造的角度来看，"三权分置"的重要政策目标是"放活土地经营权"，其创新要义在于优化土地资源配置，实现"农地农民有、农地农业用"，既促使提升土地产出率，又保障务农者的劳动效益和收入水平。[①] 而土地承包经营权由于存在功能超载、经济性功能受制于政治性功能和社会性功能等弊端[②]，体现效率价值的内容性规定明显不足；并且，土地承包经营权的主体一般局限于农户，涉及新型农业经营主体权利保护的内容基本缺失。是故，若土地经营权仅承继土地承包经营权的同质性部分的内容，则"三权分置"改革的政策目标将难以实现。因此，土地经营权在促进农地流转和保护新型农业经营主体利益等方面，应有权利内容上的续造。

2. 土地经营权的具体权能

综上所述，为实现"三权分置"下"土地经营权"之制度目的，基于以上方法论之考量，并结合《农村土地承包法》《物权法》《三权分置意见》等法律和政策之相关规定，我们认为，"三权分置"下的土地经营权应具体包括以下几方面的内容。

第一，占有权。占有权是指土地经营权人对其依承包合同或流转合同而取得的土地，有在事实上进行管领和控制的权利。占有农地既是土地经营权人从事种植业、林业、畜牧业等农业生产的必要前提，也是用益物权的支配性和排他性之直接体现。没有占有权能，土地经营权的其他内容便无从谈起。因此，占有权是土地经营权的最为基础的权利内容。具体而言，此种权能主要有以下特点：其一，独占性。从事实和法理层面上看，作为一种对农地进行管领的权能，占有权无疑具有独占性特征。亦即，该权能由土地经营权所独有，不应成为土地承包权的权利内容。但有些学者在论及土地承包权和土地经营权的权利内容之界分时，认为两者均

---

① 韩长赋. 土地"三权分置"是中国农村改革的又一次重大创新. 农村工作通讯，2016（3）.

② 赵万一，汪清松. 土地承包经营权的功能转型及权能实现——基于农村社会管理创新的视角. 法学研究，2014（1）.

应包含占有权。① 显然，这种观点有违事实和法理。其二，直接性。从占有的类型上看，基于农地使用的现实可能性之考量，构成土地经营权权能的占有，应为直接占有。亦即，占有人直接支配农地，而农地的间接支配应被排除在该种权能之外。正如有学者指出："抽象地讲，土地承包权与经营权的分离，实质上就是物权法理论中权利的理性占有或间接占有与事实占有或直接占有的分离问题"②。在实践中，对于确权确股不确地的土地承包经营权，即便已进行了确权登记，但因承包人不直接占有承包地，故其享有的权利，应为"三权分置"下的土地承包权而非土地经营权。

第二，使用权。使用权是指土地经营权人享有对其直接占有的农地进行耕作的权利，是人对物支配关系内容的体现。该权能以效率原则为其价值取向，以"物尽其用"为其制度目标，故是土地经营权中较为重要的权利内容。依照相关法律和政策之规定，该使用权具有以下特点：其一，经营自主性。土地经营权人在法律允许的范围内，可根据农业生产经营规律和自己的意愿，自主组织农业生产经营活动。经营自主性体现了土地经营权人的行为自由，在使用权能中居主导地位，是最核心的要素，理应得到尊重，任何人（包括各级政府、土地所有人与土地承包人）均不得侵犯。但土地经营权人在自主行使其经营权时，也负有依法保护和合理利用土地、不得给土地造成永久性损害的义务。其二，目的限制性。目的限制性是指土地经营权人应维护土地的农业用途，不得将自主经营的土地用于非农建设。目的限制性为上述经营自主性亦即土地经营权人的行为自由划定了范围和边界，是物权法定原则的直接体现，属于权利内在限制的范畴。③ 此项特性既是由土地经营权制度的目的和功能所决定的，也是我国耕地有限，必须确保国家粮食安全的需要。④ 在实践中，有些新型农业经

---

① 陈朝兵. 农村土地"三权分置"：功能作用、权能划分与制度构建. 中国人口·资源与环境，2016（4）.

② 朱广新. 土地承包权与经营权分离的政策意蕴与法制完善. 法学，2015（11）.

③ 权利限制分为内在限制和外在限制两种类型，而权利的内在限制与权利构成是一个问题的两个方面. 丁文. 权利限制论之疏解. 法商研究，2007（3）.

④ 崔建远. 物权：规范与学说——以中国物权法的解释论为中心：下册. 北京：清华大学出版社，2011：529.

营主体为追求高额利润,在行使其经营权时,有溢出目的限制而改变土地的农业用途之现象。因此,为保障此项限制之落实,需要有相应的监管机制与之配套。

第三,收益权。收益权是指土地经营权人享有的收取基于农地经营所依法获得的相应物质利益的权利。从土地经营权主体的角度来看,设立土地经营权的最终目的就是获得相应的收益,保障其有稳定的经营预期。因此,收益权是土地经营权中最核心的权利内容。作为一种承载权利保障功能的权能,收益权具有以下特点:其一,获益形式的多样性。依照现行法律和相关政策的规定,收益权涵摄的范围较广,至少应包含获得经营地上的收获物、经营地被征收时获得补偿①、改良土壤和提升地力后获得补偿②以及享受农业政策性补贴③等方面的获益,因此,其具有获益形式较为多样的特点。其二,获益依据的法定性。不管是何种形式的获益,从物权法定的视角来看,均应有明确的法律依据。唯此,方能确保法政策的实现和相关主体利益之平衡。但从实践层面上看,此种特性还并未完全落实,如上述农业政策性补贴,在实践中由土地经营权人获益的较少,由承包权人享有的则较为普遍。而这种做法在司法审判实务中往往也能得到法院的支持。由此可见,土地承包权和土地经营权的收益权能在实践中并没得到明确的界分;而从政策层面上看,此种特性也未能得到足够重视,如对于继受经营权中流转土地被征收的,其地上附着物及青苗补偿费,《三权分置意见》却规定应按照流转合同的约定来确定其归属。但显然,此种收益应属土地经营权收益权能的法定内容,不应由当事人意思自治来决定。

第四,处分权。处分权是指土地经营权人依法享有以流转等方式变动其土地经营权的权利。从法理层面上看,土地经营权为他物权,权利人无处分土地之权利,即不能对土地进行事实处分;但权利人应有处分土地经营权自身,即变动土地经营权或为其设定权利负担。此为用益物权支配性之具体体现。但如上所述,土地经营权有原始土地经营权和继受土地经营权之分,而"三权分置"下"放活土地经营权"主要针对原始土地经营权

---

① 《物权法》第42条、第121条、第132条。

② 《农村土地承包法》第43条。

③ 《财政部、农业部关于调整完善农业三项补贴政策的指导意见》。

而言，故要实现"放活土地经营权"的政策目标，就必须赋予原始土地经营权以充分的处分权能。但从现行法上看，尽管《农村土地承包法》第32条以及《物权法》第128条等条款已赋予作为原始土地经营权之权利基础的土地承包经营权以流转权能，但基于对其所承载的保障功能之考量，现行法在流转对象和流转方式等方面对此流转权能设有较多限制，致使原始土地经营权的处分权能并不充分。因"三权分置"下的土地承包权已承载保障功能，故应解除对原始土地经营权在流转权能方面的限制，以扩大其处分权能，如应赋予该权利抵押、担保权能，允许土地经营权人将土地经营权向金融机构抵押融资。而对于继受土地经营权，为避免土地投机，大陆法系国家在法律中普遍限制或禁止继受经营者对其受让权利或权能再次流转。① 但从我国目前土地经营权抵押贷款的实践来看，继受土地经营权也应包含抵押权能，如《土地经营权抵押办法》就明确规定农业经营主体通过合法流转方式获得的土地经营权可以抵押。不过，《三权分置意见》规定，继受土地经营权主体再流转土地经营权或依法依规设定抵押，须经承包农户或其委托代理人书面同意，并向农民集体书面备案。因此，比较而言，继受土地经营权的处分权能受限较多，与大陆法系国家的普遍做法基本一致。

综上所述，土地经营权中的处分权能具有以下特点：其一，单一性。土地经营权作为一种用益物权，尽管其具有处分权能不乏法理依据，但与土地所有权相比，土地经营权的处分权能较为单一，基本上只表现为流转权能一种方式。其二，差异性。即便原始土地经营权与继受土地经营权均具有流转权能，但基于特定的法政策之考量，两者的流转权能因法定限制不同，表现出一定的差异性。

（四）土地经营权的立法思考

"三权分置"下土地经营权的落实，最终需要得到立法的确认，故中央多次强调要抓紧修改农村土地承包方面的法律。尽管前文已厘清了土地经营权的基本要义、权利性质和权利内容，揭示了土地经营权的真实面相，为土地经营权的立法规制奠定了必要的理论基础。但土地经营权的法律表达，是一个复杂的系统工程，涉及《农村土地承包法》《物权法》等多部法律的修改，需要统筹兼顾。考虑到民法典物权编的编纂已较为紧

---

① 《法国民法典》第 631 条以及《德国民法典》第 1080 条。

迫,而作为用益物权的土地经营权又是物权编的重要内容,故民法典物权编中如何设置土地经营权十分重要。

1. 民法典物权编中"土地经营权"名称的取舍

"三权分置"下"土地经营权"在民法典物权编中的法律表达,首先直面的问题就是"土地经营权"的名称如何定夺。

对于"三权分置"下"土地经营权"的法律命名,存在不同的立法建议:如有学者基于新设物权不得妨害土地承包经营权之考量,认为可将中央文件中所说的"土地经营权"命名为"耕作权"或者"耕作经营权"[1]。我们曾主张立法不宜用"土地经营权"的概念来取代"土地承包经营权"的名称,建议"土地经营权"仍沿用现行法中"土地承包经营权"的表述。[2]

"耕作权"或"耕作经营权"较为形象地描述了"土地经营权"的主要内容,也不乏立法先例[3],故以其命名"土地经营权"原本无可厚非,但若在保留"土地承包经营权"这个法律概念不变的前提下,增设独立章节专门规定"耕作权"或"耕作经营权"则存在较大问题:其一,违背了"三权分置"改革的政策规定。将"土地承包经营权"分置为"土地承包权"和"土地经营权",是"三权分置"改革的最核心内容,其本质不是妨害农民现有的土地承包经营权而是对该权利的完善。若在立法上仍然保留"土地承包经营权"概念并对其内容不作修改,则权利分置和制度完善的政策规定及其目标就无从实现。其二,导致同一权利而使用不同的名称。如前所述,土地经营权依取得方式之不同,可分为原始土地经营权和继受土地经营权。依前文对土地经营权基本要义的分析,保留"土地承包经营权"不变,实际上就是将原始土地经营权命名为"土地承包经营权",而将继受土地经营权命名为"耕作权"或"耕作经营权"。如前所述,原始土地经营权和继受土地经营权的权利性质与权利内容相同,应为同一权利。因此,该种建议会导致同一权利用不同的名称进行表述。

在进行"土地承包权"分置的前提下,仍沿用"土地承包经营权"的概念来表述"土地经营权",确有制度变迁的成本较低以及风险较小等优

---

① 孙宪忠. 推进农地三权分置经营模式的立法研究. 中国社会科学,2016 (7).

② 丁文. 论土地承包权与土地承包经营权的分离. 中国法学,2015 (3).

③ 我国台湾地区"民法"的物权编采行此用语。

点，也与各地目前正在进行的土地承包经营权的确权登记颁证之实践相一致，故该种建议不乏合理性。但从法理的层面上看，法律名称是法律概念的形式载体，而法律概念是法律名称的内容表达。因法律概念是法的最基本构成要素，故法律名称与法律概念所涵摄的内容应名实相符，此为立法科学性的基本要求。若依此标准对该建议进行审视，则沿用"土地承包经营权"的概念会存在以下不足：其一，名实不符。尽管该名称的使用是在权利分置的前提下进行的，与"三权分置"改革的精神相一致，但既然"土地承包权"已独立设置，仍用"土地承包经营权"的名称来表征余下的"土地经营权"就显得有些"名实不符"。其二，涵摄不足。"土地承包经营权"概念的沿用，只能涵盖通过承包合同获得的原始土地经营权，而基于流转合同取得的继受土地经营权则在该概念的涵摄范围之外。但继受土地经营权的立法确认，是"三权分置"改革的重大创新之所在。因此，采行"土地承包经营权"的表述会因涵摄不足而存在重大遗漏。

综上所述，基于"三权分置"改革的政策意旨以及法律概念科学性的要求之考量，我们认为，在民法典物权编中可直接使用"土地经营权"的法律名称来表述"三权分置"下的"土地经营权"。

2. 民法典物权编中"土地经营权"变动模式的选择

"三权分置"改革的重要目标，旨在通过权利分置来促进土地经营权的流转，所以在该政策导向的推动下，土地经营权的变动势必成为实践中的常态。因此，民法典物权编中"土地经营权"变动模式的立法选择较具实践意义。

《物权法》第 127 条第 1 款规定："土地承包经营权自土地承包经营权合同生效时设立。"第 129 条规定："土地承包经营权人将土地承包经营权互换、转让，当事人要求登记的，应当向县级以上地方人民政府申请土地承包经营权变更登记；未经登记，不得对抗善意第三人。"由此可见，基于法律行为导致的土地承包经营权的变动，属于《物权法》第 9 条中规定的"但书"条款的除外情形，采行的是债权意思主义的立法例，即登记是物权变动的对抗要件而非生效要件。

对于土地经营权的变动模式，民法典物权编是遵循《物权法》第 9 条中的"但书"条款，将土地经营权的变动模式与现行法中的土地承包经营权的变动模式作同样对待，即仍采债权意思主义，还是将土地经营权的变动模式从《物权法》第 9 条的"但书"条款中排除，依债权形式主义予以规制？对此，民法典物权编存在选择的问题。

我们认为，民法典物权编不宜再继续沿用债权意思主义模式来规制土地经营权的变动，而应采行债权形式主义的立法例。实际上，改采债权形式主义的变动模式，在当下既有必要性又不乏可行性。

第一，采行债权形式主义变动模式的必要性。在《物权法》制定时，考虑到我国农村基本上还处于熟人社会形态，而在熟人社会，正如费孝通先生所言，"乡土社会的信任并不是对契约的重视，而是发生于对一种行为的规矩熟悉到不假思索的可靠性"①，"在一个熟悉的社会中，我们会得到从心所欲而不逾规矩的自由"②；与此同时，由于立法对流转对象的限制，因农地流转而引起的土地承包经营权的变动一般只会发生在熟人之间，立法不采行以登记作为变动要件的债权形式主义的变动模式，仍然不会发生交易安全的问题。但随着城乡分割二元体制的逐渐瓦解，农村社会环境已发生较大变化，正由熟人社会向半熟人社会甚至陌生人社会演变。在半熟人社会和陌生人社会，地方共识难以形成，传统的道德规范也正在失效，人们之间很难再有熟人社会形态下的信任感。加之，随着农地流转规模和流转范围的迅速扩大，新型农业经营主体不断出现，因农地流转而导致的土地经营权的变动大多发生在非集体经济组织成员的陌生人之间。因此，需要立法将登记作为物权变动要件，即采行债权形式主义的变动模式来保护土地经营权的交易安全。

第二，采行债权形式主义变动模式的可行性。从现实国情来看，在《物权法》制定时我国尚未建立完整的地籍资料，如果强制要求土地承包经营权的变动应采行登记为变动要件的债权形式主义，则缺乏物质基础，难以推行。但随着国力的日益增强，土地承包经营权的确权登记已成为各级政府的重要工作，如《土地经营权流转意见》就明确指示："按照中央统一部署、地方全面负责的要求，在稳步扩大试点的基础上，用5年左右时间基本完成土地承包经营权确权登记颁证工作，妥善解决农户承包地块面积不准、四至不清等问题。"目前，全国范围内的土地承包经营权的确权登记工作已基本完成。因此，在进行民法典物权编的编纂时，土地经营权采行债权形式主义的物权变动模式完全可行。

---

① 费孝通. 乡土中国 生育制度. 北京：北京大学出版社，1998：6.
② 费孝通. 乡土中国 生育制度 乡土重建. 北京：商务印书馆，2014：10.

3. 民法典物权编中土地经营权的条款设置

就立法资源的供给而言，为因应土地经营权在权利内容上的承继和续造，《物权法》中关于土地承包经营权的相关条款以及《三权分置意见》中有关土地经营权的政策性规定，应成为民法典物权编中土地经营权制度设置的最为重要的法律渊源。

就土地经营权主体制度的设置而言，立法应去除现行法中对土地承包经营权主体的身份限制，明确规定土地经营权主体包括原始土地经营权主体和继受土地经营权主体：前者为作为集体经济组织成员的农户，后者为家庭农场、农民合作社、农业企业等各类"新型农业经营主体"。

就土地经营权内容条款的设置而言，立法应赋予土地经营权人对经营土地的占有、使用、收益以及对本权的处分权能。在规定土地经营权流转效力时，应不再区分物权性流转和债权性流转；在规定土地经营权流转方式时，除保留《物权法》第128条规定的转包、互换、转让等方式外，还应增加土地经营权的入股、抵押等方式。

就土地经营权取得制度的设置而言，立法应规定土地经营权的取得包括原始取得和继受取得，原始取得方式为土地承包合同的签订，继受取得方式为土地流转合同的订立。此外，在该制度中，立法还应明确土地承包合同和土地流转合同的内容，规定土地经营权的设立以及登记等制度。

就土地经营权权利限制制度的设置而言，立法应通过义务性条款规定土地经营权在权利行使目的、行使方式及权利存续期限等方面的限制。在设置权利行使目的限制条款时，立法除应明确权利行使限于"农业用途"外，还应规定相应的监管机制；立法在设置权利行使的限制条款时，应明确原始土地经营权和继受土地经营权在流转等方面的限制不同；在规定权利存续期限条款时，应结合《物权法》第126条以及《决定》的相关规定，明确土地经营权的存续期限及续期的程序和条件等内容。

第十一题 "三权分置"下农民集体成员权的法律效果

中国的土地制度，是中国社会、经济、政治的根源①，其重要性不言自明。遗憾的是，关于当前"三权分置"的法律表达，在法学界意见纷呈，远未达成共识。为此，应寻找"三权分置"法律表达的突破口。我们认为，农民集体成员权作为连接农民土地权利的媒介，是理解土地集体所有权、土地承包经营权的前提和钥匙。不仅政策层面常提"稳定土地承包关系保持长久不变""保障集体经济组织成员权利"，经济学界也特别关注土地承包权的身份性质、成员权属性②，法学界的不同意见同样绕不开农民集体成员权。这表明，农民集体成员权在"三权分置"下的角色非比寻常。但该

---

① 长野郎. 中国土地制度的研究. 强我，译. 袁兆春，校. 北京：中国政法大学出版社，2004：原序.

② 张红宇. 农业规模经营与农村土地制度创新. 中国乡村发现，2013 (2). 陈锡文. 土地制度改革的三个关键问题. 学习月刊，2014 (15).

权利在过去的政策和法律中一直被忽视，直到现在这种局面也没有真正改变。① 因此，理清集体成员权的概念、地位与功能，辨析其与土地集体所有权、土地承包经营权之间的关系，是"三权分置"法律分析绕不开的基础研究。

一、农民集体成员权的体系地位

依通说，所谓成员权，又称社员权，意指社团成员在基于其成员地位与社团发生的法律关系中，对社团享有的各种权利的总体。② "社员权者，社团法人之社员对于法人所有之权利也。"③ 其基本特征是以成员资格为权利发生基础，并与成员资格相始终。遗憾的是，成员权在私法权利中的体系地位并未得到应有的重视，既有研究多集中在公司法上的股权，对农民集体成员权缺乏深入研究。④ 成员权与成员资格的共生关系，更是模糊了成员权与社团权利、行使成员权获得的权利之间的关系。例如，通说将成员权解释为包含经济性质的自益权和非经济性质的共益权在内的复合权利，即将成员权等同于行使成员权获得的权利。依此立场，成员权兼有身份与财产之双重属性。⑤ 这种认识并不科学，成员权与行使成员权获得的权利不应被混为一谈。以股权为例，股东获得的所谓"身份权"，不过是参与公司经营、管理的权利，其与私法上的人身权为截然二物，其本质上还是增进财产利益的手段；至于所谓的"财产权"，无论是红利分配请求权，还是剩余财产返还请求权，均无确定的权利内容，既不能归入物权又不属于债权，而体现为对特定财产的法律上之"力"。张俊浩教授称之为接近于权利的"权限"⑥。我妻荣教授也明确指出，成员权既不属于财产

---

① 孙宪忠. 推进农地三权分置经营模式的立法研究. 中国社会科学，2016 (7).

② 谢怀栻. 论民事权利体系. 法学研究，1996 (2).

③ 史尚宽. 民法总论. 北京：中国政法大学出版社，2000：25.

④ 陈小君. 我国农民集体成员权的立法抉择. 清华法学，2017 (2).

⑤ 王泽鉴. 民法总则. 北京：北京大学出版社，2009：153 页注.

⑥ 所谓权限，是指法律所确认的当事人的行为范围，它更接近于法律资格，而尚未达到权利的程度. 张俊浩. 民法学原理：上册. 北京：中国政法大学出版社，2000：67，69.

权,也不属于人身权,而是一种完全特殊的权利。①

在农民集体成员权,情况有同,也有不同。相同的是,一种流行的意见认为,土地承包经营权等用益物权系基于成员资格而取得,因此其本身即为集体成员权的体现。从早前的研究成果来看,很多学者都将集体成员权(官方政策所谓的土地承包权)作为土地承包经营权的固有内容来看待。②"土地承包经营权实际上是农村集体经济组织成员权在集体土地上的体现,失地农民可依据这一成员身份重新主张承包土地。"③据此,对于"三权分置"有两种理解:一是赞同分置,即在土地集体所有权与土地承包经营权"两权分离"的基础上,将土地承包经营权再次分离为土地承包权与经营权,从而形成新的"三权"。这是政策层面的理解。二是反对分置,即基于他物权的生成逻辑,认为土地承包经营权无法再行权能分离。第一种理解的问题在于,既然土地承包经营权与成员资格相始终,如何能分离为成员资格(承包权)与经营权呢?所以目前较有影响的看法是,集体成员权并不包含于土地承包经营权中。④就第二种理解而言,土地承包经营权系基于成员身份而取得,则农民在丧失土地承包经营权后必然丧失其成员资格,又如何再依据成员身份重新主张承包土地?事实上,集体成员权的权利属性为社员权,土地承包经营权则是用益物权,前者是后者的产生前提。⑤易言之,土地承包经营权具有身份性,但它本身不是集体成员权,而是集体成员权行使的结果。⑥

与法人成员权由法人支配财产不同,在农民集体成员权中,集体所有的财产(限于家庭承包的土地)是由集体成员来支配的。有鉴于此,一种意见认为,成员权(承包权)属于集体所有权的内容:"承包权是指农户承包土地的资格,是农户作为集体成员之一对集体土地享有的成员权,在

---

① 我妻荣. 我妻荣民法讲义:I·新订民法总则. 于敏,译. 北京:中国法制出版社,2008:169.

② 丁文. 论"三权分置"中的土地承包权. 法商研究,2017(3).

③ 单平基."三权分置"理论反思与土地承包经营权困境的解决路径. 法学,2016(9).

④ 丁文. 论"三权分置"中的土地承包权. 法商研究,2017(3).

⑤ 刘俊. 土地承包经营权性质探讨. 现代法学,2007(2).

⑥ 管洪彦. 农民集体成员权研究. 北京:中国政法大学出版社,2013:43.

法律上当属集体土地所有权的内容，而不是土地承包经营权的范畴。"① "法律意义上的承包权应被包含于集体土地所有权主体制度中，无法从土地承包经营权中分离出来。"② 还有学者将之表述为："集体成员受益权是集体土地所有权的权能"③。这一立场看似与前述主张相对，实则是对相同问题的不同表述。两种主张都是对集体成员所获权利之来源的描述，只不过前者着眼于农民对集体财产的现实支配，认为集体成员所获权利是集体财产权的实现形式；后者采纳了传统股权的思维进路，将集体成员所获权利与成员权混为一谈。一旦认可集体成员权属于土地集体所有权，则基于土地集体所有权的稳定性，集体成员权也具有稳定性。这就和成员权与成员资格相始终的特性相悖。事实上，持这一立场的学者亦认为，农民转让土地承包经营权亦不改其成员身份，即使于转让的情形，农民仍是集体之成员，仍有权享有因成员身份而产生的其他权利，如宅基地使用权、集体红利分配等。④ 这就与前述认为集体成员权属于集体所有权的主张实质上相同，对其批评的理由仍然是：土地承包经营权作为与成员资格相始终的权利，一旦丧失就同时丧失了成员资格，当然也脱离了与集体财产的关联。

其实，（集体）成员权作为团体法中利益分配的工具，既不构成团体（集体）财产权的内容，也不属于成员个人财产权的范畴。其作为团体法上团体（集体）利益与个人利益的黏合剂，在权利生成和存续上无法单独存在，对其性质界定也无法套用个人法上的"人身·财产"二元属性。从团体法的立法构造来看，成员权不是私法上的实体权利，而是一种超越私权的程序性"权力"，是对团体（集体）财产的某种支配力。这种支配也不同于对物权的意志支配，而是一种对于团体财产的利益分配要求。它所支配的客体并不确定，只有在成员权行使之后才能获得具有确定客体的私权。事实上，成员权中所谓的共益权，其内容也最终体现为对财产的支配力。有学者认为，成员权中的财产权利，"在未经具体分配时，是一种抽

---

① 高圣平. 农地金融化的法律困境及出路. 中国社会科学，2014（8）.

② 高飞. 农村土地"三权分置"的法理阐释与制度意蕴. 法学研究，2016（3）.

③ 韩松. 论农民集体土地所有权的集体成员受益权能. 当代法学，2014（1）.

④ 高圣平. 新型农业经营体系下农地产权结构的法律逻辑. 法学研究，2014（4）. 温世扬. 农地流转：困境与出路. 法商研究，2014（2）.

象的总括的权利，不是债权。在已进行具体分配、分配额确定后，可以转化为债权"①。这观点虽然看到了成员权与私权的不同，可惜未认识到其性质上的独特性。所以，张俊浩教授关于成员权是一种"权限"的判断是可以接受的。

在"三权分置"的官方表述中，承包权作为获得土地的资格，实际上就是成员权的一种类型。在"三权分置"的理论争鸣中，无论是支持者还是反对者，大多认为官方所谓的承包权即成员权。② 因此，政策表述中的所有权、承包权、经营权"三权分置"，就被替换成所有权、成员权和经营权的三权分置。③ 但也有不少学者意识到了成员权的特殊性。如有学者认为：承包权不过是获得承包土地的资格，"还不是一种实实在在的财产权"④；承包权是"土地分配上的特定化，不是独立的权利类型"⑤；"承包权并不具备确定的利益内容，仅仅意味着利益实现之可能，因而不是真正意义上的权利"⑥。由于承包权（成员权）并非实在之权利、独立之权利、真正之权利，所以在"三权分置"下，把它作为"三权"之一权就没有任何意义，集体成员权不能也不应作为一种实体私权而存在。

二、农民集体成员权的类型构造

关于农民集体成员权，学界一般并不区分其类型。例如，《物权法》第59条第1款规定："农民集体所有的不动产和动产，属于本集体成员集体所有。"在如何理解该条规定的"集体所有"时，学界存在共有说、总

---

① 谢怀栻. 论民事权利体系. 法学研究，1996（2）.

② 高海. 土地承包经营权"两权分离"的论争与立法回应. 武汉大学学报（哲学社会科学版），2016（6）. 吴兴国. 承包权与经营权分离框架下债权性流转经营权人权益保护研究. 江淮论坛，2014（5）. 丁文. 论"三权分置"中的土地承包权. 法商研究，2017（3）.

③ 刘云生，吴昭军. 政策文本中的农地三权分置：路径审视与法权建构. 农业经济问题，2017（6）.

④ 刘俊. 土地承包经营权性质探讨. 现代法学，2007（2）.

⑤ 朱广新. 土地承包权与经营权分离的政策意蕴与法制完善. 法学，2015（11）.

⑥ 高圣平. 农地三权分置视野下土地承包权的重构. 法学家，2017（5）.

有说、法人所有说三种不同意见。① 我们认为，除共有说并不可取外，"集体所有"究竟为总有抑或法人所有应区分不同类型。其一，共有说之所以不可取，是因为共有本身是所有权的联合而非单一所有权的形态，因此，当我们说集体财产归成员共有时，就与作为单一所有权的土地集体所有权发生冲突，并且共有说也无法解释集体所有上的成员权构造。其二，在以家庭联产承包为基础、统分结合的经营体制下，集体经营的"四荒地"和家庭承包经营的耕地有较大不同。就前者而言，集体财产由集体现实支配，符合法人所有的基本特征，只不过作为法人的不应是集体本身，而应是集体经济组织，后者才是农民集体的民事主体地位表达。② 现在，《民法总则》第99条赋予农村集体经济组织法人地位，又从主体上完善了集体经营的法人所有权构造。但在家庭承包的场合，一方面，集体成员直接对集体财产进行支配，集体本身反而无法占有、使用土地；另一方面，集体又对土地享有某种"最终处分权"，土地承包经营权亦不能转让给集体成员之外的第三人，而这更符合日耳曼法上总有制度的特征。③ 所以，《物权法》上的集体成员权存在不同的类型构造。

有意思的是，上述两种不同的集体成员权，一种源自罗马法，一种源自日耳曼法。④ 因此，如果我们把集体经营下的集体成员权称为罗马式集体成员权的话，则可把基于家庭承包的集体成员权称为日耳曼式集体成员权。关于二者的区别，可作如下几点说明：首先，在权利的目的上，罗马式集体成员权旨在获得经济利益，日耳曼式集体成员权则与之不同，系为分配作为生产资料的耕地而存在，承载着实现"耕者有其田"的政治功

① 王利明，周友军.论我国农村土地权利制度的完善.中国法学，2012（1）.

② 许中缘，崔雪炜."三权分置"视域下的农村集体经济组织法人.当代法学，2018（1）.

③ 王利明，周友军.论我国农村土地权利制度的完善.中国法学，2012（1）.温世扬，吴昊.集体土地"三权分置"的法律意蕴与制度供给.华东政法大学学报，2017（3）.冯建生.民法典编纂中农村承包土地"三权分置"的法理构造.上海交通大学学报（哲学社会科学版），2018（3）.

④ 在罗马法上，社团起源于具有独立人格、与成员相分立的国家和地方政府.周枏.罗马法原论：上册.北京：商务印书馆，2014：305.

能。① 其次，在罗马式集体成员权，支配集体财产的是集体组织，但在日耳曼式集体成员权，集体财产却由集体成员来现实支配。正是基于集体成员与集体财产的"远近"关系，才出现集体成员权属于土地承包经营权还是集体所有权的误区。最后，就主体构造而言，在罗马式集体成员权，一般认为，团体具有独立人格，成员与团体互为独立主体，成员财产与团体财产也泾渭分明。或者，至少可以这样说，成员与集体财产的关系"较远"。但在日耳曼式集体成员权，我们一方面强调集体对土地的所有权，另一方面又强调集体成员对集体土地的长期、稳定承包，即赋予集体作为稳定物权的土地承包经营权，这实际上是对团体独立人格的破坏，是对"集体"这个团体的反叛。

由此观之，我国法上集体成员权的最大特色就在于，基于"统分结合"的经营体制，兼有罗马式成员权和日耳曼式成员权。这一制度安排既契合了社会主义农业生产的经济要求，也为集体成员权研究提供了丰富的比较法渊源。

三、农民集体成员权的功能构造

如同法人乃自然人获取财富的工具，罗马式集体成员权主要服务于经济目的，但其在团体内部的功能构造却为法人独立人格遮蔽了。自从法人实在说一统法人本质的江湖后，人们就习惯于将法人理解为实在之人，认为其具有生命力和自由意志。而法人既然具有独立人格，当然也应拥有独立财产。但这不过基于外部视角的判断，即将法人及其成员作为一个整体，对于法人及其成员之外的人而言，法人享有绝对、单一的所有权。但从法人及其成员的内部视角观之，法人在财产上的独立其实难副：法人财产源自股东出资，作为对价，股东获得了股权。通过行使股权，股东可牵制法人财产的投资方式、收益分配以及剩余财产分配。或者说，即便认为法人对其财产享有支配权，此种所有权也绝非大陆法系的绝对所有权，而是一种相对所有权。② 因此，即便法人人格独立于股东，法人财产仍与股东存在一种"形影不离"的微妙关系。关于这一问题，在 20 世纪 80 年代

---

① 焦富民. "三权分置"视域下承包土地的经营权抵押制度之构建. 政法论坛，2016（5）.

② 马新彦. 罗马法所有权理论的当代发展. 法学研究，2006（1）.

的国有企业改制中，民法学界争执不下，形成了三种完全不同的理论解读：一是法人对其财产享有所有权，股东的所有权则转化为债权①；二是公司财产仍然为股东所有，股权恰为其行使所有权的体现②；三是公司财产归公司所有、公司由股东所有的"双重所有权"结构。③

与罗马式集体成员权旨在获取经济利益不同，日耳曼式集体成员权主要承担的是政治和社会功能，即赋予农民生产资料、防止土地兼并，以及为农民提供社会保障。事实上，只有从政治控制和社会保障的角度出发，才能更好地理解集体土地家庭承包的政策内蕴。土地作为一种稀缺的生产资料，是农民最为依赖的生存资源，或者说，"耕者有其田"是人类社会的基本诉求，是社会经济发展的重要规律。④ 事实上，"耕者有其田"也是中国共产党的革命理想，为此中国共产党作过不懈努力，在不同时期采取过不同方法。⑤ 新中国成立后，我们先是实行土地私有政策，但后来的农业生产合作社和人民公社运动，又使农民丧失了土地的所有权。改革开放后，实行家庭联产承包经营为基础、统分结合的双层经营体制，实际上是公有制下"耕者有其田"的实现形式。而近四十年的经验告诉我们，此种经营模式符合社会经济规律。所以我国的土地政策，从稳定土地承包关系保持"长期不变"，转变为"长久不变"。换言之，保障农民对集体土地的长久使用和收益，是"保障集体经济组织成员权利"的体现。当然，在2006年以前，农村土地上长期存在多种负担。这是国家权力对农业的渗透，无法用私权理论进行解释。

有学者认为，在总有制度中，土地与其说是权利的客体，不如说是束

---

① 郭锋. 股份制企业所有权问题的探讨. 中国法学，1988（3）.
② 孙志平. 对股份及股份公司财产关系的再认识. 中国法学，1988（3）.
③ 王利明. 论股份制企业所有权的二重结构. 中国法学，1989（1）.
④ 邹力行. 进一步完善"耕者有其田"的保障机制. 科学决策，2014（3）.
⑤ 农民之所以积极参加革命，一个重要的原因也是希望获得土地。例如抗战期间，根据地农民曾于1937年秋至次年年初、1939年下半年至1940年上半年、1942年冬至1944年春三次要求得到土地。抗战胜利之初，农民又提出了解决土地问题的要求。有的时候，农民甚至自己夺取地主的土地。孙泽学. 论中共和平实现"耕者有其田"中的公债征购. 中共党史研究，2010（11）.

缚成员于特定团体生活中的物质纽带：它公示、代表着成员的社员身份。① 就其功能构造而言，总有团体与其成员存在一种"不即不离"的关系。② 依李宜琛先生之见，总有乃一种分割所有：管理、处分等支配权能属于团体，使用、收益等利用权能则属于成员。③ 这一见解在当前民法学界有普遍的影响力。但问题在于，就团体与成员的关系而言，为何日耳曼式集体成员权的"不即不离"容易为人识别，而罗马式集体成员权的"形影不离"却往往被遮蔽呢？可能的原因有两方面：一是在日耳曼式集体成员权，集体财产由成员现实支配，与现代法上（法人）团体具有独立人格的理念不符。这一特点同样为其他学者所留意："与传统民法中由社员自由结合组成的团体法人不同，农民集体形态下的农民成员，与集体财产特别是集体土地有着更为直接、密切的联系。"④ 二是在总有制度中，集体财产既然为集体成员支配，也就切断了集体财产发生外部交易的可能，从而使人们在观察总有或日耳曼式集体成员权时，缺乏一种团体之外的视角，成员与团体的内部关联由此被聚焦。正因为如此，罗马式集体成员权构成了近代法上成员权的主要类型，而日耳曼式成员权只是作为少数的历史遗留而存在。

其实，罗马式集体成员权也好，日耳曼式集体成员权也罢，就集体与成员的关系而言，均可统一为"不即不离"的微妙关系。有所不同的是，在罗马式集体成员权，集体财产为集体现实支配，因此集体财产与集体成员的关系"远"，而与集体的关系"近"；在日耳曼式集体成员权，集体财产为集体成员现实支配，因此集体财产与集体成员的关系"近"，而与集体的关系"远"。但"不即不离"也好，"远近"也罢，其作为集体成员权法律效果的修辞，终非规范的法律用语，因此对其本身如何理解也是一个问题。我们认为，农民集体成员权作为连接集体与成员的纽带，体现为集体成员对集体财产的支配力，其法律效果最终将反映在财产所有权上。而就所有权而言，形态和权能为其核心问题。再以罗马式集体成员权为例，

---

① 张力. "一滴社会主义的油"——日耳曼式总有之于当代法人制度的启示. 河北法学，2009（5）.

② 李宜琛. 日耳曼法概说. 北京：中国政法大学出版社，2002：35.

③ 同②75-76.

④ 陈小君. 我国农民集体成员权的立法抉择. 清华法学，2017（2）.

就公司的财产而言，公司无疑具有强大支配力，但此种现实支配并不具备所有权的绝对性，因为股东还通过股权控制着公司财产的命运。"股权不是别的，恰恰是所有权在特定条件下的权能形态，这与所有权在实物上表现为占有、使用等权能是同样的道理。"①

---

① 孟勤国. 也论法人所有制. 广西大学学报（哲学社会科学版），1988（3）.

第十二题　农地新"两权"法律化的多重法理创新

　　农村家庭承包地之土地所有权、土地承包权、土地经营权的"三权分置"政策已成为深化农村改革之重要内容和创新之重要举措。特别是"将土地承包经营权分为承包权和经营权",事关农地流转与农民土地权益保障之制度巨大变动,同时权利问题终究是一个法律问题。因此,"三权分置"政策提出之新"两权"(即土地承包权和土地经营权)只有上升为法律上之权利才能真正具有顽强的生命力,才能更好付诸实践,且通过强有力的法律武器(法律手段)为该新"两权"运行真正保驾护航并促进经济发展和稳定社会秩序。

　　习近平总书记在谈到法治和改革的关系时指出:"改革要于法有据,但也不能因为现行法律规定就不敢越雷池一步,那是无法推进改革的,正所谓'苟利于民不必法古,苟周于事不必循旧'。需要推进的改革,将来可以先修改法律规定再推进。"① 这一理念和思路正是真正使我国走好法治之路这一命题的精髓。同时,党的十八届四中全会通过的《中共中央关于全面推进依法治国若干重大问题的决定》更明确指出:"做到重大改革于法有据"和"法律是治国之重器,良法是善治之前提"。自 2008 年 10 月 12 日党的十七届三中全会通过的《中共中央关于推进农村改革发展若干重大问题的决定》提出"赋予农民更加充分而有保障的土地承包经营权,现有土地承包关系要保持稳定并长久不变"以来,每年中央一号文件几乎都提出要抓紧修改农村土地承包方面的法律,特别"2014 年中央一号文件"最先出台"三权分置"② 政策后,修改《农村土地承包法》的呼声越来越高。2015 年,修改《农村土地承包法》被列入第十二届全国人大常委会立法规划。2016 年《三权分置意见》指出:"完善'三权分置'法律法规",党的"十九大报告"明确指出:"巩固和完善农村基本经营制度,深化农村土地制度改革,完善承包地'三权'分置制度"和"推进科学立法、民主立法、依法立法,以良法促进发展、保障善治"。农地改革推动修(变)法已成为形势之迫切要求。可见,2017 年 10 月 31 日出台的《承包法修正草案》是改革和形势发展的需要(该草案虽然还不是法律,但修法方向已经明确)。《承包法修正草案》的最大亮点是以"三权分置"政策之新"两权"实施法律化为依归,以保持土地承包关系稳定并长久不变为出发点,使第二轮土地承包到期后再延长 30 年进入法律制度。从该《承包法修正草案》的内容来看,其已经在通过修法推进改革方面作了很大努力,成效已初步呈现。对"三权分置"政策之"新两权"在《承包法修正草

---

① 中共中央文献研究室. 习近平关于全面依法治国论述摘编. 北京:中央文献出版社,2015:51.

② "2014 年中央一号文件"指出:"在落实农村土地集体所有权的基础上,稳定农户承包权、放活土地经营权,允许承包土地的经营权向金融机构抵押融资。"这是国家层面最早提到涉及"三权分置"中的"三权",但这时还没有提到"三权分置"名称这一政策表述;而 2014 年 11 月 20 日《中共中央办公厅、国务院办公厅印发〈关于引导农村土地经营权有序流转发展农业适度规模经营的意见〉的通知》(中办发〔2014〕61 号)指出:"坚持农村土地集体所有,实现所有权、承包权、经营权三权分置,引导土地经营权有序流转。"该政策是最早提到"三权分置"这一名称之政策表述,也是以"三权分置"为主要内容的早期专项政策,并出现了以土地经营权流转替代土地承包经营权流转的重大变化。

案》中的"法律化"进行较为全面的分析和系统剖析，并在此基础上提出按该思路设计法律制度需要法理创新的若干核心内容，可以使研究目标能尽力发现和揭示问题，使正式制度能更完善。

一、农地流转制度存在的核心问题和"三权分置"政策目标解读

(一) 家庭承包的土地承包经营权流转制度存在的核心问题剖析

从《农村土地承包法》和《物权法》等法律、《农村土地承包经营权流转管理办法》等部门规章，以及最高人民法院《关于审理涉及农村土地承包纠纷案件适用法律问题的解释》（法释〔2005〕6 号）来看，现行家庭承包的土地承包经营权流转法律制度存在的问题，主要表现在以下方面。

1. 法律禁止家庭承包的土地承包经营权抵押

现行法律规范对家庭承包取得的土地承包经营权抵押问题主要有四种立法模式：一是《担保法》直接明令禁止；二是《物权法》明令禁止与例外并存；三是最高人民法院《关于审理涉及农村土地承包纠纷案件适用法律问题的解释》间接禁止；四是《农村土地承包法》避而不谈。而依物权法定原则（《物权法》第 5 条），家庭承包取得的土地承包经营权抵押为法律及司法解释所禁止。[①]

2. 法律对家庭承包的土地承包经营权转让干涉过多

《农村土地承包法》第 41 条对转让施加了过多干涉，需要符合下列三个条件：（1）转让方（承包方）必须有"稳定的非农职业或者有稳定的收入来源"；（2）转让必须"经发包方同意"；（3）受让方须是有农业经营能力的农户（除原转让方外）。上述转让的三个限制条件，为该类农地流转人为地设定障碍，一直以来受到众多专家学者的不断质疑和诟病。

3. 法律对家庭承包的土地承包经营权入股领域限制过窄

《农村土地承包法》第 42 条规定，"承包方之间为发展农业经济，可以自愿联合将土地承包经营权入股，从事农业合作生产"，因此，该法对土地承包经营权入股作了界定：第一，入股应在本集体经济组织（发包

---

① 丁关良. 家庭承包之土地承包经营权抵押乱象剖析和法律规制研究. 中国党政干部论坛，2014（6）.

方）内的承包方之间进行；第二，入股后的承包地，由经济组织（一般是土地股份合作社，不包括公司）从事农业合作生产；第三，农户以土地承包经营权入股形式组织在一起，从事农业合作生产，收益按照股份分配，而不是将土地承包经营权入股作为赚取经营回报的投资。

4. 现行立法禁止家庭承包的土地承包经营权继承

土地承包经营权继承应当属于土地承包经营权流转范畴，但继承法只肯定了"承包收益"的继承权，并未明确继承人对"土地承包经营权"享有"继承权"；《农村土地承包法》《物权法》亦未承认土地承包经营权的可继承性。据此可知，现行立法禁止该土地承包经营权的继承。①

5. 立法上物权性的转让、互换流转采登记对抗要件主义立法模式弊大于利

《农村土地承包法》第 38 条规定："土地承包经营权采取互换、转让方式流转，当事人要求登记的，应当向县级以上地方人民政府申请登记。未经登记，不得对抗善意第三人。"我们认为，《物权法》和《农村土地承包法》对土地承包经营权转让采登记对抗要件主义是不科学的，其弊大于利。②

上述现行法律制度的规定，一方面与家庭承包的土地承包经营权作为用益物权具有的支配和排他之功能性质相矛盾；另一方面不仅不能更好地保护农户土地承包权益，支持农户更好地利用土地承包经营权发挥其更大功效，而且会造成农户土地承包权益受损，限制小农户与现代农业发展有机衔接，更不利于农地流转顺畅，使经营主体通过获得物权性质的权利来向金融机构"融资担保"，发展现代农业和实施适度规模经营，以更好地提高土地的利用效率。

（二）"三权分置"政策的核心目标解读

从以《三权分置意见》为主、涉及农地"三权分置"的系列（包括专项和相关）政策的内容来看，这一改革主要体现了以下四大政策目标。

1. 重集体功能和根本地位而不断夯实土地集体所有权

始终坚持以土地集体所有权性质不能动摇，是巩固和完善农村基本经

---

① 温世扬. 农地流转：困境与出路. 法商研究，2014（2）.

② 丁关良，陆春明，蒋青. 土地承包经营权转让登记制度的现实困境及对策. 上海财经大学学报，2011（4）.

营制度的"魂",通过明确农民集体是土地集体所有权的权利主体,真正赋予土地集体所有权人对集体土地依法占有、使用、收益和处分的权能,确保农民集体有效行使承包地发包、调整、监督、收回等各项职权,以更充分体现土地集体所有权的根本地位。

2. 重身份地位和利益保障而强化稳定农户土地承包权

应当始终坚持以保护农民利益为改革的根本出发点。政策已明确"不论经营权如何流转,集体土地承包权都属于农民家庭",其核心是使农户在实施农地流转后仍"保留"土地承包权(最重要的是土地承包权有"收益之价值功能",且充分体现其身份性和社会保障功能性)而不会丧失土地上的持续利益;同时,也可使农民工在成为市民后不会丧失农地权利。

3. 重财产权利和经济效率而放活经营主体的土地经营权

应当始终坚持以市场化实施农地流转机制为改革取向,真正赋予土地经营权以占有、使用、收益和处分等四大权能,使之成为具有纯经济功能的财产权性质的权利,从而使土地经营权人能够按市场规则实施土地经营权(权利取得的平等性与非身份性,充分体现其财产功能)抵押,以突破原家庭承包的土地承包经营权不能抵押之法律限制;同时通过土地经营权自由流转,以解决土地承包经营权不能继承、不能自由转让、入股公司受限制等制度瓶颈。

4. 重资源利用和能力提升而发展多元化适度规模经营

应当始终坚持以农村土地资源优化配置为改革依托,通过引导使土地经营权流转(或转移)给新型农业经营主体,以更好地开展农业适度规模经营,加快提升现代农业水平,从而更有效地提高农地产出率、劳动生产率和资源利用率,实现土地资源配置更优化。

可见,上述改革目标指明了我国农村土地制度的未来走向,将为着力发展现代农业和加速农业农村现代化进程奠定扎实基础。

二、"三权分置"政策实施法律化之前应实现多重法理创新

在对"三权分置"政策之法律化的《承包法修正草案》中存在的问题进行深入分析的基础上,我们认为,在遵循党的"十九大报告"提出的"坚定道路自信、理论自信、制度自信、文化自信"的基础上,应当运用

大陆法系之成熟法理①，以近来创新法理方向为思路，并结合土地承包经营权这一物权所具有的本土化之特性和中国实践成功经验，重点思考并深入研究创建"三权分置"法律制度需创新和完善的几个法理问题与重要领域；并应当在"三权分置"政策真正实施法律化之前率先完成法理创新。

（一）"土地承包经营权分为土地承包权和土地经营权"这一命题需法理创新

《承包法修正草案》第 6 条第 1 款将"土地承包经营权分为土地承包权和土地经营权"，无现行法理依据可遵循，同时，学界之"三权分置"新学说中新解、改新两说的种种观点，也都存在理论上不能自圆其说的问题②，且无法成为创新之可依理论。目前对"将土地承包经营权分为承包权和经营权"之"两权并行"格局的必要性论证较充分，但对可行性几乎无分析，更谈不上充分论证。然而，该新"两权并行"格局的可行性之研究尤为重要，在法理上更需法理创新研究。这里最关键的是：一方面如何使"将土地承包经营权分为承包权和经营权"能通过改革创新符合法律逻辑；另一方面如何使土地承包权和土地经营权这一政策上的新"两权"名称直接上升为法律上之同名权利，或将土地承包权和土地经营权这一政策逻辑上新"两权"的政策术语，通过法律表达方式间接上升为异名权利名称之法律术语。这些都需要法理创新研究，以符合法律权利创设规则要求。

（二）初次流转导致土地承包经营权消灭需法理创新

"土地承包经营权分为土地承包权和土地经营权"将导致土地承包经营权消灭，这种消灭要符合用益物权（或物权）消灭的一般法理，但目前并无现行法理依据和可遵循的立法例，需要进行法理创新。

（三）"三权分置"下土地承包权和土地经营权何时产生须法定

"土地承包经营权分为土地承包权和土地经营权"导致土地承包经营权消灭的，何时发生效力，法律应当明确；同时，土地承包权和土地经营权何时产生及成为独立权利，法律也应当明确界定。

---

① 我国属于大陆法系国家；在方法论上应当遵循大陆法系法理规则，而不应以英美法系法理作为依据。

② 丁关良.农地"三权分置"政策之两次分离的异同研究.天津商业大学学报，2018（1）.

（四）土地承包权和土地经营权的性质须法定且应当遵循不冲突之法理

在加大对土地承包权和土地经营权这新"两权"（指最终法律上的权利名称）的内涵边界研究的基础上，应尽快明确界定新"两权"的性质，以确立新"两权"的法律地位，为土地承包权和土地经营权这新"两权并行"在实践中运行创造条件。因此，对新"两权"即土地承包权和土地经营权的法律性质应当在修法完成之前明确界定；同时，该新"两权"之间不能产生权利冲突，也不能与土地所有权发生冲突。只有土地经营权性质明确了，才可能为土地经营权抵押设定前提条件，打下良好基础，也才可能为土地经营权流转、再流转以更好地实现土地适度规模经营创造条件。

（五）新"两权并行"下各种流转方式之良好运行机制需理论创新

在土地承包权和土地经营权这新"两权并行"的构架下，对各种流转方式之运行可能遇到的种种问题（如入股，依股权取得红利收益是常态，依土地承包权取得红利收益是变态等）进行深入剖析，寻找解决问题的法理创新之路，为土地承包权和土地经营权这新"两权并行"创造良好运行机制和具有操作规范之法律环境。

（六）债权性的流转到期后土地承包经营权如能回复（回归）需理论突破

债权性的流转到期后，如土地承包经营权不能回复（回归），承包方只能拥有土地承包权，则无法实施第二次、第三次流转。因此，该情形下要使土地承包经营权回复（回归），则必须以法理创新为依托，使承包方（农户）从土地承包权人再变为土地承包经营权人，即使承包方（农户）回归到拥有用益物权性质的土地承包经营权。

（七）再流转（以出租、转包等方式再流转）存在法理问题需突破

从《承包法修正草案》第35条规定的"土地经营权可以依法采取出租（转包）、入股或者其他方式流转"和第37条第2款规定的"为提高农业生产效益，第三方经承包方或其委托代理人书面同意，并向本集体经济组织备案，承包土地的经营权可以再流转"来看，第三方可实施土地经营权再流转存在突出问题：（1）如第三方出租，若按对初次流转制度设计的理解，应当将"土地经营权分为土地经权和土地营权"，第三方（出租方）享有"土地经权"，第四方（承租方）取得"土地营权"；如可以，同样会遇到土地经权和土地营权这"新两权"的权利性质界定和定性问题，也同

样会遇到"初次流转"中前述许多需法理更深层次创新问题等。同时，若第四方再出租，这时"土地营权"怎么再分为两权呢？显然不可能也无法再分（无法理依据）。（2）如第三方"再流转"出租，不发生一权变二权，依现行法理发生土地经营权转移，即第四方（承租方）取得"土地经营权"，那么第三方（出租方）不享有任何权利，能取得租金（《承包法修正草案》第38条规定："土地经营权流转的转包费、租金、股金等由当事人双方协商确定。"）吗？（3）出租使第四方通过该"再流转"取得的只能是债权性质的权利，如原第三方取得的是用益物权性质的土地经营权，这里可能导致用益物权性质的土地经营权消灭和债权性质的土地经营权产生，其法律依据何在？（4）这里同样存在出租期限短于第三方期限，导致第三方的用益物权性质的土地经营权能否回归问题。显然，第三方可实施土地经营权再流转无法在"三权分置"政策框架下进行立法设计。因此，土地经营权再流转需法理创新。

（八）互换、转让是否属于流转方式在法律上须明定

根据前述分析，并结合《物权法》第6条规定的"不动产物权的设立、变更、转让和消灭，应当依照法律规定登记"中转让属于物权变动这一情形，《承包法修正草案》第32条中的"互换"和第33条中的"转让"肯定不属于土地承包权流转方式，也不是土地经营权流转方式，但这里的互换、转让应当属于土地承包经营权的变动，以其他方式承包的土地承包经营权流转方式中也包括转让。显然，《承包法修正草案》第32条中的"互换"和第33条中的"转让"应当属于家庭承包的土地承包经营权流转方式。这两种都属于物权性流转，其种类和内容应当法定。

目前，《承包法修正草案》第35条规定的土地经营权的流转方式中，包括出租（转包）、入股或者其他方式流转，并没有包括转让。而从《承包法修正草案》第42条来看，承包方或第三方可用土地经营权抵押。显然，实现抵押权时应当发生土地经营权转移。这里，土地经营权转移与允许土地经营权转让而发生的土地经营权转移有相同功效。这反映出《承包法修正草案》存在以下问题：（1）《承包法修正草案》没有允许土地经营权转让，则初次流转中第三方通过出租（转包）等取得的土地经营权具有物权性质吗？（2）《承包法修正草案》不允许承包方实施土地经营权转让，那么第三方取得的土地经营权能用于抵押吗？（3）《承包法修正草案》不允许承包方和第三方实施土地经营权转让，承包方和第三方如能实施土地

经营权抵押，实现抵押权时能发生土地经营权转移吗？我们建议，在土地经营权流转之命题下，其方式应当包括转让，且这种流转方式的种类和内容都应当法定。

三、《承包法修正草案》的亮点和主要问题

（一）《承包法修正草案》的亮点

《承包法修正草案》以"三权分置"政策下"将土地承包经营权分为承包权和经营权"的创新改革为修法（"变法"）之主要思路和主线，涉及流转问题或相关方面。其重大亮点表现在：（1）贯彻 2008 年党的十七届三中全会以来中央政策提出的"现有土地承包关系要保持稳定并长久不变"精神，《承包法修正草案》第 4 条第 2 款明确规定"国家依法保护农村土地承包关系稳定并长久不变"；（2）贯彻党的"十九大报告"中"第二轮土地承包到期后再延长三十年"的精神，《承包法修正草案》第 20 条第 2 款明确规定"前款规定的耕地承包期届满后再延长三十年"；（3）承包方和"第三方"都可用土地经营权向金融机构融资担保（包括抵押和质押[①]）；（4）赋权承包方自由实施土地经营权流转；（5）注重对土地承包权和土地经营权概念的界定并强调保护；（6）承包的土地互换、转让没有被规定在第二章"家庭承包"第五节"土地经营权的保护和流转"标题中，表明互换、转让不产生"将土地承包经营权分为承包权和经营权"的情形，符合互换、转让属于物权变动之特性；（7）对承包方和"第三方"的弃耕抛荒作出了严格限制。

（二）《承包法修正草案》的主要问题

虽然《承包法修正草案》以"三权分置"政策下"将土地承包经营权分为承包权和经营权"的创新改革为主要修法（"变法"）依据，但也造成《承包法修正草案》中一些新"法律规范"的内容遇到无现行法理依据可遵循之困惑，同时《承包法修正草案》存在众多新"法律规范"不能自

---

① 全国人大农业与农村委员会副主任委员刘振伟于 2017 年 10 月 31 日在第十二届全国人民代表大会常务委员会第三十次会议上所作《关于〈中华人民共和国农村土地承包法修正案（草案）〉的说明》指出："草案使用了'融资担保'的概念，包含了抵押和质押等多种情形，既解决农民向金融机构融资缺少有效担保物的问题，又保持了与担保法等法律规定的一致性。"

圆其说之处，也出现更复杂而难以解决的新问题。

1.《承包法修正草案》中涉及的土地承包权在三个方面基本问题不清

（1）土地承包权的法律地位。土地承包权的法律地位存在三种情形：A. 属于权利能力。从《承包法修正草案》第 6 条第 2 款规定的"土地承包权是指农村集体经济组织成员依法享有的承包土地的权利"和第 23 条第 2 款规定的"土地承包经营权证或者林权证等证书应当将具有土地承包权的全部家庭成员列入"（该条反映出土地承包权发生在家庭承包前）来看，土地承包权应属于权利能力。B. 属于权利。从《承包法修正草案》第 6 条第 1 款规定的"以家庭承包方式取得的土地承包经营权在流转中分为土地承包权和土地经营权"，第 10 条规定的"国家保护集体土地所有权、土地承包权和土地经营权，任何组织和个人不得侵犯"，以及第 38 条规定的承包方实施"土地经营权流转的转包费、租金、股金等由当事人双方协商确定"（该条反映出土地承包权人有取得转包费、租金、股金等收益，显然土地承包权发生在流转完成后）等来看，土地承包权应当属于权利，否则，无法与土地所有权、土地经营权一起成为"三权分置"之格局。C. 是否属于独立权利存在疑问。如从《承包法修正草案》第 42 条规定的"承包方可以用承包土地经营权向金融机构融资担保"来看，实施抵押后（通常抵押合同生效后，土地经营权已经存在，同时土地承包权也应当已经存在）和在实现抵押权前土地承包权都应当已经存在，该土地承包权是否为独立权利，《承包法修正草案》并无明确规定。

（2）土地承包权的产生时间。土地承包权的产生时间存在三种情形：A. 家庭承包前已经存在土地承包权，如《承包法修正草案》第 6 条第 2 款和第 23 条第 2 款规定的土地承包权；B. 家庭承包完成后、流转前存在土地承包权，如从《承包法修正草案》第 42 条的规定来看，在实现抵押权前土地承包权就已经存在（否则承包方无法用土地经营权抵押）；C. 初次流转完成后存在土地承包权，如从《承包法修正草案》第 23 条第 2 款规定的"为提高农业生产效益，第三方经承包方或其委托代理人书面同意，并向本集体经济组织备案，承包土地的经营权可以再流转"和第 36 条第 2 款规定的"发包方、承包方应当依法履行流转合同约定，尊重第三方依法依合同取得的权利"来看，"第三方"取得土地经营权时，承包方已经拥有土地承包权。

（3）土地承包权的主体。土地承包权的主体存在两种情形：A. 成员。从《承包法修正草案》第 6 条第 2 款和第 23 条第 2 款的规定来看，土地承包权主体是成员，而不是农户（承包方）。B. 农户（即承包方）。从《承包法修正草案》第 37 条第 1 款规定的"承包方有权依法自主决定土地经营权是否流转和流转的方式"等来看，土地承包权主体是承包方。这里承包方指的是农户。

2. 土地承包权定义不合理

从《承包法修正草案》第 6 条第 2 款规定的"土地承包权是指农村集体经济组织成员依法享有的承包土地的权利"来看，这一款规定的土地承包权定义存在，问题表现在：（1）它类似于《农村土地承包法》第 5 条规定的"农村集体经济组织成员有权依法承包由本集体经济组织发包的农村土地"，"任何组织和个人不得剥夺和非法限制农村集体经济组织成员承包土地的权利"（该条是界定土地承包权的，反映出土地承包权是取得土地承包经营权的前提和基础）之内容的性质，可见，《承包法修正草案》第 6 条第 2 款规定的土地承包权不是权利，而属于权利能力。同时，如是权利能力，存在的问题是该土地承包权无法与土地所有权、土地经营权形成三权（权利）并置。（2）成员为土地承包权的主体不符合《承包法修正草案》第 6 条第 1 款和其他相关内容之规定。（3）该土地承包权定义没有反映不动产财产权或不动产物权定义规范之构成要件。如《民法总则》第 114 条第 2 款规定，"物权是权利人依法对特定的物享有直接支配和排他的权利"；又如《物权法》第 39 条规定，所有权是指"所有权人对自己的不动产或者动产，依法享有占有、使用、收益和处分的权利"。可见，物权应当由权能构成。

从"土地集体所有权与承包经营权是承包地处于未流转状态的一组权利，是两权分离。土地集体所有权与土地承包权、土地经营权是承包地处于流转状态的一组权利，是三权分置"[①] 来看，通常流转产生土地承包权后，土地承包权人对承包地已经不享有占有权能、使用权能，因该承包地已经由土地经营权人占有、使用。如存在权利性质的土地承包权，我们建议，依规范概念之定义要求，将土地承包权确定为：土地承包权人对承包

---

① 全国人大农业与农村委员会副主任委员刘振伟于 2017 年 10 月 31 日在第十二届全国人民代表大会常务委员会第三十次会议上所作《关于〈中华人民共和国农村土地承包法修正案（草案）〉的说明》。

地依法享有收益、处分的权利。

3. 土地承包权之性质无法律定性

在《承包法修正草案》中，关于土地承包权的性质，并没有明确界定。而学理上对土地承包权的性质也存在不同认识，如土地承包权不是民事权利；土地承包权属于身份权；土地承包权是一项身份性财产权；土地承包权属于成员权；土地承包权是一种具有财产性的成员权；土地承包权为物权；土地承包权为用益权；土地承包权为用益物权；土地承包权仍为土地承包经营权；土地承包权为有负担的土地承包经营权；土地承包权为准所有权；土地承包权为自物权；土地承包权为土地承包经营权的代称；土地承包权的成员权抑或物权的二元性；等等。

4. 土地承包权的保护和转让对象不明

《承包法修正草案》第二章"家庭承包"第四节为"土地承包权的保护和转让"。从该第四节标题以及该节标题下的条文内容分析，该节标题存在明显问题，主要是：（1）该节标题下的条文内容几乎没有涉及对土地承包权这一权利的保护，如"承包期内，发包方不得收回承包地"（第26条第1款），"承包期内，发包方不得调整承包地"（第27条第1款），以及第28条到第31条等，都属于对土地承包经营权的保护，而不是对"土地承包权的保护"。（2）该节标题下的条文内容几乎没有涉及土地承包权的转让，而只涉及土地承包经营权转让（第33条）、土地承包经营权互换（第32条）以及"转让土地承包权益"（第26条第3款，该"土地承包权益"内涵不明）等相关内容。显然，该节标题名不副实。（3）从《承包法修正草案》第26条第2款规定的"维护进城务工农民的土地承包经营权，不得以退出土地承包权作为农民进城落户的条件。是否保留土地承包经营权，由农民选择而不代替农民选择"来看，该款应当不存在"土地承包权"。理由是：进城务工农民的土地承包经营权与土地承包权不能两者兼备（即两者并行、两者同时行使），即流转前只存在土地承包经营权或流转后只存在土地承包权，同时在"是否保留土地承包经营权，由农民选择而不代替农民选择"情形下明显就不存在土地承包权。（4）对"土地承包权的保护"已经体现在《承包法修正草案》第五节"土地经营权的保护和流转"中。我们认为，在《承包法修正草案》第五节"土地经营权的保护和流转"中存在"土地承包权的保护"等内容，如《承包法修正草案》第38条关于"土地经营权流转的转包费、租金、股金等由当事人双方协商确定。流转的收益，除本法第三十七条规定的情形外归承包方所有，任何组织和个人不得擅自截留、扣缴"的规定中提到，流转的收益归承包方（因承包方拥有土地承包权）所有。这明显是对"土地承包权的保护"。

同时，根据《承包法修正草案》第四章"争议的解决和法律责任"第52条关于"任何组织和个人侵害承包方的土地承包经营权或者第三方的土地经营权的，应当承担民事责任"之规定来看，没有涉及承包方的土地承包权这一"权利"。这也是该《承包法修正草案》的缺憾。

5. 土地经营权定义不科学

《承包法修正草案》第6条第2款规定："土地经营权是指一定期限内占用承包地、自主组织生产耕作和处置产品，取得相应收益的权利。"该定义存在如下问题：（1）土地经营权的定义中缺少土地经营权主体。（2）土地经营权的定义中"占用"内涵不明确、使用不科学，将导致对该法第16条"承包方享有下列权利"第2项中的"占用"发生误解，也会与《土地管理法》等法律中的"占用"产生歧义。正确的表述应当是"占有"，而不是"占用"。（3）土地经营权的定义中"自主组织生产耕作"之"耕作"范围太窄（无法涵盖在耕地、林地、草地上从事农业活动），而家庭承包之承包地包括耕地、林地、草地三种，农地上通常以耕作、养殖、种植竹木、畜牧为具体内容。（4）土地经营权的定义中"处置产品"存在问题。一方面，土地经营权定义中"处置产品"的"处置"在法律上如何界定存在难点；另一方面，土地经营权人经营土地取得的产品，应当是收益权能的体现，而土地经营权人"出售产品"或"处置产品"，是土地经营权人对"产品"这一动产之所有权中的处分权能的体现，与土地经营权本身无关（它不是土地经营权中处分权能的体现）。（5）土地经营权的定义中应当存在处分权能。从《承包法修正草案》第37条第2款关于"为提高农业生产效益，流进方经承包方或其委托代理人书面同意，并向本集体经济组织备案，承包土地的经营权可以再流转"的规定来看，土地经营权的定义中应当存在处分权能（这里的处分权能主要体现在土地经营权人实施土地经营权再流转）。如存在作为权利的土地经营权，我们建议，土地经营权应是指土地经营权人在一定期限内对承包地依法享有的占有、使用、收益和处分的权利。

6. 土地经营权的性质无法律定性

"鉴于实践中抵押担保融资的情况复杂，操作方式多样，加之各方面对土地经营权的性质认识分歧较大"①,《承包法修正草案》并没有对土地经营权定性。在理论上,关于土地经营权的性质,学界存在诸多观点,如土地经营权属于权能;土地经营权不是法定民事权利;土地经营权为财产权;土地经营权为法人财产权;土地经营权为物权;土地经营权为用益物权;土地经营权为权利用益物权;土地经营权为不动产用益物权;土地经营权为债权;土地经营权为用益权的行使;土地经营权为次级土地承包经营权;土地经营权为次生性用益物权;土地经营权的物权和债权两元性;等等。

7. 承包方(农户)的土地经营权是否属于独立权利和法律保护问题凸显

《承包法修正草案》第42条规定:"承包方可以用承包土地经营权向金融机构融资担保。"这里的"融资担保"应当包括抵押、质押等。同时,承认承包方(农户)拥有土地经营权,存在如下问题:(1)对于承包方(农户)的土地经营权是否属于独立权利,《承包法修正草案》没有明确。如不是独立权利的土地经营权肯定不是财产,而不是财产的土地经营权无法成为抵押权的客体;(2)如能抵押,抵押(抵押合同生效)时承包方(农户)原拥有的土地承包经营权是否消灭;(3)如抵押后,出现土地承包经营权消灭,事后借款合同当事人依法履行,即不需要通过实现抵押权来实现借款合同的债权,这时已经消灭的原土地承包经营权能否恢复或回复(归),值得深思。

《承包法修正草案》第四章"争议的解决和法律责任"中没有涉及承包方(农户)的土地经营权保护,如《承包法修正草案》第52条规定:"任何组织和个人侵害承包方的土地承包经营权或者第三方的土地经营权的,应当承担民事责任。"这一条只承认承包方(农户)拥有的土地承包经营权和第三方的土地经营权可以得到法律保护,而不涉及承包方(农户)的土地经营权保护。《承包法修正草案》的不严谨会造成承包方(农户)的土地经营权法律保护问题凸显。

8. 承包方以土地经营权设定抵押,实现抵押权时存在制度扭曲和多

---

① 全国人大农业与农村委员会副主任委员刘振伟于2017年10月31日在第十二届全国人民代表大会常务委员会第三十次会议上所作《关于〈中华人民共和国农村土地承包法修正案(草案)〉的说明》。

元利益实现无保障

《三权分置意见》指出:"承包农户……有权依法依规就承包土地经营权设定抵押……"《承包法修正草案》第 42 条规定:"承包方可以用承包土地经营权向金融机构融资担保。"在"三权分置"政策或《承包法修正草案》下初次流转时"抵押",抵押权人需通过处分土地经营权实现权利(如借款合同中的债权),实现抵押权后承包方(原承包农户、抵押人)仍"保留"土地承包权,流进方(经营者,《承包法修正草案》中规定的"第三方")取得土地经营权。这里承包方(抵押人)如为自己的借款合同实施贷款抵押,则一方面,贷款到期不还本付息(承包方是一个经济人,了解"三权分置"这一新政策),通过丧失土地经营权(这里假设土地经营权的价值与贷款的本息等价),承包方(抵押人)取得了第一次本息的收益(应付的本息,现没有付);另一方面,承包方(抵押人)仍"保留"土地承包权,若还可以从享有土地经营权的流进方(经营者,《承包法修正草案》规定中"第三方")那里取得第二次收益(如按土地承包权与土地经营权价值相对原则,同时结合其他流转方式如出租来看,这里土地承包权的收益总和应与土地经营权的价值对等),这一情形会造成如下怪胎问题:(1)承包方(抵押人)取得两次收益,即本息收益和土地承包权收益,比自己经营收益更高,比以其他方式流转取得的收益可能翻倍(即增加一倍),特别是贷款到期不还本付息无任何代价(不履行借款合同无成本),甚至出现不履行借款合同收益更高的"怪象"。(2)流进方(经营者,《承包法修正草案》中规定的"第三方")要支付两次费用,即取得土地经营权时支付给抵押权人的流进费用(取得土地经营权的对价)和支付给土地承包权人(承包农户,即抵押人)的费用(即持有土地经营权的对价),而如出租,承租人只支付给土地承包权人(承包方,即出租人)租赁费(取得和持有土地经营权的对价)。可见,流进方(经营者,《承包法修正草案》中规定的"第三方")通过实现抵押权取得土地经营权比通过其他流转方式取得土地经营权成本要高(理论分析增加一倍)。显然,作为经济人的流进方(经营者,《承包法修正草案》中规定的"第三方")不会通过实现抵押权取得土地经营权,从而导致抵押权人实现抵押权受挫或根本无法实现抵押权。

从以上分析可知,在"三权分置"政策或《承包法修正草案》下初次流转时的"抵押",会造成该制度不符合常态并导致利益扭曲,出现过度保护承包方利益（取得两次收益）的情形，同时，造成抵押权人利益很难或无法实现，流进方（经营者，《承包法修正草案》中规定的"第三方"）费用负担加重或实现利益受挫。

9. 初次流转后产生的土地经营权多种性质并存和名称相同是否符合法律逻辑问题

《承包法修正草案》第40条规定的"承包方在一定期限内将部分或者全部承包土地的经营权流转给第三方"，属于初次流转。如初次流转中土地"经营权流转同样包含物权性流转和债权性流转"①，这里流进方（《承包法修正草案》中规定的"第三方"）取得的土地经营权存在两种性质（物权、债权）或两种以上性质并存能符合法律逻辑吗？（家庭承包只产生或存在一种法律关系，即物权法律关系，承包方取得的土地承包经营权具有唯一性质，即用益物权性质的物权；而初次流转存在多种形式的法律关系和性质不同的法律关系）同时，因流转方式（《承包法修正草案》规定转包、出租、入股等）不同，在存在多种性质（如物权、债权等）的流转（如入股应当属于物权性流转，转包、出租应当属于债权性流转）时，流进方（《承包法修正草案》中规定的"第三方"）取得的权利名称都是"土地经营权"科学吗？如通常的农地出租，承租方只能创设继受取得债权性质的农地租赁权，该权利名称与租赁关系通常产生的规范权利名称（如房屋租赁权、建设用地租赁权等）相匹配。

10. 再次流转中土地经营权抵押之土地经营权性质问题和无可依据之政策理论，也不符合法学理论之常态问题

《承包法修正草案》第42条规定："第三方通过流转取得的土地经营权，经承包方或其委托代理人书面同意，可以向金融机构融资担保。"② 可见，该条"融资担保"至少包括抵押和质押。这里以抵押为例进行分析。

第三方的土地经营权抵押，也存在明显问题：（1）以各种方式流转取

---

① 刘征峰. 农地'三权分置'改革的私法逻辑. 西北农林科技大学学报（社会科学版），2015（5）.

② 全国人大农业与农村委员会副主任委员刘振伟于2017年10月31日在第十二届全国人民代表大会常务委员会第三十次会议上所作《关于〈中华人民共和国农村土地承包法修正案（草案）〉的说明》指出："鉴于实践中抵押担保融资的情况复杂，操作方式多样，加之各方面对土地经营权的性质认识分歧较大，草案使用了'融资担保'的概念。"

得的土地经营权都能用于抵押吗？如出租情形下，承租人取得的所谓"土地经营权"其性质应为债权，而法律没有规定债权可以作为抵押权的客体，且债权抵押的理论或实践"创新"也违背了大陆法系"债权不得单独抵押只能质押"的国内外立法例和实践认知。（2）"土地经营权抵押"符合并遵循"三权分置"政策之初次流转内涵，即这里的土地经营权也应由两项权利构成且其中一项权利可发生转移，但在法学理论上和实践中都无法实现类似于初次流转的三个前提条件①来构架上述"土地经营权抵押"，造成"土地经营权抵押"无规则可遵循。（3）如按现行法学理论分析，若土地经营权为物权，土地经营权人（第一经营者，即《承包法修正草案》中的"第三方"）用该土地经营权抵押，实现抵押权时，第二经营者（即第四方）通过支付对价（取得土地经营权的对价）而取得土地经营权，无须与土地承包权人发生任何关系（包括利益）。目前，依据上述分析还可能存在土地承包权人之利益无法得到保障（因存在承包方的土地承包权，而最重要的是土地承包权有"收益之价值功能"）。可见，"土地经营权抵押"既不符合"三权分置"政策之初次流转内涵，也不符合法学理论之常态。

11. 不存在"部分或者全部"的土地经营权流转现象

《承包法修正草案》第40条关于"承包方在一定期限内将部分或者全部承包土地的经营权流转给第三方后，承包方与发包方的承包关系不变，承包方的土地承包权不变"的规定不科学。理由在于："承包土地的经营权"应当是《承包法修正草案》中通常的土地经营权，如《承包法修正草案》中提到土地经营权和承包土地经营权、第37条第2款"承包土地的经营权可以再流转"中的"承包土地的经营权"等。《承包法修正草案》中的土地经营权应当是一个整体的权利，并不存在部分土地经营权。可见，不存在承包方的"部分或者全部承包地"的土地经营权流转。

12. 互换、转让是否属于流转方式问题更得于修法时反思

《承包法修正草案》把互换、转让规定在第二章"家庭承包"第四节"土地承包权的保护和转让"中，造成互换、转让似乎不属于流转方式的错觉，值得修法时反思：（1）《农村土地承包法》第32条规定："通过家

---

① "三权分置"政策下初次流转的前提条件是：（1）土地承包经营权中含有土地承包权和土地经营权；（2）土地承包经营权可以被分解为土地承包权和土地经营权；（3）可发生转移土地经营权。

庭承包取得的土地承包经营权可以依法采取转包、出租、互换、转让或者其他方式流转。"可见，互换、转让属于土地承包经营权流转方式。（2）《承包法修正草案》对《农村土地承包法》第49条关于"通过招标、拍卖、公开协商等方式承包农村土地，经依法登记取得土地承包经营权证或者林权证等证书的，其土地承包经营权可以依法采取转让、出租、入股、抵押或者其他方式流转"的规定没有修改，即以其他方式取得的土地承包经营权的流转方式包括转让。（3）《关于〈引导农村土地经营权有序流转发展农业适度规模经营的意见〉的通知》（中办发〔2014〕61号）指出："鼓励承包农户依法采取转包、出租、互换、转让及入股等方式流转承包地。"同时，《三权分置意见》也指出："承包农户……有权通过转让、互换、出租（转包）、入股或其他方式流转承包地并获得收益。"从以上政策来看，其都认为互换、转让属于土地经营权流转方式。我们认为，转让、互换应当属于流转方式，但属于土地承包经营权流转方式，其性质导致土地承包经营权发生变动。

13. 将转让、互换规定在第二章"家庭承包"第四节"土地承包权的保护和转让"中不科学

从《承包法修正草案》第32条规定的"承包方之间为方便耕种或者各自需要，可以对属于同一集体经济组织的承包地进行互换"和第33条规定的"经发包方同意，承包方可以将全部或者部分承包的土地转让给本集体经济组织的其他农户，由该农户同发包方确立新的承包关系，原承包方与发包方在该土地上的承包关系即行终止"来看，转让、互换发生土地承包经营权变动，属于物权性流转，不存在产生土地承包权和土地经营权这一现象，并不适用"三权分置"规则，无法被规定在"土地承包权的转让"中。同时，转让、互换属于何种流转方式不明确。《承包法修正草案》中的转让、互换，既不属于土地承包权流转方式，也不属于土地经营权流转方式，实应属于土地承包经营权流转方式。显然，《承包法修正草案》第32条和第33条规定的互换、转让，不属于"土地承包权的保护和转让"范畴。

14.《承包法修正草案》没有对家庭承包这一用益物权性质的土地承包经营权进行充分保护

《承包法修正草案》第一章"总则"将《农村土地承包法》第9条——"国家保护集体土地所有者的合法权益，保护承包方的土地承包经

营权，任何组织和个人不得侵犯。"——改为第 10 条："国家保护集体土地所有权、土地承包权和土地经营权，任何组织和个人不得侵犯。"这里没有对最重要、量最大（2016 年流转率占 35.1%）、与农户利益密切相关的土地承包经营权实行保护；同时，《承包法修正草案》将《农村土地承包法》第二章"家庭承包"第四节"土地承包经营权的保护"的标题修改为"土地承包权的保护和转让"。可见，《承包法修正草案》忽视了土地承包经营权的重要性。

15.《承包法修正草案》把流转关系中的当事人之一的流进方设计为"第三方"不科学、不规范

《承包法修正草案》第 36 条第 2 款规定："发包方、承包方应当依法履行流转合同约定，尊重第三方依法依合同取得的权利。"《承包法修正草案》把流转关系中的当事人之一的流进方设计为"第三方"，存在以下主要问题：（1）流进方是流转合同或流转关系中的当事人，而不是"第三方"。（2）《承包法修正草案》第 36 条第 2 款中的"第三方"与本条第 1 款第 4 项"受让方须有农业经营能力"中的"受让方"也不一致。（3）发包方不是流转合同当事人，不应当受流转合同约束，更无须依法履行流转合同的约定。同时，发包方只是承包合同当事人，只受承包合同约束。（4）流转方式较多，使用"受让方"不能涵盖流进方的所有名称，且会与转让中的受让方相混淆。（5）按法理规范解读，任何合同的当事人双方都不能成为该合同法律关系的第三方，如按《承包法修正草案》的设计，初次流转的流进方是"第三方"，第一次再流转的流进方是"第四方"，第二次再流转的流进方是"第五方"，而"第三方""第四方""第五方"等都没有被列为流转关系的当事人，显然不科学。（6）第一次再流转须经承包方或其委托代理人书面同意，但第二次再流转须经谁同意，《承包法修正草案》并没有规定。我们建议，用"流进方"这一流转关系的当事人代替"受让方"或"第三方"更合理、更规范。

16.《承包法修正草案》中的再流转须经承包方或其委托代理人书面同意制度不合理

《承包法修正草案》第 36 条第 2 款规定："为提高农业生产效益，第三方经承包方或其委托代理人书面同意，并向本集体经济组织备案，承包地的经营权可以再流转。"再流转须经承包方或其委托代理人书面同意的设计存在如下问题：（1）承包方（土地承包权人）为了使自己拥有土地

承包权的剩余收益不落空，在通常情形下不会同意土地经营权人再流转土地经营权，从而使土地经营权人再流转土地经营权难度加大或者使再流转土地经营权无法实施。(2) 会与"第三方"拥有用益物权性质的土地经营权之直接支配性功能发生冲突和矛盾。

17. 债权性的流转到期后土地承包经营权能否回复（回归）问题凸显

《承包法修正草案》规定"出租""转包"等债权性流转后，因导致土地承包经营权消灭（遵循《承包法修正草案》第 6 条第 1 款的规定——"以家庭承包方式取得的土地承包经营权在流转中分为土地承包权和土地经营权"），需探讨的问题在于"出租""转包"（这两种流转期限都较短，通常都在 5 年以下）等债权性流转到期后，一是，按现行法理分析，经营主体（《承包法修正草案》中规定的"第三方"）的土地经营权应消灭，问题是之前已消灭的原"土地承包经营权"能恢复吗？二是，如土地经营权不消灭，返回给土地承包权人（承包方），与土地承包权（土地承包权人拥有土地承包权）结合而恢复土地承包经营权，其理论依据何在？三是，如果土地经营权不能返回给农户（承包方）或原"土地承包经营权"不能恢复，则农户（承包方）在承包期限的剩余期限内只拥有土地承包权，怎么实施第二次、第三次等流转？

18. 土地承包权和土地经营权什么时候成为独立权利，以及相联系之土地承包经营权什么时候消灭的问题

对于这个问题，可以从两个角度着手，作较系统的分析。

(1) 如土地承包权和土地经营权在"三权分置"政策下初次流转前已经成为独立权利的话，那么土地承包经营权是否存在？这里区分两种情形加以分析：A. 土地承包经营权仍然同时存在。第一种情形下如土地承包经营权仍被确定为民事权利的话，一方面，出现多重怪现象，没实施农地流转之前承包农户具有三重身份，享有三项权利，即承包农户作为土地承包经营权人享有土地承包经营权，作为土地承包权人享有土地承包权，作为土地经营权人享有土地经营权，同时实施农地流转发生土地经营权转移后（完成农地流转）不需要土地承包经营权消灭（因土地承包经营权和土地经营权前面已经分别为独立权利），承包农户变为具有双重身份，享有两项权利，即承包农户作为土地承包经营权人享有土地承包经营权，作为土地承包权人享有土地承包权。上述两种具体情况都与"三权分置"（不包括土地承包经营权）政策不吻合。另一方面，用益物权性质的土地承包经营权（现为法定物权）肯定会与土地承包权和土地经营权之间发生物权

冲突。第二种情形下如不发生上述物权冲突，则应当界定土地承包经营权为权利束，如"承包经营权是一个包含诸多权利内涵而且权能还在不断丰富和拓展的权利束"①。于是，问题就来了：一是，作为权利束的土地承包经营权（不是一项具体的民事权利，即不是具体物权）无法实施确权登记颁证，与目前国家要求实施土地承包经营权确权登记颁证不吻合，同时，以什么权利（是土地承包权，还是土地经营权）作为确权登记颁证之权利就成为问题；二是，冲击因农村土地家庭承包产生土地承包经营权这一法律制度，需要修改涉及农村土地承包方面的多部法律，而农村土地家庭承包直接产生土地承包权与土地经营权这两权（因土地承包经营权为权利束）肯定不符合法律逻辑；三是，在实施农地流转之前承包农户也具有双重身份，享有两项权利，即承包农户作为土地承包权人享有土地承包权，作为土地经营权人享有土地经营权，根据立法体例也无法在法律上规定。B. 土地承包经营权同时消灭。这种情形下虽然可能解决了用益物权性质的土地承包经营权（现为法定物权）与土地承包权、土地经营权发生物权冲突的问题，但实际上土地承包权与土地经营权之权利性质是否法定、它们之间是否会发生物权冲突的问题也需探讨。如"在'三权分置'理论之下，'土地承包权'、'土地经营权'作为两项独立的用益物权，均具有排他的支配性，并非存在于土地的不同部位，无法同时并存"②。同时，如确权登记颁证前土地承包经营权已经消灭，同样会遇到以什么权利（是土地承包权，还是土地经营权）作为确权登记颁证之权利等问题，也会出现上述在实施农地流转之前承包农户具有双重身份和享有两项权利以及立法问题。有学者认为："集体成员既是集体土地的承包权人，又是集体土地的经营权人，这两项权利是相互独立的，权利人可以分别行使，分别实现其不同功能。"③ 对这种观点，我们不敢苟同。

（2）如果土地承包权和土地经营权在农地"三权分置"政策下初次流转前未成为独立权利的话，有三方面问题值得分析和考问：A. 按照"顺

---

① 张红宇. 从"两权分离"到"三权分离"——我国农业生产关系变化的新趋势. 人民日报，2014-01-14（07）.

② 单平基."三权分置"理论反思与土地承包经营权困境的解决路径. 法学，2016（9）.

③ 马俊驹，丁晓强. 农村集体土地所有权的分解与保留——论农地"三权分置"的法律构造. 法律科学，2017（3）.

应农民保留土地承包权、流转土地经营权的意愿",实施初次流转时会发生土地经营权转移吗?因这时土地经营权还不是民事权利(不是财产),怎么可能发生权利转移?B. 根据"三权分置"政策实施初次流转,是按什么理论和依据什么规则使不是民事权利(不是财产)的土地经营权(初次流转前)变为是民事权利(成为财产)的土地经营权(初次流转完成后)?C. 承包农户能用"土地经营权"实施抵押吗?《三权分置意见》指出:"承包农户……有权依法依规就承包土地经营权设定抵押……"依据上面的设定,实施初次流转前承包农户只拥有土地承包经营权,而不拥有具有独立财产权利性质的土地经营权,故承包农户无法用"土地经营权"实施抵押(因该"土地经营权"还不是财产,不能成为抵押权的客体)。

19.《承包法修正草案》之"出租(转包)"提法不妥

《承包法修正草案》第 35 条规定:"土地经营权可以依法采取出租(转包)、入股或者其他方式流转。"出租(转包)的提法存在以下问题:(1)该条规定"出租(转包)"不仅不合理,而且会造成误解,因为用"出租(转包)"之规定,会出现出租和转包都不是独立流转方式的情形,好像出租中含有转包或出租离不开转包,而实践中出租和转包都是独立流转方式。(2)该条规定"出租(转包)"与《承包法修正草案》第 38 条规定的"土地经营权流转的转包费、租金"中的独立转包费、租金也不一致。

20."三权分置"下承包、初次流转、再流转依据理论问题凸显

"三权分置"下第一次分离与第二次分离存在诸多重要差异,可见,第一次分离与第二次分离的政策依据肯定不同。第一次分离即"土地所有权变为土地所有权和土地承包经营权"的政策依据是什么理论?第二次分离即"土地承包经营权变为土地承包权和土地经营权"的政策依据又是什么理论?同样,土地经营权再流转(第三次能分离吗?)又有什么理论可作为依据?

四、《农村土地承包法》之修法的深层思考

自《承包法修正草案》2017 年 11 月 7 日在"中国人大网"公布和公开征求意见以来,"就受到来自不同方面的法学者的花式批评,其立法制度对此从理念思维到具体规则构建显然面临诸多难以回应的严峻挑战"[1],出现诸多质疑和诘难,例如,"草案由此对农村土地权利设计了一个较为

---

[1] 陈小君."三权分置"与中国农地法制变革. 甘肃政法学院学报,2018(1).

复杂的结构,即'(集体)土地所有权+(承包农户)土地承包经营权+
(承包农户)土地承包权+(经营主体)土地经营权'。但这一土地权利结
构安排是否准确反映了'三权分置'思想,是否符合法理"①;土地承包
权和土地经营权"该两权分设的法律逻辑面临诸多责难,《修正案(草
案)》对来自法律层面的质疑提交了一个较为糟糕的'答案'"②;"在所
有权、承包权、经营权三权分置的背景下,土地经营权不宜匆忙"入典",
而是应当在将上述三权与土地承包经营权全部理顺的情况下,再进行相关
论证与实践"③;"即便土地承包法独立修改必行之势不可逆转,其修法路径
和方案仍大有研究必要"④。上述观点有力佐证了《承包法修正草案》凸
显的问题,提醒我们进行理论反思和实践检验尤为必要。同时,如按照"三
权分置"政策来实施"法律化",其路径实现势必任重道远,改革道路不仅
是坎坷的,而且可能面前遇到的是铜墙铁壁而出现此处无路或无法穿越的
情况。⑤ 目前,"肯定说""部分赞同说"的许多学者虽然对"三权分置"的
必要性和意义的分析极为深入透彻,可谓入木三分,但对"三权分置"下
"将土地承包经营权分为承包权和经营权"的"可行性"则没作任何论证,
更不用说对涉及新"两权"生成之规则的理论依据问题的探讨或展现。"新
解说"的一些学者虽然对"三权分置"政策确立的"三权"名称是赞同的,
但对该"三权"各自的内涵或内容不完全赞同,并对"三权"中新"两权"
中的一权或两权从新的角度予以解释或赋予新的内涵且有一定新意。"改新
说"的一些学者不完全赞同"三权分置"政策中"三权"除土地所有权外
的一个或两个名称,且都提出了有差异的新"三权分置"设想,有一定创
新思想和许多创新见解,值得借鉴。"新解说"和"改新说"的众多观点都

---

① 高圣平. 论农村土地权利结构的重构——以《农村土地承包法》的修改为中
心. 法学,2018(2).

② 高飞. 土地承包权与土地经营权分设的法律反思及立法回应——兼评《农村
土地承包法修正案(草案)》. 法商研究,2018(3).

③ 温世扬. "民法物权编"修订起草中的几个重点问题. 北京航空航天大学学报
(社会科学版),2018(1).

④ 陈小君.《农村土地承包法修正案(草案)》要义评析. 中国土地科学,2018
(5).

⑤ 学界对"三权分置"改革已经初步形成了五种学说,包括肯定、部分赞同、新
解、改新、否定说。丁关良. 农地"三权分置"政策之两次分离的异同研究. 天津商业
大学学报,2018(1).

无现行法理作为依据或不存在创新法理支撑，且都不能圆满解释除土地所有权和土地承包经营权外农地其他新生"权利"（特别指土地承包权、成员权、土地经营权、耕作经营权、农地使用权、次生土地承包经营权等）生成之法律逻辑或法律规则，有的观点已经造成简单问题复杂化之难以解决或无解的众多怪象。而"否定说"虽然对将"土地承包经营权分为土地承包权和土地经营权"之观点和政策提出质疑和有力考问，认为缺乏法理支撑，以及新"两权"的产生不符合法律逻辑或其生成无规则可依，但对现行土地承包经营权流转法律制度存在重要欠缺问题（特别是造成该制度障碍的原因）及解决途径（如何完善现行法律制度）缺乏系统研究且没有提出破解方案。特别是在"三权分置"中，"土地承包权"有经济利益之名而无经济利益之实①，似乎是土地上之财产权性质的民事权利（否则无法与土地所有权、土地经营权形成"三权分置"并行②），而实质上该权利名不副实；且若"三权分置"中土地承包权也能通过土地经营权流转产生流转收益（转包费、租金、转让费等）的途径来实现土地承包权的经济价值（假设土地承包权人收取土地经营权流转收益成立），也会遇到诸多问题，且存在"空权利"（如等质等量土地经营权互换③、土地经营权出租等）或"无

---

　　①　学界认为，土地承包权与土地经营权的分离"是其负载的社会保障功能与经济效用功能的分离"，即被分解产生的土地承包权具有身份属性，专属于具有农民集体成员资格的承包农户，而纯身份性的土地承包权必定无任何经济利益，无经济利益的权利称为土地承包权，即土地上之财产权性质的民事权利，导致名不副实。同时，按"三权分置"政策分析，在"三权分置"并行下，土地承包权与土地经营权都是独立权利，土地承包权自身也无经济价值，因为土地承包权法律关系的主体、内容、客体不明或无法界定。

　　②　从《三权分置意见》指出的"将土地承包经营权分为承包权和经营权，实行所有权、承包权、经营权（以下简称'三权'）分置并行"，"科学界定'三权'内涵、权利边界及相互关系"，"在依法保护集体所有权和农户承包权的前提下，平等保护经营主体依流转合同取得的土地经营权"等主要内容来看，土地承包权和土地经营权是两项独立的民事权利。

　　③　等质等量的承包地互换，"互换"完成后享有土地承包权的任何一方已不可能从经营承包地的对方（享有土地经营权）取得任何收益，即甲农户（享有 A 地土地承包权）不能从乙农户（享有 A 地土地经营权）手中取得收益；同样，乙农户（享有 B 地土地承包权）也不能从甲农户（享有 B 地土地经营权）手中取得收益，该情形下应当"禁止"土地承包权转让。

权利"(如土地经营权转让中一次性收取转让费①)或"假权利"(如土地经营权入股②)或"虚权利"(如土地经营权互换,仅一方有差价收益的情形③)或"反权利"(承包农户土地经营权抵押)等现象,造成违反常态交易规则,出现种种制度扭曲。这充分反映出"三权分置"下不存在财产权性质之民事权利的"土地承包权";而农地流转能否产生"土地经营权"是一个理论问题,如土地承包经营权派生"土地经营权"或用益物权的土地承包经营权上创设新用益物权的"土地经营权"而形成"土地所有权、土地承包经营权、土地经营权"的新"三权分置",也无有力理论依据或创新法理支撑。同时,每一项重要农地制度的创新改革都牵涉几亿农民的切身利益,其历史与时代责任重大,必须"用科学的理论和理念指导改革实践"才能成功,在时机不成熟和"三权分置"改革之创新理论未出现的情形下,更需率先实施封闭试点,而不是急于用"土地经营权流转代替土地承包经营权流转",甚至急于盲目无理论依据地仓促"变法",以避免失败和减小失误。可见,《农村土地承包法》之"变法"不是儿戏,只有于理于实有据才能落地生根。针对目前"三权分置"政策"法律化"无创新法理支撑的客观事实,虽然众多学者(包括一些政府官员)为破解土地承包经营权流转的种种障碍而四处奔波寻找"富金矿"(探索各种形式的"三权分置"之解决"法律化"路径方案),但最后仍可能失望或出现空手

---

① 若土地经营权"转让"之转让方(承包农户)一次性收取转让收益(常态),造成"保留"土地承包权已经无实际价值,该无实际价值的土地承包权能实施"转让"吗?显然,这种情形下应当"禁止"土地承包权"转让",否则,会违反等价交易之市场法则。

② 在"三权分置"政策下,土地经营权"入股"后,一方面,承包农户通常成为农民专业合作社成员(这里以土地经营权"入股"农民专业合作社为例),可以该社成员身份(而不是土地承包权人身份)从农民专业合作社的利润中取得红利;另一方面,承包农户(土地承包权人)保留土地承包权已无收益功能或无任何收益价值。显然,承包农户用土地经营权"入股"后的土地承包权转让违反市场交易规则,法律应当禁止这种土地承包权的转让。

③ 除等质等量外第二种等量不等质、第三种等质不等量和第四种不等质不等量的承包地互换,若非常态下互换后还存在收益差价(互换时不是一次性结清互换收益差价),也只有享有土地承包权的一方在今后可取得收益差价,这也不是土地经营权价值之收益(或不能反映土地承包权的全部收益),而应是差价收益;而另一方虽然也享有土地承包权,但永远无法取得土地承包权的任何收益,只存在支付差价的义务。

而回的情况，实际上也许所要寻找的"富金矿"就在当下这片土地承包经营权流转赖以生存之土壤中。基于当前家庭土地承包经营权具有唯一的纯财产属性（且属于法定的用益物权，不具有身份属性），土地承包经营权流转只存在法律障碍而不存在法理障碍，以及可依据现行法理完善与拓展土地承包经营权的权能，通过探索剖析最关键小麻雀（转让①）能实现挖掘真问题、完善大制度之功效。目前所面临的最明智，也许最好的正确选择，是依据现行法理重构家庭土地承包经营权转让之"良法制度"（依据法理彻底消除现行法律制度对转让的一切障碍，依据良法之法理重构转让科学制度），最终找到这一金钥匙、找准这一突破口、牵住这一牛鼻子。这可能是农地流转制度深化改革成功之最关键、最急需、最快捷、最落地的明智举措，是小风险、低成本、快见效、易实施的改革路径，是重法理、重规则、重规范、重秩序的善治对策。其结果是解决了土地承包经营权转让的法律障碍，实现了"转让"之良法运行机理，从而使厘清土地承包经营权抵押②、入股③、

---

① 2014年全国转包、出租、互换、股份合作、转让流转的比重分别为46.6%、33.1%、5.8%、6.7%和3.0%；另有4.8%的耕地通过临时代耕等其他方式流转。农业部. 全国2014年农村家庭承包耕地流转情况——2014年农村经营管理情况统计分析报告之一. 中国农经信息网，http：//www.caein.com/index.php/Showsecondlist/index.

② "既然土地承包经营权转让不存在因所谓承包权和经营权混杂而引发的障碍，土地承包经营权抵押自然也不会受到所谓承包权、经营权不分的影响。认可土地承包经营权转让而不允许土地承包经营权抵押，是制度设计的缺陷，试图以所有权、承包权、经营权'三权分置'来解决土地承包经营权抵押问题，显然开错了药方。"高飞. 农村土地"三权分置"的法理阐释与制度意蕴. 法学研究，2016（3）.

③ 如土地承包经营权转让采取自由原则，显然，土地承包经营权可成为农民专业合作社、社区性的股份（经济）合作社、土地股份合作社（有的称农地股份合作社）、公司（主要是股份制的农业龙头企业）等组织（法人）的入股财产，如土地承包经营权入股公司，公司继受取得土地承包经营权，而承包农户丧失土地承包经营权的同时取得该公司股权且成为公司股东，该成为公司股东的承包农户以公司股东身份享有公司股权并有权在公司有利润的情形下从公司取得红利收益。这应当没有任何法理障碍。同时，土地承包经营权成为公司财产后，公司拥有土地承包经营权且可以以该土地承包经营权抵押融资，也应当没有任何法理障碍。

互换①、继承②等流转方式水到渠成，最后完善和健全的土地承包经营权流转良法制度必将呈现在中国农村大地上和中国民法制度（特别是"民法典物权编"）中。

五、《农村土地承包法》部分条文内容修改建议及理由

这里对《承包法修正草案》部分修改条文（以下称"原草案条文"）和《承包法修正草案》没有修改的《农村土地承包法》条文（以下称"原法条文"）进行对比分析，并提出具体的修改建议及理由。

（一）第一章"总则"部分修改条文和内容

第一章"总则"涉及修改的条文包括第1、第5～7、第10条。

1.【原草案条文】第一条　为稳定和完善以家庭承包经营为基础、统分结合的双层经营体制，赋予农民长期而有保障的土地使用权，维护农村土地承包经营当事人的合法权益，促进农业、农村经济发展和农村社会稳定，根据宪法，制定本法。

【建议条文】为巩固和完善以家庭承包经营为基础、统分结合的双层经营体制，维护农村土地承包经营当事人的合法权益，促进农业、农村经济发展和农村社会稳定，根据宪法，制定本法。

【修改理由】（1）将原"为稳定和完善以家庭承包经营为基础、统分

---

①　如《农村土地承包法》第40条规定："承包方之间为方便耕种或者各自需要，可以对属于同一集体经济组织的土地的土地承包经营权进行互换。"依据现行法律关于转让的对象范围——"其他从事农业生产经营的农户"的规定，A村农户甲和B村农户乙的双方相互之间通过两次转让可以实现不在同一集体经济组织的农户之间互换的目的，从而造成土地承包经营权互换限制条件"形同虚设"。显然，该条款之规定充分反映出该法律规范之内容不严谨和不周详。实际上，互换主要目的是条文提到的"方便耕种或者各自需要"和"鼓励农民在自愿前提下采取互换并地方式解决承包地细碎化问题"，因此，家庭承包的土地承包经营权互换应不再局限于同一集体经济组织农户之间，即应当是拥有用益物权性质的土地承包经营权的农业生产经营者之间。

②　如"《物权法》使人们对土地承包经营权有了物权认知和实践，其作为一项独立的合法的财产权，显然是可以继承的。退一步说，《物权法》既然允许其被转让，又有什么理由禁止其被继承呢？否则，被继承人完全可以通过转让的方式来实现继承之目的，从而对法律的严肃性与权威性予以公然挑衅"。温世扬. 农地流转：困境与出路. 法商研究，2014（2）.

结合的双层经营体制"改为"为巩固和完善以家庭承包经营为基础、统分结合的双层经营体制"的理由是：党的"十九大报告"提出的"实施乡村振兴战略"中与时俱进地强调要"巩固和完善农村基本经营制度"，"2018年中央一号文件"更是明确要"巩固和完善农村基本经营制度"。（2）删除本条中"赋予农民长期而有保障的土地使用权"的理由是：1）本条中"土地使用权"的内涵无法界定，并会与物权法定原则相冲突，而且该权利名称并无实际意义（后面条文没有出现该权利名称）；2）本条中的"长期"与《承包法修正草案》第4条第2款——"国家依法保护农村土地承包关系稳定并长久不变"中的"长久"不一致，会产生歧义。同时，"2018年中央一号文件"提到，要落实农村土地承包关系稳定并长久不变政策，衔接落实好第二轮土地承包到期后再延长30年的政策，让农民吃上长效"定心丸"。

2.【原草案条文】第五条　农村集体经济组织的成员，有权依法承包经营由本集体经济组织发包的土地，享有土地承包经营权。

任何组织和个人不得剥夺和非法限制农村集体经济组织成员承包经营土地的权利。

非本集体经济组织的成员，除本法第三章规定的情形外，不得承包由本集体经济组织发包的土地，不享有土地承包经营权，但是可以通过土地流转依法获得土地经营权。

【建议条文】农民集体的成员，有权依法承包由本农民集体的农村社区集体组织发包的土地。

任何组织和个人不得剥夺和非法限制农民集体成员承包土地的权利。

非本农民集体的成员，不得承包本法第二章规定由本农民集体的农村社区集体组织发包的土地，但是可以通过土地流转依法获得土地经营权。

本法所谓的农村社区集体组织，为本法的发包方，是指村集体经济组织、组集体经济组织、村民委员会和村民小组。

【修改理由】（1）依据《农村土地承包法》第15条关于"家庭承包的承包方是本集体经济组织的农户"的规定，取得和享有土地承包经营权的主体是农户，而农村集体经济组织（应当是下面分析所指的"农民集体"）的成员不应当享有土地承包经营权，故应删除本条第1款中的"享有土地承包经营权"的表述。（2）本条第1款中"农村集体经济组织的成员"应当回归为"农民集体成员"，理由如下：1）成员权不来自于农村集体经济组织。目前，全国还有很多的地方不存在农村集体经济组织（而只存在村民委员会、村民小组），目前在不存在农村集体经济组织的农村社区，农民仍享有成员权，可见，这些地方仍存在成员，但他们肯定不是农村集体经济组织成员；如成员是农村集体经济组织的"专利"，则在不存在农村集体经济组织的农村社区，哪来成员？哪来成员权？2）现行法律和政策通常提到农村集体经济组织成员，但有的政策和法律也提到农民集体成员。如《关于农村集体土地确权登记发证的若干意见》（国土资发〔2011〕178号）指出："属于村农民集体所有的，由村集体经济组织或者村民委员会受本农民集体成员的委托行使所有权……"《物权法》第59条第1款规定："农民集体所有的不动产和动产，属于本集体成员集体所有。"第2款规定："下列事项应当依照法定程序经本集体成员决定……"这里的"本集体"应指"农民集体"或"成员集体"，"本集体成员"应指"农民集体成员"。3）《关于稳步推进农村集体产权制度改革的意见》（2016年12月26日）指出："农村集体经济组织是集体资产管理的主体，是特殊的经济组织，可以称为经济合作社，也可以称为股份经济合作社。"通常，经济合作社由社员组成，而股份经济合作社由股东组成。传统经济合作社社员与农民集体成员可能具有一致性，但股份（经济）合作社股东（包括农民集体成员股东、农民集体原成员股东、非本农民集体成员股东、非成员的自然人个人股东、集体股股东、法人股东、非法人组织股东等）与农民集体成员不具有完全一致性。4）农民集体是农村集体财产权的主体，而农村集体经济组织不是农村集体财产权的主体，只可能是农村集体财产权的行使主体（代表）。5）成员权只能来自农民集体，取决于农民集体这一农村集体财产权主体的客观存在。成员权是农民基于农民集体成员这一特定身份而享有的从农民集体获取经济利益和利用集体资源并参与农民集体管理而享有权利和承担义务的资格。成员权应当属于权利能力范畴，不属于具体民事权利范畴。成员权应包括：享有成员权的农民具有承包农村土地的资格（承包权）；通过参与家庭承包可以取得土地承包经营权（民事权利）；可以依法取得宅基地使用权（民事权利）；拥有集体收益分配权等。客观地分析，"农民集体成员"是真命题，是客观存在的，故建议将本条中的"农村集体经济组织"改为"农民集体"。（3）建议增加发包方的"农村社区集体组织"这一特定名称，使发包方这一名称符实，且实践和理论意义都很大，可以使法律规定更加合理、简便。理由是：

《农村土地承包法》第 12 条中村一级发包方主体有两种，即村集体经济组织和村民委员会，组一级发包方主体也有两种，即组集体经济组织和村民小组；同时，在存在两种性质（农村集体经济组织和农村基层群众自治组织）的发包方情形下，该法律后面只使用农村集体经济组织，无法涵盖上述两类发包方，显然导致不规范、不合理、不科学。

3.【原草案条文】第六条　以家庭承包方式取得的土地承包经营权在流转中分为土地承包权和土地经营权。

土地承包权是指农村集体经济组织成员依法享有的承包土地的权利。

土地经营权是指一定期限内占用承包地、自主组织生产耕作和处置产品，取得相应收益的权利。

【建议条文】依本法将家庭承包方式取得的土地承包经营权分为土地承包权和土地经营权。

土地承包权是指土地承包权人对承包地依法享有收益、处分的权利。

土地经营权是指土地经营权人在一定期限内对承包地依法享有占有、使用、收益和处分的权利。

【修改理由】土地承包权和土地经营权在"三权分置"下，其性质肯定属于民事权利，如需定义，应当适用权利概念性质作出定义。本条存在的问题主要有：（1）第 1 款中"在流转中"之规定不明确，导致土地承包经营权（一权）变为土地承包权和土地经营权（两权）的发生时间无法界定。一方面，土地经营权产生情形有多种，如土地经营权在流转前已经存在（《承包法修正草案》第 42 条规定："承包方可以用承包土地经营权向金融机构融资担保。"于抵押情形下只有在实现抵押权时才发生土地经营权转移，否则，借款合同依法依约履行，不需要通过实现抵押权来实现借款合同的债权的，不发生土地经营权转移，可见，抵押是一种潜在的流转方式），又如土地经营权存在于流转后（《承包法修正草案》第 42 条规定："第三方通过流转取得的土地经营权，经承包方或其委托代理人书面同意，可以向金融机构融资担保。"）等。另一方面，在《承包法修正草案》中，土地承包权的产生存在三种情形：1）从《承包法修正草案》第 23 条第 2 款关于"土地承包经营权证或者林权证等证书应当将具有土地承包权的全部家庭成员列入"的规定来看，该土地承包权产生（存在）于家庭承包前。2）从《承包法修正草案》第 42 条关于"承包方可以用承包土地经营权向金融机构融资担保"的规定来看，土地承包权（这时土地经营权已经成为抵押法律关系之客体)产生(或存在)于在流转前。3)从《承包法修正草案》第 42 条关于"第三方通过流转取得的土地经营权,经承包方或其委托代理人书面同意,可以向金融机构融资担保"的规定来看,土地承包权产生(存在)于流转后。因此,应当将"以家庭承包方式取得的土地承包经营权在流转中分为土地承包权和土地经营权"改为"依本法将家庭承包方式取得的土地承包经营权分为土地承包权和土地经营权"。(2)因为"土地承包经营权分为土地承包权和土地经营权"无现行法理可依,且目前也无可以支撑的可能创新之法理可循,其能否最终依法产生还是未知。① (3)第 2 款中的"土地承包权"存在概念定性问题,建议:如将其作为权利,土地承包权应当指土地承包权人对承包地依法享有收益、处分的权利,但土地承包权人对承包地已经不享有占有权能、使用权能,因该承包地已经由土地经营权人占有、使用。(4)土地经营权的概念中存在"占用"内涵不明确、"自主组织生产耕作"之"耕作"范围太窄、"处置产品"错位等问题。1)"耕作"无法涵盖在耕地、林地、草地上从事的农业活动。目前,在农地上通常以耕作、养殖、竹木、畜牧为具体内容。"耕作"是指为了取得植物收获物而在农村土地上从事栽培等农业活动;"养殖"是指为了获取水产品而在水面从事培育和繁殖水产动植物等农业活动;"竹木"是指为了取得竹木收获物而在林地、"四荒地"上从事种植竹木等农业活动;"畜牧"是指为了获得畜产品而从事饲养牲畜和家禽等农业活动。2)"处置产品"是土地经营权人行使动产所有权中的处分权能的体现,与土地经营权本身权能无关。建议:如将其作为权利,土地经营权应是指土地经营权人在一定期限内对承包地依法享有占有、使用、收益和处分的权利(这里,处分权能主要体现在土地经营权人实施土地经营权再流转)。(5)土地承包权和土地经营权的性质没有被界定,也无法界定出唯一性。理由是:承包法律关系只有一种,土地承包经营权可以被界定

---

① 《行政诉讼法》第 12 条中提到的"农村土地经营权",其性质不明。《农民专业合作社法》第 13 条第 1 款规定:"农民专业合作社成员可以用货币出资,也可以用实物、知识产权、土地经营权、林权等可以用货币估价并可以依法转让的非货币财产,以及章程规定的其他方式作价出资;但是,法律、行政法规规定不得作为出资的财产除外。"一方面,该条中的"土地经营权"性质也不明,如"土地经营权"是债权,能否以其出资会成为问题;另一方面,该条中的"土地经营权"与"林权"发生权利重合,如"三权分置"情形下的"林权"肯定包括林地上的"土地经营权"。

为用益物权，但流转方式多样且流转法律关系复杂，存在多种不同性质之流转法律关系，故土地经营权的性质不易确定。可见，在"三权分置"背景下，流入方取得的土地经营权肯定存在多种权利性质，这是客观现实，会使土地承包权和土地经营权的性质界定难度加大，甚至可能导致无法界定。

4.【原法条文】第七条　农村土地承包，妇女与男子享有平等的权利。承包中应当保护妇女的合法权益，任何组织和个人不得剥夺、侵害妇女应当享有的土地承包经营权。

【建议条文】农村土地承包，妇女与男子享有平等的权利。承包中应当保护妇女的合法权益，任何组织和个人不得剥夺、侵害妇女应当享有的依法承包土地的权利。

【修改理由】原法条文中的"土地承包经营权"可因承包地被依法征收、占用等而消灭。但在农村土地承包中，妇女承包农村土地的资格是不得剥夺、侵害的。

5.【原草案条文】第十条　国家保护集体土地所有权、土地承包权和土地经营权，任何组织和个人不得侵犯。

【建议条文】国家保护未流转状态的集体土地所有权、土地承包经营权，任何组织和个人不得侵犯。

国家保护流转状态的集体土地所有权、土地承包权和土地经营权，任何组织和个人不得侵犯。

【修改理由】"土地集体所有权与土地承包经营权是承包地处于未流转状态的一组权利，是两权分离。"① 因此，应当明确区别流转状态分别加以规定。

（二）第二章"家庭承包"第一至三节修改条文和内容

第二章"家庭承包"第一～三节涉及修改条文包括第12、第14～16、第18～20、第22～24条的内容。

6.【原法条文】第十二条　农民集体所有的土地依法属于村农民集体所有的，由村集体经济组织或者村民委员会发包；已经分别属于村内两个

---

① 全国人大农业与农村委员会副主任委员刘振伟于2017年10月31日在第十二届全国人民代表大会常务委员会第三十次会议上所作《关于〈中华人民共和国农村土地承包法修正案（草案）〉的说明》。

以上农村集体经济组织的农民集体所有的，由村内各该农村集体经济组织或者村民小组发包。村集体经济组织或者村民委员会发包的，不得改变村内各集体经济组织农民集体所有的土地的所有权。

国家所有依法由农民集体使用的农村土地，由使用该土地的农村集体经济组织、村民委员会或者村民小组发包。

【建议条文】对于农民集体所有的农村土地，依照下列规定进行发包：

（一）属于村农民集体所有的，由村集体经济组织发包，未设立村集体经济组织的，由村民委员会发包；

（二）属于组农民集体所有的，由组集体经济组织发包，未设立组集体经济组织的，由村民小组发包。

上款第（二）项组农民集体所有的农村土地，组农民集体成员民主议定可依法委托村集体经济组织或者村民委员会代发包。

国家所有依法由农民集体使用的农村土地，由使用该土地的农民集体的村集体经济组织或者村民委员会、组集体经济组织或者村民小组发包。

【修改理由】（1）村、组两级分开规定，可以使土地所有权更加清晰、发包方更加明确；（2）需要实现发包方主次顺序分明。《民法总则》第101条第2款规定："未设立村集体经济组织的，村民委员会可以依法代行村集体经济组织的职能"；《关于稳步推进农村集体产权制度改革的意见》指出："属于村农民集体所有的，由村集体经济组织代表集体行使所有权，未成立集体经济组织的由村民委员会代表集体行使所有权；分别属于村内两个以上农民集体所有的，由村内各该集体经济组织代表集体行使所有权，未成立集体经济组织的由村民小组代表集体行使所有权"。

7.【原法条文】第十四条　发包方承担下列义务：

（一）维护承包方的土地承包经营权，不得非法变更、解除承包合同；

（二）尊重承包方的生产经营自主权，不得干涉承包方依法进行正常的生产经营活动；

（三）依照承包合同约定为承包方提供生产、技术、信息等服务；

（四）执行县、乡（镇）土地利用总体规划，组织本集体经济组织内的农业基础设施建设；

（五）法律、行政法规规定的其他义务。

【建议条文】发包方承担下列义务：

（一）维护承包方的土地承包经营权，不得非法变更、解除承包合同；

（二）尊重承包方的生产经营自主权，不得干涉承包方依法进行正常的生产经营活动；

（三）依照承包合同约定为承包方提供生产、技术、信息等服务；

（四）执行县、乡（镇）土地利用总体规划，组织本农村社区集体组织内的农业基础设施建设；

（五）法律、行政法规规定的其他义务。

【修改理由】将"农村集体经济组织"改为"农村社区集体组织"，理由同上。

8.【原法条文】第十五条　家庭承包的承包方是本集体经济组织的农户。

【建议条文】家庭承包的承包方是本农民集体的发包方内的农户。

【修改理由】如上所述，发包方包括村集体经济组织或者村民委员会、组集体经济组织或者村民小组。

9.【原草案条文】第十六条　承包方享有下列权利：

（一）依法享有承包地使用、收益和流转的权利，有权自主组织生产经营和处置产品；

（二）承包地被依法征收、征用、占用的，有权依法获得相应的补偿。在承包地上投入而提高土地生产能力的，流转土地经营权时有权依法获得相应的补偿；

（三）法律、行政法规规定的其他权利。

【建议条文】承包方享有下列权利：

（一）依法享有承包地占有、使用、收益和处分的权利，有权自主组织生产经营和处置产品；

（二）承包地被依法征收、征用、占用的，有权依法获得相应的补偿；

（三）在承包地上投入而提高土地生产能力的，自愿交回、被发包方依法收回的，有权依法获得相应的补偿；

（四）法律、行政法规规定的其他权利。

【修改理由】（1）土地承包经营权（用益物权）除具有使用权能、收益权能外，还具有占有权能、处分权能。（2）"流转土地经营权时有权依法获得相应的补偿"不合理且无法操作。一方面，承包方实施物权性流转的，其流转收益（流转费）中已经包括"在承包地上投入而提高土地生产能力"，从而增加的价值部分收益；另一方面，承包方实施债权性流转的，在流转期限中可取得流转收益（流转费），流转期限届满承包地通常返还给承包方。（3）承包方自愿交回承包地、承包地被发包方依法收回的，应当获得相应的补偿。

10.【原法条文】第十八条 土地承包应当遵循以下原则：

（一）按照规定统一组织承包时，本集体经济组织成员依法平等地行使承包土地的权利，也可以自愿放弃承包土地的权利；

（二）民主协商，公平合理；

（三）承包方案应当按照本法第十二条的规定，依法经本集体经济组织成员的村民会议三分之二以上成员或者三分之二以上村民代表的同意；

（四）承包程序合法。

【建议条文】土地承包应当遵循以下原则：

（一）按照规定统一组织承包时，本农民集体成员依法平等地行使承包土地的权利；

（二）民主协商，公平合理；

（三）承包方案应当按照本法第十二条的规定，依法经本农民集体的农村社区集体组织权力机构社员大会（或股东会，或村民会议）到会人员三分之二以上或者社员代表大会（或股东大会，或村民代表会议）到会人员三分之二以上同意；

（四）承包程序合法。

【修改理由】（1）本条中"承包土地的权利"属于民事权利能力，而民事权利能力无法被放弃，即被赋予"承包土地的权利"的本农民集体成员以户为单位参加农村土地家庭承包活动，才能使农户真正取得物权性质的土地承包经营权；如被赋予"承包土地的权利"的本农民集体成员不以户为单位参加农村土地家庭承包活动，则不能取得土地承包经营权。可见，农户可放弃取得土地承包经营权，但不能"自愿放弃承包土地的权利"。（2）承包方案应当"依法经本集体经济组织成员的村民会议三分之二以上成员或者三分之二以上村民代表的同意"不符合现实：1）农村集体经济组织的内部组织机构中不存在村民会议这一权力机构，只有村民委员会中存在村民会议这一权力机构。同时，村民会议不是由成员构成，而是由村民构成，且村民与成员不一致。2）发包方具有两种主要性质：一种是依法行使农村集体财产经营管理职能的农村集体经济组织（村集体经济组织、组集体经济组织），另一种是农村基层群众性自治组织（村民委员会和村民小组)。如上述分析,发包方包括:村集体经济组织、组集体经济组织、村民委员会和村民小组。同时,《关于稳步推进农村集体产权制度改革的意见》指出:"农村集体经济组织是集体资产管理的主体,是特殊的经济组织,可以称为经济合作社,也可以称为股份经济合作社。"
3)经济合作社的权力机构是社员大会或社员代表大会,股份(经济)合作社的权力机构是股东会或股东(代表)大会,村民委员会的权力机构是村民会议或村民代表会议。

11.【原法条文】第十九条 土地承包应当按照以下程序进行:

(一)本集体经济组织成员的村民会议选举产生承包工作小组;

(二)承包工作小组依照法律、法规的规定拟订并公布承包方案;

(三)依法召开本集体经济组织成员的村民会议,讨论通过承包方案;

(四)公开组织实施承包方案;

(五)签订承包合同。

【建议条文】 土地承包应当按照以下程序进行:

(一)本农民集体的农村社区集体组织权力机构社员大会(或股东会,或村民会议)或者社员代表大会(或股东大会,或村民代表会议)选举产生承包工作小组;

(二)承包工作小组依照法律、法规的规定拟订并公布承包方案;

(三)依法召开本农民集体的农村社区集体组织权力机构社员大会(或股东会,或村民会议)或者社员代表大会(或股东大会,或村民代表会议),讨论通过承包方案;

(四)公开组织实施承包方案;

(五)签订承包合同。

【修改理由】"村民会议"改为"农民集体的农村社区集体组织权力机构社员大会(或股东会,或村民会议)或者社员代表大会(或股东大会,或村民代表会议)",理由同上。

12.【原草案条文】第二十条 耕地的承包期为三十年。草地的承包期为三十年至五十年。林地的承包期为三十年至七十年。

前款规定的耕地承包期届满后再延长三十年。

【建议条文】耕地的承包期为三十年。草地的承包期为三十年至五十年。林地的承包期为三十年至七十年。

前款规定的耕地承包期属于第二轮土地承包期届满后再延长三十年。

【修改理由】"耕地承包期届满后再延长三十年"的规定，意味着每一次耕地承包期到期时必须再延长三十年。这不符合政策逻辑和现实要求。同时，也意味着以后不需要再搞承包了，也不符合法律规则。显然，这一规定与"第二轮土地承包到期后再延长三十年"的政策是不吻合的。

13.【原法条文】第二十二条 承包合同自成立之日起生效。承包方自承包合同生效时取得土地承包经营权。

【建议条文】承包合同自依法成立之日起生效。承包方自承包合同生效时取得土地承包经营权。

【修改理由】成立前加"依法"，更加科学、合理。

14.【原草案条文】第二十三条 国家对耕地、林地和草地等实行统一登记，具体由行政法规规定。

土地承包经营权证或者林权证等证书应当将具有土地承包权的全部家庭成员列入。

【建议条文】国家对耕地、林地和草地等实行统一登记，具体由行政法规规定。

土地承包经营权证或者林权证等证书应当将已经取得本农民集体承包地的家庭成员列入。

【修改理由】（1）原草案条文中的"土地承包权"与《承包法修正草案》第6条第1款规定的"以家庭承包方式取得的土地承包经营权在流转中分为土地承包权和土地经营权"中的土地承包权不吻合。（2）"土地承包权"发生在家庭承包之前，而不是发生在承包方（农户）取得土地承包经营权后或《承包法修正草案》第6条规定的"在流转中"。（3）"土地承包权"是取得土地承包经营权的前提和基础，反映出该土地承包权不是权利，应属于民事权利能力，是农户取得土地承包经营权（用益物权）的资格（家庭承包中的成员土地承包权是构成农户土地承包权的基石，即农户土地承包权，实际上是由一个成员土地承包权或数个成员土地承包权之总和构成的①）。（4）土地承包经营权证或者林权证等证书"将具有土地承包权的全部家庭成员列入"会产生歧义，因为作为民事权利能力的土地承包权是法律赋予的，只要是农民集体成员就有该民事权利能力。一方面，

① 丁关良. 农民的土地承包权与农户的土地承包经营权辨析. 宁波职业技术学院学报，2004（5）.

具有民事权利能力的土地承包权的成员，不一定已经取得承包地，将来在本轮承包期内也不一定能够取得承包地，因此，"将具有土地承包权的全部家庭成员列入"土地承包经营权证或者林权证等证书内不合适、不科学。另一方面，虽然农村土地承包地早已发包，但农民集体成员仍然享有该民事权利能力的土地承包权，因为依据《农村土地承包法》第28条第2款规定的"下列土地应当用于调整承包土地或者承包给新增人口"，其还有机会取得土地承包经营权。

15.【原法条文】第二十四条　承包合同生效后，发包方不得因承办人或者负责人的变动而变更或者解除，也不得因集体经济组织的分立或者合并而变更或者解除。

【建议条文】承包合同生效后，发包方不得因承办人或者负责人的变动而变更或者解除，也不得因本农村社区集体组织的分立或者合并而变更或者解除。

【修改理由】将"农村集体经济组织"改为"农村社区集体组织"，理由同上。

（三）第二章"家庭承包"第四节"土地承包权的保护和转让"修改条文和内容

第二章"家庭承包"第四节"土地承包权的保护和转让"涉及修改条文包括节题，第26～28条，第33、34、40条的内容。

16.【原草案标题】第四节 土地承包权的保护和转让

【建议标题】土地承包经营权的保护与流转

【修改理由】（1）该节的条文内容几乎没有涉及土地承包权这一权利，如"承包期内，发包方不得收回承包地""承包期内，发包方不得调整承包地"等都属于土地承包经营权的保护，而不是"土地承包权的保护"。（2）该节的条文内容几乎没有涉及土地承包权转让，而只涉及土地承包经营权转让、土地承包经营权互换以及转让土地承包权益（内涵不明）等相关内容。显然，该节标题名不副实。（3）第五节"土地经营权的保护和流转"中存在"土地承包权的保护"等内容，如第38条规定："土地经营权流转的转包费、租金、股金等由当事人双方协商确定。流转的收益，除本法第三十七条规定的情形外归承包方所有，任何组织和个人不得擅自截留、扣缴。"（4）该节的条文内容中转让、互换应当属于土地承包经营权流转。

17.【原草案条文】第二十六条　承包期内，发包方不得收回承包地。

维护进城务工农民的土地承包经营权，不得以退出土地承包权作为农民进城落户的条件。是否保留土地承包经营权，由农民选择而不代替农民选择。

承包方全家迁入城镇落户，纳入城镇住房和社会保障体系，丧失农村集体经济组织成员身份的，支持引导其按照国家有关规定转让土地承包权益。

承包期内，承包方交回承包地或者发包方依法收回承包地时，承包方对其在承包地上投入而提高土地生产能力的，有权获得相应的补偿。

【建议条文】承包期内，发包方不得收回承包地。

维护进城务工农民的土地承包经营权，不得以退出承包地作为农民进城落户的条件。是否保留承包地，由该农民依法决定。

承包方全家迁入城镇落户，纳入城镇住房和社会保障体系，丧失农民集体成员身份的，支持引导其按本法规定自愿交回承包地，也可依本节规定实施土地承包经营权转让或依本法规定实施土地经营权流转。

耕地和草地的承包期内，承包方全家人员都死亡的，发包方依法收回承包地。

承包期内，承包方交回承包地或者发包方依法收回承包地时，承包方对其在承包地上投入而提高土地生产能力的，有权获得相应的补偿。

【修改理由】（1）进城务工农民的土地承包经营权与土地承包权不能兼备（即两者并行、两者同时行使），两者只能取其一；（2）如处于流转状态，则存在土地承包权和土地经营权两项权利，"是否保留土地承包经营权"只存在于未流转状态；（3）"丧失农村集体经济组织成员身份"改为"丧失农民集体成员身份"更符合现实（如上分析）；（4）"支持引导其按照国家有关规定转让土地承包权益"中的"转让土地承包权益"内涵不明确，无法操作，未流转状态下可"依本节规定实施转让"；（5）增加"耕地和草地的承包期内，承包方全家人员都死亡的，发包方依法收回承包地"的规定。

18.【原草案条文】第二十七条 承包期内，发包方不得调整承包地。

承包期内，因特殊情形矛盾突出，需要对个别农户之间承包的耕地和草地适当调整的，必须坚持土地承包关系稳定、不得打乱重分的原则，必须经本集体经济组织成员的村民会议三分之二以上成员或者三分之二以上村民代表的同意，并报乡（镇）人民政府和县级人民政府农业等行政主管部门批准。承包合同中约定不得调整的，按照其约定。

具体由省、自治区、直辖市制定地方性法规规定。

【建议条文】承包期内，发包方不得调整承包地。

承包期内，因特殊情形矛盾突出，需要对个别农户之间承包的耕地和草地适当调整的，必须经本农民集体的农村社区集体组织权力机构社员大会（或股东会，或村民会议）到会人员三分之二以上或者社员代表大会（或股东大会，或村民代表会议）到会人员三分之二以上同意，并报乡（镇）人民政府和县级人民政府农业等行政主管部门批准。承包合同中约定不得调整的，按照其约定。

具体由省、自治区、直辖市制定地方性法规规定。

【修改理由】（1）"必须坚持土地承包关系稳定、不得打乱重分的原则"无法操作，应当取消；（2）民主议定的理由同上。

19.【原草案条文】第二十八条　下列土地应当用于调整承包土地或者承包给新增人口：

（一）集体经济组织依法预留的机动地；

（二）通过依法开垦等方式增加的；

（三）发包方依法收回和承包方依法、自愿交回的。

【建议条文】下列土地应当用于调整承包土地或者承包给新增人口：

（一）农村社区集体组织依法预留的机动地；

（二）通过依法开垦等方式增加的；

（三）发包方依法收回和承包方依法、自愿交回的。

【修改理由】"农村集体经济组织"改为"农村社区集体组织"，理由同上。

20.【原草案条文】第三十三条　经发包方同意，承包方可以将全部或者部分承包的土地转让给本集体经济组织的其他农户，由该农户同发包方确立新的承包关系，原承包方与发包方在该土地上的承包关系即行终止。

【建议条文】承包方可以将全部或者部分承包的土地转让给其他农业经营者，由该农业经营者同发包方确立土地经营关系，原承包方与发包方在该全部或者部分承包土地上的承包关系即行终止。

【修改理由】（1）"经发包方同意"与土地承包经营权具有直接支配性功能相冲突。同时，"经发包方同意"操作性艰难，目前存在发包方同意权行使主体不一、同意权行使程序不一、答复期限不一、同意转让的限制性条件不相等之类的问题①，给滥用同意权留下太多空间，甚至成为发包方禁止或阻碍转让的种种借口，不利于新型城镇化更好推进和发展适度规模经营。(2) 转让使原农户在承包期内失去全部或者部分承包的土地，这是客观事实，同样，如该承包地被征收，也使该农户失去全部或者部分承包的土地。可见，为使该原农户取得更好收益，法律上不应当限制受让人的范围，否则，该原农户将利益受损或达不到应当得到的价值收益。(3) 法律强调"承包方可以将全部或者部分承包的土地转让给本集体经济组织的其他农户"，而本集体经济组织的其他农户已经有承包地，因此，可放开受让人的范围。(4) 新型农业经营主体可通过转让取得承包地，享有用益物权性质的土地承包经营权，抵押就没有任何法理障碍，法律也无须限制。(5) 突破该转让制度可为抵押创造条件。②

21.【原草案条文】第三十四条　承包的土地在本集体经济组织内部互换、转让后，当事人要求登记的，应当向县级以上地方人民政府申请登记。未经登记，不得对抗善意第三人。

【建议条文】承包的土地互换、转让，当事人应当向县级以上地方人民政府不动产登记机构申请登记。

---

① 丁关良. 土地承包经营权流转法律制度研究. 北京：中国人民大学出版社2011：241 - 243.

② 虽然目前以家庭承包取得的土地承包经营权抵押存在法律障碍，但并不存在法理障碍。主要理由是：(1) 家庭承包之土地承包经营权为用益物权，这一物权性质的确立使土地承包经营权具备了处分权能，为家庭承包之土地承包经营权流转（包括抵押）奠定了法理基础。(2) 依"举重若轻"规则，既然法律已允许了限制程度较重的土地承包经营权的转让，自应允许限制程度较轻的土地承包经营权的抵押。目前我国立法不允许土地承包经营权的抵押，显然与法理不符，与逻辑相悖。(3) 我国现行法律已允许以其他方式承包取得的用益物权性质的土地承包经营权抵押，根据"法律公平"和"权利平等"规则，也应允许家庭承包之土地承包经营权抵押。(4) 用益物权性质的土地承包经营权类似境外的永佃权，而在存在永佃权制度的国家（地区），一般皆允许永佃权被设定抵押。以我国农村土地使用现状为背景，借鉴国外及我国台湾地区永佃权相关理论与实践，从社会政策以及法理上考量土地承包经营权抵押的可行性，并在此基础上突破土地承包经营权抵押法律禁止之制度规定，不仅符合法理，而且可推进我国担保法律制度的完善。(5) 物权的"物尽其用"理念也为土地承包经营权抵押提供了坚实的理论基础. 丁关良. 家庭承包之土地承包经营权抵押乱象剖析和法律规制研究. 中国党政干部论坛，2014 (6).

承包的土地互换、转让经依法登记，发生效力；未经登记，不发生效力。

【修改理由】（1）县级以上地方人民政府不动产登记机构应当成为登记主体，尽早实现不动产统一登记；（2）《物权法》和《农村土地承包法》中土地承包经营权转让登记采登记对抗要件主义是不科学的，其弊大于利①，应当改"登记对抗要件主义"为"登记生效要件主义"；（3）实施"登记生效要件主义"已经有一定基础，如土地承包经营权确权登记工作已经完成。

22.【原法条文】第四十条 承包方之间为方便耕种或者各自需要，可以对属于同一集体经济组织的承包地进行互换。

【建议条文】承包方之间为方便耕种或者各自需要，可以对同属于本农民集体的发包方内的承包地进行互换。

【修改理由】（1）目前，全国仍有55％左右的地方不存在农村集体经济组织；（2）发包方包括村集体经济组织、组集体经济组织、村民委员会和村民小组。

（四）第二章"家庭承包"第五节"土地经营权的保护和流转"修改条文和内容

第二章"家庭承包"第五节"土地经营权的保护和流转"修改条文包括标题、第35～42条的内容。

23.【原草案标题】第五节 土地经营权的保护和流转

【建议标题】土地承包权的保护与土地经营权的流转

【修改理由】本节的许多内容涉及"土地承包权的保护"。

24.【原草案条文】第三十五条 土地经营权可以依法采取出租（转包）、入股或者其他方式流转。

【建议条文】土地经营权可以依法采取出租、转包、转让、入股或者其他方式流转。

【修改理由】（1）"出租（转包）"的规定不伦不类，将导致出租和转包都不是独立流转方式，形成出租中含有转包或出租离不开转包的印象。但从实践及《承包法修正草案》第38条的规定来看，出租和转包都是独

---

① 丁关良，陆春明，蒋青．土地承包经营权转让登记制度的现实困境及对策．上海财经大学学报，2011（4）．

立流转方式；（2）如存在土地经营权，该权利流转应当包括转让形式，否则抵押权很难实现。

25.【原草案条文】第三十六条　土地经营权流转应当遵循以下原则：

（一）依法、自愿、有偿，任何组织和个人不得强迫或者阻碍土地经营权流转；

（二）不得改变土地所有权的性质和土地的农业用途，不得破坏农业综合生产能力和农业生态环境；

（三）流转的期限不得超过承包期的剩余期限；

（四）受让方须有农业经营能力；

（五）在同等条件下，本集体经济组织成员享有优先权。

发包方、承包方应当依法履行流转合同约定，尊重第三方依法依合同取得的权利。

【建议条文】土地经营权流转应当遵循以下原则：

（一）依法、自愿、有偿，任何组织和个人不得强迫或者阻碍土地经营权流转；

（二）不得改变土地所有权的性质和土地的农业用途，不得破坏农业综合生产能力和农业生态环境；

（三）流转的期限不得超过承包期的剩余期限；

（四）流入方须有农业经营能力；

（五）在同等条件下，本发包方的农民集体成员享有优先权。

流出方、流入方应当依法履行流转合同，发包方应当尊重流出方、流入方之间依法形成的流转合同。

本法中的流出方，包括初次流转的承包方。

【修改理由】（1）"受让方须有农业经营能力"中的"受让方"与"尊重第三方依法依合同取得的权利"中的"第三方"不一致。（2）"第三方"使用不科学，应予删除。一方面，初次流转的流入方是流转合同当事人，而不是"第三方"；另一方面，流转方式较多，使用"受让方"不能涵盖流入方的所有名称且会与转让中的受让方混淆。（3）发包方是承包合同的当事人，而不是流转合同的当事人，显然不受流转合同直接约束。

26.【原草案条文】第三十七条　承包方有权依法自主决定土地经营权是否流转和流转的方式。

为提高农业生产效益，第三方经承包方或其委托代理人书面同意，并向本集体经济组织备案，承包土地的经营权可以再流转。

经承包方同意，第三方可依法投资改良土壤，建设必要的农业生产附属、配套设施，并依照合同约定对其投资部分获得合理补偿。

县级以上地方人民政府建立工商企业等社会资本流转土地经营权的资格审查、项目审核和风险防范制度。工商企业等社会资本流转取得土地经营权的，本集体经济组织可以收取适量管理费用。具体由国务院农业、林业行政主管部门规定。

【建议条文】承包方有权依法自主决定土地经营权是否流转和流转的方式。

为提高农业生产效益，流入方经承包方或其委托代理人书面同意，并向本发包方的农村社区集体组织备案，承包土地的经营权可以再流转。

经承包方同意，流入方可依法投资改良土壤，建设必要的农业生产附属、配套设施，并依照合同约定对其投资部分获得合理补偿。

县级以上地方人民政府建立具有农业经营能力的工商企业流转土地经营权的资格审查、项目审核和风险防范制度。工商企业流转取得土地经营权的，本发包方的农村社区集体组织可以收取适量管理费用。具体由国务院农业、林业行政主管部门规定。

【修改理由】（1）"第三方"改为"流入方"，理由同上；（2）删除"等社会资本"的表述，因为"流入方"只能是具有农业经营能力的人，包括法人、非法人组织、自然人；（3）将"本集体经济组织"改为"本发包方的农村社区集体组织"，理由同上。

27.【原草案条文】第三十八条　土地经营权流转的转包费、租金、股金等由当事人双方协商确定。流转的收益，除本法第三十七条规定的情形外归承包方所有，任何组织和个人不得擅自截留、扣缴。

【建议条文】土地经营权流转的转包费、租金等由当事人双方协商确定，土地经营权入股各类经济组织的，依法取得红利或股息。流转的收益，除本法第三十七条规定的其他情形外归承包方所有，任何组织和个人不得擅自截留、扣缴。

【修改理由】（1）"流转的收益，除本法第三十七条规定的其他情形外归承包方所有，任何组织和个人不得擅自截留、扣缴"属于对承包方的土地承包权的保护；（2）删除本条中的"股金"，因为土地经营权不具有身份性，同时入股公司、农民专业合作社等组织不存在"股金"。

28.【原草案条文】第三十九条 土地经营权采取出租（转包）、入股或者其他方式流转，当事人双方应当签订书面合同，并向发包方备案。

土地经营权流转合同一般包括以下条款：

（一）双方当事人的姓名、住所；

（二）流转土地的名称、坐落、面积、质量等级；

（三）流转的期限和起止日期；

（四）流转土地的用途；

（五）双方当事人的权利和义务；

（六）流转价款及支付方式；

（七）土地被依法征收、征用时，地上附着物及青苗补偿费的归属；

（八）违约责任。

【建议条文】实施土地经营权依法流转，当事人双方应当签订书面合同，并向发包方备案。

土地经营权流转合同一般包括以下条款：

（一）双方当事人的姓名或名称、住所；

（二）流转土地的名称、坐落、面积、质量等级；

（三）流转的期限和起止日期；

（四）流转土地的用途；

（五）双方当事人的权利和义务；

（六）流转价款及支付方式；

（七）土地被依法征收、占用时，地上附着物及青苗补偿费的归属；

（八）违约责任。

【修改理由】（1）流转方式前已有规定，这里不必再规定，否则，会造成立法资源浪费。（2）土地经营权按市场规则运行，其流入方除自然人（包括农户）外，还有法人和非法人组织。因此，应将"双方当事人的姓名"改为"双方当事人的姓名或名称"。（3）将"土地被依法征收、征用"改为"土地被依法征收、占用"。"征用"不发生土地所有权性质的变化（仍属于农民集体所有），属于临时性使用农民集体土地，"征用"结束后恢复原状是制度要求。"征收"变土地集体所有权为土地国家所有权，导致土地承包权和土地经营权同时消灭。"占用"发生集体农用土地变为集体建设用地（土地集体所有权没变），同样导致土地承包权和土地经营权同时消灭。可见，后两种（征收、占用）应当涉及"地上附着物及青苗补偿费的归属"问题。

29.【原草案条文】第四十条　承包方在一定期限内将部分或者全部承包土地的经营权流转给第三方后，承包方与发包方的承包关系不变，承包方的土地承包权不变。

第三方擅自改变承包地的农业用途、弃耕抛荒连续两年以上、给承包地造成严重损害或者严重破坏承包地生态环境的，发包方或者承包方有权要求终止土地经营权流转合同，收回土地经营权。第三方对承包地和生态环境造成的损害应当予以赔偿。

承包方将土地交由他人代耕不超过一年的，可以不签订书面合同。

【建议条文】承包方在一定期限内将部分或者全部承包地的土地经营权流转给流入方后，承包方与发包方的承包关系不变。

流入方擅自改变承包地的农业用途、弃耕抛荒连续两年以上、给承包地造成严重损害或者严重破坏承包地生态环境的，承包方依法行使解除权而使土地经营权流转合同消灭后，有权收回承包地。流入方对承包地造成的损害应当向承包方予以赔偿，对生态环境造成的损害依法应当予以赔偿。

承包方将土地交由他人代耕不超过一年的，可以不签订书面合同。

【修改理由】（1）"承包土地的经营权"不存在部分土地经营权（土地经营权是一个整体的权利），只存在"部分或者全部承包地"的土地经营权流转。（2）"承包方与发包方的承包关系"是依承包合同还是土地承包经营权流转合同来维系的，这是明确"承包方与发包方的承包关系不变"的关键。从"承包方自承包合同生效时取得土地承包经营权"（《农村土地承包法》第22条）来看，土地承包经营权是维系"承包方与发包方的承包关系"的依据。如这一分析成立，"承包方在一定期限内将部分或者全部承包土地的经营权流转给第三方后"（流转完成，第三方取得土地经营权），土地承包经营权已经100％消灭，怎么会"承包方与发包方的承包关系不变"呢？（3）"承包方的土地承包权不变"的依据何在？承包方原是土地承包经营权人，现是土地承包权人；承包方原享有土地承包经营权，现享有土地承包权。如何体现"承包方的土地承包权不变"？（4）"发包方或者承包方有权要求终止土地经营权流转合同，收回土地经营权"，存在以下问题：1）发包方不是土地经营权流转合同当事人，没有法理依据或法律依据要求终止土地经营权流转合同。2）承包方（流出方）虽然是土地经营权流转合同当事人,但如果存在"有权要求终止土地经营权流转合同"的情形,会出现向谁(法院还是农村土地承包仲裁机构)提出请求的问题和增加请求成本的问题以及最终能否导致土地经营权流转合同消灭的问题,而采用依法解除土地经营权流转合同的方式更为合情、合理、迅速、便捷。3)收回"土地经营权"不符合法理,现行法律也无此规定,应当是收回"承包地"。4)谁有权收回"承包地",如发包方收回"承包地",会造成对承包方的侵害,故应当是由承包方收回"承包地"。(5)"第三方对承包地和生态环境造成的损害应当予以赔偿",应明确如下问题:向谁或分别向谁实施这两方面的赔偿?承包地和生态环境这两方面造成损害如何区分?如何分别确定承包地和生态环境所受损害的数额?

30.【原草案条文】第四十一条 承包方为发展农业经济,可以自愿联合将土地经营权入股从事农业合作生产和农业产业化经营。

【建议条文】承包方之间为发展农业经济,可以自愿联合将土地经营权入股农业合作生产和农业产业化经营等各类经济组织。

【修改理由】(1)承包方自愿联合存在与谁联合问题,应将承包方改为"承包方之间";(2)"将土地经营权入股从事农业合作生产和农业产业化经营"内涵不明,无入股的经济组织这一对象,条文设计不规范。

31.【原草案条文】第四十二条 承包方可以用承包土地经营权向金融机构融资担保。第三方通过流转取得的土地经营权,经承包方或其委托代理人书面同意,可以向金融机构融资担保。具体由国务院有关部门规定。

【建议条文】承包方可以用承包土地经营权向金融机构抵押。流入方通过流转取得的土地经营权,经承包方或其委托代理人书面同意,如果是用益物权性质的土地经营权,该土地经营权可以向金融机构抵押;如果是债权性质的土地经营权,该土地经营权只能向金融机构质押。具体由相关法律予以规定。

【修改理由】(1)融资担保是政策语言,而不是法律语言,在法律上无法界定其内涵。(2)承包方的土地经营权(如存在)在法律性质上通常应当是用益物权,就此应当采取抵押方式。那么,承包方的土地经营权是否是独立权利?《承包法修正草案》第52条关于"任何组织和个人侵害承包方的土地承包经营权或者第三方的土地经营权的,应当承民事责任"的规定中，没有把承包方的土地经营权作为独立权利，而不是独立权利的土地经营权肯定不是财产，显然无法成为抵押权的客体。（3）土地经营权的流转方式包括出租、转包、入股等，出租、转包属于债权性流转，流入方应当取得债权性质的土地经营权，该土地经营权只能用于质押；而入股属于物权性流转，流入方应当取得用益物权性质的土地经营权，该土地经营权可用于抵押。（4）物权的种类和内容必须由法律规定。

（五）第三章"其他方式的承包"修改条文和内容

第三章"其他方式的承包"修改条文包括第46～48条的内容。

32.【原法条文】第四十六条 荒山、荒沟、荒丘、荒滩等可以直接通过招标、拍卖、公开协商等方式实行承包经营，也可以将土地承包经营权折股分给本集体经济组织成员后，再实行承包经营或者股份合作经营。

承包荒山、荒沟、荒丘、荒滩的，应当遵守有关法律、行政法规的规定，防止水土流失，保护生态环境。

【建议条文】承包荒山、荒沟、荒丘、荒滩的，应当遵守有关法律、行政法规的规定，防止水土流失，保护生态环境。

【修改理由】"可以将土地承包经营权折股分给本集体经济组织成员"不规范，因为在实施承包前，并无土地承包经营权，用土地承包经营权（不存在的权利）折股无法律依据。故建议删除本条第1款，可保留原第2款。

33.【原法条文】第四十七条 以其他方式承包农村土地，在同等条件下，本集体经济组织成员享有优先承包权。

【建议条文】以其他方式承包农村土地，在同等条件下，本农民集体成员享有优先承包权。

【修改理由】"农村集体经济组织"改为"农民集体"，理由同前。

34.【原法条文】第四十八条 发包方将农村土地发包给本集体经济组织以外的单位或者个人承包，应当事先经本集体经济组织成员的村民会议三分之二以上成员或者三分之二以上村民代表的同意，并报乡（镇）人民政府批准。

由本集体经济组织以外的单位或者个人承包的，应当对承包方的资信情况和经营能力进行审查后，再签订承包合同。

【建议条文】发包方将农村土地发包给本农村社区集体组织以外的单

位或者个人承包，应当事先经本农民集体的农村社区集体组织的权力机构社员大会（或股东会，或村民会议）到会人员三分之二以上或者社员代表大会（或股东大会，或村民代表会议）到会人员三分之二以上同意，并报乡（镇）人民政府批准。

由本农村社区集体组织（发包方）以外的单位或者个人承包的，发包方应当对承包方的资信情况和经营能力进行审查后，再签订承包合同。

【修改理由】理由同前。

（六）第四章"争议的解决和法律责任"修改条文和内容

第四章"争议的解决和法律责任"修改条文包括第 52、59、60 条的内容。

35.【原草案条文】第五十二条　任何组织和个人侵害承包方的土地承包经营权或者第三方的土地经营权的，应当承担民事责任。

【建议条文】任何组织和个人侵害承包方的土地承包经营权的，应当承担民事责任。

任何组织和个人侵害承包方的土地承包权、土地经营权或者流入方的土地经营权的，应当承担民事责任。

【修改理由】（1）承包方也拥有土地经营权，如《承包法修正草案》第 42 条规定："承包方可以用承包土地经营权向金融机构融资担保"，这里关键是承包方拥有的土地经营权是不是作为独立权利的土地经营权；（2）承包方的土地承包权如何保护问题也应当规定。

36.【原草案条文】第五十九条　承包方、第三方违法将承包地用于非农建设的，由县级以上地方人民政府有关行政主管部门依法予以处罚。

承包方、第三方给承包地造成永久性损害的，发包方有权制止，并有权要求赔偿由此造成的损失。

承包方连续两年以上弃耕抛荒承包地的，发包方可以收取一定的费用，用于土地耕作；连续三年以上弃耕抛荒承包地的，发包方可以依法定程序收回承包地，重新发包。

【建议条文】承包方、流入方违法将承包地用于非农建设的，由县级以上地方人民政府有关行政主管部门依法予以处罚。

承包方、流入方给承包地造成永久性损害的，发包方有权制止，并有权要求赔偿由此造成的损失。

承包方连续两年以上弃耕抛荒承包地的，发包方可以收取一定的费用，用于土地耕作；连续三年以上弃耕抛荒承包地的，发包方可以依法定程序收回承包地，重新发包。

【修改理由】"第三方"改为"流入方"，理由同前。

37.【原草案条文】第六十条　国家机关及其工作人员利用职权干涉农村土地承包，变更、解除承包合同，干涉承包方、第三方依法享有的生产经营自主权，或者强迫、阻碍承包方、第三方进行承包地流转造成损失的，应当承担损害赔偿等责任；情节严重的，由上级机关或者所在单位给予直接责任人员行政处分；构成犯罪的，依法追究刑事责任。

【建议条文】国家机关及其工作人员利用职权干涉农村土地承包，变更、解除承包合同，干涉承包方、流入方依法享有的生产经营自主权，或者强迫、阻碍承包方、流入方进行承包地流转造成损失的，应当承担损害赔偿等责任；情节严重的，由上级机关或者所在单位给予直接责任人员行政处分；构成犯罪的，依法追究刑事责任。

【修改理由】将"第三方"改为"流入方"，理由同前。

（七）第五章"附则"修改条文和内容

38.【原草案条文】第六十四条　确认农村集体经济组织成员身份的原则、程序等，由法律、法规规定。

【修改条文】确认农民集体成员资格的原则、程序等，由法律、法规规定。

【修改理由】将"农村集体经济组织"改为"农民集体"，理由同前。

六、对集体农地的权利结构的再认识

依据大陆法系之成熟法理并结合我国国情（包括我国制度），我国现行集体农地的权利结构中第一层次的权利为土地集体所有权（土地集体所有权主体为农民集体，由于我国实行土地公有制，土地所有权不能买卖、不能抵押、不能入股等，同时，土地所有权不能抵债，显然也不能成为拍卖中的拍卖标的之财产，目前只能通过征收而发生土地所有权转移，即只能变土地集体所有权为土地国家所有权，这属于土地所有权主体变动）；第二层次的权利（土地所有权上设立的权利，如未采取承包的地方仍实行"集体所有、集体经营"，所以除第二层次的地役权、自留地使用权、自留山使用权外不存在第二、三层次的其他权利）为土地承包经营权（用益物权）、自留地使用权（性质未法定）、自留山使用权（性质未法定）和农地租赁权（债权，如《农村土地承包法》第63条中的"机动地"采取租赁经营）以及地役权（用益物权）；第三层次的权利（土地承包经营权上设立的权利，如物权性质的土地承包经营权让渡型流转，包括互换、转让等，发生土地承包经营权移转，引起土地承包经营权主体的变化，不产生新的权利，属于土地承包经营权变动，该土地承包经营权仍设立在土地所有权上，不属于第三层次的权利）为（农地）抵押权和债权（农村承包地租赁权等）。可见，农村承包地上应当存在土地所有权、土地承包经营权（用益物权）、地役权（用益物权）、抵押权（担保物权）、债权等五种权利。

目前，在"三权分置"情形下，农村承包地上应当存在土地所有权、土地承包经营权（用益物权，未流转状态）、地役权（用益物权）、抵押权（担保物权）、质押权（担保物权，流转状态）、土地承包权（性质未法定，流转状态）、土地经营权（性质未法定，流转状态）、债权等八种权利。据此，其一，"三权分置"后不是像较多学者认为的未来改革的农村土地权利（产权）结构只包括土地所有权、土地承包权、土地经营权三种权利；其二，"三权分置"实施后，农村承包地财产权更加多种，更加复杂，更加难以界定；其三，在"三权分置"政策实施法律化之前，能否实现多重法理创新需理论论证和实践检验；其四，通常规律应当包括一般规律（各国普遍遵循）和特殊规律，同样，大陆法系财产权理论也应当包括一般财产权理论和特殊财产权理论（如物权存在本土化理论）。大陆法系财产权产生通常应当遵循一般财产权理论之权利产生规则，但具体到某种财产权的名称，特别是某种用益物权的名称，可以本土化（如我国的土地承包经营权）。那么，我国"将土地承包经营权分为承包权和经营权"是应当遵循一般财产权理论，还是应当遵循特殊财产权理论？现行大陆法系各国都不存在农地上的永佃权、用益权、农用权等用益物权可以被分解为新"两权"之情形，如有民商法专家认为，"土地承包经营权同样亦不因其派生出土地经营权而改变其名称和性质。土地承包经营权的再分离不应在法律上表达为土地承包权和土地经营权的分置，而应体现为在土地承包经营权上设定土地经营权这一权利负担"[①]。我国如存在"一权能分解或拆分为两权"，则应当对此有法理上的重大突破，否则可能会

---

① 高圣平. 论农村土地权利结构的重构. 法学，2018（2）.

造成简单问题复杂化。因此，需要对"三权分置"政策之立法表达进行农地权利结构的重构，或者放弃"三权分置"改革路径，依法理拓展土地承包经营权之权能，通过完善土地承包经营权流转法律制度来实施农地流转制度改革。①

---

① 从《农村土地承包法》和《物权法》等法律、《农村土地承包经营权流转管理办法》等部门规章以及《最高人民法院关于审理涉及农村土地承包纠纷案件适用法律问题的解释》（法释［2005］6 号）来看，现行家庭承包的土地承包经营权流转法律制度存在的主要问题表现在：法律禁止家庭承包的土地承包经营权抵押；法律对家庭承包的土地承包经营权转让干涉过多；法律对家庭承包的土地承包经营权入股的领域限制过窄；现行立法禁止家庭承包的土地承包经营权的继承；立法上物权性的转让、互换流转采登记对抗要件主义立法模式弊大于利等。丁关良. 土地承包经营权流转制度法律问题研究. 农业经济问题，2011（3）. 丁关良. 家庭承包之土地承包经营权抵押乱象剖析和法律规制研究. 中国党政干部论坛，2014（6）. 温世扬. 农地流转：困境与出路. 法商研究，2014（2）. 丁关良，陆春明，蒋青. 土地承包经营权转让登记制度的现实困境及对策. 上海财经大学学报，2011（4）.

第十三题 《承包法修正草案》要义评析*

　　党的"十九大报告"指出："农业农村农民问题是关系国计民生的根本性问题，必须始终把解决好'三农'问题作为全党工作重中之重。"由此党中央提出"实施乡村振兴战略"。结合该背景，亦为贯彻党的十八大以来以习近平总书记为核心的党中央对稳定和完善农村基本经营制度、深化农村集体土地制度改革提出的一系列方针政策，进一步赋予农民充分而有保障的土地权利，国家立法机关提出对《农村土地承包法》予以修正，并于 2017 年年底就该法修正案（草案）公开征求意见①，谓之"开门立法"。其在如火如荼的中国土地改革当口，既是大事，也恰逢其时。对之予以法治思维与法制原理的双重审视，甚有意义。

---

　　* 本部分的主要内容曾发表于《中国土地科学》，2018（5）。

　　① 全国人大网，http：//www. npc. gov. cn/npc/lfzt/rlyw/node_ 33374. htm.

一、《承包法修正草案》的立法指导思想

法律制定的指导思想，是据其产生的不同基础、法的公理性与构成性原则，推导且体现在立法活动全过程的理论内核和思想基准，是关系立法活动的根本性、全局性乃至方向性问题。"一般说来，所谓立法指导思想，乃是立法……以系统而一贯的体系化理论形态而存在的世界观与方法论，这种世界观与方法论通常又是一个社会进行社会治理与实现政治统治的最根本的路线、方针和政策及其思想根源与理论依据。"[①] 故，指导思想既是立法活动经验的理论概括和思维抽象，又是立法活动的最高准则。其作为法律规制和整合的前提与纽带，引领和照应法律具体制度的设计与施行，且不应与基本原则相混淆。立法指导思想与基本原则的不同在于：其一，基本原则是法律条文理解和解释的基准；其二，基本原则具有与普通法律条文同样的作用。[②] 因此，阐明立法指导思想并向社会昭示是立法者的基本使命。令人费解的是，关于《承包法修正草案》的立法指导思想，寻其修法活动始终，未能找到直接明确的依据，且没有正当回避理由的指向。察其修法之立法草案说明之"立法必要性"部分[③]，其概述为：充分体现党的十八大以来党中央为稳定和完善农村基本经营制度、深化农村集体土地制度改革提出的系列方针政策，"把实践检验行之有效的农村土地承包政策和成功经验及时转化为法律规范是立法首要考虑的问题"，"适应农村生产力发展的新要求，稳定和完善适合国情的农村基本经营制度，是修改农村土地承包法的基本出发点"。其中，强调在适应农村生产力发展的新要求基础上，进一步分析"家庭承包，多元经营"格局中的承包经营权，落实"2014 年中央一号文件"明确提出的"落实农村土地集体所有权、稳定农户承包权和放活土地经营权"的"三权分置"政策，实现这些权利的制度化、规范化、法律化的目标，在"三农"问题上解决安民心、解困局、上经营规模、提现代化水准的难题，由此揭示了立法者立法活动的针对性，有比

① 黄文艺，杨亚非. 立法学. 长春. 吉林大学出版社，2002：69.
② 梁慧星. 民法总论：5版. 北京：法律出版社，2017：45.
③ 全国人大农业与农村委员会副主任委员刘振伟 2017 年 10 月 31 日在第十二届全国人民代表大会常务委员会第三十次会议上所作《关于〈中华人民共和国农村土地承包法修正案（草案）〉的说明》。

较集中的问题导向和目标导向。至此,仍然对其带有根本性、全局性乃至方向性的立法指导思想引而不发,应是受限于立法理据研究不足或立法时间过于窘迫。

直面这部土地承包法承载着的土地改革、城乡融合、农民集体与个体根本利益协调等重要功能、价值目标,特别是中央"三权分置"明确的政策意图,《承包法修正草案》的立法指导思想似可凝练为:以人为本,兼顾公平与效率目标;以发展为要,兼顾农地改革与农村稳定大局。然而,问题并没有完结。在该法经历了中国近十七年的变迁和农地制度实践的检验之后,修法内容上是否应更加注重科学性,建构完善法体系之逻辑线索,是否促动或照应了农地改革过程中农民切身利益等深层次问题,颇值得检讨。

二、《承包法修正草案》与民法典编纂中物权编的关系

《物权法》于 2007 年 10 月 1 日正式实施,至今已逾 10 年。在中国特色社会主义法律体系不断完善的背景下,基于现代法律体系框架的要求,与农村土地承包法相比,物权法是典型的民事基本法。该法对于颁布在先的针对平等民事主体、具有民事法律性质的土地承包法而言,属于新法,但其一旦颁布,不仅一锤定音地终结了土地承包关系长期以来债权、物权性质不清的一系列问题,而且从法律定位上明确了农村土地承包法可归入"补充型民法"(物权法)。[①]

首先,现行物权法确立的物权法定等原则及物权权利性质,理应得到包括农村土地承包法在内的相关法律的遵从。该法明确土地承包经营权为私权,是一项完整的用益物权,无论转让或租赁,这一财产权的物权属性不应该改变。对此原理,农村土地承包法修法时也当娴熟把握。如今,农村土地承包法修改在现行物权法之后,当然无理由对民事基本法重要组成的物权法之基本原则或法定概念加以改变,必须寻求对如此相一致的此制度与彼制度间的科学接口,不应仅仅保留概念的形式。遗憾的是,《承包法修正草案》说明直言道:为"与民法总则、物权法、农业法等法律相衔接,

---

① "补充型民法是否纳入民法典,主要取决于其条文数量与民法典的结构对称,不致有什么疑难。"谢鸿飞. 民法典与特别民法关系的建构. 中国社会科学,2013 (5).

草案保留了土地承包经营权概念"。对于所述及法律的其他制度只字未提。我们以为：一方面，从法律的层级、主次的视角来看，起草者对农村土地承包法修法与民事基本法等的关系处理得过于简单；另一方面，立法起草者对于农村土地承包法当属民事基本法之补充法的性质、农地承包权为物权缺乏足够认知，其结果将导致同一权利的割裂化、变形性规制。

其次，党的十八届四中全会基于完善社会主义法律制度体系、加强市场法律制度建设的需要，提出编纂民法典。几年来，围绕党中央确立的这一重大立法任务，包括国家立法机关在内的社会各界进行了不懈努力，《民法总则》已出台，民法典各分编（则）正在积极起草（修订）中，包括土地承包经营权的物权编修订之"征求意见稿"也已下发到各地专门机构讨论。鉴于农村土地承包法定位为补充型民事规则，若理想地遵循法律体系科学化及市场经济对民法典务实的要求，应如同担保法合理并入物权法之担保物权章一样，借国家重大立法契机将土地承包法融入民法典的物权编，即废止农村土地承包法。然学界与立法者基本上没有提出这一立法设想，究其缘由，应该是中国"三农"问题的复杂现实使党中央对"三农"问题重视程度高，考虑到"三权分置"政策转换为法律的紧迫性、农地承包经营权行使中主体的差异性，需要细化、具体化"三权分置"下的权利和义务，增强法的实际操作性；加上各级农业管理者对"三农"工作的特殊认知和立法部门细化带来的立法客观割据状态，农村土地承包法暂时单独立法也在情理中。

最后，即便在农村土地承包法独立修改必行之势下，其修法路径和方案仍大有研究的必要。如前述，农村土地承包法与作为民法典分则重要组成部分的物权法修法都已启动，而两部法律涵盖的同一立法主题——土地承包经营权，却不归口于全国人大的同一立法工作机构。那么，两者到底应否有个先后顺序，谁先谁后，谁衔接谁或谁主导谁？这已是不可回避的大问题。对此，立法者的理性斟酌、体系化通盘考虑实属必要。在当下，我们能破题解困的依据，只能是前述的法制度原理，即农村土地承包法修法应顺理而追随民法典分则起草或修订的步伐，至少在研究土地改革的制度需求时要统一立法思想，在"三权分置"的入法路径和科学规则上统一认识。若不考量《民法总则》中的财产权利体系，也不管民法典分则之物权法修订的现实，抢先出台，那么，无论是涉及"三农"的农村土地承包法还是作为民事基本法的民法典，今后都必然会出现司法裁判解释力不足、基层实践运作中利益主体相矛盾的困境。正可谓:"在理想方案可能不被采纳的情况下,我们所能做的应该是在民法典体系下科学设计《农村土地承包法》的修法方案。"①

三、《承包法修正草案》制度设计之总体分析

由于一部法律调整的法权关系相对复杂,加之"三权分置"政策性目标具有多元的特征,要在修法活动中求得多方主体利益平衡,在法理构造和法技术设计上的难度可想而知,无异于重新立法,必须慎之又慎。就《承包法修正草案》的具体构造与制度而言,还存在如下问题。

(一)法条数量上改变不多,有重点,但亮点不突出

(1)从形式上看,《承包法修正草案》相较于现行法,在体系结构上未改变共5章计65条的立法规模,只在第二章第四节、第五节改变了节题和内容:第四节,变节题"土地承包经营权的保护"为"土地承包权的保护与转让"(计9条);第五节,变节题"土地承包经营权的流转"为"土地经营权的保护和流转"(计8条)。仅从节题观之,就会发现核心内容有重要展现,即"土地集体所有权与承包经营权是承包地处于未流转状态的一组权利,是两权分离;土地集体所有权与土地承包权、土地经营权是承包地处于流转状态的一组权利,是'三权分置',这是实行家庭联产承包责任制之后农村改革又一重大制度创新。"② 在保证集体所有制即公有制格局不变的前提下,其目的一是维护农民利益(初始承包人),二是满足土地规模经营(社会资本下乡)及土地融资(抵押贷款),以满足农业现代化实现要求。除此之外,《承包法修正草案》还就稳定承包关系30年不变、承包地个别调整、经营权入股、保护妇女权益等现实问题提出了修改建议。对该法运行中的这些问题加以斟酌提炼很有必要,如果能通过法律特有的逻辑推断与历史延续互为印证,设计的制度规则将更加令人信服。

(2)从内容上看,《承包法修正草案》的制度规制有四个亮点:第一,在其第42条,开禁了农地抵押权。这是党中央在2015年确定"三地"(经

---

① 耿卓.承包地三权分置政策入法的路径与方案.烟台大学承办"'三权分置'与《土地承包法》修改"学术研讨会论文集,2018.

② 李飞.把"三权分置"尽快转化为法律规范——访全国人大代表、农业与农村委员会副主任委员刘振伟.农民日报,2017-03-05(04).

营性建设用地使用权、宅基地使用权、土地征收）改革的33个试点中授权突破担保抵押制度在法律安排上的正式亮相。第二，将"转包"概念并入了出租制度中。这是将法律概念置于理性范畴的修正，拟使之归入法律正统。第三，从土地流转的"同意"向土地流转的"备案"制转变。这是农民的土地承包经营权作为物权被真正认同，必将深刻影响和引导司法裁判。① 第四，第36、40条涉及农业生态环境的维护规则。联系《民法总则》第9条的最新绿色原则，加以强调之，殊值肯定。

（二）《承包法修正草案》对问题把握不够精确、深入，存在缺失

除"三权分置"外，《承包法修正草案》在精准捕捉要害问题时力所不逮，在两个方面把握不足。

（1）对土地调整矛盾的复杂性把握不足，制度体系缺失。《承包法修正草案》第26条关于调整土地问题的规定基调不准，对农村人地矛盾与物权法定两难境地下如何解决土地调整问题未能触及。对农地法制的田野调查表明，在现实中土地调整问题一直是比土地流转更为重要的难题。② 经调研，我们以为：解决土地调整的路径有两条：第一，在人地矛盾突出，"增人不增地、减人不减地"政策加剧了这一矛盾时，应该明文规范哪些人享有承包权。是否应将"离土"转换身份的农民请出成员队伍，便"耕者有其田"，这是集体成员权制度建设中最具朴实意义的问题。③ 另外，在30年承包期内集体组织农民意定调整可否？动账不动地可否？延

---

① 湖北省某州（市）两级法院在2014—2017年审理的农地承包经营权流转纠纷中，将流转协议认定无效的多达50%，其理由多为未经发包方同意，即依据《农村土地承包法》第37条的规定（以转让方式流转承包经营权的必须经发包方同意），认定其无效。吴卫. 农村土承包权流转纠纷司法裁判的实证研究——以ES市两级法院裁判文书为分析样本. 供给侧结构性改革法治保障研究. 武汉：长江出版传媒，湖北人民出版社，2017：75.

② 2015年7～8月，我们研究团队在湖北、山东、贵州、河南、广东、黑龙江和浙江7省共21个县（市、区）42个乡（镇）84个村展开《农村土地承包法》的修改调研，每村随机抽取6个农户，收回有效问卷504份、访谈84份。问卷第一题"自2003年《农村土地承包法》实施以来，您认为本村土地承包经营中的主要问题是什么？"设定的9个问题中，排在第一位的是"承包地调整问题"。

③ 陈小君. 我国农民集体成员权的立法抉择. 清华法学，2017（2）.

包时可否调整？乡村实践的基本做法是：有调整空间的，如自愿交回、开垦整理、依法收回和有机动地，便加以调整；成员（村民）身份变化的，每5年左右由村民代表大会或村民大会决定调整；户内人口减少，又十分在意固化所承包土地份额的，"动账不动地"，每年向村集体缴纳一定承包费以补贴部分无地和失地的农民，延包后依然保持土地权利的公平即"大稳定、小调整"。实践中，"三农"真问题所在有大智慧彰显，但《承包法修正草案》对此均无总结性说明和修正案。第二，坚守物权法定原则，30年承包期不得变，除非因自愿交回、开垦整理、依法收回和有机动土地等集体有土地分配给新成员，土地确权后的30年中无地和失地的农民则享受国家、集体提供的社会保障。此问题在于，现行法律未规定土地发包后集体作为所有权者享有收益权能，因此，大多数村集体两手空空，甚至有些村债台高筑，对此，《承包法修正草案》未能揭示和应对、规制。

（2）对集体成员权制度的价值认识不足，行动迟滞。《承包法修正草案》第5条、第6条、第27条和第64条都提及了农地"三权分置"设计的基础即成员权问题，但始终对成员权制度无配套，也未设计。立法说明中未提示与物权法衔接问题，更无时间表，难以期待。实际上，农民主体之成员权问题，是农村社会运行与治理的根本，是乡村未来各种利益博弈的焦点。对这样与土地权利、农民切身利益紧密相关的问题，我国部分地方立法有所作为，但标准不一，在实践中难以把握，有的滋生了更深的矛盾。从中国裁判文书网的数据来看，仅2016年，各级人民法院公开的由成员资格认定引发的承包经营权纠纷及征地补偿款分配纠纷案件就达9 145件之多。[①] 此次修法在集体成员权制度上留下如此漏洞，令人费解和担忧。

四、《承包法修正草案》关于"三权分置"条文设计的主要缺陷

"承包地三权分置是农村土地两权分离以来的重大变革，是对农村集体、承包农户和新型农业经营主体在土地权利上重新配置的改革方案，既关系到各方主体权益的平衡、公平与效率价值的选择，又与推进城镇化、

---

① 数据来源：中国裁判文书网，http：//wenshu. court. gov. cn/ 2017 - 02 - 23.

工业化和农业现代化密切相关。"① 党中央关于"三权分置"的意图明确，意义深远：坚持集体所有的公有制不变，农民利益公平与农业增产效率同抓，形成乡村振兴中"一主两翼"之制度核心。这一政策意蕴明晰，目标指向具体。但法律的应对和接受是对政策语言体系全部认同、同步复制，还是以该政策的理念、精神引领立法？我们以为，政策与法律是不同的两条思维路径和两套话语体系，不顾法治思维、法律逻辑、立法体系和语言特点，机械刻板地套用政策用语必然留下逻辑混乱的制度缝隙，欲成则不达。遗憾的是，当下《承包法修正草案》一定程度上脱离法制体系和价值目标的特质，留下诸多立法缺憾。

（一）权利类型不明

《承包法修正草案》并未明确，在"三权分置"制度设计后农地权利在制度层面到底还有几项，而是一味迎合、简单服从甚至曲解政策。通读《承包法修正草案》全文，其只是在第一章第5条、第6条和第9条的用语上比较完整地使用了承包经营权的概念，第10条以下基本上规范了三项权利，即"土地集体所有权、土地承包权和土地经营权"。全国人大代表、农业与农村委员会副主任委员刘振伟在接受记者采访，被问及"土地集体所有权、承包经营权、承包权、经营权，四者究竟是何关系，不少农民和新型经营主体对此颇为困惑"的问题时答复道："关键看是否流转"，"土地集体所有权与承包经营权是承包地处于未流转状态的一组权利，是两权分离；土地集体所有权与承包权、经营权是承包地处于流转状态的一组权利，是三权分置。不宜把四种权利简单放在一起研究其相互关系。"② 对这一回答很难琢磨其实益或针对性。其实，当我们的目光落定乡村时，发现现实很简单：当自耕农的承包经营权未流转、不愿流转时，其享有并行使的就是独立的承包经营权。按照本次修法者的设计，当自耕农本人将土地转让给他人规模经营时，他就只享有《承包法修正草案》第6条所规范的"承包权"，他人享有同一条文中的"经营权"，再加上上述独立存在的承包经营权和不变的集体所有权，在农地物权体系中就是四项权利，并且这四项农地权利的逻辑关系也是清楚的。我们认为，不能因为规定了"三权分置"就规避、丢

---

① ② 李飞. 把"三权分置"尽快转化为法律规范——访全国人大代表、农业与农村委员会副主任委员刘振伟. 农民日报，2017-03-05（04）.

弃仍然占农地比例多数的农民享有的土地承包经营权，或者绕道而行。土地承包经营权的运行规则理应在农村土地承包法中得到第一位明确规范和彰显，因为没有土地承包经营权，又何以分置出"承包权"和"经营权"？

（二）概念混乱不清

准确性是立法语言的灵魂，也是立法者工作的基调，但《承包法修正草案》缺乏审慎把握。一则，依前所述，承包经营权本身与承包权（《承包法修正草案》第四节）混杂，其权利性质未予明确，从而使现行农村土地承包法和物权法确定的私权之财产权性质变得模糊。例如，第16条对承包经营权人的权利与义务的规定、第23条对证书的登记的规定，都将承包经营权与承包权不加区分地混用，自留漏洞。二则，对于从承包经营权分离出来的所谓承包权和经营权的性质是什么，概念上不予确定，留下多版本解读空间。按照《承包法修正草案》第6条第2款关于"土地承包权是指农村集体经济组织成员依法享有的承包土地的权利"的规定，我们的理解是：这是指初始取得承包经营权的人把耕地转让以后保留的在未来仍享有承包经营权的资格或身份，此"承包权"暂时无法作为用益物权，明晰其财产权性质。反观第5条其规范的承包经营权才具有财产权即用益物权的完整特性，由受让人享有占有、使用、收益之权能。《承包法修正草案》第6条第3款规定的土地经营权与第5条规定的承包经营权之内涵或权能完全一致。而《承包法修正草案》第35条规定的"土地经营权可以依法采取出租（转包）、入股或者其他方式流转"，更加表明其与承包经营权也无甚差别了。那么，起草者认为"三权"中的两项新权利该不该或怎样在概念上与承包经营权区分呢？

（三）权利内容错位

《承包法修正草案》把从承包经营权分离出来的承包权用单独一节"土地承包权的保护与转让"加以规定，旨在彰显分离出来的所谓承包权利。但观其全文，有关土地收回、调整的限制性规定，以及有关互换、转让等赋权性规定，又都是针对承包经营权人的。由此带来的问题是：如果自耕农已经把经营权转让出去，只剩下承包资格，怎么还可能有这样的财产权的内容？尤其是第32、33条，意在表达承包方可以互换土地，或将全部或部分土地转让给本集体组织的其他农户，等等。令人不解的是：承包方是已将土地转让后仍有承包资格的村民，其再拿什么进行上述行为呢？也就是说，我们无法理解分离出来的所谓承包权的财产权利内涵到底是什么。

（四）权利设置重叠

《承包法修正草案》将拟自承包经营权中分离出来的经营权设计为独立的第五节，结合第 6 条第 3 款，看得出经营权属于用益物权，即可以流转、可以融资，有保有地利与用途的义务，等等，且在该节第 42 条专门将承包经营权与经营权相提并论，皆可开禁抵押担保。① 可是，这与承包经营权人的权利义务竟毫无二致，其必要性何在？

（五）用语不尽严谨

《承包法修正草案》第 16 条将承包经营权人称为承包方尚可以理解，但将分离出经营权后的承包权的享有者又称为承包方，且在第二章第四节中多处使用之，则让人费解。在《承包法修正草案》第四章第 52 条关于"任何组织和个人侵害承包方的土地承包经营权或者第三方的土地经营权的，应当承担民事责任"的规定中，则完全忽略了转让经营权后的承包权被侵害的责任依据。用词避开法言法语，成为《承包法修正草案》受人诟病之痛点，如第 6 条第 3 款中的"处置"应为"处分"，第 27 条第 2 款中的"打乱重分"应为"调整"，第 53 条第 6 项中的"抵顶"应为"抵销"，而第 26 条第 2 款在"承包地不得收回"的规定后，还使用了价值评判性表达："是否保留土地承包经营权，由农民选择而不代替农民选择"。

（六）立法逻辑存在欠缺

第一，土地流转原则改变的效果。现行农村土地承包法遵循市场经济环境下意思自治的私法思想，明确规定农地可以转让。依照法理，转让后本轮用益物权消失，但其成员资格在，延包继续；对有稳定的非农职业和收入来源的，还可以终止承包关系（第 41 条）。但《承包法修正草案》第 33 条却一改现行法立法思想，不设任何条件地笼统规定："经发包方同意，承包方可以将全部或者部分承包的土地转让给本集体经济组织的其他

---

① 《承包法修正草案》第四节"土地经营权的保护和流转"第 42 条规定："承包方可以用承包土地经营权向金融机构融资担保。第三方通过流转取得的土地经营权，经承包方或其委托代理人书面同意，可以向金融机构融资担保……"该条同样存在语病和逻辑漏洞，限于篇幅，暂忽略不计。

农户，由该农户同发包方确立新的承包关系，原承包方与发包方的承包关系即行终止。"此言一出，土地利用风险立刻呈现：承包经营权人一旦转让土地，未来30年可能失地。在这一较严格限制转让自由的观念与规则下，转让者必然心存余悸，农地规模流转制度运行必然受阻，进而萎缩。这在客观上与党中央稳定农民承包权、维护其根本利益的精神严重背离。从目前来看，《农村土地承包法》第41条在基层实践中缺乏标准，执行有难度，若修正为上述第33条，必须慎重。

第二，土地流转性质混淆的效果。在现行农村土地承包法中，承包经营权流转有债权性流转与物权性流转两种方式，不同性质的流转方式决定了流转相对方享有的经营承包地的权利性质的差异。在《承包法修正草案》中，债权性流转方式主要是出租，此时承租人享有的经营承包地的权利是建立在合同债权基础上的土地租赁权，但《承包法修正草案》没有注意到现行法律规则体系下债权、物权两分法的制度区分格局，将流转后相对方获得的经营承包地的两种权利概称为"土地经营权"，使承包方与相对方之间原本清晰的法律关系变得模糊。① 本质上，土地租赁权不是土地经营权，土地使用权出租是在"三权分置"出台之前一直都存在的常态流转方式，实践中自由运转、安全顺畅。若混淆两者的法律关系，出租后承包经营权人经营土地的身份将随之消失，而承租人变成了经营权人。如此，不仅破坏了法律逻辑抽象思维的严谨之美，且使简单问题复杂化。

第三，同质权利流转形式设计差别的效果。农民自身行使的承包经营权和转让形成的第三人行使的经营权在本质上应属同类，只有这样认知，才可达"放活经营权"的主要政策目标。但《承包法修正草案》对此分设出不同的流转方式，在第二章第四节规定承包权可互换、转让，在第五节规定经营权流转可以依法采取出租、入股方式或其他方式。所谓其他方式是否包括"互换"这一方式呢？如包括在内，又必然与第四节规定承包权"只可在集体内部进行"的互换规则相矛盾。其实，修正的法是有意避开土地经营权能否"互换"这一问题。这导致两个后果：一是表述上缺乏抽象逻辑思维能力，顾及一面而罔顾另一面，不可自圆其说；二是禁止经营权互换、

---

① 高飞. 土地承包权与土地经营权分设的法律反思及立法回应. 法商研究，2018（3）.

转让，对土地流转的放活毫无裨益。

值得强调的是，政策是法律的重要依据乃至内容的价值体现，但法律的话语体系是为政策的规范化和科学性追求而存在的，当政策真正法律化时，才可能变得严谨、规范而具有普遍意义。当法律对政策的表达呈机械式照搬照用，罔顾法律规则体系的安排，放弃法律逻辑性的话语表达时，立法的败笔则呈现无疑，司法裁判将无所适从，政策的意图贯彻很可能沦为清谈。

五、对《承包法修正草案》及"三权分置"的主要立法建议

第一，"得要领，守法则"，充分肯认"三权分置"的政策导向，深刻理解其要旨、意蕴中的"一主两辅"（落实集体所有权，稳定承包权、放活经营权），坚守公平与效率、改革与发展的立法思想。

第二，对承包经营权之财产性质必须重申，即用益物权、有期物权。

第三，由于农村土地承包法既牵涉"三权分置"政策和土地改革现实，又涉及民法典物权编、土地管理法等修法的统筹协调；既要遵循立法指导思想、理念，又要照应体系架构和制度安排，故应"大修"而非"小补"，即建议全面修订。①

第四，遵循法律科学化、体系化的基本立场，修法时应既有现实问题导向，又应围绕民事权利得丧变更的法逻辑展开，注重与《民法总则》、《物权法》及其修法活动实现良性对接，遵循共同的法规则，以增强未来法律的可操作性。

第五，修法要明确农地用益物权的两解禁：一是土地流转登记的解禁，从登记对抗要件主义转向登记生效要件主义，以保证土地权利的市场化交易安全，保证集体土地的性质不改变，防止集体财产不当流失；二是抵押等担保的解禁，为促进耕地的进一步规模经营、增进耕者对土地的良性经营，提供畅行的融资渠道。

第六，设计土地承包经营权在转让后成为用益物权性质的"经营权"，以确保该项权利较之债权转让具有持续安全性。同理，法定"经营权"应

---

① 耿卓. 承包地三权分置政策入法的路径与方案. 烟台大学承办"'三权分置'与《土地承包法》修改"学术研讨会论文集，2018.

登记生效，可进行物权性流转如抵押等担保。

第七，土地承包经营权转让后的"承包权"被视为承包资格，应与集体成员权制度相接相存，同样应得到严格保护；同时，成员权制度应当进入物权法立法视野。

第十四题　牧区草地承包经营法律制度之检讨

　　"家庭承包经营为基础、统分结合的双层经营体制"是现行我国农村的基本经济制度。它是在不改变农村土地集体所有制的前提条件下，对农村土地经营制度的重大改革。自从20世纪80年代在全国农村推广以来，这种经营模式就成为促进农业要素资源优化配置、提高农业生产效率的主导性力量。这种发源于农区的耕地承包经营的实践经验就成为我国土地承包经营制度立法设计的参照，被宪法和法律固定下来，并且成为包括耕地和草地在内的土地的承包经营的法定方式。然而，根据统计，我国可利用草地面积占到国土总面积的34.48%，耕地面积仅占到12.68%。在四大牧区，草地面积平均占到本省国土总面积的54%。① 从土

----

　　① 根据《中国统计年鉴2011》和《中国奶业年鉴2003》各地区草地统计，四大牧区草地占本省土地面积，内蒙古为74.3%，西藏自治区为64.9%，青海省为50.6%，新疆维吾尔自治区为33.7%，平均为54.3%。

地类型来看,在我国,特别是牧区,草地应当是更为典型的土地形态。但宪法和法律,无论是家庭分散经营,还是集体统一经营,显然都没有考虑到不同类型土地的差异而进行有区别的制度设计。由此引发的问题是:(1)以耕地为原型的家庭承包经营制度设计在农区运行良好,是否在牧区可以获得相同的效果?(2)耕地的经营和草地的经营是否存在差别?这种差别对法律制度设计有何影响,如何解决?

一、草地家庭承包经营制度溯源

据学者研究,在全国普遍推行家庭承包后,从 1978 年到 1984 年农作物产值增长 42.23%,其中家庭承包制改革带来的增长达到 19.8%,贡献率为 46.89%。[①] 基于这项改革所带来的显著效益,1993 年《宪法》修正案明确将"家庭联产承包为主的责任制"规定下来,成为我国农村土地承包经营的正式制度。从此,这项制度不仅在农区耕地承包中得到普遍推广,而且在牧区草地承包中被强力推进。从立法本意来看,最初"家庭联产承包为主的责任制"意在将以家庭或户的土地承包经营方式作为典型模式加以推广,并不排除其他的承包经营方式,如个人承包、公司承包、合伙/合作承包经营等。但是,在 1999 年的《宪法》修正案和 2002 年的《农村土地承包法》中,"家庭联产承包为主的责任制"被修改为"家庭承包经营为基础",家庭成为农村土地承包经营的单一主体,家庭承包经营成为当前我国农村土地承包经营的基本模式。

在 20 世纪 80 年代初,这种家庭承包经营的方式亦被作为典型模式在牧区草地开始推广,起初只是将所有牲畜承包到户,而草场则为集体公用。从 80 年代末开始,在人民公社解体后,村庄的边界逐渐清晰,草原地区的大部分草场被承包到组。而从 90 年代中期开始,在国家将"家庭联产承包为主的责任制"法定化之后,草地家庭承包经营开始在全国牧区广泛推广,并且在牧民定居工程和围栏养畜政策的带动下,这种草地家庭承包经营政策被"一刀切"地推行。[②] 为落实国家的土地承包政策,2002

---

① 林毅夫. 制度、技术与中国农业发展. 上海:上海人民出版社,上海三联书店,2005:80-82.

② 李金亚,等. 基于产权明晰与家庭承包制的草原退化治理机制分析. 农村经济,2013(10).

年《草原法》进行大幅修改，于第 13 条明确规定："集体所有的草原或者依法确定给集体经济组织使用的国家所有的草原，可以由本集体经济组织内的家庭或者联户承包经营。"显然，法律并未明确规定草地承包经营的主体仅限于家庭，但在承包政策落实的过程中，草地承包参照耕地承包，家庭承包经营被统一推行。地方政府为此还专门出台详细的草地承包政策。例如，甘肃省农牧厅在 2012 年出台《甘肃省草原规范化承包和基本草原划定工作验收办法》，明确规定："牧区和半农半牧区草原全面实行承包到户、分户经营；农区和草原面积较小的半农半牧区承包到户、联户经营，少数确有必要的村（组）可以联户承包、联户经营，但一个联户单元不超过十户。"在地方政策的指导下，以甘肃玛曲县为例[1]，草地承包政策从 2001 年开始推行，行政村将以前公有的草场按照每家每户的牲畜和人口的数量划分到户，并且每户都填写"草原承包经营权证"，并在 2012 年换发了新证；还要求每家每户必须把自己的草场和别人的草场用铁丝网分隔开，并在推行这项政策时要求每户都要单独承包，个别联户的也不能超过三户。[2]

二、草地家庭承包经营模式的实效分析

草地家庭承包经营最初是以明晰草地产权为手段来解决村庄草地经营中公用草地的无序化放牧带来的草地退化问题，避免草地利用的"公地悲剧"和"放牧无界"。但是，从实际运行效果来看，或许并未实现政策制定者的预期目标，反而产生了更严重的问题。一方面，在草地承包过程中由于水源和草场丰茂程度不同，各户承包的草地载畜能力差别很大，牧民的生产经营条件差别很大，矛盾频出。另一方面，在有限的草场范围内很难实现草地的轮牧和休牧，导致承包草地超畜过牧而退化严重。以新疆阿勒泰牧区为例：从 1984 年至 1996 年间，牲畜最大饲养量年均增长只有

---

[1]　截至 2012 年，玛曲县为争取川西北甘南沙化草地综合治理项目，完成基本草原划定 1 288 万亩，草原承包经营权证、草原使用权证和草原承包合同书发放率达 100%。

[2]　李静，杨哲. 草地承包政策及在藏区实施情况的调查研究——以甘肃玛曲县、西藏当雄县为例. 西藏大学学报（社会科学版），2013（1）.

1.5%，而1996年至2004年间该指标攀升到3.1%。[①] 显然，在草地家庭承包经营后，同耕地家庭承包一样，极大地刺激了牧民生产经营的积极性，从而使单位草地上的载畜量大大超过草地本身的容载量。家庭承包经营制纠正了牧民传统的"草原无价、放牧无界、滥牧无妨"的旧观念，提高了"建设草原、增草增畜"的效益畜牧业新观念，但非理性的畜牧也成为导致草原退化的直接诱因。事实上，实行草场承包到户的近30年成为草地退化最严重的时期。[②] "玛曲局部地区草地退化可能因气候变化和超载过牧等而引起，但总体上看，草地承包制度是玛曲草地退化的主要驱动因素。"[③] 究其原因，乃在于牧业经营和农业经营存在着天然差别。在耕地细碎化的情况下，耕地家庭承包经营，通过提高土地利用效率和更换耕作品种，仍然可以提高土地的收入。但在草地家庭承包经营的情况下，虽然短时间内可以提高载畜量增加牧民收入，但从长期来看，由于细碎化的草场难以实现草地的轮牧和休牧，草地利用过度反而导致草地失去生产能力。耕地的细碎化并不会导致农业生产效率的降低，而草地的细碎化却会使草地失去休养生息的机会，结果导致草地经营的"私地悲剧"。

为减缓草原退化的趋势，有效保护和恢复草原生态，国家开始采取强力措施在牧区推行禁牧、休牧和轮牧制度，并且为鼓励牲畜圈养给予牧民粮食和资金补助。《草原法》规定：对严重退化、沙化、盐碱化、石漠化的草原和生态脆弱区的草原，实行禁牧、休牧制度；草原承包经营者应当实行划区轮牧；国家提倡在农区、半农半牧区和有条件的牧区实行牲畜圈养，并且对实行舍饲圈养的给予粮食和资金补助。这些措施在一定程度上遏制了部分地区草地严重退化的趋势，明显地减轻了草地的超载，改善了草地环境。[④] 但也有研究表明，"禁牧休牧"制度由于人为阻断草原生态

---

① 柴军. 新疆牧民生产决策行为与草地退化问题研究. 北京：中国农业科学院，2008：104.

② 闫龙飞，刘洋. 制度经济学视角下不同联户规模对草地生态系统的影响——以甘肃玛曲为例. 绿色科技，2014（4）.

③ 杨阳阳. 青藏高原不同放牧模式对草地退化影响研究. 兰州：兰州大学，2012：42.

④ 谭淑豪，等. 公共资源可持续利用的微观影响因素分析. 自然资源学报，2008（2）.

再生系统反而造成草地再生能力的下降，围栏圈养也会使草地长期处在超载状态。① 而且，禁牧会减少当地居民的经济收入，此外，在个别地方禁牧执行率低，牧民"偷牧""强牧"问题严重，实施效果并未达到政策预期。② 显然，为纠正家庭承包经营中出现的草地退化问题，政府不得不采取强制措施限制牧民草地承包经营的无序和滥牧。但是，这种以公权力限制承包经营私权的做法，事实上是以牺牲牧民的草地经营效益为代价的，是事实上的征收。而且这种依靠审批监管的草畜平衡管理模式，强行对牲畜进行数量控制，极易导致违反经济规律的寻租行为，并且面临着极大的监管成本。这种无内生变革力量而由外力强制执行的"压力转移模式"的禁牧，从生产观念和生产方式上对传统牧业冲击巨大，是否可以改善草地环境和保障畜牧业稳定发展仍然值得质疑。③

三、草地承包经营的最佳模式

现实的情况促使牧民开始寻找一种最佳的草地承包经营方式，即联户承包。在这种承包方式中，部分单户经营的牧民开始自愿将承包的草地联合起来共同放牧打草，并且取得比家庭承包经营方式较高的效益，于是，联户承包逐渐成为牧民的理性选择。

首先，联户经营通过将单户经营的草场联合经营，可以实现较大范围内的轮牧，使草地得以有休养生息的机会，从而大大改善了草场质量和生态环境。以甘肃省永昌县马营沟村为例：半农半牧区草地资源联户承包后，草地群落的多样性和生产力得到了明显改善，与对照草地相比承包草地的盖度平均增加了 10%、地上生物量提高了 3.25 g/m²、密度增加了 66～304 株/m²。④ 显然，联户经营后，草场规模扩大，牧民可以在较大范围内实现牲

---

① 李小云，等. 农牧交错带草场禁牧政策下草场制度创新分析. 草业科学，2006（12）.

② 杨调芳. 甘南藏区侵牧行为的法律治理问题研究. 西安：西北师范大学，2012：12.

③ 张英杰. 我国北方半干旱草原沙漠化防治中压力转移模式的检讨——以内蒙古巴林右旗为例. 水土保持研究，2002（4）.

④ 张国辉. 参与式社区草地承包经营模式的绩效评价——以永昌县马营沟村为例. 兰州：甘肃农业大学，2009：摘要.

畜的转移,避免单户草场自然生长无法适应畜群增长速度的问题。从生态保护的角度来看,规模较大的联户经营是较单户家庭经营更好的经营方式。

其次,联户经营可以解决单户经营由于水源不便、家庭人口不足等牧业生产能力不足的问题,对于改善牧区公共资源的供给不足而言,是较家庭承包经营更为有利的制度选择。虽然单户经营能够解决产权不明晰、草地公共资源过度使用和吃"大锅饭"的问题,但家庭分散经营后,牧区的公共建设如水源地的涵养、病虫害的防止、道路建设等公共建设问题,却由于集体资金的缺乏而无法解决。例如,在甘肃玛曲县和当雄县,部分牧民由于缺乏单户经营的基础,而具有单户经营条件的牧民也因为联户可以节约围栏成本而自主选择互助合作的联户经营方式。[1] 通过联户经营后,牧民可以在联户的范围内部分地解决公共资源的供给问题,从而大大增强了抵御自然灾害的能力。

再次,联户经营后牧民家庭收入水平并没有下降,而且有剩余劳动力需要转移。实现规模经营后,牧民的劳动力可以得到最大限度的利用,单个牧民的劳动生产效率得到提升。这样,牧民家庭成员中富余的劳动力可以转移到种植业、副业或者外出打工。虽然牲畜的饲养规模由于国家的载畜量限制措施而下降,短期内来自牧业的收入有所减少,但从长期来看,草地可持续生产能力的增加,反而有利于牧民收入的稳定增加。而且由于牧业外收入的增加,事实上农牧户家庭的总收入并没有下降。同时,联户经营后可以实现规模和效益的同步提升,通过改善牲畜品质或者进行产供销深度合作,可以增强对牲畜的深加工能力,为牲畜的商品化生产奠定基础。以甘肃省永昌县马营沟村为例:在以社区为基础的参与式管理模式下,该村联户经营的收支发生了变化,家庭纯收入由承包前的 4 407 元上升到承包后的 4 900 元,增长幅度为 11.2%,13% 的受访农牧户家庭经济纯收入有所降低,87% 的家庭经济纯收入增加。[2] 显然,联户经营相较于单户经营在稳定增加牧民收入方面是更优的选择。

最后,联户经营不但更符合牧区的生活习惯和传统文化,而且有利于

---

① 李静,杨哲. 草地承包政策及在藏区实施情况的调查研究——以甘肃玛曲县、西藏当雄县为例. 西藏大学学报(社会科学版),2013 (1).

② 张国辉. 参与式社区草地承包经营模式的绩效评价——以永昌县马营沟村为例. 兰州:甘肃农业大学,2009:摘要.

减少政府的监管成本。事实上，在草地家庭承包经营并且设立围栏后，不仅连片的草场被分割成分散的小块，而且牧民的传统游牧生活方式和社会关系亦被这种草地强行分块改变。当地牧民对于草地家庭承包经营并非积极支持，认为这种做法是人为制造麻烦：牛羊越界、关系疏远和牲畜饮水困难等，破坏原本和谐的生活、生产环境。① 分析其原因，乃在于草原游牧民族"逐水草而居"的生活方式本身就内含着生态保护的合理因素，传统游牧生活所积累起来的生产经验本身就包含着草地轮牧、休牧等合理利用生态资源的文化传统。这些文化传统中"天人合一""万物有灵"等人与自然的和谐观念通过禁忌、习惯、神话故事等世代相传，客观上约束了人们破坏自然环境的不良行为，维护了生态环境的平衡。② 因此，即使在划分草场实行家庭承包经营后，很多牧民并没有改变传统的放牧方式，而是为了生产和生活的方便而走向互助合作的草地经营方式——不分草场、不设围栏，继续着小范围的游牧生活，从而使国家的草场家庭承包政策流于形式。事实上，如果考虑到草地经营并不适宜零碎化经营的特殊性，采用多种方式实现规模经营，充分重视游牧民族的传统生产方式和传统文化中关于生态保护的合理因素，再辅之以国家法律对载畜量的控制措施，那么不仅牧民可以增产增收，而且国家对生态保护的监管成本也将大大降低。

四、草地承包经营法律制度的改进

事实上，"家庭承包经营为基础、统分结合的双层经营体制"并不否认集体统一经营和其他形式的规模经营。但是，在1999年《宪法》将其法定化后，地方所执行的承包政策多是单一化的家庭承包、分散经营，并非立法者原意中的双层经营制度。在2007年《物权法》颁布后，这种承包经营方式更是成为土地承包法律中的典型形态，在耕地和草地承包经营确权中被强化。但是，基于实践中草地家庭承包经营出现的负面效应，国家法和牧区习惯性草地利用方式之间的裂痕越来越凸显国家法律相关规定的不合理之处。

---

① 李静，杨哲. 草地承包政策及在藏区实施情况的调查研究——以甘肃玛曲县、西藏当雄县为例. 西藏大学学报（社会科学版），2013（1）.

② 柴荣怡，罗一航. 西南少数民族自然崇拜折射出的环保习惯法则. 贵州民族研究，2014（11）.

1. 草地承包主体范围的多元化问题

我国关于草地承包经营的法律主要由《农村土地承包法》《草原法》《物权法》构成。从草地承包经营的主体来看,《农村土地承包法》和《物权法》都以落实"家庭承包经营为基础、统分结合的双层经营体制"为立法目的,规定农村土地,除不宜采取家庭承包方式的荒山、荒沟、荒丘、荒滩等外,主要由农村集体经济组织内部的家庭作为承包主体进行承包(《农村土地承包法》第3条)。但是,《草原法》将承包经营的主体扩展到本集体经济组织内的"联户"(第13条)。从法理上讲,《农村土地承包法》和《物权法》是针对各种类型的土地承包经营的一般法,而《草原法》是针对草地承包经营的特别法。但是,在实践中,草地承包经营的推行还是按照既定的有成熟经验的家庭承包制度来实施,按户进行草场划分与确权。《草原法》中的联户承包由于缺乏具体的操作性规定,如联户主体之间的法律关系和确权颁证问题,而被束之高阁。因此,建议修改完善《农村土地承包法》第3条和《物权法》第124条,增加规定"其他法律另有规定的除外",或者将"家庭承包经营为基础、统分结合的双层经营体制"修改为"家庭承包经营为主体、统分结合的双层经营体制",从而将集体、联户和家庭等都纳入草地经营主体的范围。

2. 草地经营方式的多样化问题

由于参照农区耕地的家庭承包经营方式来设计草地承包经营制度,草地的细碎化成为草地规模经营的障碍。在草地已经由家庭分散承包经营的情况下,法律应当继续开放多元化的草地经营和流转方式,实现草地的规模经营。但是,值得关注的是,家庭经营或者联户经营,甚至入股合作经营,都应当由牧民自主决定,而不是由法律和地方政策越俎代庖。同时,鉴于联户经营较家庭经营具有特殊优势,《草原法》应当将其作为典型的经营方式进行制度设计,对联户经营者的权利和义务进行特别规范。并且,法律应当规定,在涉及集体草地经营制度选择时,应当尊重牧民的自主选择,由集体共同决定是实行家庭或者联户承包经营,还是由集体统一经营。当然,即使在规模经营的情况下,以生态环境保护为依据的法律约束,如载畜量的控制和草地用途转变限制等,还是有必要的。

3. 民族自治地方草地经营制度的变通执行问题

草地无疑是多数民族自治地方土地的典型形态,针对草地经营的特殊性,根据《民族区域自治法》第27条第1款的规定——"民族自治地方的自治机关根据法律规定，确定本地方内草场和森林的所有权和使用权。"——结合《草原法》第 13 条的规定，民族自治地方可以通过制定自治条例变通执行《农村土地承包法》和《物权法》中的农村基本经济制度，即不以家庭承包经营为基础，而由集体共同决定采用何种方式经营。承包经营的主体可以是家庭，也可以是联户。经营的方式，可以是集体统一经营、联户承包经营，也可以是家庭承包经营，甚至股份合作经营等。对于草场的承包经营，"并不是一定以户为单位来分割利用草原，也不一定要放弃游牧，通过交易或合作，草原的利用形式可以有灵活多样的制度安排"①。政府应当引导而非强制牧民采取何种经营方式。

　　总体上，草地家庭承包经营方式由于草场被人为分割反而不利于生态保护和牧民持续增收。国家的"禁牧"政策虽然有短期效果，但并不是最有利于草场保护和牧民增收的方式。以行政手段干预、限制牧民的载畜量的做法，等同于变相的以维护生态为目的的管制性征收，是以牺牲牧民收入为代价的，并且实施起来监管成本高昂，难以取得预期效果。反而是牧民自发组织起来的联户经营和其他形式的规模经营，能够兼顾生产效益和生态保护，是优于家庭承包经营的自发性制度选择。因此，国家法律和地方政府在推行草地经营制度时不宜进行整齐划一的家庭承包经营，而应当尊重牧区牧民的集体选择和草地经营的特殊性，适度开放草地经营的主体和经营方式。

---

　　① 李金亚，等. 基于产权明晰与家庭承包制的草原退化治理机制分析. 农村经济，2013（10）.

第十五题　土地经营权抵押的法理反思与制度回应

　　党的《十八届三中全会决定》，标志着我国新一轮农村土地改革的正式启动。该决定首次明确要求，"赋予农民对承包地占有、使用、收益、流转及承包经营权抵押、担保权能"。在此之前，土地承包经营权抵押在相关法律法规和司法解释中都是被禁止的。随后，中共中央、国务院和各部委陆续出台相关的政策性文件，逐步推进和继续深化承包经营权抵押制度改革。"2014 年中央一号文件"进一步指出："在落实农村土地集体所有权的基础上，稳定农户承包权、放活土地经营权，允许承包土地的经营权向金融机构抵押融资。"这标志着"三权分置"政策的正式出台。值得注意的是，与"三权分置"的内在逻辑相契合，政策性文件开始使用"承包土地的经营权"的表述，以取代"承包经营权"。这说明决策部门对于开禁土地承包经营权抵押仍持保留态度。"2015 年中央一号文件"在推进农村金融体制改革的举措中，明确要求"做好承包土地的经营权和农民住房财产权抵押担保贷款试点工作"。2016年3月十二届全国人民代表大会常务委员会第十八次会议决定：授权国务院在北京市大兴区等232个试点县（市、区）行政区域，暂时调整实施《物权法》《担保法》关于集体所有的耕地使用权不得抵押的规定。紧接着，中国人民银行等五部门根据《国务院关于开展农村承包土地的经营权和农民住房财产权抵押贷款试点的指导意见》和上述决定的要求出台了《土地经营权抵押暂行办法》，于是承包土地的经营权抵押贷款试点工作有了部门规范性文件作为实施依据。目前，试点工作的截止期限从2017年12月31日推迟至2018年12月31日，在面向全国推行之前，有必要对农户或农业经营主体抵押融资①面临的现实困境进行梳理总结，对规范性文件规定的承包土地的经营权抵押贷款制度进行体系化解读，对土地经营权抵押制度所欲实现的政策目标进行功能性辨析，为在民法典物权编和《农村土地承包法》中设计价值融贯、功能适切、体例科学、规范可行的土地经营权抵押制度提供理论基础和立法建议。

一、土地经营权抵押贷款试点政策出台的制度背景

（一）土地承包经营权的物权性流转受限

我国《物权法》禁止农户以土地承包经营权设定抵押，其立法理由在于当时农村社会保障体系尚未全面建立，土地承包经营权是农民安身立命之本，从全国范围来看，放开土地承包经营权的转让和抵押的条件尚不成熟。② 因此，虽然《物权法》规定土地承包经营权可以转让，但转让需经发包方同意，且承包方必须具有稳定的非农职业或者有稳定的收入来源，也即客观上不再需要土地承包经营权所提供的社会保障方可转让。但在抵押的情况下，一方面，农户一般是在急需生产生活资金的情况下才会将土

---

① 从金融学角度来说，融资包括直接融资和间接融资，向金融机构申请贷款属于间接融资的方式之一，对农户和农业经营主体而言是最主要的融资方式，因此，下文在相同语义下使用"抵押贷款"和"抵押融资"，不另作区分。

② 全国人民代表大会常务委员会副委员长王兆国于2007年3月8日第十届全国人民代表大会第五次会议上所作《关于〈中华人民共和国物权法（草案）〉的说明》。[2018-03-20]. 中国人大网，www.npc.gov.cn/wxzl/gongbao/2007-05/29/content_5366955.htm.

地承包经营权抵押，若要求其具有稳定的非农职业或者有稳定的收入来源，是强人所难；另一方面，金融机构等债权人接受土地承包经营权抵押，是纯粹的市场行为，要遵循效率和安全的价值目标，按照审慎性原则的要求，优先考虑风险控制和债权实现，故很难要求其在行使抵押权时顾及农户的生活保障问题。基于这两方面的考虑，《物权法》对客观上承载了社会保障职能的土地承包经营权的抵押采取了较转让更为严格的限制。而土地承包经营权的物权性流转受限，严重制约其财产价值的发挥。对于作为承包方的农户而言，一方面，其难以将具有财产属性的土地承包经营权转让以增加财产性收入，无法通过成熟的农村土地产权交易市场分享农村土地的增值收益；另一方面，其无法将具有交换价值的土地承包经营权抵押以获取贷款，用以改善农业生产经营或满足其他生产生活需要。

（二）债权性的土地承包经营权流转难以满足实践需求

根据广东外语外贸大学土地法制研究院于 2017 年 8 月—2018 年 1 月在珠三角地区展开的农村土地法律制度运行调查研究的结果，受访农户中有 77.08％的表示希望以"转包或出租"方式流转土地承包经营权，远高于对其他流转方式的选择。这说明债权性流转目前仍是农民最希望采取的流转方式。但债权性的流转方式大多是偶发、短期和不确定的，"现行土地承包经营权流转制度存在权利形态单一、权利效力弱、权利期限短、权利缺乏抵押功能等缺陷"[①]。从农户角度来看，债权性流转固然可以满足其随时返乡务农的现实需求，但从农业经营主体的角度来看，却不利于稳定其合理的经营预期，鼓励其为提高生产效率持续地进行生产投入，亦难以利用债权性质的经营收益权从金融机构获取贷款，从而进一步制约了农地的适度规模化经营和现代化。

（三）"三权分置"改革在全国范围内稳步推进

在集体所有权和土地承包经营权相分离的农地产权结构下，有资格承包集体土地的仅限于集体经济组织成员，而"城镇化进程的推进使有资格取得承包经营权的农民与实际经营农业的主体逐步分离"[②]，享有土地承

---

① 朱广新. 土地承包权与经营权分离的政策意蕴与法制完善. 法学，2015 (11).

② 陈小君."三权分置"与中国农地法制变革. 甘肃政法学院学报，2018 (1).

包经营权的农户并不实际从事农业生产，其他农业经营主体则无法取得对其所耕作农地的排他性权利。这严重背离"耕者有其田"的耕作主义原则。同时，"只分不统"的家庭经营方式难以适应现代农业机械化和规模化的要求。党的"十九大报告"指出，要"巩固和完善农村基本经营制度，深化农村土地制度改革，完善承包地'三权'分置制度"。"2018 年中央一号文件"也要求，"完善农村承包地'三权分置'制度，在依法保护集体土地所有权和农户承包权前提下，平等保护土地经营权"。立足于民法典物权编编纂和《农村土地承包法》修订的立法背景，承包地"三权分置"改革已从政策话语逐步转向法律表达。法学理论界关于"三权分置"的学术主张，也从发端伊始泾渭分明的理论反思与积极回应，逐步转向既定政策选择下的理性构建，只是对于"三权"何时分置、如何分置、分置之后各自的性质和彼此的关系如何等尚未达成共识。[①] 理论上的观点分歧造成立法上的无所适从，"鉴于实践中抵押担保融资的情况复杂，操作方式多样，加之各方面对土地经营权的性质认知分歧较大，(《农村土地承包法》) 草案使用了'融资担保'的概念，包含了抵押和质押等多种情形，既解决了农民向金融机构融资缺少有效担保物的问题，又保持了与担

---

① 陈小君. 我国农村土地法律制度变革的思路与框架——十八届三中全会《决定》相关内容解读. 法学研究，2014 (4). 高圣平. 新型农业经营体系下农地产权结构的法律逻辑. 法学研究，2014 (4). 申惠文. 农地三权分离改革的法学反思与批判. 河北法学，2015 (4). 高飞. 农村土地"三权分置"的法理阐释与制度意蕴. 法学研究，2016 (3). 吴义龙."三权分置"论的法律逻辑、政策阐释及制度替代. 法学家，2016 (4). 单平基."三权分置"理论反思与土地承包经营权困境的解决路径. 法学，2016 (9). 潘俊. 农村土地"三权分置"：权利内容与风险防范. 中州学刊，2014 (11). 蔡立东，姜楠. 承包权与经营权分置的法构造. 法学研究，2015 (3). 丁文. 论土地承包权与土地承包经营权的分离. 中国法学，2015 (3). 朱广新. 土地承包权与经营权分离的政策意蕴与法制完善. 法学，2015 (11). 高海. 土地承包经营权"两权分离"的论争与立法回应. 武汉大学学报 (哲学社会科学版)，2016 (6). 高海. 论农用地"三权分置"中经营权的法律性质. 法学家，2016 (4). 朱继胜."三权分置"下土地经营权的物权塑造. 北方法学，2017 (2). 耿卓. 农地三权分置改革中土地经营权的法理反思与制度回应. 法学家，2017 (5). 陈小君."三权分置"与中国农地法制变革. 甘肃政法学院学报，2018 (1). 丁文. 论"三权分置"中的土地经营权. 清华法学，2018 (1).

保法等法律规定的一致性"①。《承包法修正草案》的规定从表面上看规避了理论争议，但却造成了立法的模糊性和不确定性，因而备受争议。除了《承包法修正草案》，试点地区适用的《土地经营权抵押暂行办法》也存在诸如概念混乱、制度漏洞和规范偏差等问题。在《物权法》等基本法律的相关规定暂停适用而民法典物权编尚未出台、《农村土地承包法》又在修订过程中的制度背景下，《土地经营权抵押暂行办法》适用的效果直接影响到民法典物权编和《农村土地承包法》有关土地经营权抵押的制度设计，其重要性不言而喻。然而在实践中土地承包经营权或土地经营权抵押贷款的试点做法混沌无序，理论上对于如何构建科学的土地经营权及其抵押制度众说纷纭。这导致立法上规范土地经营权抵押贷款的文本存在体系性缺陷，亟待予以梳理、澄清。

二、土地经营权抵押贷款规范文本缺陷的体系解读

目前，《土地经营权抵押暂行办法》是土地经营权抵押贷款试点工作开展的直接依据。运用法律实证方法对《土地经营权抵押暂行办法》予以解读，阐释规范性文件对土地经营权抵押制度的设定，有助于揭示土地经营权抵押制度面临的现实困境及引发困境的根源。

（一）土地经营权概念的表述混乱无序

《土地经营权抵押暂行办法》承继了政策性文件中"承包土地的经营权"的表述，用来指代农户通过家庭承包方式获得的"土地经营权"和其他农业经营主体通过合法流转方式获得的"承包土地的经营权"②。相应地，《土地经营权抵押暂行办法》同时规范农户以"土地经营权"、其他农业经营主体以"承包土地的经营权"抵押贷款的活动。将农户用作抵押的权利称为"土地经营权"，将其他农业经营主体用作抵押的权利称为"承包土地的经营权"，又将二者统称为"承包土地的经营权"，这些概念表述上的混乱说明立法者认识到农户与其他农业经营主体同样具有融资需求，但

---

① 全国人大农业与农村委员会副主任委员刘镇伟 2017 年 10 月 31 日在第十二届全国人大常委会第三十次会议的全体会议上所作《关于〈中华人民共和国农村土地承包法修正案（草案）〉的说明》[2018-01-26]. 中国人大网，http：//www.npc.gov.cn/npc/xinwen/lfgz/2017—11/02/content_2031279.htm.

② 《土地经营权抵押暂行办法》第1条、第6条、第7条。

对于如何指引二者利用各自的财产权利实现抵押贷款尚缺乏明确的构想。

（二）农户以土地经营权抵押存在制度漏洞

《土地经营权抵押暂行办法》第6条规定了通过家庭承包方式取得土地承包经营权的农户以其获得的土地经营权作抵押申请贷款的条件，但未就抵押权如何设定与实现予以明确的规定。于操作中有疑问的是：农户是否需要先为自己设定一项土地经营权，再以该土地经营权设定抵押？抑或先为金融机构设定一项土地经营权，于抵押权实现时再将该土地经营权变价以优先清偿担保债权？再或者径以土地承包经营权设定抵押，于抵押权实现时再将土地经营权转让给受让人？制度设计的关键，在于如何认定土地经营权的性质。若以土地经营权为用益物权，是在农民集体所有的土地上设定的他物权，尚符合他物权的生成逻辑。但若依第一种方案，或认农户在集体（他人）所有的土地上为自己设定一项他物权，或认农户在自己的土地承包经营权上再为自己设定一项他物权，都不免陷入逻辑悖论。若依第二种方案，抵押权本质上是期待权，于抵押权实现时才转化为实体权利，农户在尚不明确到期能否还款时即为贷款人设定土地经营权，一则不符合抵押担保的基本法理，二则造成土地经营权名不副实，名义上享有土地经营权的金融机构实际上并不行使该项权利。若依第三种方案，仍需要回答：以土地承包经营权设定抵押，何以实现抵押权时又转变为土地经营权？二者的逻辑勾连何在？

（三）农业经营主体以承包土地的经营权抵押存在规范偏差

《土地经营权抵押暂行办法》第7条规定了通过合法流转方式获得承包土地的经营权的农业经营主体申请贷款的条件，同时隐含了农业经营主体以承包土地的经营权设定抵押的方式。根据该规定，农业经营主体以承包土地的经营权设定抵押，须"已经与承包方或者经承包方书面委托的组织或个人签订了合法有效的经营权流转合同，或依流转合同取得了土地经营权权属确认证明，并已按合同约定方式支付了土地租金"，还需"承包方同意承包土地的经营权可用于抵押及合法再流转"。在土地经营权的权利属性尚未辨明的情况下，该规定看似以土地经营权为物权设计其抵押制度，但经营权流转合同或土地经营权权属确认证明却属于债权性证明文件，而承包方同意是原基础性债权债务关系中债务人的同意。可见，《土地经营权抵押暂行办法》规定的土地经营权"抵押"的条件比债权质押更为严格：债权人以债权设定担保，无须经过债务人的同意，只需将担保事项通知债务人。即便认为承包土地的经营权为债权，但该债权以在承包地上行使占有、使用和收益权能为内容，并非金钱给付性债权，若准用租赁合同的规定，承租人未经出租人同意不得转租，则该权利亦不属于可转让的权利，并不存在设定质押的空间。因此，《土地经营权抵押暂行办法》的规定，无论是解释为以承包土地的经营权为物权在其上设定抵押还是解释为以其为债权在其上设定质押，都不符合物权法基本原理和承包地抵押实践需求，存在规范偏差。

《土地经营权抵押暂行办法》规定的土地经营权抵押制度存在概念混乱、制度漏洞和规范偏差等问题，本质上反映出立法者在农户承包资格保护和土地经营权物权化之间的态度摇摆不定，对于如何实现"三权分置"政策的法律转化欠缺理性判断和理论支撑。

三、土地经营权抵押制度设计的理论基础

根据学者关于"三权分置"政策法律化的理论主张的不同，可以将土地经营权抵押制度设计的逻辑进路分为三种：一是限于农村土地集体所有权和承载特定的保障功能，土地承包经营权依然不能抵押，农户和农业经营主体都以承包土地的经营权设定抵押以满足各自的融资需求[①]；二是开禁土地承包经营权抵押以满足农户的融资需求，同时完善成员权制度以保护农户的承包资格，其他农业经营主体则以物权性的土地经营权设定抵押[②]；三是在不宜以土地承包经营权直接抵押的现实背景下，确权确地之经营权应为债权，可以土地承包经营权之收益权或债权性经营权质押，将土地承包经营权之流转收益权纳入应收账款[③]，确权确股不确地之经营权

[①] 房绍坤. 论土地承包经营权抵押的制度构建. 法学家，2014（2）. 焦富民. "三权分置"视域下承包土地的经营权抵押制度之构建. 政法论坛. 2016（5）. 许明月. 农村承包地经营权抵押融资改革的立法跟进. 比较法研究，2016（5）.

[②] 高圣平. 承包土地的经营权抵押规则之构建——兼评重庆城乡统筹综合配套改革试点模式. 法商研究，2016（2）. 陈小君. 我国涉农民事权利入民法典物权编之思考. 广东社会科学，2018（1）.

[③] 高圣平. 论土地承包收益权担保的法律构造——兼评吉林省农地金融化的地方实践. 法律科学，2015（6）. 高海. 土地承包经营权之收益权融资担保. 安徽大学学报（社会科学版），2012（5）.

则存在物权化的空间，可以物权性的经营权设定抵押。① 论争集中在应否开禁土地承包经营权抵押和转让，以及土地经营权的功能属性等方面。

（一）禁止土地承包经营权抵押的理论依据与反思

我国现行立法禁止土地承包经营权抵押的实践依据是农村社会保障体系不健全，土地承包经营权客观上承载了部分社会保障职能。理论上认为现阶段土地承包经营权不能或不宜抵押所依据的也主要是农村社会保障水平低下、城乡收入差距较大且难以在短期内实现更好的调控效果。②

主张开禁土地承包经营权抵押的学者则认为："以农地的社会保障功能作为限制农地金融化的主要理由，正当性不足，基于三点理由：一是农地与社会保障义务之间并无必然联系；二是即使认为农地具有社会保障替代功能，但同时仍应承认农地的生产要素功能和财产属性；三是农地的金融化并不意味着农民丧失农地，失去基本生活保障。"③ 此观点颇值赞同。农户将土地承包经营权转让或抵押，期限不得超过土地承包经营权的剩余期限，受让人取得的土地承包经营权期限届满后，若尚在原承包人的承包期限内则自动回归原承包人，若原承包人的承包期限同时届满则承包地的所有权回归农民集体。"只要原承包人的成员身份不丧失，就享有包括在一下轮延包集体土地在内的一系列资格。"④ 在广东外语外贸大学土地法制研究院于 2017 年 8 月—2018 年 1 月在珠三角地区展开的农村土地法律制度运行的调查研究中，当问及"您认为在当前农村土地法律制度运行中，存在的主要问题是什么？（限选三项）"时，受访农户选择"承包经营地无法抵押贷款"的比例为 42.19%；当问及"您认为在拓展农民收入增长渠道方面，提供下列哪些政策法律最重要？（限选三项）"时，受访农户选择"允许承包地自由流转、抵押融资，扩大生产"的比例为 48.96%；当问及"您希望承包地流转采用哪些方式？（可多选）"时，受访农户中选择"抵押"的比例为 30.73%；当问及"您认为当前承包地流转存在什么障碍？（可多选）"时，受访农户选择"法律禁止抵押融资，

① 高海. 论农用地"三权分置"中经营权的法律性质. 法学家，2016（4）.

② 高海. 土地承包经营权"两权分离"的论争与立法回应. 武汉大学学报（哲学社会科学版），2016（6）.

③ 高圣平. 农地金融化的法律困境及出路. 中国社会科学，2014（8）.

④ 陈小君. "三权分置"与中国农地法制变革. 甘肃政法学院学报，2018（1）.

流转受阻"的比例为 43.75%；当问及"您认为应否允许土地承包权人以实际耕作的承包地进行抵押（贷款）？（单选）"时，受访农户选择"应当"的比例为 69.27%。可见，农户对开禁土地承包经营权抵押有着较高的制度需求和较明晰的认知状况。另外，在该调研活动中，当问及"您认为，如把承包地转让后仍是本村村民的，在'三轮'延包时是否还应享有承包土地的权利？（单选）"时，有 81.77% 的受访对象选择"应享有"。这说明大多数农户认为转让或抵押不应导致农户彻底失去承包资格，至于暂时失去承包地，则是其基于经济人的理性判断处分自身的财产权利时必须承担的法律后果。

开禁土地承包经营权抵押能够有效地避免农户以土地经营权设定抵押的适用难题。如前所述，在农户未将承包地流转的情况下，要求农户以承包土地的经营权设定抵押，必然面临何时及如何设定土地经营权的困惑，陷入在他人所有的土地上为自己设定他物权或在自己所有的土地承包经营权上再为自己设定他物权的悖论。在开禁土地承包经营权抵押的前提下，农户径以土地承包经营权抵押，于抵押权实现时，抵押权人将土地承包经营权转让以优先受偿。禁止土地承包经营权抵押不仅缺乏正当性依据，反而限制了土地承包经营权以用益物权权能。现行法律的可完善之处即在于还赋土地承包经营权以用益物权完整性，开禁土地承包经营权抵押，建立集体成员权制度。"无论农地承包经营权辗转流动到哪里，都给予依托土地生存与发展的农民个体以妥帖的法律保障之良好预期。"[1]

（二）限制土地承包经营权转让的立法与检讨

土地承包经营权抵押以其可自由转让为前提，只有能够在市场上自由转让的权利才具有交换价值，并得利用其交换价值担保债权的实现。土地承包经营权无法实现抵押，因立法限制其无法在市场上自由流转，从而有效地实现债权，成为金融机构不愿意接受农户以土地承包经营权作抵押、向其发放贷款的主要顾虑。

《农村土地承包法》第 41 条规定："承包方有稳定的非农职业或者有稳定的收入来源的，经发包方同意，可以将全部或部分土地承包经营权转让给其他从事农业生产经营的农户，由该农户同发包方确立新的承包关系，原承包方与发包方在该土地上的承包关系即行终止。"根据该条规定，

---

[1] 陈小君."三权分置"与中国农地法制变革. 甘肃政法学院学报，2018（1）.

农户转让其土地承包经营权，即脱离原土地承包关系，由受让方农户与发包方确立新的承包关系。至于转让方农户是否丧失于下一轮延包时再行承包土地的资格，现行法律并没有明确规定。而根据党的"十九大报告"作出的"第二轮土地承包到期后再延长三十年"的决定，以及学者建议于下一轮延包时自动续期的主张①，结合对该条文的文义解释，应由受让方农户就该土地继续享有承包资格，而原承包方只能以集体成员之身份重新请求分配承包地。在人地矛盾已然突出的情况下，原承包方究竟能否实际取得承包地确实值得怀疑。可见，该条规定不仅限制农户的土地承包经营权转让，还可能造成农户承包资格的丧失，与党的《十八届三中全会决定》作出以来各类文件要求的"保持土地承包关系稳定并长久不变"的政策目标相冲突，应予废止。《承包法修正草案》第33条规定："经发包方同意，承包方可以将全部或者部分承包的土地转让给本集体经济组织的其他农户，由该农户同发包方确立新的承包关系，原承包方与发包方在该土地上的承包关系即行终止。"从条文表述来看，删除了"承包方有稳定的非农职业或者有稳定的收入来源的"的规定，说明立法者已经认识到该附加条件难以认定②，是对土地承包经营权转让施加的不必要的限制；但同时保留了"经发包方同意"的条件，并对受让方进行更为严格的限制，从"其他从事农业生产经营的农户"限缩为"本集体经济组织的其他农户"，而"将受让人限定为农户，其他从事农业生产经营的企业将无法受让土地承包经营权，这虽然在一定程度上满足了其他农户对农地资源的需求，但由于受让范围的限制，农地资源的市场化配置即无法达致，农地的市场价值也无法充分实现，最终损害的还是农户的利益"③。同时，依该条文义，土地承包经营权转让仅能在本集体经济组织内部进行，且转让土地承包经营权即丧失在该土地上继续承包的资格，于承包期结束下一轮延包时是否享有重新申请承包地的资格，依然没有明确规定。从体系解释的角度来看，该条位于第二章"家庭承包"中的第四节"土地承包权的保护和转让"，是将"三权分置"政策入法时对农户承包权的制度设计。从章节名

---

① 陈小君. 我国农村土地法律制度变革的思路与框架——十八届三中全会《决定》相关内容解读. 法学研究，2014（4）.

②③ 高圣平. 新型农业经营体系下农地产权结构的法律逻辑. 法学研究，2014（4）.

称推测立法的意图在于规范农户承包权的转让条件和程序。若依此规定，承包权转让后原承包户即彻底永久丧失承包土地的资格，同样与"稳定承包关系长久不变"的政策意图相违背，于进一步的立法完善中应尤其注意确立完善的农民集体成员权制度，进一步理顺农民集体和农民集体成员及土地经营权人的关系。①

值得注意的是，开禁土地承包经营权转让或抵押，若同时允许在承包地上设定物权性的土地经营权，则届时在市场流转的既有土地承包经营权，又有土地经营权，即使不至于引起农村土地财产权利体系的混乱，也确实引发同义反复或叠床架屋的疑问。② 对此我们认为：开禁土地承包经营权转让或抵押，是土地承包经营权财产属性的应然要求，是为满足农户以土地承包经营权抵押融资的制度需求而进行的立法完善，能够避免农户以土地经营权设定抵押引发的实践难题。至于叠床架屋的问题，需要另辟蹊径加以解决。

（三）土地经营权的功能定位与属性论争

"土地经营权所负载的目标功能大致可以概括为稳定土地承包经营权流转中受让人的经营预期，满足其为扩大生产经营而进行抵押融资的需求。"③ 土地经营权毋宁是顺应农村土地适度规模化经营和农业现代化的现实需求而产生的制度供给，是将农业经营主体就承包地行使的用益租赁权利予以物权化的表现。与直接将土地承包经营权进行物权化流转（转让或抵押）相比，从土地承包经营权中"分离"出土地经营权，最明显的制度优势是给予农户明确的保留承包资格的保障预期④，鼓励其进行物权化流转；与此同时，也稳定受让人的经营预期，满足其以物权化的财产权利进行抵押融资的制度需求。这也是即便在还赋土地承包经营权以物权权能、开禁土地承包经营权抵押的情况下，仍需设置土地经营权制度并将其类型和内容予以固定以满足物权法定原则的现实考量。前者旨在满足农户

---

① ② 陈小君."三权分置"与中国农地法制变革.甘肃政法学院学报，2018（1）.

③ 耿卓.农地三权分置改革中土地经营权的法理反思与制度回应.法学家，2017（5）.

④ 关于确立完善的农民集体成员权制度以稳定农地承包权，参见陈小君."三权分置"与中国农地法制变革.甘肃政法学院学报，2018（1）.陈小君.我国涉农民事权利入民法典物权编之思考.广东社会科学，2018（1）.

自身的融资需求，后者重在实现农业经营主体的贷款意愿。依所谓的"三权分置"，农户未在土地承包经营权上设定土地经营权时，仍然是"集体所有权＋土地承包经营权"的权利结构；当农户在土地承包经营权上设定了土地经营权时，才体现出"集体所有权＋集体成员权＋土地经营权"的权利结构，如此才能在符合一物一权原则的前提下满足农业经营主体将经营权物权化的利益诉求。① 与此同时，还赋农户以承包地抵押融资的权利，并非土地经营权应然的功能、目的。从对规范性文件的解读来看，在农户未将承包地流转的情况下，无论是在他人所有的土地上为自己设定土地经营权，还是在自己的土地承包经营权上再为自己设定土地经营权，都不仅不符合他物权的生成逻辑②，而且人为地造成抵押程序复杂化。在金融机构本已惜贷如金的情况下，这丝毫无益于增强其向农户发放贷款的意愿。还赋农户以承包地抵押融资的权利，亦非土地经营权所能够承载的功能、目的。

　　关于土地经营权的性质，学界有债权说、物权说、二元说、土地经营权无用说、废弃说等不同的主张。③ 尽管法律逻辑关系有待厘清，但"三权分置"改革的政策意图是把土地经营权设计为一项用益物权，以稳定新型农业经营主体的经营预期，切断农户承包资格与农地经营权利之间的连接，在稳定农地承包关系长久不变的前提下，促进农地流转，发展适度规模经营。目前，土地承包经营权流转主要是以债权性的方式进行，"集体所有权—土地承包经营权—农地租赁权"这一"所有权—用益物权—债权"的结构也符合大陆法系民法理论的逻辑体系，但确实存在难以稳定新型农业经营主体的经营预期、妨碍其长期稳定投入的问题。有学者提出："不能单凭'经营权只有物权化才能保障经营的稳定性'一个论断就将确权确地之经营权定性为用益物权。即使将经营权定性为用益物权，在先的经营权人也可能无法'直接要求第三方返还承包地继续耕种'，因为其可能遭遇第三方取得经营权的抗辩；相反，如果将经营权定性为债权，则在

---

① 高飞. 农村土地"三权分置"的法理阐释与制度意蕴. 法学研究, 2016（3）. 高圣平. 农地三权分置视野下土地承包权的重构. 法学家, 2017（5）.

② 高圣平. 新型农业经营体系下农地产权结构的法律逻辑. 法学研究, 2014（4）.

③ 耿卓. 农地三权分置改革中土地经营权的法理反思与制度回应. 法学家, 2017（5）.

先的经营权人未必不能继续经营，因为参照与先后在一块地上设立两个经营权类似的"一物多卖"的司法解释的规定，无论是根据受领农用地在先、付款在先还是根据合同生效在先，均不存在优先保护后设经营权的必然性。"①该观点混淆了物权与债权的区别，反而证明土地经营权只有物权化方能产生排他的优先效力。"传统见解认为物权系绝对权，即以一般不特定人为义务人，而要求其不为一定行为的权利；债权系相对权，仅得对抗特定人，即仅以特定人为义务人，而要求其为一定行为的权利，并适用平等原则，即债权不论发生先后，均居于同等地位。物权即具绝对性，在物权之间并有排他的优先效力问题，与社会公益攸关，其得丧变更，须有一定的公示方法，以维护交易安全，乃产生物权法定原则，即'物权，除本"法"或其他"法律"有规定外，不得创设'（我国台湾地区'民法'第757条）。"②若将经营权法定化为用益物权，并经登记的公示方法取得优先效力，则在先的经营权人自可直接要求第三人返还承包地继续耕种；若将经营权定性为债权，因债权的相对性和平等性，先后设立的两个经营权相互之间是不存在优先性的。不仅如此，作为债权的经营权相对于用益物权本身也是不具有优先性的，表现为土地承包经营权人仍得以土地承包经营权或其收益权转让或设定担保，经营权人仅得以"租赁权的物权化"主张"买卖（或抵押）不破租赁"来保护其用益租赁权。实践中已出现土地承包经营权人将承包地转包后又以"土地经营权"抵押而引发的纠纷。③可见，债权性的经营权对于实际从事农业生产的经营主体保护力度不足。最高人民法院《关于审理买卖合同纠纷案件适用法律问题的解释》关于"一物多卖"中买受人均要求实际履行合同时的处理规则是，按照"先行受领交付"—"先行支付价款"—"依法成立在先"的顺序保护在先买受人。需要注意的是：该处理规则针对的均是动产，而动产以交付为公示手段，先行受领交付即以占有取得动产所有权，自然应予确认；先行

① 高海. 论农用地"三权分置"中经营权的法律性质. 法学家，2016 (4).
② 王泽鉴. 民法总则. 北京：中国政法大学出版社，2001：88-89.
③ 尹某波诉张某华财产损害赔偿纠纷案. [2018-03-25]. 中国裁判文书网，http：//wenshu. court. gov. cn/content/content? DocID = f522bbdd-52e2-4c04-b09b-a85700b47aa9.

支付价款或依法成立在先同样违反债权的平等原则。严格来说该司法解释的规定是有违法理的，以之作为"一物多卖"情况下买受人均要求实际履行合同时的处理规则尚可，类推至不动产租赁则略显牵强。

对经营权的用益物权论提出反思的另一观点认为，经营权并非只有物权化才能激活农用地的担保功能，在实践中有以土地承包经营权之收益权或债权性经营权质押的①，土地承包经营权之流转收益可以纳入应收账款②，《物权法》第 223 条规定的应收账款质权已经为承包地流转收益权质押提供了法律依据，为破解《物权法》关于"耕地使用权不得抵押"的禁令提供了出路。③ 事实上，正如有学者所指出的，土地承包经营权的收益权能体现为通过利用承包地获取土地的天然孳息（农作物等）和法定孳息（出租、转包承包地的收益等）。所谓的"土地承包经营权收益权"仅是作为不动产用益物权的土地承包经营权的权能之一，并非一项单独的权利，而根据大陆法系传统民法理论，所有权及不动产用益物权之上是不能设定权利质权的。④ 土地承包经营权人将承包地出租，权利人在用益租赁合同下享有的收取租金的权利尚可称为土地承包经营权之收益权，以此作为质权标的。若认为权利抵押与权利质押并不以移转占有而仅以权利类型为区别标准，则用益物权只能成为权利抵押的标的，而债权只能成为权利质押的标的。⑤ 这可以为土地承包经营权人以土地承包经营权之收益权设定质押提供解释论据。但对于用益租赁合同的债务人（农业经营主体）来说，支付租金是其合同义务而非可得设质的权利，所谓的债权性经营权是农业经营主体对承包地享有的占有、使用和收益的用益租赁权，非金钱给付性债权，故不得转让，也不存在设定质权的可能。综上，农业经营主体无法利用其债权性权利设定担保获取贷款，而实践中为扩大经营规模、提

----

① 2008 年《湘乡市土地承包经营权流转收入质押贷款管理办法》、2009 年《温岭市农村合作银行农村土地承包经营权流转贷款管理办法》第 2 条和第 3 条。

② 高圣平. 论土地承包收益权担保的法律构造——兼评吉林省农地金融化的地方实践. 法律科学（西北政法大学学报），2015（6）. 高海. 土地承包经营权之收益权融资担保. 安徽大学学报（社会科学版），2012（5）.

③ 高海. 论农用地"三权分置"中经营权的法律性质. 法学家，2016（4）.

④ 王泽鉴. 民法物权：2 版. 北京：北京大学出版社，2010：400.

⑤ 高海. 土地承包经营权之收益权融资担保. 安徽大学学报（社会科学版），2012（5）.

升经营能力，农业经营主体面临着巨大的资金需求，满足农业经营主体的融资需求正是将其用益租赁权予以物权化的强有力依据。

物权和债权最本质的区别在于是否具有绝对性（对世性）[1]，最核心的差异在于有无公示手段可使权利人之外的其他人了解权利的内容和边界。是否将土地经营权确定为物权，在很大程度上取决于立法政策的抉择。"除所有权之外，一切他物权与对人权（债权）均产生于某种法律关系，这种法律关系既可以表现为物权形式也可以表现为债权形式，至于是什么性质的权利主要是立法者权衡利弊的结果，或者是立法者选择的某种政策的结果。"[2] 用益物权和租赁权都是在特定的期限内使用他人之物的权利。在用益租赁的情况下，用益物权和租赁权在权利外观上都表现为占有、使用他人之物，并取得收益。二者的本质区别在于是否因公示而取得可得对抗包括所有权人在内的任何人的绝对性，而是否取得绝对性从本质上又取决于立法将其定位为物权还是债权。为稳定土地经营权人的经营预期、满足其抵押融资的制度需求，应将土地经营权定位为用益物权。立法政策确定土地经营权的物权属性后，立法技术上尚有诸多问题亟待解决，如妥善处理其与集体所有权、土地承包经营权等农地物权之间的关系，合理框定土地经营权的权利内容，明确土地经营权的公示方法，满足物权法定、一物一权、物权公示公信等基本原则的要求，等等。

四、土地经营权抵押制度设计的现实考量

对土地经营权抵押制度的社会实证和法律实证分析表明，《土地经营权抵押暂行办法》没能充分反映农户对土地承包经营权和土地经营权抵押融资的制度需求，对于"三权分置"政策所欲实现的价值目标欠缺一以贯之的法律表达，导致概念混乱、制度漏洞和规范偏差并存，难以确保承包土地的经营权的抵押贷款试点工作顺序进行，更难为民法典物权编的编纂和《农村土地承包法》的修正提供先行经验，有必要结合土地经营权抵押

---

[1] "与物权以对物的支配权力为内容不同，相对权仅仅产生针对某一完全特定的人的权限。物权的最大特征是其绝对性：法律以一项可针对任何人而主张的效力来构造物权，并保护物权免受任何不法之侵害，任何人对物权均负尊重义务。"鲍尔，施蒂尔纳. 德国物权法. 张双根，等译. 北京：法律出版社，2004：12.

[2] 尹田. 法国当代物权法. 北京：法律出版社，2009：39.

制度的理论基础进行规则重构。

（一）土地经营权由土地承包经营权转让而来

明确土地经营权的功能定位和物权属性，尚需解决土地经营权如何设定的问题。"分离"抑或"分置"都非严谨的法律术语，更非能够引起法律关系产生、变更或消灭的法律事实。正如有学者所指出的：土地承包经营权等用益物权并不是所有权权能分离的结果①，而是土地所有权人行使其所有权的表现，是所有人以其意志支配所有物以实现物上利益、满足其民事生活需要的方式。② 所有权和土地承包经营权各自独立，且各自有其独立的权能。③ 因此，土地经营权并不能简单地从土地承包经营权中"分离"或"分置"出来，而只能是土地承包经营权人行使其权利的结果。反对"三权分置"政策直接入法的核心观点即认为，在同一农地上同时存在物权性的土地承包经营权和土地经营权，违反一物一权原则。"根据一物一权原则，同一物上不能并存两个以上内容相近的用益物权，在用益物权之上再设相近用益物权的安排，是人为地将法律关系复杂化，在存在物权和债权区分的情况下，这种安排是立法技术的倒退。"④ 基于此，在将"三权分置"政策转化为法律制度时，要着力避免对物权法基本原则的违背。事实上，不管农户采取何种方式将土地承包经营权流转，其自身行使土地承包经营权的权能都将受到限制，在客观上不会出现在同一地块上同时存在两个以上用益物权人的情况。只是在法律逻辑上仍需要理顺农户将土地承包经营权以物权化方式流转时，原土地承包经营权与从土地承包经营权中分离出来的土地经营权之间的关系。

在制度设计上，可考虑土地经营权由土地承包经营权转让取得，原承包方从土地承包经营权中转让出土地经营权后，即在土地经营权的存续期间丧失土地承包经营权，待土地经营权期限届满再行恢复土地承包经营权的圆满状态，或依据由农户承包权或成员权制度保障的承包土地的资格重

---

① 房绍坤. 用益物权基本问题研究. 北京：北京大学出版社，2006：44.

② 韩松，赵俊劳，张翔，郭升选. 物权法. 北京：法律出版社，2008：119.

③ 高圣平. 新型农业经营体系下农地产权结构的法律逻辑. 法学研究，2014（4）.

④ 陈小君. 我国农村土地法律制度变革的思路与框架——十八届三中全会《决定》相关内容解读. 法学研究，2014（4）.

新主张承包集体土地。土地经营权由土地承包经营权转让而来,其期限只能小于或等于承包期限,且土地只能用于农业生产。同时,因应土地流转适用语境从"熟人社会"转向"市民社会"的现实,土地经营权的权利变动模式,应和土地承包经营权一样,确定为登记生效要件主义。

(二) 农户以土地承包经营权设定抵押,于抵押权实现时转让土地经营权

在开禁土地承包经营权物权性流转的同时,构建土地经营权制度,存在叠床架屋的问题。但农户的融资需求不容忽视,要求农户以土地经营权设定抵押存在现实困境,在已向农户颁发土地承包经营权证书的情况下,制度设计上可考虑农户仍以土地承包经营权设定抵押。如此可避免于何时设定土地经营权的难题,至抵押权实现时再从土地承包经营权中转让出土地经营权。如此既符合土地经营权的生成逻辑,也使在市场流转的物权性权利仅为土地经营权,使农村土地产权关系得以明晰和简化。"在农户没有流转其承包地的情况下,无须为抵押权人设定土地经营权,再为其设定土地经营权抵押权,农户自可直接以其土地承包经营权为抵押权人设定抵押权,只是在实现抵押权时,仅处分其土地经营权即可。"① 应予明确的是,即便于抵押权实现时转让土地经营权,仍需开禁土地承包经营权抵押,前者仅是土地承包经营权抵押实现的方式和手段,必须以立法上土地承包经营权抵押已开禁为前提。事实上,2015 年 12 月 27 日第十二届全国人民代表大会常务委员会第十八次会议已通过决定,授权国务院在北京市大兴区等 232 个试点县(市、区)暂时调整实施《物权法》第 184 条关于集体所有的耕地使用权不得抵押的规定。这是在防范风险、遵守有关法律、法规和农村土地制度改革等政策的基础上,赋予农村承包土地的经营权抵押融资功能,从而在农村承包土地的经营权抵押贷款试点地区,允许以农村承包土地的经营权抵押贷款。在民法典物权编编纂和《农村土地承包法》修订时,尚需进一步明确允许农户以土地承包经营权抵押贷款。

(三) 农业经营主体以土地经营权设定担保采物权抵押的方式

债权性的用益租赁权难以满足农业经营主体的融资需求,将其物权化为土地经营权,以土地经营权作为债权实现的担保,其制度优势体现为以下两点:一是抵押期间不影响土地经营权人对承包地的占有、使用和收

---

① 高圣平. 论土地承包收益权担保的法律构造——兼评吉林省农地金融化的地方实践. 法律科学,2015 (6).

益，二是设定抵押无须经过承包方的同意。而在现阶段集体成员权制度尚未建立、土地经营权的物权属性尚不明确的情况下，《土地经营权抵押暂行办法》一方面顺应"三权分置"的政策要求，规定农业经营主体以土地经营权设定抵押，另一方面又顾虑到农户的承包利益保护，要求农业经营主体以土地经营权设定抵押必须经过承包方同意。这不仅不符合物权的绝对性和支配性，还会造成实践中因不能取得承包方的同意而无法实现以土地经营权抵押融资的现实困境。

（四）抵押权人不以银行业金融机构为限

目前政策的导向是以承包土地的经营权抵押向银行业金融机构贷款融资，加大金融对"三农"的支持力度，因此，《土地经营权抵押暂行办法》规定，承包土地的经营权抵押法律关系中的抵押权人只能是银行业金融机构。对此，有学者表示赞同，认为农地抵押贷款以解决农户生产资金不足为要务，在目前信贷管制的态势下，只有金融机构才能发放贷款，基于此，自然人和一般企业不能作为农地抵押权人，但将农地抵押权人限定为金融机构，则明显过窄，宜将农地抵押权人限定为融资机构，涵盖银行、担保公司等金融机构以及其他为农地融资提供服务的融资机构。[①] 也有学者持不同意见，认为：作为担保物权的承包地经营权抵押不仅可以适用于权利人向银行及其他金融机构融资的担保，而且可以适用于对其他债权的担保，如购买大型现代化耕作设备、进行较大规模的农用设施建设、购买高科技农作物培育生产技术等。[②] 还有学者持折中观点，认为：鉴于土地承包经营权的身份属性和社会保障功能，对抵押权人的选择应当谨慎，目前各地试点均限于银行等金融机构，未来可以分阶段、分步骤地逐步扩大，最终应完全由当事人自主决定、自愿选择。[③] 出于完善土地承包经营权或土地经营权抵押制度的考虑，未来土地承包经营权或土地经营权抵押制度进入民法典物权编时，应将其与建设用地使用权的抵押担保制度一体对待、有机融合，规定土地承包经营权人和土地经营权人有权以土地承包

---

① 高圣平.承包土地的经营权抵押规则之构建——兼评重庆城乡统筹综合配套改革试点模式.法商研究，2016（2）.

② 许明月.农村承包地经营权抵押融资改革的立法跟进.比较法研究，2016（5）.

③ 房绍坤.论土地承包经营权抵押的制度构建.法学家，2014（2）.

经营权或土地经营权抵押，以担保债权的实现。根据《物权法》等相关法律的规定，在以招标、拍卖、公开协商等方式取得的"四荒地"等土地承包经营权、建设用地使用权等之上设立抵押权的，抵押权人的范围均未被限定。相较于建设用地使用权，土地承包经营权或土地经营权的特殊之处主要表现在其农业用途。为确保承包地的农业用途，以土地承包经营权或土地经营权进行抵押时，只需限定实现抵押权时受让人不得改变农地用途，即可实现立法目的。实践中基于农业生产的需要，农业生产者设定抵押以担保债权实现的需求是多样化的，不应将抵押权人限定为银行业金融机构。

第十六题 "三权分置"政策
实施现状调研

　　2014 年 12 月 22 日，农业部部长韩长赋表示，实现土地集体所有权、农户承包权、农地经营权"三权分置"，是引导土地有序流转的重要基础，是我国农村改革的又一次重大创新，从"两权分置"过渡到"三权分置"是巨大的政策飞跃。2016 年 10 月，《三权分置意见》对于如何实施"三权分置"政策提出了具体要求。自"三权分置"政策提出以来，全国上下积极响应，各级政府及广大承包户积极投身于改革实践，取得了一定的实效。"三权分置"是因应承包土地流转要求而实现的政策和理论创新，因此，对"三权分置"政策的完善和法制化建构等后续工作必须建立在对政策实施现状、绩效、问题考察和相关问题认真研究的基础之上。为此，我们选取了部分地区进行了调研，取得第一后实践素材，为"三权分置"进一步深化改革提供了实践样本。

一、山东省青岛市等部分农村地区"三权分置"调研

我们在 2017 年 8 月份，到山东省青岛市、日照市、潍坊市三地农村进行了专题调研。调研以现场个案访谈形式为主进行，共访谈了 78 户农民，其中村干部（村支部书记、村主任、村会计）27 人、乡镇干部 31 名，涉及 6 个乡镇 21 个村。通过考察，对山东省东部地区农村土地流转和"三权分置"政策实施的现状有了较为全面和深入的了解。我们认为，本次考察的部分地区土地流转和"三权分置"政策实施现状具有代表性，对于分析、评价和研究全国的承包土地流转及"三权分置"政策问题具有参考意义。

（一）被调查地土地流转和"三权分置"政策实施现状

通过调研，我们认为，目前山东省东部农村土地流转和"三权分置"政策实施呈现出如下几个鲜明的特点。

第一，承包土地流转比例较大，"三权分置"已经成为普遍现象。在访谈中，青岛市黄岛区大村镇某村党支部书记表示，该村目前青壮年人口流出严重，村内种田的劳动力大约只占全村人口的 10％，而且以中老年人为主，267 户农户中大部分农户都将土地流转了出去。被调查的其他各村也呈现出类似态势。日照市五莲县户部乡某村党支部书记说："村里的80％土地都已经流转了，村民在家种地赚不到钱，差不多的都出去打工了。"根据抽样统计，被调查的 79.2％的农民家庭已经将其部分土地流转出去，已经流转的承包地面积占被调查对象总承包土地面积的 67.2％。

关于承包土地流转对象问题，黄岛区某村党支部书记表示："目前本村土地流转主要对象是种粮大户徐某某，他将流转来的土地用来种玉米、小麦、花生，使用自己的农用机械，种植规模较大，但是赚钱不多。"而其邻村村干部表示，村里的 500 亩土地已经承包给了青岛市的一家园林绿化公司用来种植园林作物。诸城市皇华镇某社区书记则表示，村里的土地存在农民私下流转现象，也有通过正规手续承包给大型农业公司的情况。五莲县户部乡某村的 500 亩土地主要承包给了私人生态农业公司。据我们观察，农村承包土地流转的对象主要有农户（家庭农场主）、合作社、农业公司等。围绕着已经流转出去的承包土地，客观上已经形成了土地所有权归集体、土地承包权归原农户、土地经营权归新型（农业）主体（公司、合作社、家庭农场、种粮大户等）的现实。

第二，土地流转呈现出两种典型形式。在调研中我们发现，土地流转

呈现出两种主要形式,可以将其称为官方介入形式和非官方介入形式。官方介入形式的基本特征是在土地流转过程中,村集体和乡镇政府深度介入,其转让过程较为规范,有书面合同和相应的审核备案环节,通常土地流转规模大,土地流入方实力较强,且多以非粮食种植产业为主。这种官方介入形式的典型做法是黄岛区某镇采取的"四审四议两公开"模式,其操作过程如下:首先,由村集体代表与拟确定的土地流入方进行商谈,就主要内容达成初步协议后,由村党支部委员会提议、村委会商议,方案通过后,报镇党委政府按照重大事项决策程序进行决策。取得同意后,再在村里召开村党员会议审议,再由村民代表大会作出决议。村民代表大会决议后,由村主任签字,再由分管部门负责人签字,最后由镇长签字同意。其次,由村集体出面与所涉及地块的原承包户商谈,签订反租倒包合同。最后,由村集体作为合同一方与土地流入方签订正式的土地承包经营权流转合同并报镇政府备案。这种流转方式建立的流转关系比较规范、安全、稳定,避免了在土地经营权流转过程中的随意性,减少了村干部违法转让土地行为发生的可能性。其效果值得肯定。但这种土地流转方式步骤烦琐,远远超过了《农村土地承包法》规定的法定程序要求,耗费时间比较长,签订合同成本大。

非官方介入形式主要发生在本集体经济组织内部成员之间,特别是毗连地块之间,通常由村民自发进行交易。这种交易往往采取口头形式,方式比较灵活,期限比较短,有的是一年一定,有的是两三年一定,有的甚至一季度一定,其租金随行就市。其特征是土地流转规模小、期限短、以口头形式为主。这种流转方式因灵活、快捷、简单,程序性事项少,受到部分农民欢迎。根据抽样调查,受访村中约 32% 面积的承包土地流转是通过口头合同方式完成的。但是,基于此种流转方式产生的流转关系不够长远、牢固,双方当事人中的任意一方都可以随时解除流转关系。另外,这种流转方式下产生纠纷后因为没有白纸黑字的"流转合同",往往会陷入"公说公有理,婆说婆有理"的尴尬处境。

第三,土地流转和"三权分置"关系具有脆弱性。这种脆弱性表现在以下几个方面。

首先是已经形成的"三权分置"关系基础不够稳固。在形成"三权分置"关系的两种土地流转方式中,非官方介入的土地流转形式由于其口头性、短期性而缺乏稳定性自是不言而喻。而相对较为正式的官方介入的土地流转形式也存在重大缺陷。在调研中我们发现，各地接受访谈的所有的土地流转合同都采用了"一年一结"的支付方式。这种方式固然可以降低土地流入方的初始成本，从而有利于达成土地流转协议，但也存在着一旦土地流入方经营失败即无法支付租金的严重问题，或者说，这种结算方式依赖于土地流入方的正向经营效益。但是，我们调研发现，目前承包土地流转价格已经对绝大多数土地流入方构成了压力。承包土地流转的价格受多种因素影响：在 2006 年国家取消农业税之前，由于土地负担较重，土地流转价格较低。国家取消农业税的同时继续实行"三减免、三补贴"和退耕还林补贴政策，使土地种粮收益得到较大幅度增加，承包土地的流转价格也水涨船高。在我们所考察的三个地区中，自 2015 年以来，土地流转价格维持在每亩 800～1 000 元。然而 2017 年以来，我国主要粮食作物价格下跌，而化肥、农药、种子等生产资料价格高企，承包土地的流转价格已攀上高位区间。以上种种因素叠加影响，使承包土地流入方经营效益堪忧。据抽样调查，在被调查的 19 位以农业为主的规模较大的土地流入方中，处于经营亏损状态的有 14 位，占比为 73.7%；处于平衡状态的有 4 位；仅有 1 位处在盈利状态。规模较小的土地流入方情况稍好，但仍有接近半数的效益并不能为当事人所满意。我们调研发现，目前规模较大的合作社、家庭农场和种粮大户对政府补贴的依赖程度较深。在接受访谈的规模化土地流入主体中，有 70% 以上的表示其持续经营离不开政府的农机补贴和粮食补贴，有接近半数的土地流入主体对其经营的可持续性表示忧虑，有 10% 以上的土地流入方表示未来可能退出土地流转关系，其原因是无法支付每年一次且不断上涨的土地流转费用。

其次是现有土地流转所形成的"三权分置"关系难以跨越第二轮土地承包期限所形成的制度"鸿沟"。在采用官方介入流转形式的被调查对象中，有 72.3% 的流转合同期限持续到第二轮承包期结束日。对这部分土地的使用人来说，其土地使用期限还有 10 年左右，而且这些土地流入方对该部分土地的经营权的价值的期待普遍较低，更没有将土地经营权再流转出去的打算。在接受访谈的规模化土地流入主体中，有 27.7% 的土地流转合同期限跨越了第二轮土地承包终止期限，比较典型的是从合同签署之日起 30 年。根据考察，之所以签署较长的承包期，是因为这类土地流入主体往往从事投资强度较大、收益期较长的农业经营项目，如观光农业、农家乐等，期限过短不足以收回投资，而且这类项目往往属于当地乡镇政府或者村集体的招商项目，而为吸引项目，部分地区由村集体出面和土地流入方签署了跨越第二轮土地承包期限的较长时间的土地承包合同。对于这类合同的法律效力，据对相关人员的访谈，各方均信心不足，但都表示届时有关方面会妥善解决这一问题。

最后是"三权分置"所形成的经营权还难以得到各方的认可。在"三权分置"政策目标中，实现经营权的可转让、可质押是该政策的最大亮点[1]，也是衡量该政策是否成功的重要观测点。根据我们调查，在所有接受访谈的对象中，没有出现一例土地流入方将其土地经营权再行转让的案例。事实上，根据《农村土地承包法》的相关规定，承包土地流入方无权未经集体经济组织同意而再行转让土地经营权。根据对访谈对象的土地流转合同的考察，发现其中均有未经集体和原承包户的同意，禁止土地流入方再行转让土地经营权的限制条款。因此，实现土地经营权可再行转让的政策目标实际上已经落空。

对于使用土地经营权进行抵押贷款问题，根据统计，31.4%的访谈对象已经使用了其土地经营权作为抵押进行了贷款，显示出了一定的政策效果。但是对贷款抵押过程深入考察，我们发现，在贷款过程中，土地经营权本身抵押作用体现并不明显。银行通常会要求贷款人提供多种担保，包括房产、提供担保人、地上附着物担保等，所谓土地经营权抵押本身不过是"锦上添花"而已。例如，我们对五莲县一处家庭农场进行了考察，该业主通过流转使用土地400余亩，主要进行绿化树苗栽培、观光农业、采摘农业和"农家乐"餐饮经营，其业主已经投入资金300余万元，2017年上半年在当地银行贷款90万元，采取了用其400亩土地地上所有财产和该土地经营权抵押的方式进行了担保。事实上，该业主的地上附着物的财产价值已经远远超过了300万元，其土地经营权本身并没有起到关键性作用。

（二）"三权分置"政策的实施绩效考察

针对"三权分置"政策实施效果，我们分别对"三权分置"法律关系中的三方主体——村集体、承包农户（土地流出方）、土地流入方（农业公司、合作社、家庭农场、种粮大户等）进行了走访调查。

从村集体角度来看，尽管村集体享有土地所有权，但在土地所有权上

---

[1] 孙宪忠. 推进农地三权分置经营模式的立法研究. 中国社会科学，2016（7）.

设立了承包经营权，因此，村集体几乎无法行使传统意义上的所有权权能（占有、使用、收益、处分），在承包土地再流转过程中，也没有分享流转收益。根据我们调查，在11个参与土地流转的村集体中，土地流入方支出的价款均全部归原土地承包户所有，村集体没有任何收益，他们参与土地流转只是为了执行上级政策。村集体在土地流转中的作用限于牵线搭桥并帮助履行有关手续，并不收取费用。流转土地的资金按照与流入方的合同全数交给流出土地的农民。因此，村集体在土地流转中得不到什么收益。当然，在调研中，接受访谈的村干部绝大多数对此做法表示理解和支持，对现行土地流转政策表示理解和接受。

调研发现，现行土地流转关系中土地流出方（农户）受益较大。农户在将土地流转出去之前，需要在土地上投入大量的成本，还需要耗费体力、精力去料理土地，再加上近几年气候干旱、农产品价格低迷等原因，种地收益寥寥无几，仅靠种植粮食仅仅能够维持温饱。但将土地流转出去以后，仅凭流转土地得到的这部分费用就可以维持温饱。以对五莲县某村的调研为例：该村去年流转土地分为三等：上等土地每年支付相当于900斤小麦的市场价值的转让款，2016年为1 080元；中等地每年支付相当于800斤小麦的市场价值的转让款，2016年为960元；低等地每年支付相当于700斤小麦的市场价值的转让款，2016年为840元。该村户均土地8.6亩，若按80%的土地流转率计算，户均年流转收入为6 600元左右，基本能够维持日常生活所需。剩下的时间里他们可以选择在家中给流转大户做帮手，从而继续从事他们擅长的种地工作并得到一部分薪酬；有能力、有技术的农民一般都选择进城务工，流转土地获得的收益加上打工收入使这部分家庭的经济状况大幅改善，生活水平显著提高。

从流入土地的经营权主体角度来看，通过承包土地流转和"三权分置"政策的实行，特别是通过官方介入形式的土地流转，实现了土地连片经营，有利于农业机械化生产方式的推行，从而为土地流入方取得规模经营效益奠定了基础。这无疑是一大利好。但我们调研发现，在土地流转过程中，这些主体在近期内的经济效益普遍不理想，很多主体只是在勉强维持着。从走访调查的土地流入主体来看，只有极少数主体可以得到较好的收益，其比例不足10%，而绝大多数土地流入方经济效益较差，种粮大户的收益情况更不乐观，个别种粮大户甚至难以为继。

由于国家土地政策的限制，承包土地流转后禁止从事非农产业。从调查的 21 家土地流入主体来看，其基本都能做到按法律和政策要求使用土地经营权，没有将流入土地用来从事工业生产或纯商业用途的现象。但在被调查对象中，将流入土地从事非粮经营的有 13 家，占比为 61.9%，主要从事绿化树苗种植、樱桃种植采摘、葡萄种植、黄烟种植等，还有 1 家兼营农家乐餐饮。例如，我们走访的诸城市某镇中有许多土地流转大户将土地用来种植黄烟，直接与烟草公司对接，经济效益较高。五莲县某乡有部分土地流入方将流转的土地用来建家庭农场，用于种植桃子、樱桃、葡萄、草莓等水果，也有用来搞蔬菜大棚的。黄岛区某镇部分土地流入方将土地用来种植园林树苗。从经济效益状况来看，从事非粮食经营的主体相对而言效益更好一些，但由于前期投资大、资金压力大、见效周期长，该部分主体的经营压力也不容小觑。

就将流转土地用来从事粮食生产的农户来看，规模小一点儿的基本没有利润空间，扣除土地流转的费用、人工费和成本，粮食的收益所剩无几。除非遇上风调雨顺的年份，多数情况下粮食种植收入微薄。在调研中，潍坊市某地一种粮大户表示："1 亩地能够种植两季，第一季通常用来种植小麦，遇到年景好、收成好的时候大概可以产 1 200 斤小麦，而每斤大约市场收购价格为 1.2 元，第一季毛收入为 1 440 元，再扣除人工管理成本和每年支付给农户土地的每亩地 1 000 多元的费用，第一季没有利润。第二季通常用来种植玉米，在理想的状态下，1 亩玉米的纯收入在600～800 元，这部分收入成为利润。"当然，这是在风调雨顺的年景下的经济核算情况。若遇上干旱年景，亏损成为必然。据在潍坊市某地的调查，该地区近几年连续遭受干旱气候影响，多数种粮大户亏损。2017 年上半年旱情特别严重，农业用水普遍紧张，能给庄稼浇上水的地段勉强可以维持，但大多数地段无水可浇，所以被调查的种粮大户的土地中大多数地里的庄稼都旱死了，亏损严重。有极少数无法维持经营的种粮大户单方面违约，而由于支付不了约定的土地转让金，他们与流出土地农户的流转合同不了了之。我们调研也发现，流转土地规模较大的家庭农场相对来说经营状况稍好一些。根据了解，该地规定流转土地超过 300 亩的可以成立合作社，成立合作社的这部分农户购买的大型机械可以得到国家 50% 的补贴。这样核算下来，合作社的成本就降低了很多。流转土地达到一定数量后，国家给的土地、粮食补贴相对更多。我们调查发现，成立合作社的土地流入大户可以凭借国家出台的优惠政策将土地持续经营下去。部分土地流转大户用流转来的土地从事经济作物生产，而经济作物价格相对于粮食价格较高，所以收益较好，加上国家的补贴扶持，用流转来的土地种经济作物收益还是有保障的。据抽样统计，将流转来的土地用来种植经济作物的比例超过50％。

综上，我们调查发现，土地流入方使用土地的经济效益普遍不高，特别是种粮大户处境普遍艰难。目前这些种粮大户主要依靠种粮补贴和农机补贴等政策性支持勉力维持，自身内生发展动力机制尚未成熟。这种现象给土地流转和"三权分置"政策的实施带来了隐忧。

（三）"三权分置"政策实施中存在的问题

"三权分置"政策是我国当前农村土地制度深化改革的重要着力点和改革方向。从调研结果来看，目前土地流转所形成的"三权分置"态势已经形成，政策效果初现。但不容回避的是，"三权分置"改革中存在的问题还很多，主要有以下几个方面的问题。

第一，对"三权分置"政策认知度较低。我们调研发现，"三权分置"政策推广宣传不彻底，多数农民甚至村干部没听说、不了解"三权分置"政策。根据抽样统计，被调查对象中35.8％的农民没有听说过"三权分置"政策，43.9％的村干部不了解"三权分置"的内涵，只有24.5％的受调查对象知晓"三权分置"政策，但普遍不知道该政策如何推行和实施。我们认为，出现这一问题并不是偶然的。"三权分置"政策的初衷固然美好，但由于三项权利之间存在竞争关系，在现行法律体系下，土地经营权受制于其期限性和债权性，无法成为可（再）转让、可抵押的权利，若不能打造相对独立且有经济意义的土地经营权，则"三权分置"将仅仅成为对承包土地流转后权利分布状态的事实描述和"新名词"，其意义便大打折扣。这一现象值得充分关注。

第二，土地流入方对土地承包的稳定性存在担忧，流转关系不够牢固、久远。目前《农村土地承包法》实行有期限的土地承包制度，在被调查地区第二轮土地承包期到期时间多数为2029年。2029年以后怎么办？这一问题尚缺乏明确的答案。家庭农场从本质上来说是一项长期经营的事业，从孵化、培育到发展、成熟需要经历很长的时间，而现行的土地流转制度无法满足家庭农场对稳定的长期限土地的需求。我们调研发现，部分地区出于招商需要，擅自将土地流转合同的期限延长到2029年以后。这种行为实际上已经违反了《农村土地承包法》第33条的规定。在调研中，青岛市黄岛区某镇一家接受了400余亩流转土地的园林绿化公司经理表示："种植园林作物往往需要数年才有效益，而根据《农村土地承包法》的规定，土地流转合同却只能签订到2029年，所以不敢往地里投入大量的基础建设，流转土地的规模效益很一般，对未来的经营也不敢有太多期望。"无独有偶，调查中另一家从事生态农业的公司负责人也表示："生态农业需要投入大量的基础设施建设，因此我们不得不冒险将土地流转合同签到了2044年，超过了规定的2029年的期限。因为如果仅仅到2029年就要归还土地的话，核算下来将要赔不少钱。"尽管部分已经签订的土地流转合同的期限超过了第二轮承包期，然而对于这些合同条款能否有效，被调查当事人普遍信心不足。

由于承包土地流入方没有充足的信心保证在2029年后继续拥有土地经营权，因而绝大多数土地流入方对长远的土地基础设施投资持观望态度，并没有将目前流入的土地作为一个长久的事业来做；多数土地经营权人追求在短时间内实现效益最大化，从而在土地经营问题上表现出短期化倾向。在接受调研的21家规模化土地流入主体中，在农业基础设施投资力度上普遍偏弱，80％以上的土地经营者没有在水利设施、节水喷灌设施等上面进行投资建设；而在仅有的数家进行了农业基础设施建设的主体中，其建设规模明显较小，建设标准明显偏低，呈现出鲜明的临时性和短期性特征。

第三，土地流入方效益普遍较差，"三权分置"可持续性不强。近年来农产品价格低、成本高，流入方普遍入不敷出。一方面，新型经营主体转入农地成本增加。在走访的村庄中，规模化流转要经过两次合同：首先由村委会和各家各户签订"反租倒包"合同，将承包土地回收集中起来，然后村委会和流入方签订流转合同。村集体要与每个被确权的农户分别商谈流转价格、流转期限以及一系列后续事宜，使得谈判时间较长，交易成本增加。而且，由于每家每户的家庭情况不同，对土地的需求不同，达成一致意见存在困难。在接受调研的村干部中，90％以上的干部都抱怨现在农村工作越来越难开展。另一方面，国家近几年农产品市场低迷、农村劳动力较少导致的农村劳动力价格提升加上北方地区连年干旱等天气原因，使很多流转大户产出与投入严重失衡，部分流转大户资金紧张，已经无法维持经营，部分地区出现了种粮大户将土地退还农户的现象。

第四，有些地方政府不同程度存在过度作为和对农地资源进行行政性配置的问题。受短期政绩观和行政考核压力的影响，在"三权分置"政策推行过程中，部分地方政府使用各种行政手段，强制农户进行违背其意愿的承包土地流转，或采取奖励、补贴方式刺激农地流入方人为放大流转规模，甚至通过给基层政府定指标、下任务的方式直接主导、参与流转。在调研中，某家庭农场的场主表示："当时，政府招商引资的时候曾经承诺过的高额补贴以及一些资源的配套都没有兑现。"据了解，在一些地方，政府为了在短时间内"树典型"、出政绩，不惜采用高额补贴和行政性集中土地等办法来快速培养合作社和家庭农场，而这些合作社或家庭农场成立的重要目的就是套取财政补贴和优惠政策。这些用"政策激素催生的巨人"其实并没有在农产品生产和经营中形成市场竞争力，一旦离开了财政补助和政策扶持，其自身的生存即岌岌可危。我们调研发现，部分地区的合作社、家庭农场主等新型经营主体大多仍处于孵化状态，离不开政府的大力补贴与政策扶持；完全由市场自发形成的大户占比很小。由于缺乏承包权拥有者和经营权流转获得者的利益共享机制，容易滋生为"套补贴""赚快钱"而过度消耗土地生产潜力的行为。由于缺乏政策约束，也存在单方违约的可能。我们认为，目前的补贴制度初衷是促进粮食生产，而不能成为人为刺激土地流转的动力，不能让"套补贴"这种现象大行其道。解决粮食生产问题不能一直依靠这种外力刺激，这种拔苗助长的方式是不可取的。

第五，"三权分置"的退出机制不完善。农业生产的产出量受气候等因素影响很大，农业经营的稳定性较差。目前，尚缺乏明确的解除土地流转关系并善后的法律、政策依据，一旦土地流入方经营失败，出现不能支付土地流转费（租赁费）的情形，不知该如何收场。在我们访谈的所有土地流转大户中，接近80％的表示流转出来的土地不赚钱，能持平就很不错了。部分流转大户一直处于亏损状态，由于其规模较大以及种种原因一直在勉力维持。由于没有完善的退出机制，他们对未来充满忧虑和迷茫。

第六，农地经营权抵押融资难。我们调研发现，尽管在政策文件中官方一直提倡和推行土地承包经营权或土地经营权抵押贷款，以此来解决农业生产的资金问题，但现行法律对土地承包经营权抵押持谨慎态度，对于土地使用权是否能够抵押更语焉不详。由于尚未建立市场评估机制，缺乏专业评估机构、评估人才以及权威的评估标准，土地承包经营权和土地经营权还存在评估难问题。在走访调查中我们发现，成功使用土地经营权抵押贷款的案例较少。我们也通过访谈得知,目前银行对土地经营权本身的认可度也很低。

第七,所有权"坐实"、承包权"稳定"与经营权"放活"三个目标协调难度较大。从法律权源关系来看,承包权是从土地集体所有权中派生出来的,但从权利形成和发展历史来看,中国农村土地集体所有权的形成又有其特殊性,不能简单地将两权理解成私有制背景下所有权与用益物权的关系。土地经营权又是从承包权中派生出来的,经营权对承包权存在依附关系。根据《三权分置意见》的要求,土地集体所有权不能"虚置",并通过赋予村集体对承包土地发包权、特殊情形下的调整权和收回权、土地利用监督权、土地征收后获得补偿权以及土地经营权流转的同意权、备案权等制度安排加以体现。农民享有的承包权必须保持稳定,这是党和政府对农民的庄严承诺,也是给农民的"定心丸"。稳定承包权意味着要保障承包农户的承包土地资格,保障农户使用、流转、抵押、退出承包地及土地被征收后获得相应补偿等权能。我们注意到,"放活"土地经营权这一政策目标的内涵在政策提出后发生了一些调整。如前所述,在"三权分置"中首次独立出来的土地经营权,其提出之初的设想是具有"可转让、可抵押、可入股"权能,这意味着其将是一种物权性质的新型权利,因此被其各界寄予较大期待。但2016年出台的《三权分置意见》在该问题上出现了明显"后退",其在经营权转让、抵押等问题上的表述为"经营主体再流转土地经营权或依法依规设定抵押,须经承包农户或其委托代理人书面同意,并向农民集体书面备案"。这意味着其维持了经营权的债权性质,并没有实现"可转让""可抵押""可入股"的原定政策目标。按照目前的政策安排,土地经营权事实上只具有依据合同规定占有、使用和收益的权能,而这种权能早在2003年实施的《农村土地承包法》中就已经得到了法律保障。从这个意义上讲,目前的制度安排并没有实现土地经营权"放活"的目标。

对于目前的制度安排,我们认为并非偶然。鉴于土地所有权和土地承包经营权的法律边界已经为《农村土地承包法》所固定,对于"三权分置"下所有权和承包权的关系调整问题,无论是理论界人士还是实务界人士并未寄予过高的期望。而土地经营权首次在"三权分置"中被独立出来,各界对于新设的土地经营权普遍有较大期待。然而这一问题的复杂性表现在:毕竟从法源上讲,土地经营权是从土地承包经营权中分离出来的，若对土地经营权赋权过多，势必会削弱承包权的权能，即两者之间存在着竞争关系，故不能不谨慎对待。在调研中我们发现，即使是目前农户已经享有的土地承包经营权本身也存在不确定性，尽管政府已经普遍为农户的土地承包经营权登记确权发证，但仍然有超过 60% 以上的受访农民表示对第二轮土地承包到期后能否继续拥有该承包地没有信心。在未来不确定的承包权基础上通过合同创设的土地经营权，其稳定性和确定性就成为了无本之木。或许基于此，我们发现，在通过官方介入形式进行的较大规模承包土地流转中，流入方几乎无一例外选择与集体签订流转合同。集体作为所有权主体理论上可以给予土地流入方更稳定、更确定和更强大的权能。但是，撇开承包权主体直接由所有权主体为第三人创设土地经营权无疑会威胁土地承包权人的地位并损害承包权人的利益。鉴于此，党中央、国务院的有关决议和《三权分置意见》明确规定不准损害承包权人（农民）的利益，并把其作为政策底线之一。事实上，在调研中我们发现，尽管在形式上大规模流转承包土地时通常由集体作为一方和流入方签订流转合同，但在此之前集体会同农户协商，在取得一致后由集体和农户签订"反租倒包"协议，从农户手里收回承包土地后再和土地流入方签订流转合同，并普遍采取了土地流转款项全部归相关农户所有的做法。

综上，目前农村基层在"三权分置"政策推行过程中的做法是多种利益博弈和一系列法律、政策约束下的理性选择，具有其合理性。但是透过这些现象，不难观察到目前"三权分置"下三项权利的紧张关系。

（四）完善承包土地流转和"三权分置"政策的思考

毫无疑问，"三权分置"是应因承包土地流转要求而出现的政策安排，其初衷无疑是美好的。但根据调查，我们认为，"三权分置"政策的实施远没有实现政策目标。当然，造成这一现象的原因是复杂的，既有政策本身的成熟度问题，也有法律、政策的滞后问题，同时也存在一定的政策实施偏差问题。我们认为，要走出目前"三权分置"政策实施的困境，需要在以下问题上有所作为。

1. 实现土地经营权的物权化是"三权分置"改革的关键，也是赋予"三权分置"政策价值的必由之路

从理论上讲，所谓土地经营权的法律表达应为土地使用权，土地使用权从法律属性上可以区分为两种，即债权性土地使用权和物权性土地使用权。前者的典型形式为租赁土地的使用权，后者的典型形式为永佃权，法

学界通说认为目前我国的土地承包经营权也属物权性质。两者的主要区别在于：债权具有相对性，其本质属于一种向相对方行使的请求权和受领权，债权、债务的转让原则上需要征得相对方同意；而物权本质上属于直接支配性权利，具有对世性，物权的流转通常无须征得权利人以外的其他主体的同意。具体到土地使用权而言，物权性的土地使用权理论上可以无须征得原权利人的同意而再行转让。从这个意义上讲，要想"搞活"土地经营权，其正确的方式是实现土地经营权的物权化。鉴于土地经营权是派生性权利，其属性应为用益物权。问题的复杂性在于，在我国目前构建的农村土地权利体系中，土地所有权属于集体（经济组织），承包权属于农户。农户享有的土地承包经营权本身属于用益物权，而土地经营权理论上作为从土地承包经营权中派生出来的权利，要维持其债权属性自无问题，然而若将土地经营权物权化，势必会出现在用益物权（土地承包经营权）之上还有用益物权的局面。鉴于大陆法系物权法传统理论体系中未曾出现过这种类型的制度安排，部分学者对该种权利结构安排不以为然。[1] 也有学者认为，承包权是用益物权，经营权属于次生性的用益物权。[2] 我们同意后一种意见。中国土地制度实行公有制，其土地权利结构较西方国家实行的土地私有制复杂是难以避免的、合逻辑的必然现象，物权法理论应适应土地制度变革的现实而不是相反。事实上，将土地经营权作为次级用益物权进行法律改造的观点正逐步成为主流。[3] 我们认为，在依法治国成为国家战略的今天，"三权分置"政策法制化不可避免，而实现这一"飞跃"的关键环节就是实现土地经营权的用益物权化改造。

2. 实现承包权的长期化是实施"三权分置"政策的基础

如前所述，土地经营权没有"放活"是现行"三权分置"政策目标难以达成的核心症结所在。但是要实现土地经营权放活的目标，必须要实现土地经营权的物权化。所有权及用益物权的一个重要特征是其长期性，所有权具有永久性自不待言，典型的用益物权如永佃权、建设用地使用权等

---

① 陈小君. 我国农村土地法律制度变革的思路与框架：十八届三中全会《决定》相关内容解读. 法学研究，2014（4）.

② 刘颖，唐麦. 中国农村土地产权三权分置法律问题研究. 世界农业，2015（7）.

③ 孙宪忠. 推进农地三权分置经营模式的立法研究. 中国社会科学，2016（7）.

都具有期限长久的特征。《农村土地承包法》颁行以来，30 年的土地承包期限固然不短，也基本实现了保证农民对其承包土地享有稳定的占有、使用和收益权利，但对于从土地承包经营权中分置出来的土地经营权而言，该期限仍然过短。对于通过第二轮承包得到的土地经营权而言，我国绝大多数地区的农户的承包权期限已经过去将近三分之二，剩余的 10 年左右期限已经稍显短促，在短期限的土地权利上实现物权化事实上已不具现实性。在此次调研中，在回答"您认为土地流转最大的问题是（什么)?"问题时，有 42% 的受访谈人选择了"流转期限太短"选项。通过进一步分析，我们发现 90% 以上的土地流入主体选择了该选项。这说明土地经营权期限过短的问题已经给"三权分置"政策带来了负面效应。

从法理上讲，欲实现土地经营权的物权化，必须实现土地经营权的长期化，而欲实现土地经营权的长期化，则必须实现其原权——土地承包权的长期化，而这一事关第二轮土地承包到期后的政策安排的问题还悬而未决。在我们的调研中，在对"您认为您现有的承包土地到期后应当如何处理?"问题的回答中，有 41% 的受访者选择了"继续承包，不作调整"选项，另有 33% 的受访者选择了"原则上继续承包，但需要作一些调整"选项，而仅有 19.2% 的受访者选择"原有的承包关系解除并重新按照人口状况承包土地"。可见，大多数农民希望稳定土地承包关系，并期望实现承包权的长期化。事实上，也只有承包权长期化了其主体才有资格将其承包地在较长时间内流转给新型农业生产主体占有、使用。同样，也只有长期限的土地经营权才可能被改造成具有相对独立性的用益物权；也只有此种土地经营权才可能具有较高的市场价值，从而真正实现"可转让""可抵押""可入股"的目标。

综上所有问题，都和即将于 2029 年前后到期后的第三轮土地承包政策有密切关系。我们认为，第三轮土地承包政策宜及早确定，这是实现"三权分置"政策目标过程中难以回避的核心问题。

3. 在"三权分置"形成过程中要充分尊重农民意愿，要注重利用市场化方式形成土地资源合理配置态势

目前已经形成的两种农村承包土地流转方式，呈现各自不同的特色。官方介入的土地流转方式流转规模大、流转效率高，但其问题也更大，主要表现为内在生命力弱和可持续性差、对优惠政策和财政补贴的依赖性高、其经济风险和社会风险更高，因此，我们对此种土地流转方式持谨慎

观察态度。非官方介入的承包土地流转尽管规模小、流转程序不够规范、流转关系稳定性较差，但其形成的土地资源配置状态更符合市场经济的要求，这些土地流入主体的经营状况更加平稳，经济风险和社会风险更小。我们认为，后一种流转方式是市场化性质的流转，承包户和新型农业生产主体在博弈过程中形成的资源配置是更为合理和高效的土地资源配置方式，这一流转方式理应受到鼓励。由于为目前承包权的不稳定性所限，这个流转方式还没有体现出较高的市场价值，土地流出方也没有在承包土地上实现更高的财产性收入，但这是土地承包经营权制度本身的缺陷造成的，这一问题并没有泯灭市场化流转方式的优越性。事实上，《三权分置意见》中也强调，推行"三权分置"要尊重农民意愿，不搞强迫命令，不搞一刀切，把选择权交给农民。这些要求体现了市场化流转土地经营权的政策导向。

（五）结语

通过在山东省部分农村的调研我们发现，目前承包土地流转已经成为普遍的现实，这是我国经济社会发展的客观要求，符合经济社会发展的客观规律，无疑是值得肯定和支持的。但是，目前"三权分置"政策还处在对承包土地流转后的土地权利归属状态的客观描述阶段，仅仅体现为一种"新说法"，并没有体现为一项新的关于承包土地流转的改革政策，与社会各界的期待相距还有差距。其中的症结是目前的高层并没有确定第二轮承包土地到期后的土地承包政策，从而不能保障承包权本身的长期性，而承包权的短期性决定了经营权的短期性和不稳定性，由此土地经营权物权化就缺乏制度基础。而债权性的土地经营权难以胜任"可转让""可抵押""可入股"的目标使命。因此，"三权分置"政策仍然是"革命尚未成功，同志仍需努力"，"三权分置"改革仍然在路上。

二、辽宁省彰武县部分农村地区"三权分置"调研

为深入了解"三权分置"政策的实施情况，准确把握农村土地承包的实际状况，摸清具体工作中遇到的问题，整合和提炼基层经验、意见和建议，在法律层面厘清"三权分置"的政策内涵、法律表达和实现方式，探索维护广大农民土地承包经营权益及其实现的路径和措施，促进我国土地政策和法制的完善与发展，我们赴辽宁省阜新市彰武县开展了专题调研。通过召开座谈会、走访基层干部群众、查阅相关资料等形式，我们获得了

较多有价值的第一手数据和信息,在一定程度上掌握了彰武县干部、群众对于农村土地改革的认识、意见和建议,为进一步研究提供了丰富的实践素材。

(一) 彰武县基本情况

彰武县隶属于辽宁省阜新市,地处辽宁省西北部、科尔沁沙地南部,东连康平、法库两县,南接新民市,西隔绕阳河与阜新蒙古族自治县相邻,北依内蒙古自治区通辽市的库伦旗和科尔沁左翼后旗;全境呈枫叶形,东西长 87.5 公里,南北宽 79 公里,总面积 3 641 平方公里。彰武县是传统的农业县份,也是"全国粮食生产先进县",总人口 42 万,其中农业人口 34 万;下辖 16 镇 8 乡、183 个行政村、1 534 个村民小组、90 559 户农户。

(二) 调研经过

2018 年 1 月 16 日,彰武县政府在彰武县农业经济发展局组织召开座谈会,参加会议的人员有调研组成员、彰武县副县长常东旭、农业经济发展局局长马志国、大德镇党委书记段文刚、章古台镇党委书记于凤祥、农经总站站长崔勇、土地流转中心主任乔红学、政府法制办法制股科员张振等。座谈会围绕农村土地确权登记、互换并地、农地流转、农地承包政策、"三权分置"政策的理解等方面展开。彰武县与会人员分别介绍了各自领域的工作经验、成果,调研组成员就相关问题进行提问并展开讨论。

1 月 17 日,课题组在县土地流转中心主任乔红学等人的陪同下先后来到了前福兴地镇和大德镇开展实地调研。前福兴地镇徐家村书记介绍了该村互换并地的整体情况及存在的问题,大德镇党委书记段文刚介绍了该镇互换并地的思路和做法,以及对"三权分置"的理解和农村土地政策的意见和建议。调研组在两地分别查阅了相关工作材料。

(三) 调研内容

彰武县为辽宁省农业大县,经调研课题组了解到,该县在农村土地确权登记和互换并地方面具有突出成绩和典型经验。同时,课题组也了解到在农地政策和法制实施过程中当地农村工作面临的其他问题,以及干部、群众的意见和建议。

1. 农地确权情况

(1) 彰武县农地确权基本情况。2013 年,彰武县被确定为"全国农村土地承包经营权确权登记试点县"和"农业部财政专项支持项目试验区"，属于国家确定的整县推进试点地区之一。全国整县推进的试点地区共26个市县，彰武县土地面积排第二位。彰武县土地确权登记工作分三个阶段开展：第一阶段，将大冷镇确立为整乡推进试点镇；第二阶段，于2014年年初，开始对五峰镇、四合城镇等开展工作；第三阶段，对余下的17个乡镇开展工作。彰武县在土地确权登记过程中坚持了"五个原则"，即：尊重历史、正视现实；依法办事、规范有序；公开、公平、公正、民主协商；先行试点、逐步推开；积极、稳妥、不留后患。在此基础上，做到了承包地面积与坐落、承包合同、经营权证登记簿、经营权证书"四统一"，承包地调查、边界四至登记、合同签订、经营权证书发放和地块图像落实"五到户"。全县用了三年时间，到2016年年底完成确权任务。在确权过程中，国家和辽宁省共提供资金5 000多万元作为工作经费。

其中，大冷镇作为试点镇在全县率先完成了确权登记。大冷镇位于县城西北35公里处，辖10个行政村、79个村民小组，全镇农业人口1.7万余人，家庭承包经营户4 600余户。全镇土地面积39万亩，可耕种面积14.5万亩，其中第二轮土地承包地面积82 309亩。经过测绘公司实地测量，实际耕种面积为137 350.09亩，比第二轮土地承包时面积增加55 041.09亩。其中，镇政府和国源公司负责对9个村、73个村民小组、4 249户、27 714个地块进行了调查、测量和登记，实际测量面积为122 350.09亩，比第二轮土地承包面积增加45 879.09亩；农业部负责对中窑村6个村民小组、430户、3 800个地块进行调查、测量和登记，实际测量面积为15 000亩，比第二轮土地承包面积增加9 162亩。

（2）土地承包经营权确权登记问题处理方案。在土地承包经营权确权登记过程中，彰武县提出了如下处理方案。

第一，对于没有承包合同或者合同上没有记载承包地块的，按照土地台账或者土地承包方案记载的面积进行确权。

第二，农户在承包地块以外耕种的土地收归村集体所有。根据《农村土地承包法》的规定，履行"民主议事"程序进行处理，原则上可以解决人地矛盾以及历史遗留问题；对暗箱操作、侵占集体土地的，坚决收回。

第三，承包方代表人发生变化的，承包方应在共有人中重新选择确定。共有人应当是参加土地承包并获得家庭承包地的人员，承包方家庭成员为户口簿上记载的本集体经济组织成员。在登记中，在成员备注中予以区分，不得因性别原因剥夺妇女作为承包方代表人的权利。

第四，承包合同记载为耕地，调查中发现农户将承包耕地转为林地并已经享受退耕还林政策（或取得林权证）或者建房的，如村民能够提供合法手续，对该地块不再予以确权颁证；在同一块承包地中，一部分已按退耕还林报减面积或建房审批的，本次确权按占地面积核减原承包地面积，在调查表记事栏注明情况；如果未能提供合法手续的，对承包地仍按耕地予以确权登记。

第五，家庭承包地全部或部分被国家征收的，分类进行处理：承包地全部被国家征收的，不再确权；部分被国家征收的，应从承包土地地块和面积中减除，并进行变更登记，对未被征收部分据实测量确权登记。对于铁路界内、公路界内和水库淹没界内已被依法征占而未用的土地，现仍由农户临时耕种的，暂不纳入承包面积，不予确权。

第六，离婚后再婚，其户口已迁出，再婚后在新居住地已获得承包地的，原承包地可由发包方依法收回另行发包；再婚后在新居住地没有获得承包地的，除当事人自愿放弃承包地外，原集体经济组织不得收回其承包地，应依法予以确权登记颁证。承包期内，夫妻离婚并办理了分户手续，要求分割承包地的，双方签订书面协议后，按家庭分割土地协议确权登记；有争议的，经调处后再行登记。

第七，农村"五保户"除自愿参加集中供养并与村集体经济组织签订退回承包土地合同的之外，不得以任何理由收回其承包地。"五保户"消亡后，发包方可依法收回其承包地。

第八，以互换方式流转土地承包经营权的，依据生效的书面流转合同予以确认；在转让中，如受让方不是本集体经济组织成员的，确权给集体经济组织；采取转包、出租、入股等方式流转的，要将土地承包经营权确权给原承包农户。

在确权过程中，彰武县还对工作中遇到的具体问题进行研讨，并形成相应处理方案。

第一，土地实测后，农户实际经营面积比合同面积有所增加的，增加面积在一定范围（由村民代表大会研究确定）以内的，按照"民主议事"程序可以不作调整。

第二，村集体经济组织未按法定程序讨论通过，不得将承包方多出的承包面积转为其他方式承包并收取承包费；对实测面积少于合同面积的，可查清原因，按照"民主议事"程序处理。

第三，农户占用农田林网、作业道、沟渠等公益事业用地的，要根据第二轮土地延包方案，本着尊重历史的原则，按照村组公益事业建设规划需要予以恢复。

第四，《农村土地承包法》实施前，村委会已经收回或者调整承包方家庭死亡人口承包地的，或者收回大中专院校毕业生承包地的，原则上不再退还。

第五，对于进城务工没有参加第二轮土地延包、户口仍在本村的人员返乡要求获得土地承包经营权的，原则上按照"民主议事"程序协商解决。

第六，第二轮土地延包后，农户以口头形式将承包地交给村集体，村集体已将承包地发包给其他农户经营，原承包户要求获得其承包地的，要按照"民主议事"程序协商解决。

第七，整户消亡的，由集体经济组织按照解除承包合同、公示收回承包地、告知对方权利的程序收回其承包地。

第八，农户承包的"四荒地"以及果园等，承包手续完备、无争议的，纳入其他方式承包管理范围，否则，由村集体经济组织收回，履行"民主议事"程序再进行处理。

第九，本次土地确权登记中，按照"民主议事"程序收回的多余耕地和开荒地等土地资源，可用于解决历史遗留问题。对剩余土地的处理要履行"民主议事"程序，收取的承包费主要用于村级公益事业，并严格执行村级财务制度。

第十，多余土地的承包期限不得超过本届村委会任期，承包费原则上一年一收取，最长三年。

调研组了解到，对于增加的耕地如何进行分配，各村镇的做法不一。例如，有的乡镇提出了如下处理方法：对多余的土地面积要结合具体成因对照历史台账给予还原。对于调整地利原因形成的，如地利差的一亩三分地顶一亩地的这种现象，就保持不变，适当地象征性地收取承包费，这种承包费作为义务不在免收之列；对于破坏排水渠道增加的面积，要求农户逐渐恢复，不得再耕作经营；对于树木砍伐造成"树影地"变成耕地而增加面积的，集体不收回，但要收取承包费；对于优亲厚友或营私舞弊造成面积增加的，应视为标的物误差过大，不再追究历史责任，但必须立即收回，与整户消亡的承包地一起用于化解人地矛盾。

从全县情况来看，增加土地的整体分配情况表现为：A. 20％～30％的留给拓荒农民；B. 20％～30％的分给新增人口，包括新生儿、嫁入的妇女、原村里没有地的人口、属于非农业户口的待业青年等。具体分配方式为根据情况采取家庭承包（不收费）和其他方式承包（收费）；C. 剩余土地归集体经济组织，由本集体经济组织进行发包。对这些土地采用其他方式承包并收取一定的费用，但不采用竞买的方式，具体方式为一年一包，以组为单位平均分配给每一户村民。

（3）确权结果。2014年确权之前，全县有农地156万亩，确权后达到258万亩，多出100万亩。这些多出的土地主要来自开荒、拓边展沿、虚报、政策性补地、不合理发包等。通过确权形成了一系列纸质档案成果，包括：一簿——登记簿，五表——发包方调查表、承包方调查表、地块调查表、公示表、归户表，五图——地籍图、工作底图、地块公示图、地块草图、地块分布图，四书——公示声明书、农户委托书、登记申请书、承包合同书。

（4）确权解决的问题。从1997年到现在，"增人不增地，减人不减地"的政策使人地矛盾比较突出，导致农村矛盾激化。调研组了解到，有的孩子1997年出生，现今20岁了还没有地，按照政策下一代也没有地。在工作中，彰武县确立了优先解决出生人口补地的政策措施。另外，外嫁的媳妇如果在原村没有地，在这次土地确权中，通过村民民主议事程序也可以分给土地；农村非农业人口（又称待业青年）没有土地的，通过确权也予以分配土地。以上措施，使人地矛盾得到了缓解。

（5）确权效果。通过确权，取得了如下效果：

第一，摸清了家底，测量误差达到厘米，获得了土地现状、地块数量、承包情况等较为准确的数据和信息。

第二，方便管理，为土地承包经营权的流转管理、流转信息发布、仲裁纠纷管理、权属信息和空间信息的互查互通、查询与统计、审核制证批量处理、合同管理提供了应用数据和信息。

第三，农民合法权益得到了保障，进一步稳定了土地承包关系，并解决了证、账、地不相符问题。

第四，解决了农民承包地四至不清、位置不明的问题，维护了社会稳定，有效破解了多年来困扰土地纠纷的难题。

第五，为土地流转提供了有效依据。

第六，确权登记后可为银行等提供农户信用信息，拓宽了融资渠道。

第七，使未能分到土地的农民重新分到土地。

第八，村集体通过重新发包村集体所有的土地，增加了村集体经济组织的收入。如前福兴地镇徐家村确权给村集体的土地面积为 6 073 亩，发包方式为每年发包一次，收费标准每年每亩 50 元，2017 年徐家村共收取承包费 31 万元，比原来每年约 20 万元有了大幅度增长，主要用于村级组织的运转支出以及修路、宜居乡村、扶贫帮困等民生工程方面。目前，徐家村的各项工作都能得到正常运转，村组干部工资有所保障，党建活动室等办公场所规范、整洁。

2. 互换并地情况

（1）互换并地的原因。从第一轮土地承包到现在，受传统模式制约，农村土地普遍按地力等级分地，农户承包地块比较零散、细碎，导致以下现实问题依然存在：农田水利设施的作用不能得到有效发挥；农业机械化水平不高，现代化大机械难以利用、推广；农民经营管理成本高；种植品种单一、结构不合理、效益不明显、抵御市场价格风险能力低等；土地资源没有得到有效释放和利用，土地经营效益最大化难以实现。由于以上问题，农民对土地分散意见较大，老百姓要求合并土地、零散变整块、多块变一块的呼声很高。同时，国务院《关于落实发展新理念加快农业现代化 实现全面小康目标的若干意见》等政策文件也倡导互换并地。彰武县通过研判，在确权登记完成后全面启动了互换并地工作，老百姓称其为土地的又一次革命。

（2）互换并地的基本原则。在互换并地过程中，始终坚持如下原则：第一，农户自愿的原则。尊重群众意愿，引导农户自愿互换并地。第二，因地制宜的原则。因地制宜，区别对待，分类施策，避免一刀切。第三，促进生产的原则。以提高生产效率为核心，适度规模集中，便于结构调整，降低生产成本。第四，依法依规的原则。做到有法可依、有规可查、有章可循，充分发挥群众的积极性，正确运用村民自治的权力。第五，手续齐全的原则。签订正式的合同，规范化管理，保障农民群众的权益，有效化解人地矛盾，避免造成不必要的损失。第六，公平、公开、公正的原则。做到阳光操作、顺应民意，以农村土地确权到户登记面积为基数，切实保障农民土地承包合法权益。通过互换并地，实现"一变三不变"：变的是承包地块，不变的是土地集体所有权、土地承包经营权、土地承包经营权期限。

（3）互换并地的主要内容与作用。互换并地在本村小组内进行，主要包括以下内容：一是解决土地零碎化问题，让村民将各自的土地集中到一处或者两处；二是确权给村集体的地块以村民小组为单位集中连片。

互换并地的作用可以概括为以下几个方面：一是可促进水利设施高效利用，从根本上解决农民十年九旱的情况下抗旱自救的问题，有效降低抗旱成本；二是可促进农业机械化，降低生产经营成本；三是可促进土地流转，有效提升农业集约化、规模化经营管理水平；四是可促进农业结构调整，形成大宗地块，既有利于域外投资的引进，也有利于农业以外的投资引进；五是促进＊人地矛盾的化解，调动群众的积极性，构建和谐、美丽乡村；六是促进集体资产保值、增值，有效监督集体资产流失；七是促进农作物重大病虫害的统防统治，提高和扩大农业的安全生产规模和效益。

（4）互换并地的推行情况。以确权登记完成为基础，2017 年在前福兴地镇徐家村试点，2017 年下半年全县启动。互换并地后，调整土地承包经营权确权登记数据库，并向农户重新发证。

前福兴地镇徐家村为彰武县互换并地工作试点村，该村具有一定的典型性。该村有的农户有七八块地，有的甚至有十五六块地，最多的有约二十块。农村种地需要实现机械化，地块的零碎化不适合机械化作业，所以，在试点工作开始前，就有农民自发进行了互换并地。在互换并地过程中，徐家村采取的工作原则是：依法依规，村民自愿；尊重历史，兼顾现实；实事求是，因组施策；公开、公平、公正。在此基础上，合并后的地块每户最多 2 块。调研组了解到，大德镇互换并地采取了另一种思路，即合并后的地块应保证每户最少 2 块，最好 3 块地。其基本的想法是：按照鸡蛋不放在一个篮子的道理，在规模经营时，可以只交易部分地块，这样不至于让农户失去全部土地。由于前期工作做得比较到位，全村互换并地工作不到两个月就完成了。这表明农民对这项工作接受度较高。

通过互换并地，取得如下积极效果：A. 化解了矛盾。开垦荒地导致的人均土地不平均的现象得到了调节，第二轮土地承包期间没有地的孩子也有了土地。B. 农业设施实现了有效管理。全村 15 000 亩地，水浇地约有 10 000 亩，在互换并地之前，机井基本上没人管理，但互换并地后，这种现象得到了改善。C. 方便了机械化作业，也方便了农户管理承包地。

D. 有利结构调整，可以大面积种植经济作物，也方便土地承包经营权流转。

（5）互换并地的主要经验。在互换并地过程中，针对出现的具体问题，彰武县的不同地区形成了不同做法，取得了一定的经验，主要集中在以下方面。

第一，三四等地折补一二等地的，怎样互换？具体做法是：村、组应多方征求意见，根据不同地类科学作好评估，准确进行面积折合，最后经村民"民主议事"程序决定。

第二，承包经营户整户消亡后，此前以转包或出租方式流转的土地承包经营权的剩余年限应当如何处理？该土地承包经营权应由集体经济组织收回，还是应由接受流转的主体继续经营至流转期限届满？具体做法是：农村集体土地家庭承包经营权的权利主体是农户。农户整户消亡的，相应的承包经营权即应消灭。该农户消亡前流转让渡的承包经营权，在整户消亡后应由农村集体经济组织收回；农村集体经济组织不主张收回或者收回确有困难的，也可由接受流转的主体继续经营至流转期限届满，但剩余年限的流转收益应归农村集体经济组织所有。

第三，其他方式承包地合同没有到期，不能收回的，怎样互换？具体做法是：其他方式承包的土地开展互换并地的，经村民代表大会依"民主议事"程序讨论通过，按原合同面积调并地块，维持至合同到期。承包合同到期后土地由村集体收回，按"民主议事"程序重新组织发包。

第四，非整户消亡的土地能否抽回用于新增人口补地？具体做法是：《农村土地承包法》第1条规定"以家庭承包经营为基础"，第15条规定，家庭承包的承包方是本集体经济组织的农户，每一个家庭成员作为土地承包家庭中的一员可以享受土地承包经营权。因此，在承包期内非整户消亡人口的土地不能抽回。

第五，整户消亡的界定依据是什么？具体做法是：整户消亡是以第二轮土地承包合同和经营权证为依据；确权登记后以登记簿为依据。

第六，未进行第二轮延包的村组，怎么处理？具体做法是：未进行第二轮延包的村、组，发包方抓紧时间按照《农村土地承包法》第12条、第18条、第19条的规定，召开村民代表会议或者户代表会议，研究制订土地发包方案，开展第二轮发包，同时结合互换并地工作一并完成。

第七，互换并地工作完成后，数据库是否需要重新完善？如何完善？

经费问题如何解决？具体做法是：按照《农村土地承包经营权登记试点工作规程（试行）》《农村土地承包经营权确权登记颁证档案管理办法》的要求，互换并地工作完成后，数据库要进行重新完善，具体工作由有资质的测绘公司进行；数据库完善经费由县里负责，互换并地工作经费由各乡镇自行解决。

第八，流转承包地并地后，土地承包经营权如何进行登记？具体做法是：承包方采取转包、出租、入股方式流转的，并地后该承包地登记在原承包方名下，土地由现经营户持续经营至合同期满。原承包方采取转让、互换方式流转，经审查符合法律规定的，经当事人（如果代表人为夫妻双方的，由夫妻双方共同提出）申请，并地后可以登记在现承包人名下。

第九，河滩地是否允许村民委员会对外发包？根据《辽宁省河道管理条例》第12条的规定，河滩地由县政府确定所有权和使用权，由县以上人民政府按照有关规定核发土地使用证，因此，不允许村民委员会对外发包。

3. 农地流转情况

（1）基本情况。调研组了解到，彰武县全县共有农地270万亩，流转的有70多万亩，占1/4左右。其中很多是农户之间流转，30户中约8户将土地流转给其他农户；流转方式以出租为主，占60%以上。调研对象认为，家庭经营规模以家庭经营面积的10～15倍为宜。彰武县人均拥有耕地面积6亩、每户约18亩，所以，规模经营面积应在180亩到240亩之间。目前，彰武县有两例农地流转到工商企业进行规模开发和经营的合作项目。一例是台商通过流转获得1 000亩土地生产西蓝花，计划在2019年之后经营规模扩大到3 000亩到5 000亩。另一例是浙江瑞阳集团获得流转土地1 520亩，每亩每年给农民的补偿费约800元，农民可在企业打工。目前，农地流转的主流是农户之间的小流转。但调研对象认为，流转可从小规模过渡到较大规模，"三权分置"政策能够把土地活力释放出来，为更大规模经营创造条件。调研对象认为，最具有潜力的流转方式是"入股"，县里计划推动拿出1万亩到2万亩农地尝试打造股份合作制，使农民有保底收入，年终还可参加核算分红。

（2）农地流转中存在的问题。农民对土地的依赖程度过高，在动员流转的时候，一些农户因害怕失地后没有保障，提出的土地流转价格偏高，造成了土地流转、合作项目成功难度较大。另外，农民在流转过程中也有攀比心理,不愿意降低价格。

(3)农地流转配套举措。目前,彰武县正推动在县乡分级建立土地流转中心,100亩以上的农地流转由县里处理,不足100亩的由乡里处理。彰武县土地流转中心现已建立,调研组通过实地考察发现,土地流转中心已具有较完备的硬件设施和工作制度。调研组了解到,彰武县通过建立土地流转中心,在一定程度上解决了土地抵押贷款的问题。目前,贷款总额达到约5亿元,其中约3亿元为盘活存量贷款,其他2亿元贷款发放给农业经营大户,最大一户贷到500万元。目前,农地流转工作中存在的最大问题是缺少专业评估机构,导致土地价值不容易确定,影响了土地流转的效率。

4. 对土地政策调整的意见和建议

在调研过程中,不同的调研对象多次提出:"增人不增地,减人不减地"的政策存在不合理之处,农户只有部分人口死亡的,可以把去世者的土地收回,重新分配给新增人口,或者收取一定数额的承包费。对于在1997年第一轮延包时还是农业户口,之后成为国家干部的,建议如果有正式承包合同的,在第二轮延包时退出,在退出之前原则上要求缴纳承包费。这些意见和建议体现了农民对"增人不增地,减人不减地"政策所导致的不公平现象存有异议,有对其进行修订的强烈意愿。另外,调研对象还指出存在其他不公平的现象,如第二轮承包时不足18岁的孩子分到了承包地,后来孩子上大学并在城市工作,有城市社保,其土地承包权不收回就不公平。

5. 对"三权分置"政策的理解

有调研对象认为:(1)"三权分置"政策意义重大,承包权是一个根本性的权利,经营权可解放生产力;农民享有的是土地承包权,经营者取得的是土地经营权。但是他们对土地经营权是什么性质的权利不清楚。(2)承包权是资格,是特权,流转出去的是经营权。(3)建议给农民发两个证:承包权证和经营权证。(4)所有权与承包权、经营权不是一个层次,所以不是分置问题。

在调研中,有的基层干部认为:"三权分置"的提法本身是存在问题的,因为土地所有权事关国家体制,是毋庸置疑和讨论的,它和承包权、经营权不是一个层面上的问题,并不是列举关系,所以不应当存在分置的命题。但政策上把它们视若分立,其要表述的一种渐进的实践方式。所有权转化为承包权，解决了集体经济和个体经济的问题。通过合同约定的方式，集体赋予了个体使用土地的权利，这是一种授权。但因为个体并没有所有权，在法律层面就没有除了使用权利外的支配权和处置权，这对于个体更好地使用土地、发挥土地的最大效益造成了束缚，特别是在出现人地分享时会导致无法解决的矛盾。所以，中央提出"三分权置"改革，目的就是要破除这种束缚，实际上就是再次授权，就是把承包权的内涵再次扩大，承包权具备了支配权能，也就具备了商品的属性，可以进行转让。但因为土地的集体所有属性又要对这种权利加以限制，在时间上规定区间，最多30年，所以，在承包权的年限内就应当与物权法进行完全的衔接。承包权就是在规定的时间内本集体经济组织的成员通过合同约定的方式获得的集体土地的支配权、处置权、经营权；而经营权就是使用土地获得收益的权利。也就是说，所有权通过承包转化为处置权和经营权，再经过流通转化为经营权。承包权的主体资格有集体组织成员的限制，而经营权就没有这种限制。这种权利转化就是约定时间内的物权化和私有化，为资源资产变资金、变股金创造了法律实践的可能，也为工作实践提供了法律依据。这也是党的"十九大报告"提出第二轮承包到期后再延长30年的初心。

调研组发现，在实践中，土地经营主体多数按年缴纳土地使用费，如签20年合同但逐年付费。这主要是因为，农民担心如果经营主体一次性缴纳土地使用费，在土地收益价格升高的情况下，自己利益会受到损害。一次性缴费对老百姓是风险，所以可以要求一年一缴费。但这种做法并不利于企业的长期投入和稳定经营。

另外，有人提出：承包人生前处分流转了承包地，在承包期内承包人死亡，这时承包权因承包人死亡而消灭，是否应当收回土地？对受让人的权利如何保障？调研组认为，这种情况引起的法律关系变动值得深入研究。

6. 其他问题

（1）乡镇是否还有乡镇集体所有的土地？调研对象承认有，但认为不多，情况不详。

（2）关于集体经济组织成员资格的认定问题。调研乡村对此都暂时还没有明确的办法，认识也不一致。例如，有人提出：姑娘嫁到其他集体经济组织，但户口没有迁移，生了小孩回原集体经济组织落户，还要分配土地，占该村的便宜。应当如何解决这个问题？有人认为：应当形成对集体经济组织成员资格的动态认定机制，在某个固定的时间段内实行统一的标准，权利和义务对等应当成为认定的主要标准。此外，公务员等财政供养人员不应当被认定为集体成员。

（3）关于土地集体所有权属于谁的问题。彰武县国土局答复归村民小组，但在第二轮承包时，土地承包合同的一方主体是村委会。

（4）如何解释整户消亡，是以承包合同记载为准还是以实际情况为准？调研过程中，有人提出：夫妻二人甲、乙在承包合同签订后新增一新生儿丙，按照"增人不增地"的政策，丙没有取得承包地。在丙10岁时，甲、乙死亡，此时承包地是否应当被收回？丙是否有权继续耕种？对此，调研对象有不同的认识。调研组认为：如果在学理上能够明确土地承包经营权可以继承，则该问题就会迎刃而解。

（5）聘任制干部成为国家正式干部，其承包的农地如何处理？有的基层干部认为，这种情况应按原承包合同执行，理由是家族承包的前提没有变化，应按"不添不减"的原则继续履行至第二轮承包期结束。

（6）有人提出，农地调整或流转时，应当尊重契约精神。

（四）调研收获

本次调研，调研组通过与彰武县各级工作在农村、农业第一线的干部和群众进行座谈，并走访基层、查阅相关资料，基本了解并掌握了当地开展农地确权登记、互换并地、土地流转等基本工作情况，以及调研对象对"三权分置"的理解和对当前农地政策改革的意见与建议，为下一步开展课题研究提供了可靠资料，并启发了进一步的思考。通过调研，我们认识到以下几方面问题值得注意。

第一，国家土地政策目标与农民具体需求存在差距。稳定农村土地承包关系长久不变是当前农村土地承包的基本政策格局，"增人不增地，减人不减地"是其核心体现。该政策基调保证了农民对土地承包经营权的合理预期，也符合物权的属性，对于促进农业投入、土地产出、农村稳定起到了显著的作用。但在调研中，我们发现，相当多的调研对象对该政策提出质疑，认为该政策导致了农民土地权益的不公平分配，使第二轮延包中没分到地的人口及其后代始终分不到土地，使这部分人的生活得不到有效的保障，因此应当对该政策予以修订。这种情况值得反思，并要求我们对"稳定农村土地承包关系长久不变"的政策内涵和具体实施策略继续进行深入的解读和研究。

第二,"三权分置"政策实施面临实践考验。彰武县是农业大县,土地为农民安身立命的根本保障。在这种情况下农民流转土地的意愿并不强,"三权分置"政策的实施空间并不是很大。同时,我们注意到,在流转土地的过程中,农民对土地预期收益拿不准,对失地后的生活存在忧虑,因此要求在签订流转合同时约定受让方按年度缴纳土地使用费。这种情形将增加交易负担,容易引发纠纷争议,不利于土地规模经营和新型农业经营体系的建立,同时也与土地经营权为用益物权的绝对权属性不一致。另外,关于以土地承包经营权设定抵押后抵押权的实现方式还处于摸索阶段,目前的做法并不利于当地金融秩序的稳定,要求对土地承包经营权抵押权的实现方式进一步深入研究。

第三,"三权分置"的政策内涵和法律表达尚存在差距。我们注意到,在政策表述上多次出现的"土地承包权"尚未在正式法律文本中出现,虽然目前学者的主流观点认为它就是"土地承包经营权",但在政策表述上还不够严谨。这一方面,体现了政策制定者对所涉及的法律问题尚未把握清楚;另一方面,表明基层官员和民众对相关政策也存在模糊认识,如按照个别调研对象的认识,土地承包权更类似于集体成员权。此外,"土地经营权"的法律属性与实现方式还需要进一步研究和确定。这就要求应当基于"三权分置"的政策目标,继续深入研究"三权分置"的立法表达及相关法律关系的构造。同时,应当通过严谨、准确的政策表述,使基层干部和民众切实掌握政策内容和实施路径,促使"三权分置"政策切实发挥实际作用。

在本次调研中,还有相当多的问题引起了调研组的注意,例如,农村待业青年如何分配土地的问题,户口在农村但属于财政供养人员的国家干部的承包土地应当如何处理的问题,乡镇集体经济组织所拥有的集体土地利用的问题,集体成员资格的认定问题,等等。它们都对下一步的研究具有启发作用。本课题组也将围绕这些问题,积极开展政策剖析和理论研讨,使课题研究切实取得实际成果,并对我国农村土地政策和法制的完善发挥积极的作用。

三、重庆市部分农村地区"三权分置"调研

重庆市在 4 个直辖市中有其特殊性,被称作"大城市""大农村""大

库区""大山区",辖区面积达 8.24 万平方公里,相当于一个中等省份的面积。目前,重庆户籍人口 3 300 余万,其中农村户籍人口 1 717 万。根据最新统计的数据,户籍城镇化率为 48.2%。在行政区划方面,重庆有39 个区县,其中涉农区县有 38 个,涉农的乡镇或者街道有 959 个,村一级单位有 9 217 个,组一级单位有 77 046 个。截至 2017 年年底,承包地面积为 3 490 万亩,农户有 640 万户,在部分人口农转非之前人均承包面积约 1.55 亩/人,现人均承包面积约 2 亩/人。重庆的自然地貌以山区和深丘为主,丘陵面积占据总面积的 70%,平原面积占比不到 1%。基于此种特殊的行政区位和地理条件,重庆市是农地"三权分置"改革的先行者,在探索和实践中总结出许多经验,也凸显若干问题。为此,我们于2018 年 5 月 9—12 日前往重庆市进行"三权分置"改革调研。调研人员分别走访了市区(江津区、永川区)两级农业管理部门、村委会、农户和流入方,取得了有关"三权分置"及其他农地情况的第一手资料,为开展研究提供了理论营养。

(一)重庆市"三权分置"改革的基本情况

1. 农业管理部门的基本看法

重庆市委市政府以及各级政府对"三权分置"改革一直给予高度重视,于 2017 年 2 月在全国率先制定了《重庆市落实农村土地集体所有权稳定承包权放活经营权实施方案》,从深化完善农村土地集体所有权和农户承包权确权登记颁证工作、健全土地流转交易体系、多形式放活农村土地经营权、推进农村承包土地的经营权抵押贷款试点、平等保护土地经营权、完善农村土地流转风险防范机制、加大新型农业经营主体政策扶持力度、强化纠纷调解仲裁等八个方面提出了具体措施。该方案明确提出:在切实巩固农村土地所有权、稳定农户承包权的基础上,把土地经营权从土地承包经营权中分离出来;引导土地经营权规范、有序流转,鼓励流向家庭农场、专业大户等适度规模经营主体;积极引导农户实行以地入股,组建股份合作组织,采取自营或委托经营等方式发展农业适度规模经营;鼓励以代耕代种、联合经营等方式,促进农户合作经营;支持城市工商资本到农村投资发展良种种苗繁育、高标准设施农业、规模化养殖等适合企业化经营的现代种养业。同时,绝大多数区县也已经出台了更详细、更具体的实施方案。"三权分置"产生出三个权利主体,其中新出现的经营权主体即流入方对"三权分置"的关注度非常高,远远高于一般农户的关注度。

在重庆市,农村土地"三权分置"的形态很早就存在,从 1984 年就开始进行土地流转,但当时比较严格,只有转包一种形式。土地流转之后,便事实上存在了"三权分置"的形态。目前,重庆的流转土地为 1 500 万亩,占整个土地面积的 42.9%,可见,土地流转属于普遍现象。在 2014 年之前,土地流转是指土地承包经营权的流转,承包权和经营权一并流转,需要变更登记。2014 年《土地经营权流转意见》提出了"三权分置"的概念,明确了流转的只是土地的经营权,不包含土地承包权。于是,重庆市出台相关文件,明确流转的只是土地经营权,不改变土地承包权。

在政策层面上,重庆市农业管理部门认为,应当根据中央《三权分置意见》,围绕提高多方主体的积极性以及促进整个农村土地尤其是农用地得到有效的利用,制定具体的实施办法,把"三权分置"中的三项权利进行区分和定性,明确承包权人的权利和义务、经营权人的权利和义务。

(1) 明确"三权"的权利和义务内容。以所有权为例,理论上所有权包括占有、使用、收益和处分的权利。但实践中,农村集体所有的土地分为两种情形:一部分已经发包给农户,一部分还留在集体,如机动地、"四荒地"。对于留在集体的土地,显然权能定位可以包括占有、使用、收益和处分(当然,处分权不是绝对的处分权,只在国家征收征用的时候行使);而对于已经发包给农户的土地,中央的政策文件提出农户有占有、使用、收益的权利,没有明确处分权。但实际上,农户也可以处分土地,如土地流转、抵押融资都是一种处分形式。所以,农户也有处分权,只是不完全的处分权。因此,在理论上,需要区分集体自留的和已发包的集体土地,明确各自的占有、使用、收益、处分权,先行界定清楚相关权利和义务,才能更好地推进"三权分置"的改革。

(2) 明确"三权"的法律性质。关于所有权和土地承包经营权的性质,法律已有明确界定,所有权是完全物权,土地承包经营权是用益物权。但是,土地经营权的性质究竟是什么? 学界和领导层对此的认识存在分歧。在物权说与债权说之间,农业管理部门比较倾向于土地经营权具有用益物权性质,认为在落实中央文件时,可以在有条件的区县,在分清"三权"的权利和义务内容,使其不发生交叉的情况下,给土地经营权人颁发经营权证。如果将土地经营权界定为物权,就可以更好地保护土地经营权。以土地承包经营权为例：在 2007 年以前，土地承包经营权并不是物权，后来为加强对承包经营权的保护力度，《物权法》将其确定为用益物权。现在，要真正把农村搞活，对产权保护必须是平等的，否则，只保护一方权利主体不保护另一方权利主体，很难激发全民、全要素的积极性。"三权分置"实际上是"两权分离"，即将土地承包经营权分离为土地承包权和土地经营权，目的在于放活土地经营权。当然，放活土地经营权不意味着要放弃农民的权利，两者要兼顾。基于以上考虑，农业管理部门倾向于将土地经营权界定为用益物权。

总之，农业管理部门期待学界通过研究能够进一步明确"三权"的性质，同时希望尽快修订《农村土地承包法》。目前，《承包法修正草案》回避了土地经营权的性质，倾向于债权说；而且有些地方的表述不够清晰，甚至裹挟着部门利益，如物权登记前后表述不一致，前面说要纳入统一登记，后面又讲土地承包经营权作为一个整体需要到区县人民政府登记，等等。目前，对土地经营权的规定过于分散，建议用部门规章的形式，规定得更细一点，区分已流转的和未流转的情形而分别予以规定，平衡各方利益主体关系，明确承包方的权利和义务及经营方的权利和义务，为农业管理部门在"三权分置"的改革实践中的工作提供具体的指导。

2. 土地经营权流转的基本情况

在"三权分置"改革中，农地流转只是土地经营权的流转，并不改变承包权。以往土地流转中流转的是土地承包经营权，而现在流转的只能是土地经营权。两者在经营土地方面没有太大差别，流转后土地的价值主要取决于流入方，但在抵押融资上是有差别的。如果将土地承包经营权进行融资租赁，则农户有丧失土地承包经营权的可能；而如果抵押融资的只是土地经营权，则土地的承包权还是农户的，从而有利于在保证土地流转安全的前提下，更好地利用土地。不管是过去还是现在，流转之后都是由实际经营主体经营土地，两者的差别仅体现在若干细微之处，如种粮补贴该补贴给谁。在重庆市，由财政部直接将种粮补贴转到农户的卡上，在土地经营权流转时由农户和第三方自行商议价格和补贴分配。因为种粮没有种其他的收益高，为了鼓励流入方规模种粮、保证粮食安全，重庆市在正常的种粮补贴基础上，从整体补贴中经农业部批准拿出 15% 专门补贴给种粮大户，剩余 85% 补贴给农户。但这项补贴需要经过严格核查，只给种粮大户（一般是 50 亩以上的农户）。这些种粮补贴在流转双方之间如何分配,政府并不作规定,而是由农户和流入方自行商议价格和补贴分配。通常情况下,协商不成的,往往也就流转不成。从目前情况来看,尚未出现关于种粮补贴分配的纠纷。

(1) 关于农地抵押的基本情况。重庆的农地抵押是从 2010 年开始的,当时"三权分置"改革尚未提出,抵押的是土地承包经营权、宅基地使用权、林地使用权这三权。到 2017 年年底为止,抵押贷款大概是 313 亿元。在先前土地承包经营权抵押的过程中,重庆市政府主要关注的是抵押有可能给农户带来的失地风险,因此,市财政出资专门成立新农担保公司,专用于解决上述三权抵押当中的呆账、死账、坏账问题,具体承担比例为:政府帮银行承担 35%(其中区县财政承担 15%,市级财政承担 20%),另外的 65% 由银行承担,以确保农民不丧失土地承包权。从 2016 年开始,重庆市政府已经补贴给银行 6 000 万元。开始时坏账率并不高,现在渐渐增多。一般来说,抵押的主体都是种粮大户、规模经营主体,如果银行要实现抵押权,也只能在流转土地期限内处置土地的经营收益。例如,如果土地流转的期限为 10 年,则银行可以处置 10 年内的经营收益;如果收益仍不足以偿还贷款,则银行还可以对 10 年后的土地收益进行追偿。如此一来,农户丧失的仅是流转合同期限内的收益权,而非土地承包权。在实践中,银行在收不回贷款时不可能派人去处置土地,因为成本太高,基本上是由新农担保公司将不良资产集中收购打包处置。新农担保公司会打折从银行那里购买不良资产,然后采用如下两种方式处置资产并盈利:一种方式是充当流转中介,将抵押资产再次流转,赚取与购买时的差价;另一种方式是联系想要经营抵押土地的农户,分享经营收益。目前,对这些资产的处置困难较多,重庆市作为农地"三权分置"改革的先行者作出过许多积极的探索,例如,国土部门下设土地交易所,成立专门的农村产权流转交易市场;组织一些中介机构,专门制定资产评估、资产处置的流程,致力于解决涉农资产的处置问题。但总体而言,土地流转过程中的资产处置的体系尚未建立起来。

(2) 关于土地流转的风险控制问题。目前通过各项政策的保障,农民基本上不会有失地风险,现存的风险主要有两部分:一部分是银行可能承担的金融风险,另一部分是农户可能丧失流转所得(如流转土地的租金)的风险。同时还要防范商业资本运作过程中的投机行为。关于银行可能承担的金融风险,实践中银行一般会要求由政府组织的担保公司提供担保,形成了抵押和保证同时存在的双保险，而且放款时通常是一年一放，并不会将所有贷款一次性发放。而担保公司一般也会要求经营方提供反担保，担保物通常是经营方投资建设的地上设施等。目前，重庆市发放的300多亿元的农地抵押贷款，主要是针对规模化经营的流入方，贷款发放的手续相对复杂、审查相对严格，并且要求担保公司提供担保。而担保公司也根据评估风险收取担保费，当担保费较高时，经营方可能会考虑到贷款成本而放弃以土地经营权抵押贷款的融资方式。而个别农户之间的流转抵押贷款，是可以申请小额贷款的，发放手续更为简易。相比较而言，流转可能对农户造成的另一个风险是更需要注意的：在实践中，由于租金通常是一年一付，有些流入方向农户支付了一年的租金之后，便以长期的（如10年期）土地经营权向银行申请贷款，而银行通常是根据经营权年限和土地利用盈利可能来发放贷款的，故流入方可能以一年租金的成本获得10年的高额贷款。有的流入方在获得贷款之后将贷款挪作他用，使土地荒置，或者租上两年之后就弃地跑路，导致农户无法按照合同约定获取后续年付的租金。除了农户的租金损失之外，流转的土地可能已经无法复垦，或者土地之上的资产因存在法律纠纷被保全而无法处置，或者因为土地上同时存在银行贷款和农户租金的双重债务而影响二次流转，都是非常现实的由于商业资本的投机而给农户及土地造成的损害，需要重点防范。农业管理部门认为，一方面，应当对流入方的资信严格审查：除了土地经营权之外，还有无其他的资产予以担保；另一方面，流入方以土地经营权抵押向银行申请贷款时，银行应当审查农户的意见，即如果租金是年付而不是一次性付清，则需要征得农户的同意，土地经营权才可以抵押；如果租金是一次性付清的，则经营权抵押贷款对农户没有风险，可以不必征得农户同意，而只考察流入方和担保公司的资信和还贷能力。如此，可以有助于防范商业资本利用"三权分置"政策进行投机。

（3）关于土地经营权的权利性质问题。如果抵押要征得农户同意，租金不继续支付农户就终止合同收回土地经营权，则土地经营权在流转中似乎变成了债权；如果要将土地经营权界定为用益物权，就需要取消抵押须"经原用户同意"这一条件。调研小组与农业管理部门讨论后认为，同时存在于一块土地之上的土地承包经营权和土地经营权这两个用益物权是不矛盾的，因为两者的权益范围不同，土地经营权的权益范围小于土地承包经营权的权益范围。具体而言，如果经营权人以土地经营权抵押，其权利抵押的权能可以是受限的，此种限制就体现为土地流出方对流入方的限制，即抵押需要经过流出方的同意。而此种同意权的行使或者设立，并不意味着土地经营权就是债权。结合《物权法》第 15 条的规定，物权设定合同与物权是否设定的结果是分离的，物权设定合同会影响物权取得的结果，当取得原因消失时，取得结果也消灭，所以不会因为流转合同中存在单方控制权，后续的权利性质就会发生变化，其仍然可以是用益物权。在实践中，流入方更希望将土地经营权设定为用益物权，以保障其长期经营的安全，而农户通常并不了解权利性质与其利益间的关系，基本上会认为：这是我的土地，即便给你用几年，该怎么用还得由我来控制。这类似于房东和租户之间关于租房用途的限制，但并不会留意合同条款对流出方控制权的排除，如流入方写明有权自主决定是否抵押。在办理土地经营权证书的问题上，流入方都希望获得流转经营权证书，而且要求政府而不是流转中介结构办理证书。但是不同的流入方要求办理权属证书的目的是不同的：规模经营主体更多的是要拿着证书去贷款，而一般农户是为了经营安全，认为有了证书才有定心丸。对于前者，仍然要防范其利用土地经营权证书套取贷款的投机行为。重庆市个别试点地区在土地经营权证书的设计上作出了探索，即在土地经营权证书上标明租金的兑付方式，即是年付还是一次付。如此，可以提醒银行的贷款风险。至于银行是否发放贷款及贷款数额，是其经营行为，但至少政府做到了金融风险提示。

（4）关于土地经营权的取得路径问题。土地经营权是在流转时从原有的土地承包经营权中分离出来的，原土地承包经营权人在土地经营权流转出去之后，仅享有土地的承包权。此时是否应当在办理土地经营权证的同时办理土地承包权证？其与原有的土地承包经营权证之间的关系如何处理？对此尚未有定论，而法律上需要注意解决的问题是土地经营权的取得路径。由于用益物权是在他人之物上设定的定限物权，如果土地经营权被认定为用益物权，则要考虑流转过程中的土地经营权是由土地承包经营权人将其本就拥有的这项权利转让给流入方的，还是基于流入方的需要而在流转中创设的。这是两种不同的物权取得路径。例如，在农户自己以土地经营权入股时，实践中签订入股协议就可以了，但理论上需要明确这个入股的土地经营权是从哪里来的，是农户在入股时给自己设定的，还是集体在发包时就给农户设定好的。再如，集体组织向集体成员之外的人发包"四荒地"时，事实上承包人取得的仅是土地经营权，而不是土地承包经营权，因为其没有集体组织的成员身份。所以严格地讲，这并不是发包行为，也不是转让行为，而是土地集体所有权人在"四荒地"上新设立土地经营权的行为。同理可以类推，土地承包经营权人也可以设定土地经营权。在这两种情形下，只有设定的主体不同：一个是所有权人，另一个是土地承包经营权人。可见，明确土地经营权的取得路径，有助于理清这些法律关系。

（5）关于工商资本在土地流转中的参与和风险防范问题。目前，工商资本进入农业领域，需要先成立独立的农业经营公司，有明确的经营范围。这部分资本的来源既有传统的农业企业，也有从城市转型的中小房地产企业。后者可以通过新成立农业公司的方式，也可以通过变更原有企业的经营范围的方式，参与土地的流转和经营。由于一般农作物的盈利空间有限，目前商业资本的经营内容多是特色农产品以及乡村旅游。一些综合性的经营项目，有时需要利用农业用地和建设用地。对此，目前的运作方式有以下几种：一是申请旅游建设用地的指标，但审批非常严格，对经营者的资金能力要求也很高；二是根据《国土资源部、农业部关于进一步支持设施农业健康发展的通知》，流转土地之上可以按照比例划分生产用地、农业设施建设用地和配套设施用地等不同的用途；三是地票制度，即经营者可以购买地票，然后到城市建设规划区之外的地方落地，如到农村搞农业旅游开发。地票制度实现了农村集体建设用地和城市国有建设用地的挂钩，先由国土部门将农村的集体建设用地复垦成耕地，复垦一亩则形成一亩的指标，县区一级把零散复垦的耕地拿到土地交易所挂牌交易，交易所得返回农村，交易的指标则从集体建设用地转变成国有建设用地。地票落地会存在征地的问题，农民会得到征地补偿。现在政策进一步放开，可以对农民闲置的宅基地进行复垦。这样，在保持耕地总量不减少的前提下，可以将原有耕地部分改变成集体建设用地，而不必转化为国有建设用地。

在风险防范方面，主要是防范工商资本因经营不善以及承担风险能力较差而给农户带来的损失。重庆市政府目前采取的保障机制主要有：第一，建立审查审核机制。工商资本参与农村土地流转需要获得审批并备案，区县一级要负责调查企业的资质，包括经营农业的能力和资本。第二，建立保证金制度。在国家部委出台相关意见之前，重庆市就已经开始要求工商资本流转土地时需要追加一年的流转金作为保证金，保证金交至乡镇一级财政。一旦出现经营者不能继续支付流转金甚至弃地跑路的情况，政府可以先将保证金作为下一年度的租金支付给农户,给农户一年的缓冲时间去寻求新的土地流转合作和开发利用的方式。第三,通过农业保险对农户进行间接保护。在土地流转风险中,除了流入方的意在投机而不是投资经营的道德风险之外,一般情况下的风险主要包括农业的自然风险和市场风险。通过农业保险来分担风险,有利于流入方的持续经营,也间接保护了农户的利益。目前,重庆市的农业保险有 32 个品种来应对自然风险。另外,通过对几个特定农作物品种开展试点的价格保险,也可以防范市场风险。总之,目前重庆市通过审批备案制、保证金制度、扩大和提高农业保险的补贴力度这三个方面来防范和化解工商资本参与土地流转的风险。

(二) 江津区慈云镇凉河村"三权分置"改革情况

2018 年 5 月 10 日下午,调研人员赴重庆市江津区慈云镇凉河村开展"三权分置"改革的主题调研,对凉河村的村委会负责人、农经站负责人以及村主要干部、部分村民进行访谈。调研人员向相关人员了解了凉河村农地流转的实际情况,访谈对象也针对本村农地流转的实际情况向调研人员请教了疑难问题。

1. 凉河村土地流转的基本情况

当前,凉河村共有 6 个村民小组,农户的土地承包经营权是到第二轮承包期即 2028 年结束。鉴于党的"十九大报告"提出"保持土地承包关系稳定并长久不变,第二轮土地承包到期后再延长三十年"的政策,现在有的农户签订土地流转合同,会将这 30 年延长的承包期也算在内,也即在 2058 年之前设定一个土地流转期限。土地流转合同主要由村民小组与企业签订,也有部分是由农户直接与企业签订的。农户认为,现在的土地政策确实变好了,但仍达不到激励老百姓种地的程度。凉河村青壮年劳动力大多外出打工,因为留在村里务农收入太少。

凉河村的土地流转很普遍但总体规模并不大,村里农户基本自己不种地,每户自留的土地都不到 2 亩。土地主要流转给农业企业,流转给其他农户个人的较少。凉河村属于丘陵地区,但地势较平,土地面积也比较大,可以规模经营,所以土地流转给规模经营企业的较多,只有一户是转给家庭经营。从调研了解到的情况来看,流转了的土地并不都是用于种植稻谷,大多改变了原来的耕地用途。凉河村是苗木之乡,因此,大部分规模经营者是以种植苗木为主,也有部分种植水果或者经营钓鱼项目。调研小组发现,普通农民并不知道"三权分置"的概念,但对具体的所有权、承包权和经营权归属是知道的。土地流转后进行规模经营，如果经营得好，对农户和农村经济而言，都是十分有利的。例如 2010 年，某农业发展有限公司入驻凉河村，承包凉河村土地共 500 亩，同时也在其他村承包土地，总计承包土地约 2 000 亩。该公司有生产、经营规划，在每年 3—5 月举办油菜花节，带动了周边的乡村旅游，产生了较好的经济效益。规模化经营的好处是，农业企业的摊子铺得大，可以在内部转移经营风险。例如，这家农业公司每年按时支付土地租金，但土地上没有种植任何作物，只是在第一年种植了一些苗木。而现在的农业生产效益低，收割作物的成本比作物产生的收益还要高。仅就凉河村流转给这家公司的土地而言，这家公司是很难盈利的，但该公司在凉河村之外的开发收益可以保障每年支付租金。该公司负责人也解释说：目前公司的发展战略主要是在外地做开发。而且规模化经营一般都有用工需求，农户还可以去打工。这样，农户可以有两份收益，既有土地租金又有打工的工资。

关于抵押贷款的问题，事实上，流入方在经营时如果需要抵押贷款的，并不以土地经营权直接抵押，而是用地上附着物去抵押向银行贷款；如果要求担保公司介入的话，需要抵押人提供反担保。调研小组发现，承包户没有直接用承包权抵押贷款的，一方面是因为村民比较富裕，另一方面是因为如果有资金需求，可以用农房直接抵押，因房子一般建得比较好，价值较高。而且老百姓从思想上讲是不愿意贷款的，有的农户说，贷款多了，会睡不着觉；即使有贷款，基本也都是短期的，很快就会还上。

2. 应对土地流转风险的主要做法

规模化经营收益高，风险也高。而小规模经营基本上是个人投资，因为规模小、资金少，经营风险也比较小，而且个人能够承担这样的风险；如果经营失败，这些土地也容易还耕，可以再流转或还给农户。所以，目前的流转风险主要还是在规模化流转和经营上。调研小组了解到，在出现经营风险时，基本上是由政府出面买单以维护农户的利益。实践中，主要采取以下做法防范风险。

第一，土地流转时向农业企业收取一定的管理费。例如，在 2005 年，农业部下属的一个农业龙头企业入驻凉河村，该企业在 2005—2015 年这 10 年间生产、经营良好，但从 2015 年开始，该企业经营不善，企业老板跑路，不再向村里交纳土地流转金。该企业应交纳的土地流转金，按照当年 9 月 30 日的稻谷市场价格，每亩土地计约 700 斤。该企业涉及的土地流转面积共有 700 亩，涉及凉河村的 3 个村民小组（1 组、2 组和 6 组）。该企业跑路后，凉河村、社、镇和区农委调集部分资金，用来支付企业每年应付的土地流转金。为防止类似情况再次出现，凉河村针对企业流转土地后不能如期交付土地流转金的问题，向企业收取一定的管理费（费用总额为 1 年或 2 年的土地流转金，支付方式为一次性支付）。这笔费用可以用来预防企业不能如期支付土地流转金的风险，在企业经营不善时，将该笔费用支付给农户，以争取一定期间的土地流转缓冲期。

第二，用稻谷价格计算每年的土地流转金。区政府出台了《江津区土地流转实施细则》，明确规定了租金要用稻谷结算，不能用现金结算。这样，如稻谷价格上涨，可以在一定程度上保护农户的利益。但总体而言，全区的土地流转还没有建立良好的价格增长机制。

第三，根据经营用途要求不同的土地流转金的支付方式。如果不改变土地的性质，可以一年一付；但如果通过取得国土、房管部门的相关手续而变更了土地性质的，如建设厂房、修建公路，则必须一次性给付土地流转金。这种做法的产生主要是因为改变土地性质之后，土地很难再复垦。

第四，诉诸法院解决纠纷。一旦企业跑路，农户可以向法院寻求救济。但目前出现的问题是，跑掉的企业在土地之上还有部分资产，包括种植的苗木、建好的厂房等，这部分资产因为之前的抵押而被法院查封。土地之上的资产被冻结，将导致这部分土地没办法二次流转。涉及的农户曾经起诉到法院请求解除合同，但后来农户自己又撤诉了。经了解，撤诉原因是，担心拿不到每年的土地流转金，而现在每年的土地流转金至少还由村里、区农委来解决。针对这种现象，我们建议，法院对流转土地纠纷不宜采取查封措施，以利于土地再次流转。

3. 关于土地撂荒问题

凉河村的土地耕作条件很好，土地价值高，撂荒比例很小，但也有的村撂荒比例大一些。土地撂荒的原因主要是两个：一是劳动力不足，二是种地成本高。关于"撂荒"的认定，国家没有一个准确的标准。就凉河村的情况而言，休耕的时间大约是 2 年，第 3 年开始就应该耕种了，如果 5 年不种地，基本上就属于撂荒。休耕土地的，国家根据土地面积向农户发补贴。调研小组了解到，流转之后又撂荒土地，农户是很心疼的，但有时收割成本高、种植收益低，也会导致撂荒的情况。在这种情况下，农户会主动联系他人代耕代种，并通常与代耕代种者约定好：耕地补贴归承包户,而种植收益归代耕代种者。事实上,代耕的情况比较少,因为代耕土地较少,而且代耕很辛苦。如有一对小夫妻代耕了 15 亩地,每天要劳作到很晚,非常辛苦。

4. 关于承包地调整的问题

江津区从 1998 年开始,严格执行"增人不增地,减人不减地"的政策。对这一政策,农户和村委会各有看法。农户认为,这是不合理的。例如,村里姑娘出嫁,土地不收回,而嫁入的媳妇没有土地。有的家庭,娶了媳妇、生了孩子,但没有新增土地;而有的家庭,儿子走了,女儿嫁出去了,剩了很多地。还有的农户已经去世,但土地没有收回,故村民间流传着"活人没饭吃,死的人土地还在"的说法。村委会认为,这个政策是双刃剑。从国家层面来说,土地承包经营权 30 年不变,是为了促进土地承包政策的稳定,但也造成了"人地矛盾"突出——有的人多地少,有的人少地多。例如,1998 年出生的人如果没有土地,到第二轮承包期结束(2028 年)是 30 岁,到第三轮承包期结束就是 60 岁,相当于一辈子没有土地。村里最极端的情况是:一家 8 口人,只有半份土地,而土地每份是一亩三。但从另外一个角度分析,这个政策的出台是为了把闲散土地收归集体,便于适度发展规模经营。原来的安徽小岗村的实践,历史使命已经完成,已经解决温饱问题了。现在即便 8 口人半份土地,也不会有人饿死,农民会出去做别的工作。为解决新增人员的土地问题,有的村民小组对成员资格问题采用排序的方式解决。例如,从 1998 年开始,新进入村集体的人,按照时间先后排序。当一户人家的人都去世了,集体收回土地,并按照排序把土地再分下去。但到现在为止,新出生的小孩还有没分到土地的。凉河村人多地少,政策该怎样执行,主要取决于村民大会的决议。

虽然江津区已经开始了新一轮的土地确权工作,但配套政策仍是滞后的。基层干部认为,承包期延长 30 年,并不是在原有基础上原人原地顺延。如果不是原人原地顺延,就应该是重新均地之后再分配,这样才能顺利启动第三轮承包期。但老百姓普遍认为,延长 30 年就应该是在原有基础上顺延。可见,对于承包期延长 30 年的政策,理解上是有冲突的。西南地区,山丘、土丘、丘陵多,耕地碎片化严重,政府鼓励农户进行土地互换,土地互换之后再确权,也有利于规模经营。另外,村民小组还可以通过协调,收回土地、平整土地,实现农业现代化、规模化、机械化。目前,村民小组也有机动地,有的小组就有十多亩机动地,主要是原有机动地和收回的土地。机动地主要用于补偿村社建公共设施占用的部分耕地，如修路占用耕地的，就用机动地补偿农户。《农村土地承包法》施行之后，按照规定，不能形成新的机动地，原有机动地要保持在5％之内。还有相关法律规定，自愿放弃的、"五保户"消亡的，新增的机动地必须优先用于调整无地人口。但现在，人地矛盾太大，村民争得太厉害，不敢去调整，没办法分配下去。虽然不分配机动地，但村民可以耕作机动地，但需要向村集体交付租金。

（三）永川区何埂镇狮子村"三权分置"改革情况

1. 土地流转的基本情况

何埂镇是市级性的农业园区，全镇有土地6万多亩，有5.6万余，有7个村、1个居民社区。该镇的农业发展主要依靠养殖业、种植业，盈利农作物主要是柑橘和蔬菜，整个何埂镇柑橘种植接近六千亩。农业加工业发展也很好，食用菌产业占重庆市的80％，发展势头比较好，目前有13家食用菌加工企业。

目前，全镇流转了近2万亩土地，采取的是经营大户、公司、个人承包的方式流转。前几年在狮子村试点二次流转以及确权确证不确地。确权确证不确地的原因是，在土地流转的时候，尚没有具体的地块位置，只有村域的位置。永川区的确权确证工作计划在2018年12月底以前完成。目前，何埂镇在全镇范围推行二次流转和确权确证不确地工作，选择基础条件比较好（如民风比较淳朴）和有规模产业的村子先行。在实施土地流转的过程中，要求充分征求群众的意见，做到只有农户同意才可以进行规模流转，有一户不同意也不行，必须要家家户户都签字同意，外出的人员也必须签字同意，以避免外出人员回来后要自己土地的麻烦。

永川区在进行"三权分置"改革时，计划在确权完成之后，颁发两个权属证书：土地承包经营权证和土地经营权证。2018年确权完成后将向农户颁发新的土地承包经营权证。土地经营权证经流入方申请而颁发，土地经营权证上只有土地面积，没有土地位置。结合股权化改革，土地承包经营权证上的土地面积对应的是股权份额。

狮子村现有13个自然社（村民小组），现有人口8 972人，有耕地面积4 032亩。通过2004年引进经营者流转土地，到目前为止，全村已经流转土地面积2 442亩。2008年租借出去1 400多亩竹林，但由于跟纸厂合作没有进行下去，竹林还耕有困难，村里便通过政府引进新的经营者来改善土地。2012年年初，何埂镇被重庆市确定为圣水湖现代农业园区，而狮子村是园区的核心区，于是，通过引进经营者，改造土地，增加了收益价值。土地流转解决了狮子村面临的困难，提高了村民的收入。狮子村现有食用菌标准化企业共11家，很好地解决了剩余劳动力就地就近务工的问题，改革的效果确实非常好。

2. 关于股权化改革的问题

在流转方式上，通过股权化改革给农民带来了实惠。具体而言，企业向区农委申报涉农项目，申报成功之后，区农委向企业提供财政补贴。例如，永川区在2017年通过整合确定了20个村的投资项目，向每个村的投资项目拨付100万元财政补贴，共2000万元。在国家补贴给农业企业的财政资金中，50%的作为农民持股，其中的5%作为分红。这些分红又有相应的分配方式，即在村、合作社（就是村民小组）、农户三个层次进行统分，村一级占16%，社一级占24%，农户占60%。这就使得农户除了土地租金、务工收入之外，还有一份额外的分红收益。例如，如果国家资助某个企业100万元（基础设施除外），其中50万元作为农户的股金，则每年就要拿出2.5万元来分红，这2.5万元按照16%、24%、60%的比例分给村、社和农户。股权化改革之后，一年下来村里就可以分到3万多元。除了股份，村里还收取土地流转的服务费。当然，股份并不是所有村社都有，是在企业项目团队争取项目和资金后才有的。村、社的这些收入都可以用于公共事务的支出和发展。还有一种模式是先分红再按比例拨款，即后续拨款的前提是企业先支付每年的分红，以此来保障农户的利益。例如，财政投入100万元，第一年国家拿出50万元补贴企业搞建设，但剩下的50万元不是立刻拨付，而是逐年拨付，如每年拨付5万元，以此保证农户利益。

如此，通过二次土地流转，吸引企业的进驻，加上股权化改革，狮子村的村集体经济不断壮大。狮子村将90万元投资在食用菌上，农户的收益（土地流转的付费、股利分红等）一年至少有11万元，这还不算镇政府的运转拨款、财政补贴经费的收入。土地二次流转所带来的效益，让老百姓看到了好处，尝到了甜头。在采菌高峰期，需要相当大的用工量，农户在家门口一个月就能挣到几千元。

3. 关于"确权确证不确地"的问题

"三权分置"是在土地流转过程中不断探索出来的。例如，狮子村某村民小组，有 38 户人家、142 个人，承包土地面积 214 亩，承包人是参照 1998 年第二次土地承包时确定的。某食用菌企业进驻时，承包了该村民小组 105 亩地。另外 100 多亩竹基地，通过开社员大会、做每个村民的工作，也被流转出去。狮子村的"三权分置"主要在圣水湖农业园区实施，确权确证不确地，即经营权、承包权、使用权确定，但地块不确定。重庆市要确保于 2018 年完成农村土地确权办证工作，很多地区都在参照"确权确证不确地"的模式。在具体操作上，为了方便流转，打乱了土地的"四至"界限，农户的地块位置不确定，但总面积是确定的。办证时，在证书上记载土地面积，但没有地理位置图。这项改革在推行的时候比较慎重，选择在民风比较好的地方率先开展，而且需要征得农民集体同意，否则不能进行。狮子村是两个村合并的，合并之后资产重组，成为现在大村的资产，但村民小组不打乱，集体组织以小组为单位，集体收益分配权仍归村民小组（合作社）。

从土地流转合同来看，流转的甲方是村民小组，乙方是公司，即村民小组作为土地所有权人，代表承包户进行土地流转，流转时附带土地自愿租赁表，表示农户自愿将土地交给集体，农户和村集体之间有委托书。所谓"不确地"，即指通过村民和集体之间的委托合同，把所有的土地都先无偿地回流到村民小组，实现统一经营，再由村民小组对外进行统一流转，而村民所拥有的具体地块不再确定，只获得相应土地面积的收益。在这个过程中，村民小组不向农户收取任何费用，但要向流入方收取服务费，具体数额根据地力收益和破坏程度加以确定。村民小组的收益统一建户，账户由镇里代管，但村里的公章是由村里专人管理。

总之，由于"80 后""90 后"以及现在的"00 后"这一部分年轻人不会种地，土地只能朝着规模化、集约化的方向发展，集约化经营是未来的方向。而要实现集约化，还要进行土地整理。老百姓包地分红，确定土地面积，但不确定地块在哪里，以便于土地的流转。这样在有企业入驻时，也就没有钉子户的问题。同时，在企业入驻时，也要严格考察企业的资质和实力，这样就能够减少在土地流转中的一些突出矛盾，也便于工作的开展。

4. 关于二次流转的具体问题

在狮子村被定为园区核心区之后，有不少企业想要进入经营。村民小组把土地回收整合后，进行第一次流转时租金是每亩地 300 元钱；流入方进行第二次流转时，前 3 年按照每亩 400 斤稻谷计算，后 3 年按照每亩

600 斤稻谷计算给农户，后 3 年流入方第二次流转得每亩 800 斤稻谷，从中赚每亩 200 斤的利润，农户的租金收益也增加到每亩 600 斤。第二次流转是由原土地流入方与新的流入方签订合同，但第二次流转必须经过村民小组同意，同时要到村委和镇农委备案。在狮子村，土地第一次流转没有保证金，但第二次流转要交保证金（相当于一年的土地租金）。保证金政策是从 2017 年 4 月 18 日开始实施的，是一种风险保证金。保证金只交一次，是再流入方第一次交租金的时候额外缴纳的，存入区农委农经办的专门账户。如果再流入方不及时交付年租金，村民小组会催促，倘若再不交，则村民小组将按照合同约定追究违约责任。

从 2012 年开始，针对流转中出现的问题，重庆市每年都要进行一次土地流转的专项治理，每个镇都要下去排查，将问题统一收集、集中处理、集中解决。对于欠租金的情况，在《重庆市落实农村土地集体所有权稳定承包权放活经营权实施方案》出台之后，通过管理逐年减少。采取的具体措施包括，在每个镇针对每一个流转项目设专门工作人员跟踪管理，及时催促欠缴的租金。例如，永川区规定，各镇农委每个星期一到区农委农经办汇报所欠租金的催收情况。通过跟踪管理，新流转土地较少出现欠租金的情况。

5. 关于集体资产股份与土地股份确认的问题

股份确认的前提是集体成员身份资格的确认，对此，在实际工作中，每个村、每个组有自己的具体方案，实行村民自治，如有不同意见，大家可以讨论具体方案。当前的"确权确证不确地"是以土地第二轮承包关系为基础的，以 1998 年为界。嫁入女在原集体经济组织没有失去土地，仍有土地收益的，在男方所在的集体经济组织则没有土地收益。1998 年之后出生的、全家迁出该集体经济组织的、全家去世的，都不再享有土地承包经营权。但是，享有集体成员资格，只是没有分到承包地的，集体资产确股的时候给半股，即：有人有地的，股份为一；有人没地的，股份就减半。集体资产的确股和承包土地的确股是分开的，承包土地的确股按照《农村土地承包法》确定，没有承包地的，就没有相应的股份。对于"销亡户"，如有承包地的，其承包地收归村集体；不确地的，集体将其承包地所对应的股权收回，类似于公司回购自己的股权，但集体本身不持股，而是将之稀释到每股之中，使股权的净值扩大。也就是集体股份收益的再分配，将每一股对应的收益再进行分配。例如，100 个人共持有 100 股，现在 3 个人没有了，还剩 97 个人，97 个人就分这 100 股的收益。这种方案并未违背"增人不增地，减人不减地"的政策，因为这一政策针对的是土地，而且经过股权化之后，以股份的形式进行了改造和量化，该政策不再适用。改造后的股份是分红的依据，原本没有分到土地的人是不能享受这个分红的。对于村里未流转的土地或者收回的土地，倘若未实行"确权确证不确地"，也存在土地再发包的可能。若无地者申请承包，需要交钱，亦需要排队。狮子村的四千多亩土地中流转了两千多亩，有的承包户仅流转了自己的一部分土地，在确权颁证的时候，只发一个证，不确地的部分写明股权份额，确地的部分写明位置和东西南北四至界限。

（四）永川区五间镇新建村"三权分置"改革情况

五间镇新建村面积为 3.8 平方公里，含 8 个村民小组、17 个小社，共 910 余户农户，农村人口 3 175 人，其中劳动力 1 790 人，有 3 750 多亩农地，流转土地接近 60%。通过加快土地流转步伐，进驻村里的农业企业有 4 家，有 1 家西瓜种植专业合作社。新建村的调研重点是村专业合作社和农业企业的经营情况。

1. 土地流转中的"大户＋合作社"模式

新建村的西瓜种植合作社采用的是"大户＋合作社"的模式。农户将土地流转给大户，大户根据稻谷当地的市场价（每亩 600 斤）支付流转金，农户获得流转收益之后，年轻劳动力外出打工，家里年龄偏大一点的劳动力给大户打工，每天 80 元。每个大户的流转土地，最多的有 100 多亩，最少的是 10 亩左右。每个大户中流转土地的农户平均有 10 户左右，24 个大户成立经销合作社，以拓宽销售渠道，统一销售价格。经销合作社主要种植西瓜、蔬菜，合作社的成员是大户，与流转土地的农户没有关系。大户可以选择由合作社经销自己的产品，也可以自己开辟销售渠道。目前，合作社的经营规模从最开始的 200 多亩，逐年增加至 1 100 亩左右。成立合作社有几点好处：一是可以帮助大户解决种植的技术难题，如嫁接品种引进过程中出现的问题，提高种植品种的质量和品质，从而打开市场，提高利润；二是可以改进销售模式，如可以搞直销，不经过批发的环节而直接进入市场，销售价格提高很多；三是可以打造品牌效应，拓宽销售渠道。合作社的农产品有统一的商标和包装，大户交了社费就可以使用统一的包装和商标，比自己销售更容易获得市场的认可。合作社的运作费用主要来自大户的出资，每个大户 5 000 元。新建村的合作社获得了国家级示范合作社的荣誉，国家也给予了相应的补助。目前存在的主要问题在于：尚未理顺大户和合作社之间的关系，一般是理事长召集社员开会，统一商定经营决策，但议事决策机制并不完善，也没有章程，存在有些大户各自为政的问题。

2. 土地流转中农业企业的融资模式

目前，新建村的4家企业都是第一次进驻。由于农业企业的经济效益见效慢，收回成本需要很长时间，进驻企业还尚没有离开的。在新建村，一般是由村、社和农户直接将土地流转给农业企业。虽然曾经有人主张应当由合作社来流转土地，然后由企业与合作社合作，但目前在新建村尚未实施。流转土地的收益支付方法比较简单，即直接支付租金。通过土地流转，一方面，老百姓可以离开土地外出打工；另一方面，通过政府的支持，可以改善生活环境。流转时，镇一级负责组织协调，村一级负责落实到社一级，再由社一级给农户做工作，双方通过自愿协商最终达成土地流转协议。土地流转的价格也是按照稻谷的当时挂牌价格来计算。例如，该村某农业企业流转的500亩地涉及5个社的300多户农户，村民通过委托书委托村民小组与企业签合同（村民小组也有公章）。

调研小组了解到，农业企业能够享受到的政策补贴并不多，通常政府是根据农业企业所经营的产业是否为本地区的支柱产业来决定补贴数额。例如，如果支柱产业是茶叶，那么就提供较高的补贴，对茶叶加工也提供补贴；如果不是支柱产业，如经营水果深加工，就不会提供太多补贴。国家对农业企业的支持，一般通过涉农项目支持基础设施建设，如种植大棚、物联网或者附属设施。

在重庆，农业企业获得融资的方式主要有三种：一是以土地经营权向农业担保公司贷款。贷款需要镇一级的推荐、区农委的参与，还要与农业担保公司工作人员充分沟通，一般担保数额在100万元左右，数额并不大。二是申请区县农委的农业风险补偿金。资金虽由政府发放，但其实仍是个人经营性贷款，需要用基础设施作反担保。实际上，这种反担保在法律上是没有依据的，只是相互之间的一个约定。三是以企业自有资产担保贷款。这其实是最常用最方便的方式。这种担保贷款的期限一般很短，还需要用一定的资产进行反担保。

3. 农业企业对土地流转风险的基本看法

农业企业认为，"三权分置"改革的宗旨是鼓励农地的规模化经营，提高农村土地的利用效率，但在为经营者融资提供方便的同时，也需要保障农户的利益。从农业企业的经营来看，由于投入大、收效慢，仅用自有资产（不包括土地经营权）去融资是不够的，仅依靠政府的农业补偿金也是不够的（永川全区只有4 000万元的农业补偿金，无法支持太多农业企业），即便利用农业担保公司贷款，最高也不超过90万元，并不足以支撑规模化经营的长期投资。而农业企业为了生存，只能进行信用贷款，可以达到500万元或者1 000万元，但一旦出现经营困难，企业无法维持，最终也会伤害农户的利益。所以，政府提供的融资和补贴，如果不能满足农业企业的融资需求，会间接增加农业企业的经营风险。因此，农业企业主张，与其担忧经营者没有还贷能力而处处设限，不如把重点放在如何扶持农业企业的生存发展上，因为一旦经营失败，不仅损失农户的租金、未偿还的贷款，而且土地已被破坏。即便将土地还给农户，一则其可能本来就不愿意耕种，二则即便农户想要耕种也无法复垦。这时就会出现很尴尬的局面：一方是想要发展的农业企业得不到融资支持，另一方是将土地流转出去就不愿意回收的农户。因此，我们建议政府为这两者的利益作出更完善的制度设计。

在是否应当颁发土地经营权证的问题上，经营者的态度是非常明确的：没有土地经营权证就无法抵押贷款，而仅依靠土地上的设施或者自己的其他财产担保贷款，就限制了经营者的融资规模。另外，颁发土地经营权证，除了可避免权属纠纷之外，也有利于解决企业经营不善的退出问题。例如，新的经营者想要承接经营，一般会通过变更原有农业企业法定代表人的方式，而不是新成立农业企业取而代之的方式。但是，如果没有土地经营权证，就无法了解原经营者的具体债务规模，承接就会有风险。

另外，经营者还针对一些具体问题提出了如下建议：一是在二次流转时，可否由金融机构进行托管经营，这样既可以保证租金支付不会断裂，也不至因部分农户不同意收回土地而导致生产停滞。二是土地租金的年付可否进一步分期，即不统一在同一个时间节点支付，而是分布在全年的各个月份或者季度分批或者分次支付给农户，这样可以有效解决农业企业现金流较弱的问题；或者是否可以将支付节点规定在八九月份，而不是年底，因为从融资角度来讲，下半年是很难贷到款的，过了10月份，银行基本就不放贷了。三是需要明确金融机构到底应该如何评估土地的价值。建议按照土地流转费的一定比例，如三倍半、两倍半、一倍半等，来对应相应的融资条件，不能随意评估。

四、广东省佛山市农村土地法律制度运行状况调研

为了解珠三角地区农地制度的运行状况，"珠三角农村土地法律问题研究"课题组于 2017 年 8 月在广东省佛山市进行了田野调查，重点关注集体所有权及土地承包经营权流转、宅基地利用状况、经营性建设用地使用权流转、土地征收补偿等四大问题。这里分五部分就调研中的主要发现作一梳理，具体结构安排如下：第一部分介绍调查方法和数据来源，第二部分对调研对象佛山的农地制度状况作一概览，第三部分对主要调研板块的数据进行描述，第四部分总结农地法律制度的运行状况与实践需求，第五部分是制度改革的启示。

（一）调查方法和数据来源

该项调查采用多段抽样和自然抽样相结合的抽样方法。首先，分别选取位于佛山东部、西部地区的顺德区、高明区作为调查地点。① 其次，在上述两个区内根据地理位置、经济结构、地形地貌等因素各选取两个村，顺德区选择的是勒流街道南水村、龙江镇麦朗村，高明区选择的是更合镇珠塘村、杨和镇河西村。最后，从每个村随机选择 6 户农民进行调查。调查采取问卷和访谈相结合的方法，访谈对象既可以是村干部，也可以是普通村民。访谈为半结构式：调查组先拟订访谈提纲供调查人员参考，再由调查人员根据当地实际情况决定需要深入访谈的问题。本次调查在佛山市共发放问卷 24 份，收回有效问卷 24 份。

（二）佛山市农地制度概况

佛山市位于广东省中部，地处珠三角腹地，东临广州，是"广佛都市圈""广佛肇经济圈"的重要组成部分，在广东省经济发展中处于领先地位，仅次于深圳和广州。早在 20 世纪 90 年代，佛山市顺德区就开始全面推行农地制度改革，普遍成立了以村民小组为单位的股份经济合作社，由合作社以股份合作名义收回绝大部分的耕地，并负责农地及其他物业的统一招投标等集体资产管理事务。成片耕地均通过股份制承包经营，少数零散的、不利于规模经营的耕地承包给农户自己经营。同时，高明区由于地

---

① 佛山市共有五个辖区，分别为禅城区、南海区、顺德区、高明区和三水区。

势起伏大，受地形影响，耕地分布细碎，仍然以家庭联产承包责任制为主要经营模式。

2014 年，佛山开始农村土地承包经营权确权登记颁证。不同于全国绝大部分农村推行的"确地到户"，佛山的农地"确权"特色鲜明，即"确地权"的同时要"确股权"。五区至少存在三种确权模式：顺德、三水两区对农地确"大四至"的同时明晰农户的农地权益份额，其核心为，明确每一户的承包土地份额，同时探索土地承包经营权和股权联动管理，即确权确股不确地；南海区是"确权到户、户内共享、社内流转、长久不变"；高明区是佛山市唯一未实行农村股份合作制的区，其确权登记以"确地为主"①。

佛山市实行土地股份合作制初期，农民的土地承包经营权转化成股权。随着农村股份合作制的推进，土地逐步资产化，集体资产构成逐渐多元化，股权的意义早已超越土地承包经营权的意义，还包括其他经营性用地、厂房、物业等集体资产的收益分配权利。2017 年，佛山市在 2011 年《佛山市农村集体资产管理交易办法（试行）》的基础上，出台了正式的《佛山市农村集体资产交易管理办法》，全面规范集体资产交易行为。全市建立市、区、镇（街道）、村（居）联网的农村集体资产交易管理信息系统。进入镇（街道）、村（居）农村集体资产交易服务机构交易的集体资产的金额、面积、期限等具体标准由各区根据本区实际进行确定。

（三）调研板块与统计数据

1. 土地集体所有权状况

目前，顺德区已普遍实行农村股份合作制，将绝大部分农村土地、资产以股份的形式量化到农民名下，并发放股权证书。一方面，农民每年可以收取稳定的集体资产收益，该部分占股份合作社资产收益的 80%。因此，绝大多数村民（91.67%）表示法律应当明确规定村集体成员（村民）资格取得、变更和丧失的条件。另一方面，村社收益的 20% 用于提供社会保障和社会福利，如加强道路、水利、饮用水等公益事业建设，改善村文化、环境卫生设施，保障农村社会稳定和减少社会治安纠纷等，使农民生活质量得到提升。这也符合村民的主观意愿。（见表 1）

---

① 佛山农村土地承包经营权确权登记颁证："确权"与"确股"，股份合作背景下的深度融合. 南方都市报，2016 - 12 - 14（05）.

表1 您认为农村集体经济组织的资产应当在本村发挥哪些作用（可多选）

选项	份数	比例
A. 加强道路、水利、饮用水等公益事业建设	19	79.17％
B. 改善村文化、环境卫生设施	24	100.00％
C. 保障农村社会稳定和减少社会治安纠纷	18	75.00％
D. 适当补贴失地、无地的村集体成员	8	33.33％
E. 投资村办企业	7	29.17％
F. 保障村集体干部和其他管理人员管理费发放	5	20.83％
G. 为成员（农民）提供社保经费补助	14	58.33％
H. 其他（请注明）	1	4.17％

2. 土地承包经营权状况

佛山在广东经济社会发展中处于领先地位，农业占 GDP 比重低于2％，城镇化发展水平较高。目前，佛山市专门从事农业生产经营的农民数量已经非常少，农地数量也较少。其中，顺德区的农地经营用途主要是鱼塘，并通过农村土地股份合作制，促进了土地使用权流转和规模养殖；高明区拥有超过佛山市耕地面积48％的耕地，其农地经营用途主要是传统的种植农业。

第一，土地承包经营权登记确权情况方面，大部分地区都已办理重新登记或者正在办理中。只有少数村民的土地承包经营权没有重新登记（占12.50％），或者属于全征地村，正在准备颁发新证（占8.33％）。调研小组了解到，尽管大部分地区都已经进行了土地的测量、确权和登记，但已经拿到新证书的比率仍然不高。（见表2）

表2 你们村的承包经营权重新登记并颁发证书了吗（单选）

选项	份数	比例
A. 重新登记并颁发了新证书	1	4.17％
B. 重新登记还没有颁发新证书	5	20.83％
C. 正在办理中	13	54.17％
D. 没有重新登记	3	12.50％
E. 其他（请注明）	2	8.33％

第二，土地承包经营权流转方面。佛山市的农地承包经营制度有多种实现形式，农用地同时存在平均分包与招标投包。由于人均农地面积少、地块细碎，因而各村通常以招标投包为主，即由经济社统一规模发包农地，将鱼塘发包给村民或者外地人。在村民流转承包地的意愿方面，自己种地成本—收益的比较（种田收益不是主要收入来源的占50%；土地太少，自己种不划算的占45.83%），以及流转收益（58.33%）是决定村民将承包地流转出去的关键因素。在承包地大规模流转时，通常由经济社或村委会代表承包户与租地者进行协商，因此，村集体要求流转也是村民决定将承包地流转出去的重要原因（45.83%）。（见表3）

表3　　　　　您会在什么情况下把承包地流转出去（可多选）

选项	份数	比例
A. 种田收益不是主要收入来源	12	50.00%
B. 流转收益比较高	14	58.33%
C. 自己家里没人种	9	37.50%
D. 土地太少，自己种不划算	11	45.83%
E. 村集体要求流转	11	45.83%
F. 政府要求流转	6	25.00%
G. 其他（请注明）	0	0.00%

在流转方式方面，村民普遍倾向于转包或出租、入股、抵押、互换等不丧失土地承包经营权的流转方式。其中，转包或出租占83.33%，入股占58.33%，转让（买卖）占37.5%，互换占29.17%，抵押占29.17%。不希望承包地流转的仅占12.5%。（见表4）

表4　　　　　您希望承包地流转采用哪些方式（可多选）

选项	份数	比例
A. 转包或出租	20	83.33%
B. 抵押	7	29.17%
C. 转让（买卖）	9	37.50%
D. 互换	7	29.17%
E. 入股	14	58.33%
F. 其他（请注明）	0	0.00%
G. 不希望承包地流转	3	12.50%

在土地承包经营权流转的障碍方面，村民认为法定流转方式较少是最主要的障碍（66.67%），其他的有法律禁止抵押融资（占37.5%）、政府强行流转和村集体强行流转（分别占20.83%、4.17%）。此外，29.17%的受访村民表示：流转价格谈不拢，抛荒与无地种共存；人均土地太少，流转有困难；规划不好，水、路不畅顺；历史集聚问题多，法规不完善；村民意识不够；等等也是当前承包流转的障碍。（见表5）

表5 　　　　　您认为当前承包地流转存在什么障碍（可多选）

选项	份数	比例
A. 法定流转方式较少	16	66.67%
B. 法律禁止抵押融资，流转受阻	9	37.50%
C. 政府强行流转	5	20.83%
D. 村集体强行流转	1	4.17%
E. 其他（请注明）	7	29.17%

第三，对"三权分置"改革的认知方面。对于当前促进农地流转的"三权分置"改革政策，三分之二（66.67%）的农民表示不理解、不清楚"三权分置"中的"三权"分别指的是什么。而经过我们对"三权分置"政策的介绍，村民认为实际上已如此操作。以佛山市顺德区为例，把集体所有的土地实行"土地入股，量化到人，合股经营，按股分红"，即实现了"三权分置"：土地所有权归集体所有，土地承包权通过价值量化，表现为村民持有的股份，土地的经营则由股份合作社统一规划利用。村民们对"三权分置"政策下的土地流转接受度较高，认为土地流转有利于收入途径和收入金额的增加。70.83%的受访村民表示，"可以依法统一经营"是坚持土地集体所有权的最重要的方式；"有权收取一定比例土地承包经营费""依法收回承包地"则分列第二、三位，分别占受访对象的45.83%和41.67%。由此可见，村民们普遍认可，坚持、落实集体所有权应当由集体保有对土地较大的权利。（见表6）

对于是否应当允许土地承包权人以实际耕作的承包地进行抵押（贷款）这一问题，回答"应当"和"不应当"的受访村民各占50%。然而，在调研中，经过调研人员进一步说明这一问题是以保持土地集体所有为前提时，相当多村民认为应当允许抵押。

表6   您认为应当如何坚持土地集体所有权（可多选）

选项	份数	比例
A. 可以依法统一经营	17	70.83％
B. 有权收取一定比例土地承包经营费	11	45.83％
C. 依法收回承包地	10	41.67％
D. 自主决定土地利用方式	6	25.00％
E. 有权收取一定比例宅基地使用和转让费	6	25.00％
F. 有权收取一定比例建设用地使用权转让费	4	16.67％
G. 其他（请注明）	1	4.17％

对于是否应当允许以转让取得的实际耕作的经营地进行抵押（贷款）这一问题，回答"应当"和"不应当"的受访村民亦各占50％。

对于将承包地转让后转让方仍是本村村民的，在第三轮延包时是否还应享有承包土地的权利，75％的受访村民表示应当享有，只有25％的村民表示不应享有。由此可见，村民对基于村民身份当然取得土地承包经营权有强烈意识。

3. 宅基地使用权状况

在宅基地使用中，最为突出的问题是新增人口无法分得宅基地（占66.67％），人地矛盾问题突出；次之为宅基地建房后改作商用或出租无序、宅基地建房没有规划、房屋闲置、宅基地未登记的问题，各占25％；有20.83％的村民表示宅基地不能自由买卖也是宅基地使用中存在的问题，还有12.5％的村民提出"一户多宅"问题严重。（见表7）

表7   你们村的宅基地使用中存在的突出问题是什么（限选二项）

选项	份数	比例
A. 宅基地建房后改作商用或出租无序	6	25.00％
B. 新增人口无法分得宅基地	16	66.67％
C. 宅基地建房没有规划	6	25.00％
D. "一户多宅"较普遍	3	12.50％
E. 房屋闲置较普遍	6	25.00％
F. 宅基地没有登记较普遍	6	25.00％
G. 宅基地不能自由买卖	5	20.83％
H. 其他（请注明）	1	4.17％

对于将宅基地上的房屋卖给村外人或本村宅基地超标的农户，66.67%的受访村民表示村集体应当收取一定的宅基地使用费，33.33%的受访村民则表示不应当收取。

在村集体收回宅基地时，什么情形下应当就宅基地本身给农户补偿？对于这一问题，45.83%的村民表示只有农户违法占地、超标占地或长期闲置时才能无偿收回，其他情况下应有偿收回；41.67%的村民表示无论何种情况都应予以补偿；只有一位受访村民表示在任何情况下都不应补偿。在调研组访谈的时候，也有村民表示村集体收回宅基地时，对于合法部分应当予以补偿，而对于违法、超标占地的部分可酌情给予补偿。

至于在实践中整理回收后的宅基地的具体用途，29.17%的分配给了需要宅基地的农户，20.83%的出卖给需要宅基地的农户，8.33%的由村统一用作工商业经营，8.33%的由政府根据城乡建设用地增减挂钩政策补贴后改作耕地。有的村没有出现过宅基地整理回收，占受访对象的29.17%。

关于宅基地及地上房屋应当如何流转较为合理，66.67%的村民表示宅基地及地面的房屋应当一并转让、租赁、抵押，16.67%的村民表示应禁止宅基地转让，12.5%的村民表示宅基地应可以单独转让、租赁抵押，还有4.17%的村民表示是否同意转让必须有相关法律作为前提。

4. 集体建设用地使用权状况

佛山市受改革开放影响较早，城市建设用地资源紧缺，为缓解这种情况，在政府的主导下，很早开始进行集体土地市场化改革，经营性集体建设用地在各个区域存在的比重较高。调研数据显示，50%的受访对象表示本村有经营性集体建设用地。各区新增集体建设用地的情况不同，经济发达的顺德区近十年来新增集体经营性建设用地非常少，调研组在顺德区龙江镇麦朗村访谈时，村民们反映即便有新增的经营性建设用地，也是私人违法新增的，在集体层面没有新增集体经营性建设用地。而在经济没有那么发达的高明区近十年来还有一些从农地、荒地等转变而来的集体经营性建设用地。（见表8）

表8　　　　　　　你们村近十年来（物权法施行以来）
新增集体建设用地主要由哪种土地转变而来

选项	份数	比例
A. 耕地（林地、草地等）	7	29.17%
B. 宅基地	3	12.50%
C. "四荒地"	1	4.17%
D. 其他（请注明）	4	16.67%
E. 没有新增集体建设用地	9	37.50%

目前，依法取得的符合土地利用总体规划、村镇建设规划的集体建设用地使用权可以采取转让、租赁或抵押等形式流转，但村民认为经营性集体建设用地使用权入市依然存在障碍，其中，最大的障碍是政策法规不细致（占58.33%），而这进一步导致决策主体不明确（占37.5%）、监督制约不到位（占37.5%）、收益分配不合理（占25%）。另外，没有增量建设用地指标是村民反映的第二大障碍（占45.83%）。随着城镇化程度越来越高，土地在不断增值，新增建设用地指标欠缺，影响本村经济发展，导致村民不能分享经济发展的成果。（见表9）

表9　　　　经营性集体建设用地使用权入市存在的障碍（可多选）

选项	份数	比例
A. 决策主体不明确	9	37.50%
B. 监督制约不到位	9	37.50%
C. 收益分配不合理	6	25.00%
D. 政策法规不细致	14	58.33%
E. 没有增量建设用地指标	11	45.83%
F. 其他（请注明）	2	8.33%

针对上述集体建设用地流转中存在的决策主体不明、监督制约不到位、收益分配不合理的问题，村民认为：编制集体建设用地利用规划时，

应当保障村民的知情权与决策权,最重要的程序保障依次为:应当经本集体成员(代表)会议 2/3 以上同意(95.83%);在当地依法公告并注明公告期限(58.33%);征求本集体和集体土地使用权人的意见(54.17%);希望规划部门给出方案(4.17%)。

5. 土地征收情况

2001 年,国务院法制办、国土资源部批准顺德区为农村集体土地管理制度改革试点地区。根据顺德区原有规定,土地补偿费和安置补助费 70% 留归集体,只有 30% 能够真正分配到村民手里。通过征地制度改革,原来的分配方式被改变,土地补偿费和安置费保留 20% 作为农村福利事业的开支,剩下的 80% 必须直接分配给个人。

根据调研,征收的原因主要是:政府组织实施能源、交通、水利等基础设施建设的需要(66.67%);政府组织实施科技、教育、文化、卫生等公共事业的需要(25%);开办工商业企业、建造商品房以及其他商业性建设的需要(25%)。(见表 10)

表 10   你们村的土地是因为下列哪些原因被征收的(可多选)

选项	份数	比例
A. 国防和外交的需要	0	0.00%
B. 由政府组织实施能源、交通、水利等基础设施建设的需要	16	66.67%
C. 由政府组织实施的科技、教育、文化、卫生等公共事业的需要	6	25.00%
D. 由政府组织实施的保障性安居工程建设的需要	3	12.50%
E. 开办工商业企业、建造商品房以及其他商业性建设的需要	6	25.00%
F. 其他(请注明)	0	0.00%
G. 没有被征收过	6	25.00%

在发生土地征收的村庄,村民参与的程序依参与程度从高至低排列,分别为确定征地补偿方案(66.67%)、确定征地安置方案(41.67%)、确定征收土地用途是否符合公共利益(41.67%)、其他(受访村民表示未参加或者没有征求过意见的占 12.5%)。

受访村民普遍表示，当前农村土地征收中最主要的问题是征地补偿标准较低（占83.33%）。主要原因在于征地是按照土地用途给予补偿，而农业用途的征地补偿费过低。①（见表11）

表11　　　您认为当前的农村土地征收主要存在哪些问题（可多选）

选项	份数	比例
A. 征地以商业化为目标	7	29.17%
B. 征地程序不合理	7	29.17%
C. 征地补偿标准较低	20	83.33%
D. 征地补偿款难以到位	1	4.17%
E. 征地补偿款分配不公平	6	25.00%
F. 征地纠纷救济渠道受限制	3	12.50%
G. 其他（请注明）	2	8.33%

对于在承包地被征收的情况下，哪种征地补偿款分配方式最合理这一问题，45.83%的受访村民表示应当由集体重新适当调整土地给原承包人后归相关成员和集体；16.7%的受访村民表示应当绝大部分归集体，其余归原承包人；另外16.7%的受访村民表示应当绝大部分归原承包人，其余归集体；12.5%的受访村民表示应当归集体、原承包人和其他成员；还有4.17%的村民表示应当全部留给集体使用。可见，村民均不认为应当由被征地的土地承包经营权人独享征地补偿款，而应当由集体与原承包人共享，但在具体分配方式方面有不同意见。

在土地承包经营权发生流转的情形下，当承包土地被征收时，54.17%的受访村民表示，享有土地承包经营权的非本村村民不应当获得承包地被征收的补偿款，45.83%的受访村民则持相反观点。

6. 农民对农地改革的期待

受访村民认为，在当前农村土地法律制度运行中存在的最主要问题是承包地调整不及时或不能调整（50%）。佛山市早在2001年就实行承包地股份量化，村民们认为承包地调整不及时或不能调整所导致的土地"养死

---

① 调研组在顺德区龙江镇麦朗村了解到，农业用途的征地补偿费为每亩5万元。

不养生"问题尤为突出。其他问题为：承包经营地无法抵押贷款（37.5％）；宅基地流转不畅和土地权利登记中权属争议较多（各占33.33％）；土地规模经营不畅和土地征收补偿分配不合理（各占20.83％）；发包方（村集体）对承包方有不当干预（占8.33％）；对妇女土地权益保护不力（4.17％）。（见表12）

表12 您认为在当前农村土地法律制度运行中，存在的主要问题是什么（限选三项）

选项	份数	比例
A. 发包方（村集体）对承包方有不当干预	2	8.33％
B. 承包地调整不及时或不能调整	12	50.00％
C. 土地规模经营不畅	5	20.83％
D. 承包经营地无法抵押贷款	9	37.50％
E. 土地流转后村民身份和利益丧失	7	29.17％
F. 村民股份配置不合理	6	25.00％
G. 宅基地流转不畅	8	33.33％
H. 土地征收补偿分配不合理	5	20.83％
I. 对妇女土地权益保护不力	1	4.17％
J. 土地权利登记中权属争议较多	8	33.33％
K. 其他（请注明）	1	4.17％

关于拓展农民收入增长渠道的政策供给方面，75％的受访村民表示应当壮大集体经济，使集体成员共享集体经济发展成果，实现共同富裕；45.83％的受访村民表示应当加快农业产业化，提高服务质量，获取农业完整收益；41.67％的受访村民表示政策应当提供金融支持，放开合作金融管制，增加收入增长方式，并允许经营性集体建设用地入市，分享发展收益；33.33％的受访村民认为应当允许承包地自由流转、抵押融资，以扩大生产；25％的村民表示应当允许宅基地自由流转、抵押融资，以增加财产性收入。

（四）佛山市农地制度的运行状况及实践需求

通过分析2017年佛山市的田野调查数据，并结合相关法律制度和访谈材料，我们可以就农村土地法律制度在农村社会的实际运行状况得出以下结论。

1. 顺德区与高明区农村土地制度运行状况有共性，也有差异性

顺德区与高明区的实际情况说明：中国地区间经济社会发展不平衡、资源禀赋不均衡，决定了农业经营模式的多样化，应当由农民自主选择。两区的共性在于，村民认为集体力量弱化是制约当前农村发展的重要原因之一，村民普遍认可应当落实土地集体所有权，发挥村集体在增加农民收入方面的积极作用。此外，宅基地的取得与退出问题也是两区共同存在的问题。两个区的经济发展程度不同，土地经营模式也不同。总体而言，顺德区股份合作制的土地经营模式在效益上要远远高于高明区实行的家庭承包经营，顺德区农地制度运行中的问题集中在股权固化导致的不公平问题，以及土地用途规划产生的不能分享土地增值收益问题；高明区农地制度运行中的问题集中在承包地不能及时调整，不能满足有种田需要的村民的需求方面。

2. 土地承包经营权固化问题突出

在实行土地股份制的顺德区，按照《关于固化农村股份合作社股权量化股份合作社资产的实施细则》的规定，以 2001 年 9 月 30 日为固化截止时间，对在册的农业人口按集体股占 20%、个人股占 80% 的比例进行固化。股份固化后，个人股东的股份不再变化，新生和加入的农业人口不再被配置股份；个人股份可以继承。股权"生不增死不减"限制了部分村民的股东资格，导致股权分配不合理，实践中引发的争议最大。而在高明区，有的村甚至自第一轮承包期开始至今都没有调整过土地，使村民之间土地资源分配不公平，土地抛荒与真正需要耕作的农民却无土地可种的矛盾突出。因此，要求村集体对土地或者股份及时进行调整，成为村民们的关键诉求。

3. 土地承包经营权登记确权中，代耕农与外出打工农民之间的矛盾突出

土地承包经营权确权登记中，确权率高而发证率相对较低。农业税取消、农业补贴的发放以及各种惠农政策方针的出台，使农民的负担大大减少，而且城镇化的快速发展使农村土地价值增加；而土地承包经营权确权登记工作的展开，进一步促使已经离开农村多年但仍然具有集体成员身份的农民意识到了土地的价值，原先将土地转让、抛荒或者让他人代耕的农

民纷纷要求收回土地并予以确权登记。

4. 宅基地问题的重点在于村民的居住需求不能得到满足与"一户多宅"、超标建设之间的矛盾

村民们认为，宅基地的功能依然是供自己居住，将其流转的需求并不迫切。在实践中，大量农村房屋长期闲置，资源浪费严重。然而，还有一些村民的居住需求无法得到满足。对"一户多宅"现象管理不到位，导致用地矛盾加剧。村民们认为，应当对超标建设宅基地行为进行处罚，并且应加快宅基地使用权证书的颁发，以促进宅基地的有效利用。

5. 集体经营性建设用地使用权流转不容乐观

一方面，广东集体建设用地使用权流转很早就大量存在，存量可用的集体经营性建设用地数量极少，而政府对集体经营性建设用地使用权入市增量指标的控制非常严格。另一方面，虽然村民们希望政府放松管制，由村集体引入开发商对集体建设用地进行统一开发，以增加集体经济组织的收入，但实践中比较大的民营企业、外资企业等都不愿意在集体建设用地上设厂。我们在调研中了解到，只有佛山市农村信用社接受集体建设用地使用权抵押，但最多只能提供土地价值50％的贷款。

6. 村民对征地的关注点是提高征地补偿或者自己的土地被征收以增加收入

调研显示，受访村民对征地的满意度很低，主要原因在于征地补偿标准过低。村民们对农地收益依赖性的降低和目前市场经济环境下工商业用地租金与农业用地租金的巨大差异，加剧了村民将耕地转为建设用地以分享经济发展收益的需求，例如，希望村集体在征收过程中以提留地的形式获得集体物业，村民对集体物业的收益分取红利。但受访村民对于土地用途被转变或征收是否符合公共利益目的不太关心。这一现象也加大了耕地保护压力。

（五）农地法律制度改革的启示

1. 农地调整的制度回应

无论是在实行股份合作制经营模式的顺德区，还是在实行传统家庭承包经营的高明区，共同存在的显著问题是"增人不增地、减人不减地"政策无法满足土地公平分配的实践需求。在发生土地征收的情形下，45.83％的受访村民表示应当由集体重新适当调整土地给原承包人。可见，农地调整反映了村民对于土地利益在集体成员之间进行公平分配的诉求。

农地调整的制度基础是农村土地的集体所有权。中国农地问题的症结主要源头在集体所有权,并非承包经营权。[①] 农地调整的实质是弱化农民对特定地块的承包权利,积极发挥集体经济组织的农地调整权利和统一经营功能,打破分散地权配置在公共品供给上设置的障碍以及实现分散地块的相对集中。[②] 农地调整是集体所有权对农地承包经营权的法定干预方式。实际上,这也与我们在调研中了解到的村民认为应如何坚持土地集体所有权的方式相符合(见表6)。因此,《农村土地承包法》第27条、第28条应优先于"增人不增地、减人不减地"政策,在符合法定条件时,应对农地进行调整。而在实行股权合作制的地区,应进一步规范农村(社区)集体经济组织股权的继承,探索转让、赠与以及有偿购股、项目入股的思路和措施,进一步畅通新增人口获得股份的渠道,建立健全集体经济组织股权有序流转机制。

至于土地承包经营权确权登记中的"代耕农"问题,由于代耕属于承包地的债权性流转,为了化解矛盾,可以认定在某一时间点之前将户口迁入本村的代耕农,具有村民资格,而对于不在此范围内的代耕农,可在确认代耕农与承包户之间的土地流转关系时,给予其土地承包的优惠。

2. "三权分置"下土地经营权的属性定位

关于"三权分置"改革中土地经营权的定位,存在用益物权说、债权说、二元说的争议。[③] 将土地经营权定性为物权还是债权,是一个立法选择的问题。

定限物权是物权制度中最富有生命力、对经济生活效益影响最为直接的物权,它的运作机能在于解决资源归属与利用之间的矛盾,以实现有限财产收益的最大化,而这正是市场经济的基本法则。如果说所有权旨在实现一种稳定的财产秩序,那么定限物权的价值则在于促进和保护社会财富的创造。定限物权的本质在于财产上价值的实现,而不论该财产归属于何

---

① 高飞. 集体土地所有权主体制度研究. 北京:中国政法大学出版社,2017:12.

② 王海娟. 农地调整的效率逻辑及其制度变革启示:以湖北沙洋县农地调整实践为例. 南京农业大学学报(社会科学版),2016 (5).

③ 高圣平. 论农村土地权利结构的重构. 法学,2018 (2). 陈小君. 三权分置与中国农地法制变革. 甘肃政法学院学报,2018 (1). 耿卓. 农地三权分置改革中土地经营权的法理反思与制度回应. 法学家,2017 (5).

人。因此，它的主体就不可能只是社会中的个别人员，而应为社会中具有权利能力的任何成员，即定限物权可以归属于任何人，财产的价值是在动态中实现的。①

作为定限物权的土地承包经营权，即便受到所有权的限制，也首先是"一种真正意义的'物权'，而首先应被构造为'支配权'，而不是简单的排他权即可"②。既然土地经营权是支配权，那么农民应当可以自主对其占有、使用的农村土地进行各种形式的支配。

定限物权实质上是一种物权化的债权关系，兼具归属与转让功能，在登记方法日渐进步已达到可极大降低信息成本的条件下，只要能够对权利的设定进行登记，交易者就应保有交易的自由，从而突破目前的物权法定原则。此外，根据拉伦茨对不同层次权利客体的归纳，第一顺位的权利客体是"法律规定之外的，但是事实存在的，而且只要它们存在就可以作为支配权的客体的客体"；第二顺位的权利客体则是权利，"所有权和所有其他的支配权属于第二顺位的权利客体。通过法律行为进行'处分'则总是指对权利的处分，也就是说对第二顺位的权利客体的处分，而不是对支配权的客体进行处分。处分法律行为的客体是权利，而不是权利的客体"③。因此，所有权上可以设定数个定限物权，定限物权可以自由转让，并且可在定限物权上再作权利细分，进一步通过设定用益物权或者设定担保物权而展开资产证券化等。

将从承包权中分离出的经营权应定位为用益物权，与原享有承包经营权的农民成员身份不矛盾、不抵触，土地经营者的经营权期限届满后，回归集体，原承包经营权人继续享有承包资格。这不仅与"三权分置"改革意欲实现的"落实集体所有权，稳定农户承包权，放活土地经营权"目标相契合，也与我们在调研中了解到的村民对"三权分置"改革的理解相一致。

---

① 李胜兰，于凤瑞. 农民财产权收入的土地财产权结构新探. 广东商学院学报，2011（4）.

② 龙卫球. 物权法定原则之辨：一种兼顾财产正义的自由论视角. 比较法研究，2010（6）.

③ 拉伦茨. 德国民法通论：上册. 王晓晔，等译. 北京：法律出版社，2003：404. 除第一顺位的与第二顺位的客体之外，第三顺位的权利客体是作为一个整体可被一体处分的财产集合。

3. 宅基地使用权的取得与有偿退出

目前，农村普遍存在"一户多宅"、超面积住宅、空置住宅及违法建房等问题。在宅基地"三权分置"改革中，首先，应当做好确权工作，处理好违法违规宅基地占有者、合法宅基地权利人以及因各种客观原因没有取得宅基地的农民之间的利益平衡，避免违法违规者通过宅基地"三权分置"获取超额利益。其次，在宅基地使用权取得方面：一是在继承的情形下，如果继承人的户籍不在本集体，他可继承取得宅基地上的房屋的所有权，此时继承人对宅基地享有法定租赁权；二是本集体成员之间通过继承或者购买等取得宅基地的，可确认购买者的宅基地使用权，但就超面积部分，集体应当收回；三是如果由于地上物的原因无法收回宅基地，集体可就其收取一定的使用费。最后，应建立农村宅基地退出机制。2017 年《土地管理法》修订草案第 64 条第 6 款规定："国家鼓励进城居住的农村村民依法自愿有偿退出宅基地。腾退出的宅基地可以由本集体经济组织与宅基地使用权人协商回购，主要用于满足本集体内部的宅基地再分配，或者根据国家有关规定整理利用。"对此，一方面，应当坚持自愿退出，可考虑设置宅基地退出奖励，作为具有本集体经济组织成员资格而又不在本村定居生活的人员退还宅基地的奖励基金；另一方面，退回后的宅基地应当首先分配给需要宅基地的村民，在村民的基本住宅需求得到满足后，可通过整治转化为集体经营性建设用地等。

4. 增量集体经营性建设用地使用权入市及土地规划制度的完善

调研显示，集体经营性建设用地入市需符合土地规划和用途管制的前提条件。[①] 根据《土地管理法》和《土地管理法实施条例》的规定，土地利用总体规划由各级政府制定。可见，土地利用规划是行政行为对作为私权的集体建设用地使用权的限制。依据行政法理，土地利用总体规划的制定应当符合比例原则，以维护权利人的权益。

第一，从征地、集体经营性建设用地、宅基地三块地改革的系统性而言，集体经营性建设用地使用权入市的范围不仅仅包括现有存量，还应包

---

① 2017 年《土地管理法》修订草案亦是如此规定，其第 63 条第 1 款规定："国家建立城乡统一的建设用地市场。符合土地利用总体规划的集体经营性建设用地，集体土地所有权人可以采取出让、租赁、作价出资或者入股等方式由单位或者个人使用，并签订书面合同。"

括按照现行规划可以用作经营性建设用地的部分，如宅基地或者其他公益性建设用地整理后节余的建设用地，可以作为增量经营性建设用地。

第二，建立土地所有权人及相关权利人对规划编制的参与机制与救济机制。由土地集体所有权人及其成员参与土地规划的编制程序，使权利人的意见得到反映，可提高土地规划的民主性与正当性。土地集体所有权人及相关成员认为土地规划侵犯其合法权益的，可以通过行政复议、行政诉讼的形式进行权利救济。

5. 完善耕地保护补偿制度

耕地肩负的保障国家粮食安全的重大使命，决定了耕地流转制度应建立在管制的基础上，耕地不能作为真正意义上的"财产"实现收益最大化。为协调粮食安全对耕地面积的要求与农民增收对耕地转用的要求之间的冲突，应当在法律的层面上建立耕地保护补偿机制，用于补偿耕地不能流转而造成的农民财产性收入的减少。

第一，耕地保护区域补偿机制。我国地区之间耕地资源与经济发展程度各异，各自承担的耕地保护和粮食生产任务不同。例如，东北、河南、山东等地的农村承担着较重的粮食生产任务，由此对耕地转作其他用途的限制更为严格。这些地区的农民以放弃较高收益的土地用途为代价，为其他社会成员提供粮食安全、生态价值的正外部性。耕地价值由全民共享，但由此产生的机会成本却由这些地区的农民承担，其个人收益与社会收益的不一致不利于维持保护耕地的积极性。而在北京、上海等城市化程度较高的地区，耕地面积已非常有限，并且这些地区对粮食的需求量也较高，但其承担的耕地保护与粮食安全任务则较小。各区域所承担责任的不同，导致区域经济发展不平衡，因此，为了促进地区间的公平，有必要建立耕地保护区域补偿机制，由耕地较少的经济发达地区通过技术支持、财政转移支付等方式对粮食主产区农民进行补偿，实现个人收益与社会收益相一致，使之产生自觉保护耕地的内在激励。在确定补偿数额时，应根据当地耕地数量以及耕地占用压力情况，以农民维持耕地上粮食种植的机会成本为最低限，以耕地为其他地区社会成员提供的正外部性价值为最高限。与此同时，为了缓和农村土地转让与粮食安全之间的紧张关系，可建立耕地保护基金，对基于土地流转而展开规模经营的粮食种植行为给予补贴，以激发农民种植粮食的积极性，引导土地财产权主动向粮食种植用途流转。

第二，土地发展权制度。土地发展权是指发展土地的权利，是一种可与土地所有权分离而单独处分的财产权。具体地说,土地发展权就是变更土地使用性质之权,如农地变更为城市用地,或使土地原有的使用强度升高。地票交易将农村闲置建设用地复垦为耕地而形成的面积置换城市等额建设用地使用地增加,实际上就是土地发展权的交易,即将对一块土地进行非农开发的权利通过市场机制转移到另一块土地。在此情形下,农村集体依然享有复垦土地的所有权,但却将发展权转让给城市新增建设用地使用权人。由此,不仅有利于实现农村耕地连片化以及规模化经营,而且增强了土地集体所有权的效力,凸显农村集体作为农村土地所有权主体的主体地位,同时也为农民获得财产性收入创造了新途径。从处理与地方政府的关系而言,建立土地发展权制度有利于从根源上减少地方政府对集体土地处分的干预和寻租行为,同时,能够解决地票交易指标落地时的困境,即无须经地方政府的土地征收程序,而是由农民集体直接与地票权利人进行谈判,使其可以直接从农民集体手中获得建设用地使用权,从而有利于实现农村集体土地的资产证券化。

图书在版编目（CIP）数据

承包地"三权分置"的法律表达与实效考察/房绍坤主编. —北京：中国人民大学出版社，2018.12

ISBN 978-7-300-26543-8

Ⅰ.①承… Ⅱ.①房… Ⅲ.①农村土地承包法-研究-中国 Ⅳ.①D922.324

中国版本图书馆 CIP 数据核字（2018）第 295712 号

承包地"三权分置"的法律表达与实效考察

房绍坤　主编

Chengbaodi "Sanquanfenzhi" de Falü Biaoda yu Shixiao Kaocha

出版发行	中国人民大学出版社		
社　　址	北京中关村大街 31 号	邮政编码	100080
电　　话	010－62511242（总编室）	010－62511770（质管部）	
	010－82501766（邮购部）	010－62514148（门市部）	
	010－62515195（发行公司）	010－62515275（盗版举报）	
网　　址	http://www.crup.com.cn		
	http://www.ttrnet.com（人大教研网）		
经　　销	新华书店		
印　　刷	涿州市星河印刷有限公司		
规　　格	170 mm×228 mm　16 开本	版　次	2018 年 12 月第 1 版
印　　张	23.75　插页 2	印　次	2018 年 12 月第 1 次印刷
字　　数	389 000	定　价	75.00 元